Julián Marías
Ser español

Documento/220

Julián Marías

Ser español

Planeta

COLECCIÓN DOCUMENTO

Dirección: Rafael Borràs Betriu

Consejo de Redacción: María Teresa Arbó,
Marcel Plans, Carlos Pujol y Xavier Vilaró

© Julián Marías, 1987

Editorial Planeta, S. A., Córcega, 273-277,
08008 Barcelona (España)

Diseño colección de Hans Romberg

Ilustración cubierta: «El caballero de la mano
al pecho», del Greco, Museo del Prado,
Madrid (foto Oronoz)

Primera edición: mayo de 1987
Segunda edición: septiembre de 1987

Depósito legal: B. 31.764-1987

ISBN 84-320-4404-0

Printed in Spain - Impreso en España

Novoprint, S. A., Técnica, s/n, Sant Andreu
de la Barca (Barcelona)

Indice

Este libro viene a ser una antología de escritos míos de diversas épocas, dispersos en libros en gran parte agotados, que tienen una conexión interna, la que les viene de una preocupación constante a lo largo de toda mi vida y de ciertas ideas, de algunos métodos intelectuales que permiten, creo yo, comprender la vida humana y su historia.

Estos escritos, ahora reunidos, adquieren un sentido superior al que tuvieron en su momento y aislados. Y hay dos enteramente nuevos, acabados de escribir: el primero y el último, la Introducción y la Conclusión de este libro. Creo que estas páginas dan unidad y plena actualidad al conjunto del volumen, porque están escritas desde el nivel presente de mi pensamiento y desde la situación en que nos encontramos precisamente hoy.

J. M.

Julio de 1986.

Introducción

¿Qué es *ser español?* ¿Es algo claro, unívoco y permanente? ¿Se puede aplicar ese nombre en todas las épocas, a todos los hombres y mujeres que han vivido en cada una de ellas? ¿En qué medida condiciona la vida de cada uno? ¿Es un azar sin gran importancia, o una determinación decisiva? ¿Cómo puede sentirse el que es español?

No es fácil contestar estas preguntas. Tal vez se puede darles respuestas enteramente diferentes. Y, sin embargo, si no se está en claro respecto a ellas, ¿cómo vivir, proyectar, hacer el balance de la vida, cuando se es español? Tal vez cabe desentenderse de todas esas interrogantes. Es quizá la tendencia que aparece con frecuencia en nuestro tiempo. Hay personas que piensan: ¿qué más da ser o no ser español? Lo dudoso es que lo *piensen.* Parece verosímil que esa actitud responda a pereza o, más precisamente, a temor a pensar.

Si se considera que da lo mismo ser o no español —o francés, italiano, alemán, inglés—, esto podría justificarse si significase haber trascendido de esa condición hacia otra más honda y envolvente; por ejemplo, la de europeo. ¿Es así? Por lo general, esa actitud va acompañada de un gran desconocimiento de Europa; y lo que es más, de sentir enteramente ajenas las otras formas de europeidad. Porque Europa nos aparece realizada en una pluralidad de naciones, sin las cuales no es nada; y ellas, a su vez, están hechas *de Europa,* que constituye su verdadera sustancia.

Los dos escollos principales en que tropieza la comprensión de lo que significa la condición nacional son, por una parte, la vieja doctrina de los «caracteres nacionales», y por otra, el «historicismo» que los niega y disuelve en una fluencia temporal esos supuestos rasgos permanentes.

La idea de que ser español, francés, alemán, etc., supone una figura fija a la cual se puede uno referir en cualquier época, es una simplificación insostenible: basta con recordar cuál ha sido en varios siglos la imagen que los demás europeos han tenido de cada una de las personalidades nacionales. Entre el inglés de tiempo de Shakespeare y el de la era victoriana hay enormes diferencias; lo mismo se podría decir del alemán del siglo XVIII y el de tiempo de Bismarck o de Hitler.

Pero, a pesar de las diferencias y transformaciones, hay algo decisivo, que perdura. El español se reconoce en cualquier forma española de cualquier tiempo; ante ellas, en el arte, la literatura, el estilo vital, se siente inconfundiblemente «en casa», lo que no le sucede, por grandes que sean las afinidades, y aun dentro de la misma época, cuando se trata de otra nación. Incluso cuando experimenta la fruición ante una forma perteneciente a un país extranjero, uno de sus ingredientes es precisamente la conciencia de extranjería, la impresión de «salir» de su propia forma y dilatar su vida.

La dificultad viene sobre todo de un planteamiento incorrecto de la cuestión. La cultura occidental arrastra desde hace siglos una tendencia errónea: la «cosificación», el intento de reducir lo humano, que es siempre personal, a las formas de realidad propias de las cosas. Ser español no es una condición estática, como un carácter biológico; pero esto no significa que carezca de realidad, sino que le corresponde otro tipo de ella. Ser español *acontece históricamente*. Las formas de otro tiempo no son lo que «somos», sino lo que *hemos sido,* lo que seguimos siendo en esa forma peculiar, propia de lo humano. Es de dónde *venimos,* y sin ello no se comprende adónde hemos *llegado,* a qué altura o nivel estamos, qué somos como hombres, es decir, históricamente.

Pero es esencial no recaer en una tentación que nos acecha: la de volver a la visión naturalista, no humana, del hombre. La realidad humana incluye su *interpretación* (es lo que llamo hace más de treinta años la «teoría intrínseca», que forma parte de la realidad, que no es simplemente una reflexión *sobre* ella). Yo no puedo vivir sin interpretarme como *tal* vida; solamente me proyecto imaginando el *quién* que pretendo ser. Y lo que sucede en la vida individual acontece igualmente en la social o colectiva. La idea que se tiene de la propia nación y de su historia es el instrumento de su *posesión*. En buena medida somos *lo que creemos ser.* De ahí que la riqueza o la pobreza de una realidad nacional dependa, más aún que de lo que «es», de la intensidad y perfección con que sea conocida, imaginada, aprehendida, proyectada.

Y esto explica igualmente el hecho —tan frecuente— de la «anormalidad» o «enfermedad» de una comunidad humana, cuando, por unos u otros motivos, ha caído en error respecto de sí misma, y sustituye su realidad por una interpretación inyectada en ella caprichosamente, que se interpone entre los habitantes y el horizonte real, abierto, hacia el cual se podría avanzar. Son muchos los países que han vivido alguna vez en *estado de error* respecto a sí mismos, y esto explica las anomalías de su historia; en algunos casos, esta situación se hace permanente y obtura las posibilidades reales, tal vez durante siglos.

Se pensará, ante todo, en la ciencia histórica. Es evidente que el desarrollo y posesión de esta disciplina es un factor decisivo; en los pueblos primitivos apenas ha existido; la memoria histórica ha faltado casi enteramente (aunque no puede olvidarse algo tan importante como lo que llamaríamos, con expresión deliberadamente paradójica, *memoria inmemorial*). El olvido de la historia, en pueblos que la han poseído, lleva a una recaída en el primitivismo, fenómeno bien visible en nuestros días. Pero hay un fenómeno todavía más extraño e inquietante: la suplantación de una imagen histórica aceptablemente adecuada por una falsificación (lo que suelo llamar «historia-ficción»); esto provoca algo así como una «infección» en un pueblo, que puede degenerar en un verdadero tumor difícil de disolver, extirpar, a veces simplemente de aislar y enquistar. Los ejemplos podrían ilustrar estas imágenes, pero nos llevarían demasiado lejos.

Pero he usado la expresión «lo que creemos ser»; hay que volver sobre ella. Una cosa es lo que *creemos* ser, otra lo que *pensamos* (o pensamos que *debemos creer*). Las creencias son el verdadero subsuelo de nuesta vida; por lo general no tenemos «ni idea» de ellas; son el fondo sobre el cual se asientan nuestras ideas y opiniones. Estas se superponen a ese sustrato tácito, que rara vez se expresa, y cuando lo hace empieza a funcionar de otro modo, con menos radicalidad. En la mayor parte de los hombres, las ideas no son propiamente tales, es decir, pensadas por cada uno, tomadas como problemáticas, justificadas o intentadas justificar, sujetas a revisión; son ideas *recibidas,* en nuestra época inyectadas por repetición, con auxilio de los poderosos medios de comunicación; siendo «ideas», carecen de sus caracteres propios; funcionan como creencias, pero en lugar de proceder del fondo inexpreso de la vida, han sido implantadas en su superficie, formuladas, *expresas.*

Dicho con otras palabras, hay que preguntarse por el grado de autenticidad de los elementos integrantes de la imagen que un pueblo tiene de sí mismo; la posible oscilación es inmensa, entre un máximo de autenticidad —la completa no es posible— y un nivel de falsedad que puede llegar a la locura —a un acceso pasajero de ella o a una condición habitual—. Si pasamos la mirada por el mapa de nuestro tiempo, encontraremos en el pasado próximo y en el presente ejemplos de ambas cosas. El que esto no *conste* de manera fehaciente se debe a un régimen de hipocresía —sobre todo internacional, pero no sólo— que domina casi todo lo que se dice y, a la larga, lo que se piensa.

Si volvemos los ojos a España, encontramos con gran frecuencia una anormal distancia entre la *complacencia real* y el *despego teórico* que sienten muchos españoles. En diversas épocas, en ciertos estratos de la sociedad, ha parecido que lo «inteligente» era sentir desdén por España, lamentarse de la condición de español, manifestar un pesimismo envolvente sobre el pasado, el presente y, sobre todo, el futuro. Al mismo tiempo, esas mismas personas han solido sentirse como el pez en el agua en España, realizar en sí mismas todos los rasgos propios del español —sin excluir sus defectos— y tener una considerable incapacidad de conocer otras formas de vida, no digamos de adaptarse a ellas o asimilarlas.

Hay un hecho de gran alcance que hay que tener presente si se quiere entender nuestra situación: la constancia de la *preocupación nacional,* no ya en los teóricos de la sociedad o la política, sino en toda la literatura española [1]. Lo que en otros países ha ocurrido en ciertos momentos de crisis, en algunos puntos de inflexión de la historia, entre españoles ha sido permanente, por lo menos desde el siglo XVI. La mayoría de los españoles más eminentes, de los más radicalmente vinculados a su condición, han sentido vivamente el *descontento;* el «dolorido sentir», el «me duele España», en una u otra forma, ha sido la tonalidad habitual de lo mejor de nuestra cultura. Lo que pasa es que muchas de las cosas que estos autores han escrito han sido malentendidas, erróneamente interpretadas, por los incapaces de patriotismo, dolor y sentimiento.

Se ha tomado literalmente la quejumbre que venía de entusiasmo y afán de perfección. Se ha tomado como despego lo que era el más radical apego. Con frecuencia, las páginas admirables desmentían su pesimismo: resulta a veces patético ver las quejas de la esterilidad de España formuladas en lo más

---

[1] Tengo que remitir al libro que compuso mi mujer, Dolores Franco, en 1944, con el título *La preocupación de España en su literatura.* En su tercera edición, muy ampliada, con el título *España como preocupación* (Argos Vergara, 1980), se encuentran testimonios reveladores, enmarcados en su contexto y comentados, desde Cervantes hasta Ortega. En ellos se puede ver una serie ilustre de maneras de sentirse español, a lo largo de tres siglos.

creador de ella; el cuadro dolorido y lamentable pintado en los escritos a los que nos volvemos con admiración y entusiasmo, con deslumbramiento; a veces, para desvalorar por comparación lo que hoy existe o lo que se puede esperar, acaso desde un nivel que podría ser aún más alto. Hay que distinguir pulcramente entre el *descontento creador,* nacido de un entusiasta afán de plenitud, que no pasa por movimiento mal hecho y no se resigna al error o la mediocridad, y la *negación rencorosa,* que busca compensación a diversos complejos de inferioridad.

Ser español es una *instalación histórica.* Esto quiere decir que es algo cambiante, variable; pero cada una de sus fases viene de la anterior —y así, de *todas* las anteriores— y se proyecta hacia la siguiente, ya que toda situación es *inestable.* La condición de español nos remite al *sistema histórico* de las vicisitudes españolas. No es, pues, nada fijo; no es intemporal; va más allá de la geografía o la biología, incluso de la psicología, a menos que se la entienda historizada. Pero es inexorable: cada español se encuentra con el repertorio de experiencias humanas, de ilusiones, proyectos, errores, fracasos en que España ha consistido, como un *cauce* por el cual tiene que transitar su vida. Pero, y esto es capital, un cauce *abierto,* que se ha de ir creando al vivir, sin más límite que las condiciones reales y la historia realizada; es decir, sin utopismo.

Por otra parte, esa condición es comparativa, o mejor aún, *disyuntiva:* España es una nación de Europa, nacida sobre ese fondo común; cada una de ellas ha representado una *elección,* no abstracta ni en el vacío, sino condicionada por el sustrato social y la historia vivida, pero no por ello menos real: cada una de ellas ha sido un *proyecto,* una propuesta de realizar la común condición europea. Quiero decir que cada nación europea es *esta y no la otra,* lo cual implica que todas han de estar presentes en cada una de ellas. No ha habido nada más devastador que la ignorancia mutua, el desinterés, la ceguera para los demás. Esto, *en alguna medida,* es verdad para todo país del mundo, para todas las formas de lo humano; pero en Europa acontece de modo eminente. Lo que en otros lugares puede parecer vago, distante, secundario, en Europa es la condición inexcusable de toda plenitud histórica; y se podría explicar desde esta perspectiva la evidente *jerarquía* existente entre las diversas porciones del continente europeo.

Finalmente, hay que pensar con todo rigor ese carácter intrínsecamente histórico de lo que significa ser español. Hay que comparar en cada instante lo que se ha sido con lo que se pudo y debió ser. Nada humano se entiende si no se tiene presente la pluralidad de *trayectorias* —falsas o verdaderas, posibles o imposibles, llevadas a buen puerto o truncadas por el azar o por intervenciones ajenas, incoadas, abandonadas, preteridas, recuperadas—: las de cada individuo y las de ese cauce o alvéolo que es la sociedad.

En el presente, hay que comparar sin descanso lo que se es con lo que *hay que ser*. La única manera de ser hombre es vivir alerta, cuestionando lo que se va a hacer, quién se va a ser. Ser español quiere decir intentar serlo de una manera nueva, llevando a su plenitud las posibilidades acumuladas en largos siglos de ensayos.

Madrid, 26 de julio de 1986.

1.   Treinta años de vida intelectual en un mundo problemático [1]

He traído conmigo un libro que acaba de salir en Madrid. Es un ejemplar de la última edición de mi primer libro, *Historia de la Filosofía*. Este libro se publicó hace treinta años. En definitiva, la publicación de este libro en su primera edición es la ocasión o el pretexto de que hable hoy de una trayectoria que, desgraciadamente, es demasiado larga. De los treinta años de intelectual adulto, autor de libros quizá demasiado gruesos. La *Historia de la Filosofía* se publicó por primera vez en Madrid, en enero de 1941. El libro se había terminado en el 40; estaba corrigiendo pruebas, y recuerdo que todavía tuve tiempo de añadir en las segundas la muerte de Bergson, que ocurrió en los primeros días de enero del año 41. Esta edición hace el número 28; se han impreso de este libro, en español, 130.000 ejemplares; se ha hecho una traducción al inglés y otra al portugués, y justamente por tratarse de un libro de filosofía y de un autor del cual tendré que decir unas palabras, me parece un fenómeno interesante como rasgo estructural de nuestro tiempo; de ese tiempo que es, naturalmente, el tema de esta conferencia: yo soy solamente su pretexto.

El problema es el siguiente: qué ha significado y qué significa ser escritor, y ser escritor de teoría, escritor filosófico, en el mundo actual, desde 1941 hasta 1971, y qué puede seguir siendo ser escritor intelectual y filosófico.

Me veo obligado, antes de entrar en la historia, a hacer un poco de prehistoria, diez años exactamente: necesito empezar en la fecha 1931. El año 31 está definido para mí por dos acontecimientos principales: el primero es el advenimiento de la

---

[1] Texto de una conferencia dada en el Teatro Coliseo, en Buenos Aires, el 10 de junio de 1971.

República en España; el segundo, mi entrada en la Universidad unos meses después.

Yo me sentía, a los diecisiete años, estudiante universitario en un país en el cual acababa de iniciarse un nuevo régimen político. Al mismo tiempo sentía una empresa que se presentaba entonces como una esperanza. Yo la formularía con esta simple expresión: vida como libertad. Empezaba a cumplir una vocación intelectual que había ido germinando en los años de mi adolescencia. Yo diría que estaba definida por otros atributos: el rigor, la fruición, el gusto por el manejo de ideas, por los temas intelectuales. Siempre he tenido desconfianza de toda forma de pensamiento que no va acompañada de cierto placer, de cierta fruición en aquello que se hace. Así como la virtud adusta no es una virtud muy simpática, la vida intelectual adusta y arisca y sin placer ni fruición me parece sospechosa.

Estas posibilidades se presentaban en una forma: yo diría que todo estaba por hacer para un joven de mi generación, pero al mismo tiempo todo resultaba posible. Ahora bien, el año 1936, justamente el año en que yo me licencié en Filosofía en la Universidad de Madrid, se produjo el gran quebranto de la historia contemporánea de España: la guerra civil.

Yo me había formado en una Universidad absolutamente excepcional. La Universidad española ni antes había sido, ni después ha vuelto a ser, lo que era en los cinco años en que yo fui estudiante universitario. En ella enseñaba mi maestro por excelencia: Ortega; García Morente, a quien los argentinos han conocido bien; Xavier Zubiri; José Gaos, que ha muerto hace poco en México; Julián Besteiro, una de las figuras más nobles, personal y moralmente más nobles, de toda la historia de España. Enseñaban también en ella don Ramón Menéndez Pidal, don Manuel Gómez Moreno, Américo Castro, Sánchez Albornoz, Obermaier, Lafuente, Salinas... ¡tantos más!

En esta Universidad recibí yo unas cuantas lecciones que no eran simplemente la doctrina que aprendí, sino lecciones absolutamente imborrables de lo que quiere decir vida intelectual y una cierta moral intelectual. El año 36, España entró en una fase dolorosa, caótica, de lucha fratricida, de radical discordia; se rompió enteramente ese mundo esperado y deseado. Pero yo no renuncié, no pude renunciar ni a ese deseo ni a esa esperanza. Es decir, que, esperando contra toda esperanza —como suele decirse en inglés—, y sin renunciar a mis deseos, que fontanalmente manaban en el fondo de mi alma, yo seguí esperando y deseando lo que había empezado a desear y esperar, porque si dejara de hacerlo dejaría de ser yo mismo.

Al acabar la guerra el año 1939, yo era muy joven entonces, todavía no tenía veinticinco años. A un español se le presentaban tres posibilidades, tres términos alternativos. El primero sería aceptarlo todo, lo cual significaba renunciar a uno mismo. El segundo era renunciar a España, renunciar a la realidad física de España; pero, por mucho que a España se la lleve dentro, Danton dijo una vez que no se puede uno llevar la patria en la suela de los zapatos; y esto es cierto: para mí España ha tenido una atracción física cada vez mayor, nunca me he sentido capaz de renunciar a ella. La tercera posibilidad era quedarse; quedarse y decir «sí» y «no»: más veces «no» que «sí».

Yo diría que escogí una forma particular de exilio: un exilio del Estado, un exilio de la vida oficial, pero no de la sociedad española. Me sentí profundamente radicado en la sociedad española, perteneciente a ella, decidido a vivir en mi país, rodeado de mi lengua, a contemplar frecuentemente las viejas piedras o los agrestes paisajes españoles, aunque —en cierto modo— estuviera desconectado de la vida oficial de mi país, aunque tuviera que renunciar a partes esenciales de lo que era mi vocación personal. Esto significaba una fidelidad al yo elegido, al que me llamaba, al que yo sentía que tenía que ser.

Son muchas las tentaciones con las que se enfrentaba un español, especialmente un español joven, en aquellos momentos. Una, la que se expresa con la frase española «Aquí no ha pasado nada». Habían pasado demasiadas cosas. La segunda sería, por el contrario: «Se ha acabado todo.» ¡Ah, no se había acabado todo! Ahí estaba España, ahí estaba la realidad española: viva, herida, en carne viva, pero ahí estaba. Tampoco, volviéndose al futuro, cabía hablar, con aquella expresión de tiempos de Fernando VII, de «los mal llamados años». No hay años mal llamados; los años son, y son reales, y no hay más años para cada uno que los de nuestra vida. El que renuncia a los años en que vive, es que prefiere no vivir, prefiere confinarse en una vitrina. Nunca he tenido tentación de objeto de arte. Hay una última tentación, que es la de la mujer de Lot, que se volvió hacia atrás y se convirtió en estatua de sal. El que se vuelve atrás se convierte en estatua, y frecuentemente ni siquiera de sal, y no tiene ninguna gracia.

Yo había tenido ciertas experiencias de teoría, de belleza literaria, de veracidad, de libertad. No es fácil imaginar lo que era ser un español universitario de veinte años entre 1931 y 1935: las esperanzas eran ilimitadas, nos parecía posible todo, teníamos una enorme fe en España, en una España que estaba en Europa, que estaba en el mundo. Era nuestra manera de entrar y estar en el mundo.

Quisiera recordar la capacidad de entusiasmo que sentíamos los jóvenes españoles de entonces. (Perdonen ustedes una pequeña anécdota personal: hace algún tiempo uno de nuestros hijos nos contó que había conocido a una persona, y nos dijo, a su madre y a mí: «Debe de ser de vuestra generación, porque ¡tiene un entusiasmo!») Se dirá que eso, la mayor parte de eso, iba a faltarme en mi trayectoria real de hombre adulto; sí, pero yo repito: iba a faltarme; es decir, iba a hacerme falta, lo iba a echar de menos, lo iba a buscar a cualquier precio. Iba, por tanto, a intentar conseguirlo. En definitiva, se trataba de la tierra prometida; pero como apenas había empezado a vivir cuando sobrevino aquel tremendo desastre, resulta que nunca había poseído esa tierra prometida. Y entonces tuve que ponerla en el futuro; es decir, se convirtió en mi esperanza personal.

* * *

El año 41 empezó lo que podemos llamar mi vida adulta, de escritor propiamente público. Conviene recordar que aquel libro mío fue el primer libro nuevo de la posguerra, el primer libro que no fuera de un autor ya mayor y consagrado, el primer libro de un autor que aparecía en el escenario español después de la guerra. He recordado que se publicó en enero de 1941. El segundo libro notorio fue *La familia de Pascual Duarte*, una novela de Camilo José Cela, en diciembre de 1942. En 1943 publiqué *Miguel de Unamuno*. A fines del 44 publicó Zubiri su primer libro: *Naturaleza, Historia, Dios*. El año 45, si no recuerdo mal, apareció *Nada*, de Carmen Laforet. Es decir, la vida intelectual española empezaba tímidamente a dar sus primeros pasos de convaleciente.

Cuando escribí aquel primer grueso libro yo tenía veintiséis años y no me conocía nadie; mejor dicho, no me conocía casi nadie, y era mucho mejor que no me conocieran. Tuve que acometer al comienzo de mi trayectoria empresas relativamente importantes, no por una ambición particular, sino más bien al contrario, porque las menores me estaban vedadas. Yo no podía, naturalmente, ni soñar en la Universidad (aparte de que no me parecía un sueño). Los periódicos tampoco estaban a mi alcance. No podía escribir en los periódicos, tenía por consiguiente, que escribir libros. La Universidad la consideraba perdida, quizá irremisiblemente, con lo cual se mutiló una profunda vocación, que he tenido y que tengo, de enseñar.

Cuando yo me pongo delante de una clase, venga de donde venga, esté como esté, me encuentre bien o mal, con tristezas, penas o disgustos, me pongo alegre automáticamente; y durante los sesenta minutos de la clase se me alegran las pajarillas y soy simplemente feliz. Se comprenderá hasta qué punto ha sido grave para mí no tener una cátedra universitaria en mi país; es decir, no haber tenido discípulos regulares españoles, que posiblemente hubieran continuado cierta labor intelectual que yo trataba de continuar respecto de mis maestros. He tenido que ser profesor norteamericano, en los Estados Unidos y en Madrid, y escritor español.

Por otra parte, conviene no pensar exclusivamente en España. La guerra civil terminó el 1.º de abril de 1939, pero el mes de setiembre había ya empezado la Segunda Guerra Mundial. Es decir, que cuando empezábamos a querer aletear, cuando empezábamos a querer convalecer de nuestra locura privada, nos encontramos sumergidos en la gran locura universal. Se produjo —y muy rápidamente— el hundimiento de Europa.

Yo no sé hasta qué punto la Guerra Mundial vista desde Buenos Aires se parecía mucho a lo que era vista desde Madrid. Vista desde Madrid era algo sumamente penoso, no solamente porque el suceso bélico fuera en sí mismo atroz, sino porque llevó consigo la alteración de la realidad, la alteración de la verdad. Recuerdo, por ejemplo, que se insertaba en todos los periódicos españoles —evidentemente por presiones políticas extranjeras— un mapa. Nunca me olvidaré de él. Este mapa decía: «Nuestra nueva Europa continental». Y este mapa de Europa era un mapa con unas fronteras orientales muy vagas —el mapa se difuminaba vagamente hacia el Este—, y ¡sin Inglaterra! ¡Imaginen ustedes! ¿Se concibe siquiera una Europa sin Inglaterra? Evidentemente, este tipo de esquemas eran obra de intelectuales resentidos. No hay nada peor en el mundo que un intelectual resentido. Recuerdo que una vez Ortega nos dijo, cuando yo era muy joven: «Siempre que vean ustedes algo monstruoso, platos de ternera sin ternera, cuchillos sin hoja ni mango, busquen ustedes alrededor y encontrarán seguramente un intelectual resentido.» Pues bien, un mapa de Europa sin Inglaterra y con fronteras vagas hacia el Este no se le puede ocurrir a nadie que no sea intelectual y a nadie que no sea un resentido.

El hundimiento de Europa, ese hundimiento real y efectivo y además voluntario, yo nunca lo pude aceptar. Yo tuve siempre fe en los principios de Occidente, no simplemente por adhesión a ellos, sino porque me parecían válidos. Yo he tenido siempre confianza en que la verdad prevalecerá y en que importa decirla, aunque no pase nada; porque siempre pasa por lo menos eso: que ha sido dicha.

No había que decir nada que uno no creyera verdad: esta fue la norma principal de mi conducta. Al mismo tiempo decidí no hacer nada que no me interesara, no hacer nada que no me gustara. No escribir ningún libro que no me gustara escribir; el libro podía no gustarme porque no fuera bueno —y este es el caso frecuente en mis libros—, pero me gustaba escribirlos. Hay muchas gentes ahora, en nuestra época, que componen una música que no les gusta, que pintan cuadros que no les gustan, que hacen una filosofía que no les interesa, porque es lo que se cotiza, porque es lo que se lleva, porque es lo que está de moda, porque es lo vigente; y, naturalmente, como las modas pasan, cuando miran hacia atrás empiezan a ver con cierta repulsión su propia obra, es decir, a sí mismos. Yo tuve terror de que esto pudiera ocurrirme. No hay que mirar hacia atrás con repulsión ni con temor hacia adelante. Estas serían dos normas que han regido en esta trayectoria intelectual que estoy tratando de recordar en su compañía.

Naturalmente, yo había tenido el magisterio de Ortega. En Buenos Aires se puede hablar de ello, porque una gran parte de los habitantes de Buenos Aires lo han escuchado, y los que no lo han escuchado han alcanzado su eco o su estela o su efecto en los que lo oyeron. Yo diría que el carácter radical del magisterio de Ortega era la autenticidad.

Creo que los que pasamos por manos de Ortega hemos sido desde entonces incapaces de engañarnos a nosotros mismos, incapaces de fingir que entendíamos lo que no entendíamos, que nos gustaba lo que no nos gustaba o que amábamos lo que no amábamos. *La verdad de la vida y la libertad como esencia del hombre* serían las dos normas rectoras de las cuales dependía para mí el que la vida tuviera una significación y un interés.

Me encontré con que había una herencia de pensamiento europeo, del pensamiento occidental anterior a la Guerra Mundial, que se propendía a olvidar, pero que no había fracasado. El pensamiento europeo entre 1920 y 1935 ha sido de una excepcional agudeza, de una increíble originalidad, de una fecundidad que dista de haberse agotado. En gran parte estas ideas se han olvidado, pero no es razón suficiente para no volver a ellas, para no hacer manar de ellas lo que nos pueden dar, para no dejarlas seguir viviendo. Ni la violencia ni el olvido pueden destruir un pensamiento válido. Un pensamiento que era abierto, programático, sin tentación de anquilosamiento ni de escolasticismo.

Ahora bien, las tentaciones de la época en que he tenido que vivir y escribir han sido principalmente dos: el fanatismo y el cinismo. Los dos son viejos, son enormemente viejos. Datan —por lo menos— de la Grecia clásica. Yo creo que urge escribir un libro actual, que no sea puramente filológico, que no sea arqueológico, sobre el cinismo griego. No habría libro más actual en 1971. No habría libro que iluminara más ciertos aspectos decisivos de la vida del mundo en que nos encontramos hoy. Fanatismo y cinismo han sido dos maneras de alcoholizarse, de engañarse, de suplir con gesticulaciones o con violencia la falta de creencia en lo que se afirma. Para cualquiera que tenga familiaridad con la historia, sus fisonomías son bien conocidas, y las encontramos en cada esquina. El rasgo común que tienen los dos es el temor a la libertad y la obturación del futuro. Son formas vitales que no creen en el futuro. En realidad, yo diría que el temor a la libertad y la obturación del futuro son lo mismo: son dos caras de la misma realidad.

* * *

Yo, a lo largo de treinta años, no he necesitado nunca olvidar mi pasado ni por tanto mi obra anterior. No todos los escritores de nuestro tiempo, especialmente en algunos países, reimprimen sus obras antiguas. Hay muchos que prefieren olvidar lo que han hecho hace diez años o hace veinte o hace treinta años. Yo reimprimo casi todo, por lo menos todo lo que los editores quieren reimprimir. Y no tanto, no primariamente porque yo tenga espíritu conservador —creo que tengo bastante poco—, no es fidelidad al pasado siquiera. Esto me parece importante que lo vean claro: no es fidelidad al pasado, es *fidelidad al futuro.* Quiero decir: es fidelidad a los proyectos y empresas, es fidelidad a la meta. No es que yo sea fiel a lo que he hecho o he dicho hace treinta años; es que soy fiel a lo que quería decir y quería ser hace treinta años, y lo sigo queriendo porque no lo he conseguido.

Por consiguiente, es una fidelidad hacia adelante, es una fidelidad hacia el futuro. Justamente porque creo que no he llegado a ser lo que tenía que ser y lo que quería ser, y por tanto, lo sigo queriendo; se me sigue presentando como postulado, como meta, como blanco, según decía Aristóteles que «los hombres somos arqueros que buscan el blanco de sus vidas». Y al decir que no he conseguido eso que buscaba, evidentemente esto no tendría ningún interés. Lo interesante es que eso que buscaba no *se* ha conseguido. Quiero decir que lo que eran metas para el hombre europeo, para el hombre occidental, hace treinta años, siguen siendo sus metas, y por consiguiente, si no queremos renunciar a nosotros mismos, a nuestros proyectos, tenemos que seguir intentándolo, tenemos que seguir esforzándonos hacia ello y mantener una fidelidad al pasado en nombre del futuro que sigue siendo válido, atractivo e incitante para nosotros.

Esta situación de que hablaba, la Guerra Mundial, tardó mucho tiempo en terminar, pero al fin acabó en 1945. Entonces el mundo empezó a revivir y prometer. Yo diría que tomó... bueno, iba a decir «el seguro camino», empleando la expresión de Kant cuando hablaba del seguro camino de la ciencia; pero no, en la historia no hay nada seguro, no hay un camino seguro. Lo que hay es *camino real,* en el sentido de la realidad, no en el sentido de los reyes. El camino real es justamente el que trata de seguir las estructuras de la realidad, que trata de serle fiel, es el camino que trata de hacer y no deshacer. No se olvide de que la negación es siempre la tentación diabólica. Goethe decía que el diablo es *der Geist, der stets verneint,* «el espíritu que siempre niega». A Goethe se le hacen siempre muy malas pasadas, casi siempre se lo cita mal o se hacen trampas al citarlo, no sé qué destino tiene. Por ejemplo, se repite muchas veces aquella frase de Goethe: «Prefiero una injusticia al desorden, porque el desorden es causa de mil injusticias.» Con esto se infiere, gratuitamente, que Goethe prefería la injusticia al desorden. No: él prefería *una* injusticia, una, al desorden, porque es causa de mil injusticias; es decir, prefería *una* injusticia a *mil* injusticias. Yo también. Pero, naturalmente, una situación que fuera injusticia, una total injusticia, le hubiera parecido a Goethe, pienso —en todo caso me parece a mí—, peor que el desorden. Pues bien, del mismo modo el diablo es «el espíritu que siempre niega». ¡Ah!, no es que negar sea diabólico. ¡Ah, no! Cristo nos enseñó a decir: «Sí o no». Lo malo del diablo es que dice invariablemente «no», es que dice siempre «no». El diablo es enormemente monótono y aburrido. Por consiguiente, lo que hay que rehuir es la tentación de decir *siempre* no, de decir automáticamente no. Hay que decir «no» con bastante frecuencia, pero a ciertas cosas concretas, mientras se dice «sí», enérgica y apasionadamente sí, a otras.

Al decir esto, al decir que el mundo ha empezado a seguir ese camino real, ese camino de afirmación —condicionada, matizada—, ese camino de la realidad, hacia 1945, no olvido que ni ustedes ni yo podemos decir esto plenamente ni con toda tranquilidad de conciencia. Quiero decir que en cierta medida ni en la Argentina ni en España se ha podido decir que desde 1945 se siga ese camino real, ese camino de la realidad. ¡Ah!, pero lo que pasa es que ustedes —si me perdonan— y nosotros, por supuesto, tenemos una tentación a pensar solamente en nuestros países, como si estuvieran solos en el mundo. ¡Y no lo están! Quiero decir que aun suponiendo que en un país determinado —y desde luego esto es evidente en España— ese camino real no se iniciara en 1945, *en el mundo sí.* Y como España —aunque algunos no lo crean— está en el mundo, resulta que ese mundo lleva a España consigo, y la lleva adonde a lo mejor España no quiere ir, ni siquiera se da cuenta de que está yendo. Pero sería ingenuo el pensar, por ejemplo, como un niño que va en bicicleta sobre la cubierta de un barco, y va de proa a popa; este niño tiene la impresión de estar yendo hacia popa, pero si el barco va de Europa a América, al cabo de poco tiempo este niño, que ha marchado siempre hacia Europa, se encuentra ahora en América. Pudiera ocurrir que nos pasara a los habitantes de tal o cual país, por ejemplo el mío, que es el que tengo más cerca, que marchando en una dirección siempre, constantemente, en un movimiento uniformemente inmóvil, nos encontrásemos al cabo de un poco tiempo en los antípodas.

Yo intenté vivir en el mundo, pero naturalmente vivir en el mundo quiere decir vivir en España o en la Argentina. Es decir, intenté vivir en el mundo desde España, radicado en España, inserto en el mundo a través de España. Por consiguiente, intenté ver las cosas y vivir desde una perspectiva española. Confieso que tengo innumerables filias y muy pocas fobias, si es que tengo alguna. Cada vez me gusta más el mundo, casi todo el mundo. Y cada vez soy menos cosmopolita, cada vez soy más irremediablemente español. Lo que pasa es que el cosmopolitismo me parece un error: esos hombres que son de cualquier parte, que no son de ninguna, para quienes las fronteras no existen, que borran todas las diferencias y se funden en una especie de magma universal, me parecen participar de un error, de un viejo error filosófico que se ha aplicado especialmente a la teoría del amor y que traté de corregir en esa *Antropología metafísica* cuyas primicias fueron para el público de Buenos Aires el año pasado. Yo me oponía a la idea de que lo que busque el amor sea la fusión con la amada o con el amado, respectivamente. Nunca he creído esto. He creído siempre que el amor consiste primariamente en complacencia en la realidad, y por tanto no se trata de fusión, no se trata de disolverse en la amada porque entonces no la ve uno, y lo que encanta al enamorado es ver a la amada todo el tiempo. Justamente uno que sabía, San Juan de la Cruz, hablaba de «la dolencia de amor que no se cura sino con la presencia y la figura». En la fusión se pierde la figura y desaparece la presencia. Pues bien, esto es lo que les pasa a los cosmopolitas: se funden en el mundo y lo pierden de vista. A mí me gusta el mundo y por eso no me gusta confundirme con nada que no sea yo. Por eso para mí el mundo debe estar presente. Ustedes no imaginan lo que yo gozo con la Argentina; pero gozo con la Argentina porque la Argentina no es como yo, porque es distinta, porque es para mí tanto una incitación como una capacidad de innovación y de entusiasmo y porque su figura armoniosa me es presente. No se trata, pues, de deshacerse; se quieren conservar las diferencias. Y por consiguiente no hay más manera real de amar el mundo y de gozar el mundo que ser profunda, radicalmente, lo que se es: argentino, español, alemán, francés, indio, chino... lo que se sea.

Yo diría que desde el año 45, poco más o menos, he vivido como intelectual —y hemos vivido los hombres de mi tiempo, o por lo menos los hombres de mi generación— en un estado de *esperanza inquieta*.

* * *

A lo largo de ese tiempo he ido intentando hacer mi obra, he tratado de hacerla en España, de hacerla inteligible a españoles, he tratado de hacer filosofía española en el único sentido verdadero de esta palabra: filosofía pensada, escrita en español; filosofía inmediatamente inteligible a aquellos que están instalados en el español. Lo cual quiere decir, desde ahí mismo, que si yo he hecho en alguna medida filosofía española o pensamiento español, he estado haciendo filosofía y pensamiento americanos.

Porque claro está que esa lengua española, esa lengua mía, es la lengua de ustedes tanto como mía y con idénticos títulos. Y por consiguiente esa filosofía que he pretendido hacer en español la he estado haciendo, no digamos para ustedes, algo mucho más radical: la he hecho con ustedes. Y por consiguiente, en la medida en que exista —no sé cuál es esa medida—, es suya. No quiere decir esto que a ustedes deba interesarles, probablemente no; pero es suya, será un subproducto de su realidad; aunque sea para desecharla tienen que contar con ella de alguna manera.

He tratado, ante todo, de no dejar solo a mi país. El problema que se planteó, el problema que se plantea en muchos países actualmente, es este: cuando uno no se siente a gusto en el país al cual pertenece, cuando siente dificultades para desarrollar su propia trayectoria vital, para realizar su vocación, evidentemente hay una tentación justificada, que es marcharse. Recuerdo una frase de Moratín que me inquietó y me conmovió profundamente: «El que no puede apagar el fuego de su casa, se aparta de ella.» Ahora bien, las casas arden en cierta medida, pero al final el fuego se apaga, aunque queden rescoldos. Y me parece grave que los que tienen cierta capacidad verbal de expresión de la realidad, y esto es el ser escritor, dejen de dar ese mínimo de compañía, casi insignificante, es como una simple sombra, a su pueblo. La sombra abriga y consuela, los pueblos pueden vivir un poco mejor, un poco más felices, con un poco más de esperanza, quizá simplemente porque sobre ellos se extiende... nada, la sombra de una pluma.

Yo intenté deliberadamente, al mismo tiempo, hacer mía América. Desde muy pronto tuve conciencia de la pertenencia a esa realidad supranacional que es el mundo de lengua española. Y en ese sentido me vi obligado a sentirme yo en alguna medida americano: en la dimensión y en la medida en que tiene que serlo un español, que por eso pertenece a este vasto mundo que me gusta llamar con una vieja expresión muy usada en el siglo XVIII: *las Españas,* de las cuales la mía particular es solo una, una de tantas.

He vivido instalado en mi lengua. No sé si pueden darse cuenta de hasta qué punto en mí la realidad lingüística es fuerte; aunque haya pasado muchas horas de mi vida, muchas horas al día, hablando otras lenguas o leyendo en otras lenguas, he vivido instalado en el español. La lengua propia es la morada vital en la cual vive uno instalado; cuando se habla otra lengua se está fuera de ella, como se está en casa de unos amigos, como se está en un hotel. Nunca se está como en casa. En la lengua propia es donde uno tiene la propia instalación en la realidad, y desde ella se ejecuta esa interpretación radical de la realidad que precede a toda teoría, que precede a toda doctrina.

Imaginen ustedes lo que significa esta lengua española, lengua que, aparte de lo que hagamos con ella, aparte de nuestra literatura —que es egregia— y aparte del pensamiento, ella de por sí es una espléndida lengua. Quiero decir: es una maravillosa interpretación de la realidad. La literatura española —y al decir española quiero decir hispanoamericana también— es egregia; sin embargo, quizá todavía está por debajo de la lengua, por debajo de las posibilidades de la lengua. Y esto lo prueba el que cuantas veces algunos escritores han intentado ensanchar los dominios de la lengua, han encontrado ¡que lo consiguen! Leía yo hace unos días un texto de un gran hispanista francés, que se refería al primer libro de Menéndez Pidal, su libro sobre la leyenda de los Infantes de Lara, que publicó en 1896, y este gran hispanista elogiaba el libro, elogiaba su rigor y su precisión, y venía a decir: «A pesar de que está escrito en español, lengua que se presta tan poco para expresar las realidades complejas y finas...» Es decir, un hispanista francés, lleno de entusiasmo por lo español, hace setenta y cinco años y no más, podía creer que el español es una lengua poco apta para expresar conceptos complejos o matices delicados, y en cierto modo era verdad entonces. Pero ha bastado el enorme impulso iniciado por Unamuno, seguido por

Ortega, para que el español se convierta en lengua filosófica. Yo diría que es una de las lenguas más aptas para la filosofía, una de las lenguas en que es posible expresar mejor la complejidad, el carácter intrincado, sutil y al mismo tiempo enterizo, de lo real. Y no olviden que —en gran parte por obra de escritores de este país, y alguno que me escucha— se ha conseguido que el español se convierta en un instrumento de extrema delicadeza, de exploración del mundo interior, que había sido relativamente un páramo en la literatura española, y de exploración de las realidades fantásticas, y se ha podido hacer una literatura intimista y fantástica, comparable a cualquiera. Y si antes no se había hecho, es porque los hispanohablantes no habían querido o no se habían atrevido, no porque la lengua no lo permitiera. Y no creo que el español haya terminado ya sus permisos; creo que el español nos permitiría hacer todavía muchas cosas más si nos atrevemos a soñarlas, a quererlas, a emprenderlas.

* * *

Mi vida ha estado condicionada por una fe enorme en esa realidad que es ser escritor. Todavía no he dicho nada de ello; he contado que empecé a escribir muy pronto, y que escribí este libro, *Historia de la Filosofía,* cuando tenía veintiséis años, y he escrito unos treinta más. Pero no he dicho nada de ser escritor. Sin embargo, cuando alguna vez he tenido la obligación oficial de definirme, quiero decir, cuando he tenido que pedir un pasaporte... En inglés se pregunta, por ejemplo: «¿Qué hace usted?»; pero en español se pregunta: «¿Qué *es* usted?» Y se contesta: carpintero, labrador, profesor, sacerdote... Pues bien, cuando yo tengo que contestar a la pregunta ¿qué es usted?, pongo: *escritor.* Y en mi pasaporte o en mi documento de identidad pone: «escritor». Es decir, que a última hora, lo que yo verdaderamente soy —y esto significa lo que quiero ser— es escritor. Escritor de una variedad particular, que es primariamente filosófica: escritor teórico.

Ser escritor es una de las cosas más importantes del mundo. No porque el escritor tenga importancia; fíjense bien, no se trata de ningún engolamiento; en nuestros países, además, la dureza de la sociedad es considerable, y el escritor nunca es una especie de «morabito» o «santón» como ha sido por mucho tiempo en otros países, por ejemplo en Francia. No. Más bien el escritor ha solido ser un hombre sospechoso y a quien se solía dar de lado, y sobre quien a veces caían desventuras complejas. No, lo que tiene importancia es la condición intrínseca, íntima, de *ser escritor.* El escritor no es el hombre que escribe, el escritor es el hombre que no es más que escribiendo. Quiero decir, es el hombre que para ser, para ser quien es, necesita escribir. Es, por consiguiente, *el hombre en quien acontece la expresión de la realidad.* Y no olviden que la lengua es la interpretación primaria de la realidad, a la cual se superpone una segunda interpretación personal, que llamamos estilo. *El escritor es el hombre que interpreta desde su lengua, desde su país, personalmente, la realidad en forma expresa.* De ahí el singular malestar que produce el escritor al que no lo es y escribe. Los que no escriben, leen al escritor y no pasa más; pero el hombre que escribe y no es escritor siente un extraño rencor, una confusa desazón ante el escritor, volátil peligroso al cual frecuentemente la gente se dedica a abatir.

La posibilidad del español me parece enorme, justamente en la medida en que los hispanohablantes, los millones de hispanohablantes, estén acompañados de unos cuantos escritores auténticos. Es decir, que ese enorme pueblo —porque es un pueblo, un solo pueblo lingüístico, el pueblo que habla español— viva a la sombra de unas cuantas plumas nobles, veraces, que se agiten denodadamente en la dirección recta, que no es forzosamente aquella en que sopla el viento. Eso ocurrirá el día que españoles e hispanoamericanos decidamos de una vez por todas no ser provincianos, no vivir al veinte por ciento, sino al ciento por ciento de nosotros mismos y tomar posesión de esa enorme realidad que es la lengua española y los pueblos subyacentes a esa lengua.

Lo malo, lo peligroso, es que se nos escapen las mejores. Les voy a confesar en qué consiste actualmente, en este instante, el tema principal de mi vida intelectual; quiero decir mi preocupación principal. En los últimos cuatro, cinco, seis años, según los países —quizá esas diferencias respondan a que las escalas de generaciones no son las mismas en todo el mundo; quizá el cambio crítico de generación se ha producido a diferentes distancias según los países o grupos de países—, en todo caso dentro del último decenio, más bien dentro del último lustro, ha sobrevenido al mundo un nuevo riesgo, y es el de *echarse a perder.* Yo diría que no se trata de que hayan sobrevenido al mundo —en particular al mundo occidental en el cual estamos— males reales y efectivos; creo más bien que se trata de que deliberadamente, voluntariamente, se está empezando a corromper, se está empezando a echar a perder ese mundo. Ese mundo que penosamente, heroicamente, se había reconstruido desde la gran catástrofe que terminó en 1945.

Existe un cierto señoritismo. Recuerdo que Ortega, hace cuarenta y un años, escribió *La rebelión de las masas* y definía al «hombre-masa» como el «señorito satisfecho» o como el «niño mimado». La dureza de la vida europea y occidental en los años de la guerra —o de las guerras— y en los siguientes hizo evidentemente que nadie fuera mimado, y así desapareció —pareció que desaparecía, sin dejar simiente— el señorito. Por lo visto no era así. Por lo visto desapareció el señorito —aquellos señoritos—, pero quedó la simiente.

Y ha habido una nueva cosecha. Se ha producido, evidentemente, por el exceso de facilidades, por aceptar las cosas obvias, como regaladas, por creer que todo está ahí, sin más, y que se tiene derecho a todo. Por creer que todo es natural y no resultado de una invención y un esfuerzo. Se ha producido al mismo tiempo la petulancia; la petulancia que acompaña siempre al niño mimado y al señorito. Se ha producido una obturación de la facultad de desear; al tenerse las cosas demasiado fácilmente y demasiado pronto, se tienen por lo general antes de desearlas, y entonces pierden su valor automáticamente.

Se ha producido también una curiosa envidia ajena, que me parece uno de los síntomas más feos de ciertos estratos del mundo actual. Y adviértase que esa envidia ajena no afecta a los que pudieran tenerla, a los realmente desventurados y desposeídos. En general afecta a los que no han llegado a las cimas pero están en camino de llegar a ellas; y si no llegan es porque no están dispuestos a hacer el esfuerzo necesario.

Añadía Ortega que estos hombres buscan «un pastor y un mastín». Los encontraron, naturalmente. El pastor principal —¿era pastor o era mastín?— se llamaba Adolfo. Esto decía Ortega hace cuarenta años. Ahora yo pregunto si se recrudecerá esa tentación. ¿Será que hay una siniestra ley histórica, y los hombres, de tiempo en tiempo, buscarán mastines? Espero que no. Espero que no, pero me inquietan muchos síntomas de los últimos cuatro, cinco, seis años...

Yo les prevendría a ustedes de que los pastores tienen sus inconvenientes. Hay un refrán español que dice: «reunión de rabadanes, oveja muerta». Y los mastines... los mastines suelen volver.

Pues bien, nos ocurre a veces que esperamos, en activa resistencia, durante tres decenios. Y tres decenios son muchos años; y, sobre todo, muchos días, larguísimos días. Esperamos durante tres decenios para encontrar tal vez que lo que al final se nos ofrece es lo mismo, solo que al revés. Pero el revés de lo mismo es igual que aquello de que es el revés. Media vuelta a la derecha es exactamente lo mismo que media vuelta a la izquierda: nos pone en el mismo lugar.

Ortega denunciaba en el año 1933 la falsedad de las doctrinas políticas que prevalecían en aquel momento. Dijo una vez a los estudiantes universitarios —yo era uno de ellos, tenía dieciocho años— que podría tener a toda la juventud española detrás de él, como un solo hombre, si pronunciara una sola palabra. Pero añadió: «Pero esta palabra sería falsa, y no estoy dispuesto a invitaros a que falsifiquéis vuestras vidas. Sé, y vosotros lo sabréis dentro de no muchos años, que todos los movimientos característicos de este momento son históricamente falsos y van a un terrible fracaso». Esto lo decía, no lo olviden, en la primavera boreal de 1933.

Yo creo que el hombre es el triste animal que tropieza dos veces en la misma piedra —dos veces o más—. Yo esperaría que el mantenimiento en la memoria de estas palabras de Ortega contribuyera a evitarnos un triste, lamentable tropezón, del cual no volviéramos a levantarnos.

Pero yo haría una rectificación respecto de Ortega. Mi filial devoción a Ortega, mi enorme admiración por él, me obligan a repensarlo, a ponerlo a prueba, por tanto a discrepar de él en ciertas ocasiones. Muchas veces he recordado aquel ejemplo de Cervantes: cuando Don Quijote iba a salir y encontró que tenía una vieja celada, la probó dándole un golpe con la espada y la hizo pedazos; la recompuso con alambres y cartón, y añade Cervantes que Don Quijote «la diputó por buena» y se la puso. Yo creo que estaba seguro de que no valía nada y de que la hubiera roto con una segunda estocada, pero prefirió llevar la protección moral de creer que llevaba una celada. Con la filosofía no puede hacerse esto, hay que ponerla a prueba día tras día, inexorablemente.

Yo diría que Ortega tuvo una preocupación justa, pero excesiva por lo que llamaba «la altura de los tiempos». Ortega vivió toda su vida pendiente de la altura de los tiempos y de la oportunidad. Muchas veces quería hacer algo y lo aplazaba, porque creía que no había llegado la hora, que no había llegado el momento. Esto lo obligó muchas veces a hacer retiradas, a retirarse de diferentes actividades o del escenario público, porque consideraba que no era la hora. Yo, personalmente, al llegar a la madurez —si es que no es demasiado optimismo hablar de madurez, pero ¡déjenme conservar las ilusiones!—, al hacer esas últimas cuentas conmigo, este encaje vital en el cual hay que pagar en contante y sonante, en que no cabe vivir de ningún crédito, siento que mi actitud es un poco distinta. Siento que hay que atreverse a la inactualidad, que hay que atreverse a la extemporaneidad. Al lado de la altura de los tiempos, yo propondría otro concepto, otra metáfora: *la hondura de los tiempos*. Creo que hay que atenerse a la hondura de los tiempos y principalmente la hondura del propio tiempo vital. O, con una expresión que en otro sentido empleó Menéndez Pidal, hay que recurrir al estado latente. Hay cosas que no se manifiestan, pero están ahí, están latentes, están debajo, están subyacentes, y podemos quizá descubrirlas, desvelarlas, alumbrarlas. A veces hay que hacer algo inactual, hay que hacer algo que no esté de moda, que no se lleve, algo inoportuno. ¿Cuándo? Cuando es lo que uno tiene que hacer personalmente, cuando uno cree que es la verdad del tiempo, la hondura del tiempo, aunque esté recubierta por una costra aparente, completamente distinta.

Hay que atreverse a hacer una pintura que no guste en las galerías de arte, que no tenga valor en las subastas, de la cual no se ocupen los críticos. Hay que atreverse a hacer una música que no se estrene en los festivales. Hay que atreverse a escribir libros que a los críticos no les interesen o que digan que son vulgares o lo que quieran decir. Hay que atreverse a no apasionarse por el estructuralismo, que es una cosa discreta y que no está mal, pero que a mí no me suscita pasión. Hay que atreverse a afirmar la polaridad, la divina polaridad de la condición sexuada del hombre, en el tiempo del «unisex», que va desde los grandes almacenes hasta Mao Tse-tung. En otros términos, hay que atreverse a algo modestísimo: a ser. Simplemente a ser. A esta altura de la vida —y aquí aparece la altura otra vez—, a esta altura de la vida, yo no puedo hacer otra cosa.

Y entonces...

Entonces hay que preguntarse si lo que se ve, lo que estamos viendo, verdaderamente es. Por eso a veces hago un juego particular que es muy divertido, y es hacer apuestas conmigo mismo acerca de si las cosas que veo alrededor quedarán o no quedarán. A veces me da gana de hacer una lista y guardarla en un sobre; lo malo es que no podré verlo. Pero en fin, quizá mis nietos, un día, divertidos, podrán medir los errores del abuelo. Digo, si tengo nietos, porque todavía no los tengo.

Pero me parece interesante apostar por algo, por lo que uno personalmente cree que puede quedar, que tiene condiciones para quedar. A veces, algunas personas —sobre todo los jóvenes— encuentran algo que les parece un poco extraño y creen que es del siglo XIX; probablemente lo que pasa es que es del siglo XXI.

Yo diría para terminar, para no fatigarlos más, que hay que retirarse todo lo más posible a la intimidad de uno mismo, a ese fondo insobornable, para crear lo que se pueda, lo que dentro de su modestia cada cual pueda crear en la soledad; y avanzar desde uno mismo sobre el mundo, *escogiendo el campo*.

El intelectual no debe dejar que lo lleven al terreno que los demás quieran; esto se hace con los toros; pero los toros no son intelectuales. Es curioso que siempre se me ocurren ejemplos de animales no totémicos, de animales que no pueden ser el tótem del filósofo. Hablaba un día hace poco de que el tótem del filósofo no puede ser el gusano de seda, que saca el hilo de sí mismo; ni puede ser el avestruz, que entierra la cabeza en la arena; ni puede ser el toro, que sigue el trapo rojo y va al campo, al lugar donde el torero lo llama. ¿Es que no habrá animal totémico?

A mí se me ocurriría uno. Lo escogí hace pocos días para el título de una colección en la cual pienso publicar en pequeños volúmenes mis libros. Se llama «El Alción». El alción es un ave marina, es el martín pescador; pero el nombre alción es griego y suena mucho mejor. Es un ave marina de plumaje brillante, un pájaro simpático, del cual hay una serie de mitos griegos. Sustancialmente, el mito consiste en lo siguiente (olvido lo propiamente mítico, me ciño al contenido real del mito): Hay unos días que se llaman «días alciónicos». Zeus dispuso que en mitad del invierno, en los días más tempestuosos, en mitad de las borrascas, se hiciera de repente una calma, un sosiego, para que el alción pudiera hacer el nido y poner los huevos. De este modo se aseguraba la continuidad de la vida. Después, volvía la tormenta.

Pues bien, este es para mí el animal totémico del filósofo. Es el hombre que hace la calma, que se sosiega a sí mismo, que procede serenamente, justo en medio de la tormenta, en mitad de la borrasca, en el solsticio de invierno. Es el hombre que busca en el fragor de cualquier hora, de la hora que sea, un minuto alciónico.

2. El español [1]

Cristóbal Colón descubrió América, pero parece que nunca se enteró: toda su vida creyó que había llegado a las Indias, al Asia oriental. La causa de tan irónico destino no fue la ignorancia, sino, paradójicamente, el demasiado saber; porque cuando salió de Palos de Moguer a bordo de la *Santa María* creía saber ya lo que iba a encontrar al otro lado del océano. Tal vez esta ironía inicial ha quedado ligada a la suerte del Continente americano, por lo menos de los Estados Unidos: casi todos los que van allí dan por supuesto que ya saben lo que les espera; y la consecuencia es que se quedan donde ya estaban, en las ideas previas que llevaban consigo, sin llegar nunca a lo que debía ser su destino.

Lo que «se dice» —lo que dicen los americanos de sí mismos, lo que dicen los visitantes— tiene tal fuerza que se interpone entre los ojos y la realidad y hace difícil ver lo que se tiene delante. Cuando llegué por primera vez a los Estados Unidos, en 1951, me di pronto cuenta de que mis ideas previas tenían tan poco que ver con la realidad, que decidí absolutamente abrir los ojos y mirar, dejando de lado las ideas recibidas, del mismo modo que Lope de Vega, cuando tenía que escribir una comedia, solía encerrar los preceptos con seis llaves. El resultado de esta manera de mirar la realidad americana fue un libro, *Los Estados Unidos en escorzo,* que si tiene alguna virtud es la de no haber sido pensado *antes* de vivir en el país y que, quizá por eso, se parece muy poco a los demás libros europeos sobre los Estados Unidos. Los lectores de lengua española tuvieron la impresión de que se les hablaba de un país «nuevo», con el que no se contaba, del que rara vez se había oído hablar.

---

[1] Publicado en inglés en el *Atlantic Monthly,* enero de 1961. En español, en *Los Españoles,* 1962.

Pero esta experiencia, a lo largo de varias estancias, algunas de bastante tiempo, me dejó una profunda convicción: que nunca se puede conocer del todo ni en su raíz un país que no es el propio; que mientras en éste todo «hace guiños» y resulta significativo, claro como una mañana luminosa, en el país ajeno todo es secreto, está revestido de misterio, es un arcano y una interrogante. A fuerza de tiempo, amor e inteligencia, a veces un país extraño empieza a serlo menos: es una de las emociones más profundas, de las delicias más intensas que le es dado conocer al hombre, una dilatación inesperada de su vida y de su personalidad; algo vagamente parecido a la conquista amorosa de una mujer, tan problemático, difícil e inseguro.

En cuanto a España... Al vivir en los Estados Unidos me di cuenta, no solo de lo infrecuente que es entre americanos saber «quién» es España, sino de los obstáculos que estorban a ese conocimiento. Lo primero que hay que decir es que las ideas sobre España en los Estados Unidos son pocas y vagas No es una excepción: las ideas que todos los países tienen sobre todos los demás son sumamente deficientes; en algunos casos privilegiados, de países que tienen gran «publicidad» —los Estados Unidos, Francia, Inglaterra—, las noticias son más, pero el resultado no es mucho mejor, porque la proporción de errores es tan grande, que a veces hace preferible la ignorancia. España es generalmente desconocida en todas partes, y casi siempre mal entendida.

El americano medio tiene unas nociones nebulosas sobre España; más o menos, estas: Sabe que es un país meridional de Europa; que en él hay sol y corridas de toros; que tiene o ha tenido algo que ver con los árabes; que pasó hace tiempo por una guerra civil; asocia España con algunos nombres ilustres: Cervantes, Velázquez y Goya, acaso también Ortega y Gasset, Lorca y Picasso. El nombre «español» es un poco más confuso, porque evoca el conjunto de los países hispánicos (*Spanish food* suele querer decir platos mejicanos), y sin alguna aclaración no es seguro que se entienda como «español europeo», español de España. El americano no cualificado conoce algunos nombres geográficos españoles: Castilla (en algunos casos, este nombre hace pensar sobre todo en el *Castile soap*), Andalucía, Cataluña, los Vascos (algo muy vago); unas cuantas ciudades —Madrid, Barcelona, Toledo, Sevilla, Granada, Guernica— de las cuales nunca está muy seguro de si son puertos de mar. Un punto importante es que el americano medio sabe —pero de un modo inseguro— que España descubrió y colonizó América; de un modo inseguro, porque los franceses y sobre todo los inmigrantes italianos han tratado siempre de

confundir las cosas —*Latin America, Columbus Day,* etc.—;
es curioso que en los Estados Unidos, donde tantos millones
de americanos han nacido fuera del país, y si no ellos sus padres, haya podido prosperar la confusión sobre Colón, cuando
existe la fórmula clarísima para hacer entender su caso, y así
la propongo a todos los diccionarios: «*Columbus.—Spanish
Italian-born navigator,* etc.».

Los españoles suelen reírse o indignarse, según su temple,
cuando descubren este «desconocimiento» de lo español; un
breve examen de sus conocimientos sobre Polonia, el Irán,
Suecia... o los Estados Unidos eliminaría pronto la indignación y la risa; una averiguación de las ideas sobre España de
los franceses, ingleses o italianos los llevaría pronto a un sano
y general pesimismo.

Pero hay que hacer constar, por otra parte, que en los Estados Unidos existe una minoría increíblemente bien informa-
da acerca de España, que lee y suele hablar su lengua, que conoce su geografía, su historia y su literatura y, sobre todo,
siente un enorme, cordial, a veces entrañable entusiasmo por
lo español. Son los *hispanistas.* Pero hay que aclarar que no se
trata, como en los países europeos, de unas cuantas decenas
de profesores e investigadores que se dedican profesionalmente
al estudio de nuestras cosas, sino de los muchos millares de
estudiantes que siguen cursos de lengua, literatura y cultura
española en centenares de Universidades y *Colleges* de los Estados Unidos, en gran proporción sin especializarse en estas
disciplinas, en muchísimos casos sin ningún fin utilitario (no,
como se supone, para comerciar con la América española, porque esto se hace casi siempre en inglés). ¿Cómo es posible entonces que ese gran número de entusiastas conocedores de España no influyan sobre el país, no «destiñan» sobre él, no hayan conseguido que el americano medio esté familiarizado con
la figura de la nación española y su significación? Sin duda si
en Alemania, Inglaterra o Francia hubiese una minoría comparable a la que en los Estados Unidos conoce y estima España, esos países estarían impregnados de ella en proporción desconocida en América. Lo cual plantea un problema muy delicado sobre la estructura interna de los Estados Unidos: los
modos de irradiación de las minorías intelectuales y la publicidad o falta de publicidad en la vida americana.

Otros factores más inmediatos han perturbado el conocimiento de España. Uno es la tendencia a confundir lo español
con lo hispanoamericano. La mayoría de los «expertos» en
asuntos españoles están calificados así por su conocimiento de
la lengua, acaso por una residencia en la Argentina, Colombia
o Cuba. Ahora bien, aparte de hablar todos español, los espa-

ñoles y los hispanoamericanos se parecen en muchas cosas; pero *España,* como tal país, se parece poquísimo a los de la América española: su estructura, sus problemas, su historia, su población en conjunto, son profundamente diferentes. Se puede saber mucho de Hispanoamérica y casi nada de España, o viceversa.

Otro factor, aún más importante, es que todo lo que se piensa de España está referido, de un modo o de otro, a la Guerra Civil de 1936-39, cuyas consecuencias evidentemente persisten y constituyen, al cabo de más de veinte años, el fondo de la vida pública española. Esta guerra fue seguida por los americanos con extraño apasionamiento. Hubo, claro es, partidismo, pero algo más importante también: para muchos americanos, especialmente para los que entonces eran jóvenes, fue la guerra española su primer contacto personal con la historia, *their historical «coming of age»,* he dicho alguna vez. Algunos me han confesado que siguieron esta guerra civil con más emoción que la propia Guerra Mundial, en la que los Estados Unidos eran protagonistas. A pesar del partidismo, en la visión americana de la guerra civil española predominó lo positivo y cierta «idealización», la insistencia en «el pueblo que defiende sus libertades» o bien en «los salvadores de la civilización cristiana frente al comunismo», con hostilidad al otro bando, pero *no al país.* El libro de Hemingway, *For Whom the Bell Tolls,* por tantos conceptos admirable, sean cualesquiera las reservas que se hagan sobre él, explica lo que quiero decir; basta compararlo con otros libros extranjeros sobre la misma contienda. Ante esa actitud americana, un español con pasión pero sin partidismo no puede menos de reaccionar con simpatía y cierta gratitud.

Pero, si bien el entusiasmo y el interés son los únicos medios de comprender algo, la «idealización» es peligrosa: tiende a ajustar la realidad a un esquema, a perder de vista todo aquello que no encaja en él; y lo real es siempre más rico que los esquemas. Si se piensa en términos de «doctrinas» o de «posiciones ideológicas» o de «estructuras económicas», se corre el peligro de dejar fuera la sustancia misma de la vida, las motivaciones, a veces oscuras y no siempre lógicas, de la conducta humana. El pueblo español es poco utilitario; con esto no quiero decir que sea especialmente generoso o desinteresado, sino que antepone su pasión, su capricho o sus humores a su conveniencia. En el extranjero se suele pensar que los españoles tomaron partido en la guerra civil según les *convenía,* sobre todo económicamente; no fue así: en muchos casos abrazaron una causa contra su conveniencia personal, por entusiasmo o (lo que es peor) por antipatía y hostilidad a un determinado estilo, a veces a una retórica.

Creo que uno de los factores más influyentes en el desenlace de la guerra fue la «proletarización» del estilo y las costumbres que se trató de imponer en la zona republicana, por parte de los grupos marxistas y sindicalistas. No me refiero a la socialización de industrias, a la reforma agraria, a medidas económicas, incluso extremas, sino a cosas más inmediatas y aparentemente sin importancia. En España, por ejemplo, se ha saludado siempre diciendo «Buenos días», y se despide uno diciendo «Adiós»; se estrecha la mano al amigo o se quita uno el sombrero; es uso frecuentísimo el de la corbata; las personas desconocidas o de poca confianza se tratan de «usted». Pues bien, desde que comenzó la guerra, en 1936, se impuso, con una presión muy fuerte —a la que pocos resistieron— el saludar y despedirse diciendo «Salud»; se «debía» decir «mi compañera», saludar con el puño cerrado (en la otra zona, con el brazo en alto), en una y otro, llamar de «tú» a los «camaradas»; se miraba con malos ojos al que llevaba sombrero, y los viejos señores que lo habían usado durante cincuenta años y temían resfriarse se cubrían con una gorra o una boina; la corbata era sospechosa. (En la zona nacional, al descolgar el teléfono, en lugar del usual «Diga», se decía «¡Arriba España!», y se esperaba que se contestase «¡Arriba!»). Se dirá que nada de esto tenía demasiada importancia; creo lo contrario, que fue decisivo, porque introdujo, sobre todo en la zona republicana, una radical *incomodidad*. Las gentes que no pertenecían a la clase obrera se sentían «expulsadas» de su forma habitual de vivir, a la intemperie, desalojadas de su estilo, de sus usos verbales, de su personalidad. Esto no se soporta, no se acepta nunca. Se puede admitir una transformación de las instituciones, del régimen político, del orden económico; no se tolera el sentirse «ajeno», violento, fuera de casa, de la propia «instalación» en la que se hace la' vida. Son incontables los hombres liberales, demócratas, incluso izquierdistas políticamente, de ideas sociales muy avanzadas, que se convirtieron en los oficiales, los técnicos, los funcionarios, los diplomáticos del Gobierno de Burgos, porque en Madrid o en Barcelona se habían sentido «arrojados» de su forma de vida, de los pequeños usos cotidianos que la constituyen. Naturalmente, todo lo artificial, impuesto y no verdaderamente social pasa; los usos y las costumbres vuelven a imperar suavemente, enérgicamente; y las posiciones auténticas se restablecen, más allá de la pasajera adhesión insincera a otras que no se compartían. Pero en una coyuntura histórica aguda, esto no cuenta, y la decisión momentánea es irreparable. Esta es una lección que ni siquiera se olvida, porque no llega a aprenderse. Y valdría la pena.

Son hechos como estos los que explican buenas porciones de la historia, que de otro modo resulta incomprensible. A veces sorprende cierta «apatía» que se advierte en los españoles de este tiempo, una inercia que se prolonga tanto, que no se acaba de entender. Habría que tener en cuenta el cúmulo de decepciones y desilusiones que gravitan sobre el alma de cada español, y que en cierto modo obturan por sí solas su visión del futuro; en segundo lugar, el poder casi incontrastable que hoy tienen los instrumentos de control estatal, cuando se usan sin restricciones, porque les viene de la combinación de dos elementos: la fuerza y la organización; es decir, que es resultado de la cooperación de dos de las técnicas más eficaces de nuestro tiempo; y en tercer lugar, un carácter «psicológico» del español, que se suele echar en olvido y que me parece esencial.

El español ha sido siempre —y es todavía— uno de los hombres más fácilmente dispuestos a jugarse la vida; la historia entera de España lo atestigua. Pero tiene cierta pereza para jugarse algo que sea menos que la vida. Y la vida histórica consiste en jugarse constantemente algunas cosas, de menos importancia pero que, al arriesgarse, permiten el movimiento, la transformación, la libertad. El español «tarda» algún tiempo en decidirse a jugarse la vida —sobre todo cuando lo ha hecho con demasiado intensidad poco antes, cuando está un tanto cansado de hacerlo y un poco dudoso de que valga la pena—; ese tiempo que transcurre hasta la decisión final, acaso entonces inesperada, quizá ilógica o injustificada, tal vez desesperada, ese tiempo puede «aprovecharse», y así ha ocurrido históricamente muchas veces. Por esto en España no es frecuente el valor *civil,* cotidiano, lento, tenaz, mientras que es notorio el valor agresivo, bélico, violento e instantáneo. El español está dispuesto a jugarse la vida *de una vez,* pero no «a plazos», es decir, porciones de ella: un puesto, una ventaja, la comodidad, la «buena prensa», alguna seguridad, un privilegio.

Yo diría que la estructura personal del español se parece a la de los melocotones. Es esta una fruta delicada, que se corrompe fácilmente; pero tiene un grueso y duro hueso central, a prueba de todo, inquebrantable e incorruptible. El español puede corromperse, desmoralizarse, envilecerse, pero sabe que tiene siempre, como un hueso, un núcleo sano e intacto. Sabe que un día, cuando llegue la hora, echará mano de ese último núcleo y se portará como un hombre, se jugará la vida limpiamente. En algunos países, el hombre se corrompe hasta la raíz, y cuando lo ve así y lo encuentra irremediable, no lo puede soportar y se pega un tiro. En España no ocurre así, y a última hora cada uno se siente tranquilo y no desesperado, porque al llevarse la mano al pecho siente la dureza intacta de ese centro, como una moneda de oro que siempre se puede gastar. Esto es, en cierto sentido, admirable, y me parece una de las grandes virtudes de esta vieja raza, que a pesar de sus esfuerzos nunca ha conseguido destruirse ni decaer enteramente. Pero, como todo lo humano, es ambiguo: da al español cierta tranquilidad para corromperse, porque sabe que nunca es del todo; como la esperanza en el perdón da cierta tranquilidad para pecar. El español se envilece hasta cierto punto, quizá innecesariamente, contando con que podrá volver atrás, que en su día todo tendrá remedio y podrá mirarse otra vez al espejo sin enrojecer. Es esta, sin embargo, una especulación peligrosa, como lo es la de Don Juan, que aventura su salvación a cada instante, contando con un mañana siempre pospuesto: « ¡Largo me lo fiáis! ».

Apoyado en este reducto de su persona, en esa «sorprendente, casi indecente salud», que Ortega y Gasset advirtió al volver a España, después de nueve años de ausencia, en 1945, el español vive su vida privada —la única que tiene—. Y esa vida tiene intensidad y sabor —no siempre bueno—. Una vez dije en una conferencia en Madrid: «Cuando vuelvo a España después de una de mis frecuentes ausencias, largas o cortas, todo me hace buena impresión: el cielo, el paisaje, las ciudades, la gente; todo, hasta que abro un periódico». La gran riqueza de la vida española es el trato humano, la proximidad, facilidad, frecuencia e intensidad que tiene; es la conversación libre, espontánea, vivaz, que brota por todas partes; es el uso del tiempo, su goce, la intensidad del trabajo —hoy en España algunos no trabajan, o muy poco, pero muchos trabajan enormemente, sobre todo los profesionales distinguidos— y también el arte y acaso la elegancia de saber perder el tiempo —lo que, si no me engaño, es, en fin de cuentas, una excelente inversión.

Un día, reflexionando sobre los Estados Unidos, descubrí de repente lo que me parece la diferencia más profunda entre el español y el americano —que, por lo demás, tienen tantas cosas en común, sobre todo la cordialidad y la capacidad de contacto *person-to-person,* que pueden entenderse tan bien—: mientras el americano proyecta a *distancias medias* —que son las de la cooperación y la actividad social—, el español proyecta a *distancias extremas*: para esta misma tarde o para toda la vida. Por esto la sociedad americana es próspera y estable, y la española inquieta y desordenada; pero por eso también la vida individual es en España particularmente sólida y resistente, mientras que en América está sujeta a sorprendentes fallos y *maladjustments,* y en ocasiones carece de un sabor y un atractivo que en España, a pesar de tantas cosas, nunca le falta.

Pero se dirá que cómo es eso posible; que la vida, para ser vividera, para tener intensidad, sabor y verdad, requiere, como condición inexcusable, libertad. Nadie está más persuadido de ello que yo; creo que la vida humana es intrínsecamente libre, consiste en libertad. Pero es esto algo bastante complejo. Y no es lo mismo *tener libertad* que *ser libre.* Se dirá —y se dirá bien— que sin tener libertad no se puede ser libre. Pero yo añadiría que sin tener libertad no se puede ser *plenamente libre,* y que, por otra parte, siempre se tiene *alguna* libertad. En todo caso, la que uno se toma: la libertad no es tanto algo que «hay» como algo que «se hace», y se hace ejercitándola en la medida de las posibilidades. En España, por parte de algunos, se hace así. En España, me atrevo a asegurarlo, existen y viven y actúan y escriben algunos de los espíritus más libres de Europa.

No he dicho que vivan cómoda ni seguramente; he dicho sólo que son libres y que lo son en su país, con los treinta millones de españoles para quienes no ha cabido otra posibilidad histórica que hacer su vida en el país que es su patria y su destino. (Tomadas las cosas en toda su magnitud histórica, la emigración, que puede ser dolorosa y meritoria, es al mismo tiempo un «privilegio», un «lujo» de exiguas minorías, fuera del alcance de los pueblos; y *uno* de los deberes para con ellos es no dejarlos solos.)

Por eso puede haber *escritores* en España, y no solo «hombres que escriben», según la distinción que he esbozado en mi último libro: «cierta inseguridad económica es muy probablemente condición de esa clase de volátiles, al menos de su constitución y génesis, podríamos decir de su 'cría'. También, por supuesto, la independencia; no quiere decir esto que en ocasiones el escritor no se 'venda'; pero, primero, se vende *después de existir,* una vez que se ha hecho —independientemente— escritor; y, segundo, *se* vende, es decir, ejecuta un acto independiente más, aunque sea inverecundo, y la mercancía que enajena es precisamente esa independencia que hasta el momento poseía; dicho en otros términos, que esa especie de pájaro no se cría en cautividad, y a lo sumo puede un día decidir entrar en jaula por su pie.» (*Ortega. Circunstancia y vocación,* Madrid, 1960, pág. 340.)

El hecho de que en España haya *escritores* —y no solo «hombres que escriben», incluso algunos que lo hacen al dictado— debiera dar que pensar a los que propenden a soluciones demasiado simples. No hay muchos, ciertamente, y los desmayos los acechan en todas las esquinas; pero existen, y son el reflejo de esa vida real, no solo intelectual y literaria, que es el subsuelo en que esta hunde sus raíces.

Se ha llamado a las regiones tropicales «países sin invierno»; algunos americanos demasiado ingenuos han podido ser persuadidos de que España es un país más extraño aún: un país sin futuro. Otros, interesadamente, tratan de convencerlos de que el futuro de España es... su pasado, y cuando se ponen a imaginar vuelven los ojos a 1936 (!). De esa fecha, que no puede volver, ya sabemos lo que salió. Al entrar en el sétimo decenio del siglo xx importa mirar hacia adelante y *distinguir*. «A distinguir me paro las voces de los ecos», decía nuestro gran poeta Antonio Machado. Hay que distinguir entre lo muerto y lo vivo, entre lo falso y lo sincero, entre lo que es real y lo que, como decía Quevedo, pareciendo que existe y tiene ser, no es más que un vocablo y una figura. Históricamente, hay que apostar por una u otra cosa. Y cuando se ejerce en el mundo una *leadership,* como la que, no sin *reluctance,* corresponde hoy a los Estados Unidos, no se tiene derecho a equivocarse.

Se habla mucho, aquí y fuera de aquí, de los problemas de España. Yo creo que no son muy graves. Dado el desarrollo técnico y las potencialidades del mundo actual, dada la escala universal en que todo se plantea, los problemas españoles —económicos, sociales, administrativos— son menores y fácilmente superables, con un poco de esfuerzo, acierto y una ayuda que no faltaría. El único problema grave de España es el de ella misma. Quiero decir salvar su *concordia,* tantas veces rota y siempre amenazada; respetar la multiplicidad de elementos —regiones, grupos sociales, intereses, opiniones— de que su *unidad* se nutre, sin intentar sustituir una unidad viviente por un inerte bloque monolítico; abrirle el *futuro,* que es reino de *libertad*.

La vitalidad de España se revela a cualquiera que, con alguna experiencia de pueblos, ponga la mano sobre su corazón. Sus posibilidades latentes me parecen grandes, pero en grave riesgo de desvanecerse y malograrse para lo que resta de siglo. El crédito no es solo cosa de economía; a los países hay que concederles también *crédito histórico.* Si se acierta, puede resultar una maravillosa inversión, como solo suelen serlo las desinteresadas; si se yerra, lo que se pierde es más que dinero: posibilidades históricas. Pero, como cuando se trata de economía, el crédito solo debe concederse a quien lo merece, no a quien lo pide. La experiencia de los últimos quince años ilustra sobradamente lo que quiero decir.

Se acusa en Europa a los Estados Unidos de ingenuidad, torpeza y desconocimiento de los problemas, de incapacidad para el mando y hasta para la orientación de un mundo muy complejo. Creo que la política exterior americana ha cometido considerables errores, aunque no tantos como se dice, y sobre todo no los más graves que, en circunstancias tan difíciles, hubiera podido cometer; han sido, además, hasta ahora errores *reparables*. Pero me parece justo señalar un formidable acierto, de magnitud muy superior, y que no es político ni afecta primariamente a los gobiernos, sino a algo más hondo e importante: la sociedad americana. Y este acierto es doble: una generosidad de la que, sencillamente, no hay otro ejemplo en la historia, y la convicción de que para que les vaya bien a los Estados Unidos tiene que irles bien a los demás países; lo cual me parece otra innovación decisiva.

El día que estos principios americanos tengan plena eficacia en la vida pública de los Estados Unidos, sentiré confianza en que algunas altas posibilidades históricas con que sueñan unos cuantos españoles no sean sofocadas; en que a fin de siglo no haya que hablar melancólicamente, una vez más, de «la España que pudo ser».

3. Una psicología del español [1]

Don Ramón Menéndez Pidal acaba de publicar una introducción a la *Historia de España* que edita bajo su dirección Espasa-Calpe. Esta introducción se titula *Los españoles en la Historia,* y lleva como subtítulo «Cimas y depresiones en la curva de su vida política». A una edad que en otros es senectud, Menéndez Pidal nos da un estudio admirable, vivaz, alerta, escrito con singular belleza, en clara y noble prosa. Usa de su inmenso saber con una elegancia que es lo contrario de la erudición: porque complace y porque es fértil. Y tiene la serena y segura, impávida firmeza del intelectual auténtico, entregado a la faena del enunciar las verdades que ha descubierto o comprobado, dócil a las cosas; esa firmeza que pone un punto de dureza adamantina en el carácter más apacible y es la forma concreta que reviste lo que llamamos autoridad intelectual.

Pero, además de esto, la «Introducción» de Menéndez Pidal suscita problemas en casi todas sus páginas e incita al diálogo, incluso a la viva discusión de algunos puntos esenciales; porque este pórtico antepuesto a lo que va a ser nuestra «Grande y general Historia» es cualquier cosa menos «indiscutible», adjetivo que suele encubrir, como una lápida, diversas formas de muerte, desde la vaguedad sin compromisos hasta la abstracción desrealizada. Sería deseable que los españoles devolvieran un eco suficiente de estas claras palabras del gran filólogo acerca de su destino histórico: por eso voy a recoger aquí algunas de sus resonancias marginales.

Se pueden distinguir en el estudio de Menéndez Pidal tres temas: el primero es un esbozo del carácter de los españoles, una psicología del español como modo de comportarse en la

[1] En *Revista de Psicología general y aplicada,* 1947.

historia; el segundo, una interpretación de la historia misma de España; el tercero —que no está tratado en sus páginas, sino que es su resultante problemática— es la cuestión de las relaciones entre los anteriores; es decir, el problema de la posibilidad de que una determinada contextura psicológica funcione, dentro de ciertos límites, como una invariante a lo largo de la historia. Quisiera decir en esta breve nota algunas palabras sobre el primero de estos temas.

* * *

Lo más discutible del estudio de Menéndez Pidal son sus primeras líneas, el supuesto de que parte, y que se remonta en definitiva a la tradicional concepción naturalista de la historia, a la que difícilmente han escapado incluso sus más geniales teóricos, los que, en un largo esfuerzo, han ido evadiéndose de ella para conocer la irreductible peculiaridad de lo histórico, desde Voltaire hasta Spengler o Rickert, pasando por Hegel y Comte [2]. «Los hechos de la Historia —escribe Menéndez Pidal— no se repiten, pero el hombre que realiza la Historia es siempre el mismo. De ahí la eterna verdad: *Quid est quod fuit? ipsum quod futurum est;* lo que sucedió no es sino lo mismo que sucederá: lo de hoy ya precedió en los siglos. Y el consiguiente afán por saber cómo es cada pueblo actor de la historia; cómo, dada su permanente identidad, se comporta en sus actos, fue sentido por los hombres de todos los tiempos.»

Pero ni siquiera este supuesto actúa demasiado, porque Menéndez Pidal tiene buen cuidado, ya en la página siguiente, de introducir atenuaciones decisivas, procedentes de su fidelidad a la realidad histórica misma. «Toda cualidad —advierte— es bifronte, raíz de resultados positivos o negativos según el sesgo que tome y la oportunidad en que se desenvuelve.» Y agrega: «Aun los caracteres de más permanencia no obran necesariamente, pues el que aparezcan en la mayoría de un pueblo no quiere decir que determinen siempre la acción, ni que en circunstancias especiales no puedan quedar relegados a minoría. Además, el que los veamos mantenidos a través de los siglos no significa que sean inmutables. No se trata de ningún determinismo somático o racial, sino de actitudes y hábitos históricos que pueden y habrán de variar con el cambio de sus fundamentos, con las mudanzas sobrevenidas en las ocupaciones y

---

[2] Cfr. mi *Introducción a la Filosofía*. Acerca del problema de la Historia, en el que aquí no puedo entrar, remito a algunos pasajes de ese mismo libro: cap. III, «Verdad e historia»; cap. IV, «El método» («La triple función de la historia»; cap. V, «La razón»; cap. X, «La vida histórica».

preocupaciones de la vida, en el tipo de educación, en las relaciones y en las demás circunstancias ambientales.»

¿Qué quiere decir esto? A mi entender, algo estrictamente verdadero: esas cualidades, esos caracteres, a pesar de cierta posible «permanencia», no constituyen en rigor una *naturaleza* invariable, que fuese raíz de la historia; en muchos casos esos caracteres son efectivos «hábitos históricos», es decir, se han constituido en la historia, y el pueblo que los posee *ha llegado* históricamente a ellos; en todo caso, aun en el extremo de que tengan una índole «natural», no son sino *ingredientes* naturales —como los que constituyen lo somático o lo geográfico— de la realidad histórica, que es propiamente lo que el hombre *hace* con todos los ingredientes de que dispone, y de ahí que su *función* histórica efectiva pueda ser muy distinta y aun oscilar entre términos opuestos, según cuales sean las «ocupaciones y preocupaciones de la vida» en que consista en cada momento la sustancia de la historia.

El pueblo español, por lo menos desde cierto nivel cronológico, se encuentra con un repertorio de caracteres, determinaciones naturales o hábitos históricamente adquiridos, que constituye uno de los componentes de su circunstancia, uno de los recursos con que cuenta para vivir, y a la vez uno de los datos que condicionan sus posibilidades históricas; dicho con otras palabras, existe una psicología del español, que este tiene que *usar* históricamente y que al mismo tiempo determina ciertas propensiones en su comportamiento. ¿Cuáles son, según Menéndez Pidal, los rasgos esenciales de esa psicología?

* * *

Los tres caracteres capitales que Menéndez Pidal descubre en el español son la sobriedad, la idealidad y el individualismo. Pero estas denominaciones, a primera vista simples, encubren realidades muy complejas. En cuanto a la sobriedad, Menéndez Pidal recuerda el viejo testimonio de Trogo Pompeyo, que caracteriza al español por la *dura omnibus et adstricta parsimonia;* y desde entonces, en efecto, el español se contenta con poco; vive con sencillez; soporta las inclemencias y las privaciones; mantiene su rendimiento en circunstancias en que los hombres de otros pueblos se consideran por debajo del mínimo indispensable de recursos, alimentación o comodidades. Menéndez Pidal señala el estilo estoico de esta actitud, y recuerda el innato senequismo de los españoles y a la vez el matiz español del estoicismo de Séneca: el *sustine et abstine* tiene en nuestro país una vigencia dos veces milenaria. Esta sencillez tiene como reverso un «chocante descuido» en muchas formas de la vida. La falta de refinamiento y comodidades habituales, los hospedajes inhospitalarios, la mesa tosca y parca, la carencia general de esmero y primor. ¿Cuál es la raíz psíquica de esta doble tendencia española?

Yo creo que estriba principalmente en una falta de deseos, característica de un tipo psicológico escasamente imaginativo. No sé si ha sido subrayado un hecho menudo, pero de clara significación, de nuestra vida cotidiana. La inmensa mayoría de los españoles realiza una función profesional ajena a su íntima vocación; es notoria la predilección por los trabajos incualificados y monótonos, pero estables; por los cargos burocráticos oficiales; el español medio lo que quiere es tener una «colocación» —palabra expresiva, palabra tremenda—. Pues bien, la jornada de trabajo de esos españoles que trabajan en un taller o una oficina suele durar siete horas, ocho como máximo; pero su horario —comienzo tardío, larga interrupción a la hora de comer— hace que ocupe prácticamente el día entero; al español no le queda tiempo «para nada». Pero esto quiere decir que no desea hacer nada, que no siente el tirón de apetencias distintas, sean cualesquiera —la jardinería o el baile, los espectáculos o la lectura, el estudio o el cultivo de un arte, el deporte o el coleccionismo—. De ahí también la perplejidad del español en vacaciones: después de quejarse de «no tener tiempo para nada», se encuentra en la situación embarazosa de «no tener nada para el tiempo».

La falta de refinamiento y deleites de la vida habitual hace que sea menor la distancia entre ella y las penalidades de la guerra o las situaciones anómalas; por esto el español está más dispuesto que otros pueblos a perder su modo normal de vivir, e incluso la vida misma; la deficiencia de su representación imaginativa del futuro le hace también medir sólo muy en parte las consecuencias de sus acciones, y por eso se embarca despreocupadamente en empresas arriesgadas; de ahí, por último, el constante predominio entre nosotros del tipo del aventurero, con su innegable gracia vital y su limitación —recuérdese la maravillosa caracterización de Ortega en el prólogo a las *Aventuras del capitán Alonso de Contreras,* ejemplar máximo de la especie—. Y esta es igualmente la raíz de esa imprevisión española que recuerda Menéndez Pidal, en su doble faz, la «contemplativa», que espera a que los hechos adversos sean consumados e irremediables, y la «activa», que lleva a acometer sin preparación y con admirable empuje empresas casi imposibles, como la exploración del Amazonas y una enorme porción de la conquista y colonización de América.

En conexión con esta sobriedad pone Menéndez Pidal el desinterés en el orden económico. La generosidad es frecuente en el español, individual y aun colectivamente. No se antepone el cálculo de pérdidas y ganancias a consideraciones de otro orden. Menéndez Pidal insiste en las consecuencias de este hecho para la economía española de todos los tiempos; el descuido del trabajo productivo, de la industria y el comercio, el contentarse con los primeros resultados, que satisfacen las necesidades más apremiantes, la imprevisión del mañana; de ahí la esterilidad del oro de las Indias, que cruzaba España sin provecho, para ir a manos de los genoveses y otros extranjeros, en cantidad bastante para «inundar de moneda castellana a Europa hasta Constantinopla».

Esto hace que cuantas veces se crea poder contar con los españoles manejando su interés o conveniencia, se yerre. El español toma una posición determinada, no porque sea la que le reporta más ventaja, sino porque le gusta, la prefiere o se siente adherido a ella —con frecuencia, también, porque se opone a la de otros grupos o es dañosa para estos—; incluso los núcleos políticos o sociales que han proclamado —casi siempre por mimetismo de otros núcleos extranjeros, de pueblos en que la conveniencia decide— perseguir ventajas económicas, en realidad han buscado otras cosas primariamente —el poder, la afirmación de un tipo humano, la sumisión de otros grupos sociales enemigos— y han pospuesto siempre que ha sido necesario la prosperidad económica; los ejemplos, incluso recientes, están en la memoria de todos.

En la vida individual sucede lo mismo. Para bien y para mal, los resortes de la conveniencia económica son secundariamente eficaces entre nosotros. Sin embargo, habría que hacer una salvedad. Y es que en estos últimos años se está produciendo una evidente intensificación de la tendencia iniciada en el último siglo hacia una mayor estimación de los bienes materiales, del refinamiento y el lujo, y, por consiguiente, hacia la prioridad de lo económico. Todavía es pronto para suponer una alteración sustancial del carácter español en este punto; pero me parece inexcusable señalar la tendencia, que es la clave de muchos aspectos, positivos y negativos, de nuestra vida actual.

Menéndez Pidal pone en conexión con el desinterés otra dimensión del carácter español: el *sosiego,* que en el siglo XVI fue la admiración de Europa. Pero ese sosiego tiene, por supuesto, doble faz: es la serenidad en la acción, la mesura elegante, que no se embala en el triunfo ni se rinde a la suerte adversa; es también la apatía, la inacción, la ausencia de resortes; no ya el desinterés, sino la falta de interés; en suma, los dos sentidos del *no importa de España*: animosos frente a los trabajos, «no importa»; desanimados ante el trabajo, «no me importa». Y esto trae consigo la extraña capacidad del español

para la *vita minima*: cuando las circunstancias de cualquier
índole se hacen tan adversas que apenas se tiene nada, que
apenas se puede hacer nada, el español sigue viviendo; no solo
esto, sino que sigue esforzándose; más aún, conserva una ejemplar dignidad en la situación inverosímil, un sosiego que el extraño no suele entender. Pero es grave esta maravillosa capacidad de los tiempos inclementes, porque el español se aviene
con demasiada facilidad a esa *vita minima* y olvida que la vida
consiste precisamente en vivir más, en trascender de sí propia,
en interesarse por todo lo que encuentra en su horizonte.

También deriva Menéndez Pidal de la sobriedad otro tipo
de cualidades, cuya interna complejidad plantea algunos problemas. «La sobriedad —escribe— es altamente igualitaria.»
«Prescinde —añade— de accidentales o secundarias distincio-
nes.» De ahí la repugnancia de los españoles por la esclavitud,
la idea de igualdad de las razas, el mestizaje, la catequesis religiosa y cultural de los indios. Por otra parte, la «nivelación
de las categorías y clases sociales», la llaneza de los altos, la
dignidad y orgullo de los inferiores. Pero la cuestión estriba
en saber qué es accidental, primero; y en segundo lugar, en
precisar el matiz de ese igualitarismo. Porque no se puede olvidar el tono con que se ha repetido, una vez y otra, que
«nadie es más que nadie»: si en alguna ocasión se ha reconocido
con esa frase la última dignidad del hombre por serlo, o su
igualdad religiosa ante Dios, la mayoría de las veces ha significado una corrosiva negación de las jerarquías, una resentida
hostilidad a lo egregio, en nombre de lo inferior.

Algo análogo ocurre con el apego a lo tradicional y la aversión a lo nuevo. En el terreno de la cultura, el español tiene,
dice Menéndez Pidal, «una sobriedad de gustos, apetencias y
aspiraciones»; «satisfecho con lo suyo antiguo, con lo de
siempre, no se ve muy incitado a buscar satisfacciones nuevas»;
y señala el matiz peyorativo adscrito —hasta en la fría defini-
ción léxica de Covarrubias— a la palabra *novedad,* que un dicho antiguo llega a identificar con *no verdad.* Pero hay que
observar dos cosas. La primera, que Menéndez Pidal tiene muy
en cuenta, es que esta actitud no es en rigor tradicionalista,
sino misoneísmo; si se mira bien, la actitud que en España
suele invocar el pasado y la tradición se alía a la insolidaridad
más radical con ese mismo pretérito, salvo alguna fugaz etapa
de él; se repudia, en primer lugar, el pasado inmediato; se
continúa con la eliminación del siglo anterior, que a su vez
arrastra al que lo antecede, para ir a fijarse, por último, en un
solo siglo —de los Reyes Católicos a Felipe II, por ejemplo—;
y si la repulsa concreta no se remonta también a las épocas
anteriores, es por la nebulosidad con que se presentan indife-

renciadas a los ojos de la mayoría. Es decir, lo que se llama «la tradición» viene a convertirse en la excepción; la hostilidad a las innovaciones resulta en definitiva absoluta insolidaridad con casi toda la historia. Esta insolidaridad se manifiesta también en formas que no son temporales; Menéndez Pidal insiste en el localismo, y recuerda la indiferencia con que el español ha sentido sucesos lamentables, simplemente por haber ocurrido en otra comarca; recuérdese la actitud con que suele desentenderse y desligarse de los desmanes, por graves y profundos que sean, tan pronto como piensa que han sido cometidos por una fracción nacional hostil. La segunda observación se refiere a la fecha de ese misoneísmo. ¿Es un carácter «permanente» del español? Hay grandes épocas en que no ha existido o no ha predominado: en la Edad Media o en el Renacimiento sería difícil considerarlo dominante; su triunfo pleno coincide con el reinado de Felipe IV, en que los españoles trazan —o completan, para ser más exactos— lo que Valera llama su «muralla de la China» y ejemplificaba en Quevedo o Saavedra Fajardo; es cuando acontece ese hecho histórico tremendo que Ortega ha llamado «la tibetanización de España».

Un segundo grupo de caracteres es reunido por Menéndez Pidal bajo la rúbrica *idealidad*. Y ante todo, la pronta disposición a la muerte: *animi ad mortem parati* —decía ya de los hispanos el perspicaz Trogo Pompeyo—. Vista negativamente, esa disposición implica su desdén a la vida, frecuente en el español, y cuyas raíces se encuentran parcialmente en la sobriedad antes estudiada; de otro lado, habría que señalar la falta de imaginación que esquematiza la muerte e impide «realizarla», anticiparla o previvirla imaginativamente. Pero, si miramos las cosas por su haz positiva, hay que preguntarse por qué otros bienes está dispuesto el español a morir; y aquí interviene la mudanza histórica. Menéndez Pidal recuerda la persistencia del anhelo de fama, de honra: *Muera el hombre y viva el nombre*. Pero este afán de inmortalidad en el recuerdo se concreta y eleva, en los mejores momentos de nuestra historia, hasta convertirse en el anhelo de la vida perdurable, en sed de inmortalidad personal y religiosa. «Venga ya la dulce muerte con que libertad se alcanza», decía el doctor Villalobos.

Esta religiosidad española, hondamente arraigada —durante mucho tiempo en la casi absoluta totalidad del país, en otras épocas en núcleos mayoritarios o muy amplios—, ha remediado en parte la dificultad del español para entender los intereses colectivos, por ejemplo benéficos o de asistencia, y ha influido favorablemente en la moralidad. Pero Menéndez Pidal advierte una «chocante oposición», consistente en que «en épocas de gran exaltación religiosa, por ejemplo, en las reacciones fernandinas de 1814 y 1823, el español que siente vivificado su sentimiento nacional por la religión, concibe esta de tal modo que no logra recibir de ella moderación misericordiosa en las crueles represiones partidistas, ni principios de probidad en la administración del Estado».

El tercer rasgo capital de la psicología española que traza Menéndez Pidal es el *individualismo,* entendido como sobrestima de la individualidad, propia o ajena, y deficiente solidaridad social e incomprensión de lo colectivo. Esto afecta a «los dos principios cardinales de la vida colectiva: la justicia que la regula y la selección que la jerarquiza».

Hay una constante preocupación por la justicia en toda la literatura española; «en la vida histórica, todo periodo de auge se distingue por una vigorización de la justicia, y lo contrario en las épocas de decaimiento». Menéndez Pidal compara la época de Enrique IV con la de los Reyes Católicos y recuerda las Leyes de Indias. Pero señala también que el individualismo provoca una falta de respeto a la ley y una primacía de la consideración particular. Cabría, sin embargo, pensar que los españoles hayan sentido con demasiada frecuencia falta de confianza en su Estado y en la justicia oficial; y el impulso justo de corregir esta ha sido aprovechado en momentos de desmoralización nacional para introducir la norma habitual del incumplimiento de las leyes.

Por último, Menéndez Pidal centra una forma particular de la oposición entre justicia y arbitrariedad en la dualidad benevolencia-invidencia. «La generosa estima pudiera personificarse en Cervantes»; «esa estimación benevolente del mundo tiene por reverso la invidencia, falta de perspicacia, ceguera intelectual que no es capaz de percibir el valer de los otros, sino sólo el propio, y que las más veces se apasiona degenerando en envidia, aversión hacia las excelencias ajenas, reacción promovida por el dolor de la propia inferioridad». «El fuerte individualismo y el débil sentido de la colectividad hacen que la envidia desborde en España.» Y agrega: «Toda historia de hombre insigne español ha de ocuparse de esos entorpecimientos de la envidia.» Menéndez Pidal ejemplifica históricamente su tesis, desde el Cid, e insiste en la fabulosa mejoría de la vida española que tuvo una de sus causas principales en la clarividente selección de los Reyes Católicos, sobre todo de Isabel. «Toda la vida de esta reina fue un perpetuo escogimiento, escrupuloso y esmerado.» Según el testimonio de Antonio Agustín y de Galíndez, la reina o los dos reyes «para estar más prevenidos en la elección de personas, tenían un Libro, y en él memoria de los hombres de más habilidad y mérito para los cargos que vacasen». Pero este triunfo de la selección sobre la invidencia fue efímero: «Todo gobernante invidente —comenta Menéndez Pidal— tiene también su libro, pero piensa que abundando de sobra los pretendientes, entre ellos hay bastante donde escoger, y sólo procura que el libro sea registro de personas desafectas y vitandas, para rechazarlas si pretenden.»

Y, en efecto, todavía Carlos V, siguiendo una petición de las Cortes de Valladolid de 1537, mantuvo ese libro con el criterio recto de sus abuelos; en Felipe II la selección se alía ya con la invidencia, y desde entonces esta predomina, con fugaces eclipses, en la vida española, cuya historia se podría escribir en buena parte al hilo de ella. Pero con esto, Menéndez Pidal sale de su primer tema —la psicología del español— para entrar en el segundo: la interpretación de la historia de España.

Importa retener, sin embargo, una cosa: el carácter *esquemático* y abstracto de esa psicología, cuya concreción real tiene carácter *histórico*. Y en este hecho radical podemos fundar nuestras esperanzas nacionales: lo decisivo es *lo que hagamos* con ese carácter, con esa psicología con la que nos hemos encontrado; dicho con otras palabras, lo más profundo de nuestra realidad, por debajo de todos los caracteres «dados» —naturales o históricamente adquiridos en el pretérito—, está en nuestras manos.

4. El español Cervantes y la España cervantina [1]

*«Español sois sin duda. — Y soylo, y soylo,
lo he sido, y lo seré mientras que viva,
y aun después de ser muerto ochenta siglos.»*

(Miguel de Cervantes: *«La gran Sultana».*)

1

Hay un río lento que cruza la meseta de Castilla la Nueva; se llama el Henares. La tierra es llana, sembrada de cereales, cruzada de caminos que se pierden muy lejos en el horizonte. Hay un cerro que sobre ella resulta imponente, áspero, impresionante, que en invierno se corona de nieve, batido por todos los vientos; en lo alto una pequeña villa, Los Santos de la Humosa, rematada por una fuerte iglesia a cuyos pies se acurruca el cementerio: una imagen dramática que contrasta con la placidez de la campiña. Cuando se pone el sol en esta tierra de Alcalá de Henares, en las tardes de invierno, las ramas desnudas de los álamos se recortan sobre el cielo enrojecido, y el globo de fuego oscuro palidece en el vago reflejo del camino.

La ciudad no es grande; ha sido recoleta y tranquila largos siglos. Un día —cuarenta años antes— ha caído sobre ella un torbellino: el Cardenal Cisneros ha fundado una Universidad. Han llegado maestros de todas partes; estudiantes traviesos y llenos de picardía, que llenan las aulas, los colegios mayores, las posadas, las riberas del Henares; en las paredes, inscripciones latinas; bajo las ventanas de las doncellas, guitarras y canciones; pendencias con los corchetes del arzobispo de Toledo, el áspero y seco Cardenal Silíceo, maestro de Felipe II. Se estudia medicina, lenguas clásicas y orientales; la Universidad de Alcalá es joven, renacentista, innovadora; la teología y el derecho, que se cursaban sobre todo en las Universidades medievales, van cediendo a las nuevas disciplinas. Las prensas han ido fundiendo y componiendo los tipos latinos, griegos,

[1] 1966.

53

hebreos, caldeos de la Biblia Políglota Complutense. Ahora estamos en 1547; el Emperador Carlos V está ganando en tierras de Alemania la batalla de Mühlberg; acaba de morir Hernán Cortés, el hidalgo extremeño que ha dado otro imperio, el de México, a la Corona española. El día 9 de octubre es bautizado un niño que se va a llamar Miguel, «hijo de Rodrigo de Cervantes e su mujer doña Leonor». ¿Quién es Miguel de Cervantes? Desde entonces hasta el 23 de abril de 1616 va a contestar a esta pregunta, va a dar una significación a este nombre.

* * *

El niño Miguel lo va mirando todo con ojos alegres y curiosos. Sus pasos caprichosos, vacilantes, indecisos, lo llevan por todas partes: ha empezado a andar y a mirar, y no dejará de hacerlo hasta la muerte: siempre preferirá el camino a la posada. Pero ahora ya no pisa los duros guijarros de Alcalá ni las riberas del Henares. Está en Valladolid, la ciudad más grande de Castilla la Vieja, que ha sido Corte y volverá a serlo, que espera ser la Capital de España cuando los Reyes se cansen de andar de una ciudad para otra, haciendo un palacio, con unas pieles y unos tapices y unas tablas flamencas o castellanas, de cualquier alcázar morisco o castillo cristiano.

El padre de Miguel es un cirujano sordo y de mala suerte, con poca habilidad para los negocios de esta vida; tiene más hidalguía que dinero, muchos hijos y pocos clientes; las deudas crecen, y a veces lo llevan a la prisión; cuando tiene un poco de dinero, lo presta a un amigo que no lo devuelve. Pero Miguel sigue mirando las cosas. Ahora va por la Plaza Mayor, por la acera de San Francisco, llega hasta la sombra larga de la torre románica de la Antigua; se para frente a la fachada plateresca de San Pablo, y se queda embebecido con las historias que cuenta la piedra tallada; se asoma al patio de San Gregorio, y quizá descubre que la armonía devuelve a la complicación una inesperada, desnuda sencillez. Y ahora, ¿por qué se detiene de pronto, por qué se inclina, curioso, hacia el suelo? Hay un papel roto abandonado en la calle, y está escrito; Miguel lo recoge, lo levanta hacia la luz, lo lee mientras sigue andando: son los versos de un romance que no termina y se queda temblando en una rima, acaso una historia sin principio ni fin, que llama y se va, que no se entiende. La imaginación se le dispara a cualquier lejanía; ahora son solo sus pies los que van por las losas de la vieja ciudad, por las orillas del manso Pisuerga, que busca sin prisa el Duero entre pinares.

La ficción se mezcla sin duda con la historia, sin que Miguel sepa muy bien distinguirlas. A los siete años ha podido oír hablar de las aventuras de otro niño, Lazarillo de Tormes, el pícaro sin resentimiento, que acaban de imprimirse; cuando cumpla los nueve, la historia real y maravillosa, que parece cuento, del Emperador, dueño de medio mundo, que renuncia a su corona y se retira a morir, rodeado de relojes, al monasterio de Yuste. Ya no es Carlos V el soberano de España; ya no va a haber colores en la Corte; el rey irá «siempre de negro hasta los pies vestido»; se reforzará la «gravedad española», aquella serenidad y sosiego que fue ejemplo de Europa; pero con Felipe II entra en España un viento frío que va a apagar muchos ardores.

Empieza la rigidez en la vida española: en 1559, Don Fernando de Valdés, Arzobispo de Toledo, Inquisidor general, publica el *Index librorum qui prohibentur,* el primer catálogo de libros que no se pueden leer; se prohíbe a los estudiantes frecuentar las Universidades extranjeras, con pocas excepciones; el Arzobispo de Toledo, Bartolomé de Carranza, teólogo de Trento, es procesado por la Inquisición, sospechoso de haber sentido alguna transigencia frente a los protestantes. En Sevilla y en Valladolid hay brotes de luteranismo —o tal vez se llama entonces así a la inquietud, la innovación, el descontento—: teólogos, abogados, monjas, damas, muchachas apasionadas, sabedoras de griego y latín; se encienden las hogueras, cuyo resplandor pudo llegar a los ojos inocentes de Miguel de Cervantes.

En 1564, mientras pasan grandes cosas de las que Miguel no se entera —termina el Concilio de Trento, nace en Inglaterra William Shakespeare, en Italia Galileo—, le ocurre nada menos que irse a vivir, con toda su familia, a Sevilla.

Tiene Miguel diecisiete años. Cuando escucha este nombre, cuando se pone la mano en el pecho para decir «yo», ya empieza a adivinar de quién se trata. No podría decir quién quiere ser, pero lo está queriendo, y siente que es él quien tiene que elegirlo. Va a cruzar una extensa porción de España; siempre ha vivido en Castilla; ahora, en un lento viaje del siglo XVI, de aquellos que llenarán lo mejor de su obra, baja de Castilla la Vieja a la Nueva, cruza la Sierra Morena, penetra en la tierra andaluza. Caminos polvorientos, trajinantes, arrieros, posadas destartaladas con más picardía que hospitalidad, damas de viaje con espesos velos, capitanes de Flandes o de Indias, frailes, doncellas, mozas del partido. Hay que imaginar lo que debió ser para Cervantes la primera visión de Andalucía, de estos pueblos grandes y blancos, de los olivares y los viñedos, de las ciudades donde la alegría se une a la melancolía. Cuenta Chateaubriand —así lo refiere Ortega— que cuando las tropas francesas que en 1823 venían a restablecer el absolutismo de Fernando VII llegaron a la divisoria de Sierra Morena y descubrieron súbitamente la campiña andaluza, «les produjo tal efecto el espectáculo, que espontáneamente, los batallones presentaron armas a la tierra maravillosa». Cuando Rinconete y Cortadillo, que tenían más o menos la edad de Cervantes, llegaron a Sevilla, «se fueron a ver la Ciudad, y admiróles la grandeza y suntuosidad de su Mayor Iglesia, el gran concurso de gente del río, porque era tiempo de cargazón de flota y había en él seis galeras...».

Sevilla parece haberse hecho para andar por ella lentamente, con pasos perezosos y curiosos, de día y de noche, entre perfumes y fulgores blancos, azulados de día, plateados una vez que el sol se ha puesto. Miguel tuvo que despertar allí a la vida cuando todavía sabía muy poco de ella, cuando sólo podía ver la sobrehaz de las cosas —¡tan verdadera, aunque luego la experiencia, equivocándose, quiera descalificarla! Yo creo que Cervantes aprendió a mirar el mundo desde Sevilla, que preparó sus ojos para comprender Italia y estuvo toda su vida tirando de él, llamándolo, hasta que al fin no pudo desoír su voz. Cervantes no se curó nunca de Sevilla, ciudad que probablemente decidió su biografía, y quizá se pasó luego escribiendo años y años para buscar la Sevilla entrevista de su primera juventud, para tratar de encontrarla, ilusionadora y refulgente, en aquella otra tan atractiva, dramática y terrible que luego llegó tan profundamente a conocer y vivir desde el espesor de una vida trabajada por el dolor y la melancolía, nunca abatida, siempre ilusionada, que las había visto de todos los colores.

2

En 1561, Felipe II había fijado la Corte en Madrid. Era una villa de mediana importancia, lugar de caza, frecuentado por los reyes, situado en el centro del país. Nunca había tenido gran papel en la vida de Castilla; había de crecer rápidamente, impulsado por la Corte, y convertirse en una gran ciudad *española,* no regional ni comarcal, hecha por su función de capitalidad del enorme Imperio regido por la Monarquía española. La Corte empezó a atraer a los españoles; andando el tiempo, todos los que vivían fuera de ella se iban a sentir desterrados, con la excepción de los catalanes, orientados hacia Barcelona, y quizá los andaluces, fascinados por el prestigio y la delicia de sus ciudades —Sevilla era, y fue durante muchos años, la más rica, próspera y refinada de España, la más llena de naves de la carrera de Indias, de comerciantes, pintores y poetas.

A la Corte van la familia de Rodrigo de Cervantes y doña Leonor de Cortinas, con todos sus hijos. En 1566 está Miguel en Madrid, y continúa sus estudios, iniciados en Valladolid y Sevilla. Va a ser «caro y amado discípulo» del maestro Juan López de Hoyos, que regenta el estudio de la villa de Madrid; va a componer poemas en honor de la joven reina Isabel de Valois, un año mayor que Cervantes, muerta a los veintidós, en 1568. Miguel empieza a sentir la llamada de las letras; la poesía lo llamará toda su vida:

> *Yo que siempre me afano y me desvelo*
> *por parecer que tengo de poeta*
> *la gracia que no quiso darme el cielo,*

escribirá melancólicamente al final de su vida. Pero poetas eran o querían serlo todos los españoles. Mirad si no el *Viaje del Parnaso,* y veréis que su nombre es legión.

¿Quién es Miguel de Cervantes? ¿Un escritor? ¿Un soldado? Por las calles de Madrid van y vienen los hombres de los Tercios: van a Flandes, cubiertos de plumas y colorines, con enormes sombreros y espadas de Toledo con largos gavilanes; vuelven de Flandes, con las pagas acaso sin cobrar y algunas cicatrices, recuerdos de amores rubios y una melancolía disfrazada de arrogancia; otros bajan hacia los puertos, para luchar con los corsarios, con el turco que amenaza las costas cristianas; los hay que «pasan a las Indias», al Continente que se está llenando de ciudades españolas con plazas y soportales, iglesias platerescas, palacios, universidades, minas, encomiendas, mestizos; otros siguen las huellas de Magallanes y Elcano, el primer hombre que había dado la vuelta al mundo, y exploran el anchuroso, misterioso Pacífico. Pero las letras... La secreta emoción de una imagen hermosa, el estremecimiento de encontrar una rima feliz, la manera como se acompasa el alma con los octosílabos de un romance, que tienen el mismo paso de andadura que los españoles; los cuentos, en que se viven las hazañas, quién sabe si más que mientras se ejecutan, casi sin darse cuenta...

Cervantes trata italianos, amigos de su padre, de su hermana Andrea; son los hombres que saben más de versos en el mundo, y quizá también de las dulzuras de la vida. ¿Riñó Cervantes e hirió a un tal Antonio de Sigura? ¿Era él el que andaba huido por el año de 1569, demandado por la justicia, que pretendía nada menos que cortarle la mano derecha

y desterrarlo por diez años? ¿O fue sólo el deseo de ver
mundo, de conocer Italia, de probar su ventura, lo que lo
hizo abandonar la casa paterna y echar a andar? En todos
los tonos, en prosa y verso, desde la mocedad hasta la muerte,
lo dirá siempre:

> *Tú mismo te has forjado tu ventura.*

Si lo queréis más claro todavía, si queréis ver cómo se
sintió siempre Cervantes, libre, suyo, movido por una vocación, atraído por las ilusiones, dispuesto a ser quien quería,
recordad que fue él quien escribió estos dos versos esenciales:

> *Y he de llevar mi libertad en peso*
> *sobre los propios hombros de mi gusto.*

Miguel, atraído por Giulio Acquaviva, noble napolitano,
enviado del Papa, decide marchar con él a Italia. Estamos
en 1569; comienzan los años de viaje, los *Wanderjahre*. No
sabe Cervantes cuántos van a ser; no puede prever por qué
caminos va a llevarlo la fortuna; no sospecha que pasarán
once años hasta que vuelva a Madrid y a los suyos; menos
aún puede imaginar que lo aguarda el cautiverio, la esclavitud, la pérdida de lo que más ama: la libertad. Pero si hubiera podido preverlo, quizá se hubiera sentido, a pesar de todo,
«sereno en el umbral de su aventura», como un día había
de decir Machado de Azorín; porque hubiera visto también
que nunca había de ser más libre que cuando el destino le
había negado toda libertad.

Del viaje a Italia conservó vivo recuerdo Cervantes toda
su vida. Yo diría que al final de ella, cuando el hombre entra
en últimas cuentas consigo mismo, es cuando se le reveló más
su significación, cuando encontró en el fondo del alma los posos
que aquellas experiencias le habían dejado. El hombre archiva
en su corazón ciertos recuerdos de los que se hace su intimidad,
y de ellos confusamente vive, y hay algunas horas en la vida
en que se descubren y muestran lo que han sido. En el *Persiles,*

> *puesto ya el pie en el estribo,*
> *con las ansias de la muerte,*

cuando Cervantes espera ya muy poco pero no ha perdido
la esperanza, le va viniendo a la memoria todo el viaje de
su juventud, le pasan ante los ojos ya velados las ciudades
que miró a los veintidós años, ungidas de prestigio, llenas
de fulgor.

De toda la memoria sólo vale
el don preclaro de evocar los sueños,

escribiría tres siglos después Antonio Machado, y los sueños
mozos son justamente lo que evoca la memoria última de
Cervantes.

* * *

El viaje a Italia lleva a Cervantes a las tierras de la Corona
de Aragón, que se iban uniendo poco a poco a las de Castilla,
no sin tropiezos, siempre celosas de sus diferencias y sus
fueros, integrándose en las empresas y experiencias comunes.
Cervantes, castellano, muestra siempre viva simpatía y entusiasmo por las ciudades y las gentes del otro Reino; su condición española se revela siempre por encima de las diferencias
regionales, aceptándolas con alegre cortesía.

Recuerda de Valencia «la grandeza de su sitio, la excelencia de sus moradores, la amenidad de sus contornos y finalmente todo aquello que la hace hermosa y rica sobre todas
las ciudades, no sólo de España, sino de toda Europa, y principalmente les alabaron la hermosura de las mujeres y su extremada limpieza y graciosa lengua, con quien sólo la portuguesa puede competir en ser dulce y agradable». Referencia ilusionada y marginal, en que apenas se detiene; ciudad vista de
paso, apenas vivida, de la que queda una imagen, el sonar de
una lengua graciosa, la belleza de la mujer.

Los personajes de *Los trabajos de Persiles y Sigismunda*
—que representan las memorias y los sueños de Cervantes,
las cosas que vivió en su mocedad, las que hubiera querido
vivir—, llegan como él a Cataluña. Ven desde lejos «las
montañas santísimas de Monserrate». La primera visión de
Barcelona es marítima, como casi todas las que aparecen en
distintas obras de Cervantes: «Llegaron a Barcelona a tiempo cuando llegaban a su playa cuatro galeras españolas, que
disparando y haciendo salva a la ciudad con gruesa artillería,
arrojaron cuatro esquifes al agua...» Y un apunte sobre el
carácter de la gente de Cataluña: «los corteses catalanes, gente,
enojada, terrible, y pacífica, suave; gente que con facilidad
da la vida por la honra, y por defenderlas entrambas se ade-
lantan a sí mismos, que es como adelantarse a todas las naciones del mundo...» No era la primera vez que Barcelona
aparecía así en la pluma de Cervantes; en *Las dos doncellas*
«llegaron a Barcelona poco antes que el Sol se pusiese. Admiróles el hermoso sitio de la ciudad, y la estimaron por flor
de las bellas ciudades del mundo, honra de España, temor y

espanto de los circunvecinos y apartados enemigos, regalo y delicia de sus moradores, amparo de los extranjeros, escuela de la caballería, ejemplo de lealtad, y satisfacción de todo aquello que de una grande, famosa, rica y bien fundada ciudad puede pedir un discreto y curioso deseo.»

Y todo el final del *Quijote* está lleno de Barcelona, desde el bandolerismo que infestaba entonces Cataluña, y de que son prueba los ahorcados por la justicia, «de veinte en veinte y de treinta en treinta» que colgados de los árboles encuentran Don Quijote y Sancho, y el casi virtuoso bandido Roque Guinart (o Perot Rocaguinarda), hasta el definitivo vencimiento de Don Quijote en la playa de Barcelona por el Caballero de la Blanca Luna, por otro nombre el Bachiller Sansón Carrasco. En Cataluña, la historia se hace más novelesca y cortesana: Claudia Jerónima, las alusiones a las luchas de los cadells y los niarros, la hermosa morisca Ana Félix, a punto de ser ahorcada por el general de las galeras, como arráez de un bajel turco, la sociedad elegante de Barcelona, con las damas traviesas que hacen bailar a Don Quijote hasta rendirlo, y los juegos de adivinación de la cabeza encantada; las imprentas de la ciudad, donde se compone la historia del falso Quijote de Avellaneda; y siempre el mar.

«Por la parte de Perpiñán» entran en Francia los personajes del *Persiles,* y esto es como decir los recuerdos juveniles de Cervantes. Lo primero que encuentran en la Provenza, después de pasar por el Languedoc, es tres damas francesas de extremada hermosura. Las damas preguntan quién son a Auristela y Constanza, «en lengua castellana, porque conocieron ser españolas las peregrinas, y en Francia, ni varón ni mujer deja de aprender la lengua castellana.» Un mundo de aventura caballeresca, de refinamiento y sorpresa, es la entrevista Francia cervantina, más imaginada al paso que vivida. Es una Francia posible, revestida de la refulgencia irreal de lo que no llega a ser, y en las páginas de Cervantes se siente nostalgia de un fragmento de vida francesa que pudo ser suyo y no lo fue.

Italia es lo contrario.

3

En Italia se abreva y se sacia por vez primera la sed de realidad que consumió a Cervantes toda su vida. Una sed parecida a aquella física que lo acompañó hasta la muerte, «que no la sanará toda el agua del mar Océano que dulcemente se bebiese», como le dice al estudiante a quien encuentra en el camino de Esquivias. En Italia encuentra Cervantes a la vez la incitación y el sosiego, el estímulo y la belleza que lo aplaca, la aventura y la armonía, la sed y el agua.

Milán, la gran ciudad, llena de infinita riqueza, oros y bélicas herrerías, donde hay académicos eminentes que disputan sobre «si podía haber amor sin celos», lo que lleva a Cervantes a distinguir entre «amar y querer bien». Luca, «ciudad pequeña, pero hermosa y libre, que debajo de alas del imperio y de España se descuella y mira exenta a las ciudades de los príncipes que la desean»; «allí —agrega reflexivamente Cervantes— mejor que en otra parte ninguna son bien vistos y recibidos los españoles, y es la causa, que en ella no mandan ellos, sino ruegan, y como en ella no hacen estancia de más de un día, no dan lugar a mostrar su condición, tenida por arrogante.»

Desde entonces siente Cervantes una como dilatación de la vida, que vuelve a sentir cada vez que Italia le viene a la memoria: «Las posadas de Luca son capaces para alojar una compañía de soldados...» «Alabó —se lee en *El Licenciado Vidriera*— la vida de la soldadesca, pintóle muy al vivo la belleza de la ciudad de Nápoles, las holguras de Palermo, la abundancia de Milán, los festines de Lombardía, las espléndidas comidas de las hosterías; dibujóle dulce y puntualmente el *aconcha, patrón; pasa acá, manigoldo; venga la macarela, li polastri e li macarroni;* puso las alabanzas en el cielo de la vida libre del soldado, y de la libertad de Italia.»

Las evocaciones italianas son siempre placenteras: los vinos, que Cervantes asocia con la memoria de los españoles; los rubios cabellos de las genovesas, la admirable belleza de la ciudad, «que en aquellas peñas parece que tiene las casas engastadas como diamantes en oro»; Florencia, con sus «suntuosos edificios, fresco río y apacibles calles»; Roma, «reina de las ciudades y señora del mundo»; y sobre todo Nápoles, «ciudad, a su parecer y al de todos cuantos la han visto, la mejor de Europa y aun de todo el mundo». Y luego, Sicilia: Palermo, Mesina; y Loreto, Ancona, Venecia, «ciudad que, a no haber nacido Colón en el mundo, no tuviera en él semejante, merced al cielo y al gran Hernando Cortés, que conquistó la gran México para que la gran Venecia tuviese en alguna manera quien se le opusiese».

En Italia llega Cervantes a una de sus cimas vitales —la vida humana se desarrolla y crece en varias direcciones, y nos pasamos el tiempo tratando de henchirla en otras dimensiones hasta la magnitud que ha alcanzado en algunas; Miguel tratará hasta el final de igualar en cada aspecto de su persona lo que sintió que podía ser en Italia—. No olvidemos que Cervantes llega a Italia en 1569; la abandonará a fines de

1574: ¿Cómo había de curarse nunca de ella? ¿Cómo había de olvidar lo que en Italia encuentra, lo que regirá y orientará después su vida entera, lo que había gustado por primera vez, todavía demasiado joven, en Sevilla? Y ¿qué es esto, cuáles son las dos invisibles riendas que gobiernan la atención y el entusiasmo de Cervantes? Una se llama *libertad;* la otra, *belleza;* sin tenerlas presentes no se puede entender nada de lo que escribió Cervantes, menos aún lo que quiso decir con ello.

Pero en mitad de su vida italiana se incrusta un episodio que irradiará, refulgirá a lo largo de toda su vida, que lo acompañará siempre y le dará estímulo y consuelo; algo que agregará a esas atracciones una más, no menos esencial: el *valor.* Esta tercera experiencia se llama Lepanto.

* * *

El 7 de octubre de 1571, la escuadra de la Santa Liga —España, el Papa, Venecia—, mandada por Don Juan de Austria, se enfrenta en aguas griegas con la enorme flota turca, que avanzaba una vez más sobre la cristiandad y el Occidente. El soldado Miguel de Cervantes, que había salido de Mesina en la galera *Marquesa,* está enfermo con fiebre, dispensado del servicio. Pero siente que no puede dejar pasar lo que le parece su destino: «la más alta ocasión que vieron los siglos pasados, los presentes, ni esperan ver los venideros»; la hora culminante de España en el siglo XVI, la jugada decisiva en que la Europa cristiana se salva de la amenaza del Este. Cervantes pide un puesto en el combate, y recibe uno de los de mayor peligro, en el esquife de la galera. Allí lucha, mientras suena la artillería, se suceden los abordajes, crujen las armaduras bajo las hachas y las espadas, se rompen cadenas de remeros cautivos, caen los cuerpos al agua, cuyo azul —como la bandera de la galera capitana, que vemos hoy en Toledo— se va volviendo rojo. A este color contribuye la sangre de Cervantes: mientras la batalla se va decidiendo a favor de los cristianos, mientras Don Juan de Austria y Don Alvaro de Bazán, con Colonna y Veniero y los demás almirantes, ven cómo cede la armada turca, se hunden sus naves o son apresadas y se despeja para mucho tiempo el horizonte de Europa, Cervantes recibe dos balas de arcabuz, en el pecho y en la mano izquierda:

> *A esta dulce sazón, yo triste estaba,*
> *con la una mano de la espada asida*
> *y sangre de la otra derramaba.*

El pecho mío de profunda herida
sentía llagado, y la siniestra mano
estaba por mil partes ya rompida.
  Pero el contento fue tan soberano
que a mi alma llegó viendo vencido
el crudo pueblo infiel por el cristiano,
que no echaba de ver si estaba herido,
aunque era tan mortal mi sentimiento
que a veces me quitó todo sentido.

«Si mis heridas —dirá Cervantes en una ocasión melancólica— no resplandecen en los ojos de quien las mira, son estimadas, a lo menos, en la estimación de los que saben dónde se cobraron; que el soldado más bien parece muerto en la batalla que libre en la fuga; y es esto en mí de manera, que si ahora me propusieran y facilitaran un imposible, quisiera antes haberme hallado en aquella facción prodigiosa que sano ahora de mis heridas sin haberme hallado en ella.» Miguel lo da todo por bien empleado: ha asistido a la hora más alta de España, ha sido parte de ella; ha sabido decir «sí» a su destino, y con él al de su pueblo. Y eso no se lo podrán quitar.

Bien sé que en la naval dura palestra
perdiste el movimiento de la mano
izquierda, para gloria de la diestra,

dice a Cervantes el dios Mercurio, según cuenta en su *Viaje del Parnaso.* Herido y doliente, tras su tiempo amargo y esperanzado de hospital, vuelve Cervantes a las armas y a la vida de Italia; había sido visitado en su lecho por Don Juan de Austria y Don Alvaro de Bazán, Marqués de Santa Cruz, el primer almirante de la época; había sido aventajado por el primero con tres escudos al mes, en el tercio de Don Lope de Figueroa; era estimado por su valor y probablemente por no sé qué nobleza y claridad que de su rostro se desprendía y que irá poniendo su efecto automático en todas partes.

Y siguen las experiencias, que se trasladarán a su obra, en forma de ficción o de recuerdos. La expedición a Navarino, en la que Cervantes tomó parte, aparece reflejada en el relato del Cautivo, al final de la primera parte del *Quijote:* «En este viaje se tomó la galera que se llamaba la *Presa* de quien era capitán un hijo (algunos historiadores dicen que nieto) de aquel famoso corsario Barbarroja. Tomóla la capitana de Nápoles llamada la *Loba,* regida por aquel rayo de la guerra, por el padre de los soldados, por aquel venturoso y jamás vencido capitán Don Alvaro de Bazán, Marqués de Santa Cruz. Y no quiero dejar de decir lo que pasó en la presa de la *Presa*. Era tan cruel el hijo de Barbarroja, y trataba tan mal a sus cautivos, que, así como los que venían al remo vieron que la galera *Loba* les iba estrechando y los alcanzaba, soltaron todos a un tiempo los remos y asieron de su capitán, que estaba sobre el estanterol gritando que bogasen a proa, y pasándole de banco en banco, de popa a proa, le dieron tantos bocados, que a poco más que pasó del árbol, ya había pasado su ánima al infierno. Tal era, como he dicho, la crueldad con que los trataba y el odio que ellos le tenían.»

Las expediciones de Bizerta y Túnez; la pérdida de la Goleta; Sicilia y Nápoles entre dos navegaciones, siempre Nápoles, que le vuelve toda la vida, ungida de prestigio y memorias dulces, cuando repasa, con alegría y melancolía, el largo camino recorrido:

> *Esta ciudad es Nápoles la ilustre,*
> *que yo pisé sus rúas más de un año.*

Y luego dice a Promontorio, «mancebo en días, pero gran soldado», enigmática figura —«llamóme padre y yo lláme hijo»:

> *En mis horas tan frescas y tempranas*
> *esta tierra habité, hijo, le dije,*
> *con fuerzas más briosas y lozanas.*
> *Pero la voluntad que a todos rige,*
> *digo, el querer del cielo, me ha traído*
> *a parte que me alegra más que aflige.*

Al final, en 1575, Cervantes siente la llamada de España; quizá ha rodado demasiado por tierras y mares extranjeros; acaso se siente desilusionado de la vida militar; quién sabe si le viene a la memoria el tiempo en que solía componer versos y le tienta volver a probar fortuna en las letras. Poeta era el Duque de Sessa, con quien Cervantes entra en contacto y que le da cartas de recomendación, así como Don Juan de Austria, que da una carta a Miguel para el Rey Felipe II, según la cual lo considera capaz de mandar como capitán una compañía. Con estas esperanzas salió Miguel de Nápoles en la galera *Sol*.

Volvía a su patria, a su familia, herido y estropeado de una mano, pero lleno de honor y de ilusiones. Tenía veintiocho años; estaba vuelto al futuro, lleno de proyectos, acostumbrado a la libertad y al esfuerzo, a la disciplina y a la aventura, a la belleza y al rostro duro y sórdido que a veces muestra la realidad. La España a la cual volvía sería distinta, porque era distinto Cervantes; más rica, más varia, más verdadera, porque iba a verla y vivirla con unos ojos que habían visto muchas cosas, con una vida que se había dilatado con tantas experiencias.

Nada podía avisar a Miguel de Cervantes de que entraba en un día del que apenas podría decirse que tenía un mañana.

4

Cinco años de cautiverio en Argel. Cinco años de paréntesis en la vida elegida de Cervantes. Cinco años sin libertad, a no ser esa que acompaña a la vida humana mientras esta alienta, la que no se puede perder, porque ni siquiera se puede renunciar. Cervantes lo ha contado muchas veces, mezclando la ficción con los recuerdos dolorosos; ha recreado la historia, desde diversos ángulos, en prosa y verso, en novelas y teatro; ha conservado lo que fue la prisión y el cautiverio, nos ha mostrado cómo supo hacer que fuera *su vida* aquella vida enajenada.

La galera *Sol,* al comenzar el otoño de 1575, cruza el Mediterráneo; mejor dicho, lo va costeando. Cerca de las Tres Marías, en la Camarga, no muy lejos del Ródano y del puerto de Marsella, sobreviene la alarma: «Sucedió pues que a la sazón que el viento comenzaba a refrescar, los solícitos marinos izaron más todas las velas, y con general alegría de todos, seguro y próspero viaje se aseguraba. Uno de ellos, que a una parte de la proa iba sentado, descubrió con la claridad de los bajos rayos de la luna que cuatro bajeles de remo a larga y tirada boga con gran celeridad y prisa hacia la nave se encaminaban, y al momento conoció ser de contrarios, y con grandes voces comenzó a gritar: Arma, arma, que bajeles turqueses se descubren.»

Eran las galeotas de Arnaute Mamí, renegado albanés que mandaba las galeras turcas de Argel; una de las naves, después de luchar largamente con la galera *Sol,* hizo cautivos a sus pasajeros y marinos; la mandaba Dalí Mamí el Cojo, renegado griego; encontró las cartas de recomendación de Don Juan de Austria y el Duque de Sessa; creyó que Cervantes era caballero principal y de mucha importancia, de quien podría obtenerse gran rescate; lo cargó de cadenas y lo vigiló bien; lo enojó y molestó cuanto pudo, para excitar en él el afán de recuperar la libertad a cualquier precio. Cambió el rumbo de la nave, como el de su vida; ya Cervantes no iba a donde quería, sino a donde lo llevaban; la proa no buscaba las costas de España, sino las hostiles y ajenas de Argel.

Argel era el símbolo de la cautividad; era el castillo de
irás y no volverás, o volverás tarde y vencido. Hasta para la
esclavitud del amor era Argel una metáfora:

> *Galanes los que tenéis*
> *las voluntades cautivas*
> *en el Argel de unos ojos.*

Argel era el centro de la piratería mediterránea. Desde
tiempo de los Reyes Católicos, lleno de moros expulsados de
España después de la conquista de Granada; turcos que ejercían una distante autoridad en nombre del sultán; renegados
de todos los países ribereños; traficantes, marineros, frailes
redentores de cautivos; miles de estos, vacilantes entre el
sometimiento y la resistencia; y, por debajo de todo ello, una
plebe, un populacho de puerto musulmán del Mediterráneo,
con bandadas de muchachillos astrosos que dicen a los cautivos,
con juego cruel:

> *Don Juan non rescatar, non fugir;*
> *Don Juan no venir;*
> *acá morir, perro, acá morir;*
> *Don Juan no venir;*
> *acá morir.*

Es la canción de la desesperanza, que debió meterse en los
oídos de Cervantes, año tras año, que recuerda en *El trato de
Argel,* como en el libro V de la *Galatea* recordó su prisión,
como en el relato del Cautivo, en el *Quijote,* recuerda los intentos de fuga; como en *Los baños de Argel* y en *El gallardo
español* revive ese mundo en que Argel era el infierno y Orán,
español entonces, la esperanza.

Cervantes no tuvo otro horizonte que el de la libertad,
«uno de los dones más preciosos que a los hombres dieron
los cielos»; «por ella, así como por la honra, se puede y debe
aventurar la vida, y por el contrario el cautiverio es el mayor
mal que puede venir a los hombres». Cervantes pone a veces
a cuenta de los españoles este carácter indomable y tenaz, a
prueba de fracasos y peligros. En *El trato de Argel,* dice el rey
después de matar a palos a un cautivo de Málaga que ha
intentado evadirse:

> *No sé qué raza es esta destos perros*
> *cautivos españoles: ¿Quién se huye?*
> *Español. ¿Quién no cura de los hierros?*
> *Español. ¿Quién comete otros mil yerros?*

Español: que en su pecho el cielo influye
un ánimo indomable, acelerado,
al mal y al bien continuo aparejado.

El Cautivo, en la primera parte del *Quijote,* recoge a un tiempo, en su propio nombre y en el de un tal Saavedra, la actitud y la conducta de Cervantes cuando fue esclavo de Azán Agá, rey de Argel: «Yo, pues, era uno de los de rescate; que como se supo que era capitán, puesto que dije mi poca posibilidad y falta de hacienda, no aprovechó nada para que no me pusiesen en el número de los caballeros y gente de rescate. Pusiéronme una cadena, más por señal de rescate que por guardarme con ella, y así pasaba la vida en aquel baño, con otros muchos caballeros y gente principal, señalados y tenidos por de rescate; y aunque la hambre y desnudez pudiera fatigarnos a veces, y aun casi siempre, ninguna cosa nos fatigaba tanto como oír y ver a cada paso las jamás vistas ni oídas crueldades que mi amo usaba con los cristianos. Cada día ahorcaba el suyo, empalaba a este, desorejaba a aquel; y esto, por tan poca ocasión, y tan sin ella, que los turcos conocían que lo hacía no más de por hacerlo, y por ser natural condición suya ser homicida de todo el género humano. Sólo libró bien con él un soldado español llamado tal de Saavedra, al cual, con haber hecho cosas que quedarán en la memoria de aquellas gentes por muchos años, y todas por alcanzar libertad, jamás le dio palo, ni se lo mandó dar, ni le dijo mala palabra; y por la menor cosa de muchas que hizo temíamos todos que había de ser empalado, y así lo temió él más de una vez; y si no fuera porque el tiempo no da lugar, yo dijera ahora algo de lo que este soldado hizo, que fuera parte para entreteneros y admiraros harto mejor que con el cuento de mi historia.»

Cuatro veces intentó escaparse; por tierra o por mar, con otros compañeros a quienes alentaba y organizaba, con incansable inventiva, con valor a prueba de fracasos. El azar, la mala suerte o la traición estorban siempre su proyecto. Descubierto, se vuelve a los argelinos, a sus amos, al propio rey de Argel, y siempre dice lo mismo: «Yo he sido». Yo y sólo yo; nadie tiene la culpa; reclama la responsabilidad de un hecho que se penaba con el empalamiento sobre la marina, con la muerte lenta, agonizando clavado en una estaca puntiaguda, o con la sentencia brutal que el rey da contra el cautivo de Málaga:

Dadle seiscientos
palos en las espaldas muy bien dados,

y luego le daréis otros quinientos
en la barriga y en los pies cansados.

Los rescates enviados no bastan para pagar su precio; en 1577 se aprovechan para rescatar a su hermano Rodrigo, cautivo como él; será menester esperar más, intentar nuevas evasiones, atreverse, desafiar la cólera de los argelinos, la muerte inminente. No se sabe qué superioridad emanaba de la figura de Cervantes, qué dignidad, qué simpatía acaso, que desarma la fiereza de sus amos. Los demás cautivos, aun los de más alto linaje, le obedecen y siguen sus iniciativas; cuando es descubierto y llama sobre sí el castigo, nadie se atreve a aplicarlo. Por fin, el 19 de setiembre de 1580, al cumplirse los cinco años de su cautiverio, cuando Cervantes está a punto de ser trasladado a Constantinopla, ya en la nave, el trinitario Fray Juan Gil puede pagar su crecido rescate y Miguel recobra la libertad.

Se ha cerrado el paréntesis. El día que empezó en 1575 termina en 1580. El viaje a España ha durado un lustro; Cervantes —otro Cervantes, más viejo, más valiente, más sufrido, más rico de experiencia— va a poner de nuevo el pie en España.

5

Valencia es el puerto donde Cervantes desembarca. Madrid lo espera; hace doce años que salió de la capital, pensando sin duda volver pronto. Las cosas han cambiado. Don Juan de Austria, su valedor, ha muerto dos años antes. Cervantes es solo un cautivo, con huellas de heridas, que vuelve de Argel. Ha muerto también en Africa el rey Don Sebastián de Portugal; Felipe II ha incorporado su reino a la Corona española. Allí va Cervantes, nuevamente soldado. En el *Persiles* ha recordado la ciudad de Lisboa, «la mayor de Europa y la de mayores tratos: en ella se descargan las riquezas del Oriente, y desde ella se reparten por el universo; su puerto es capaz, no solo de naves que se puedan reducir a número, sino de selvas movibles de árboles que los de las naves forman. La hermosura de las mujeres admira y enamora, la bizarría de los hombres pasma, como ellos dicen...»

Lisboa es el Tajo. El Tajo es Toledo, el de Garcilaso; y es también la *Galatea,* el primer libro de Cervantes, que sin duda se engendra en Portugal. La hermosura de las portuguesas era famosa, ya desde el siglo anterior; dígalo Garcilaso, que suspiró siempre por Doña Isabel Freire; quizá lo sintió igual Cervantes. ¿Quién era Ana Franca, Ana Franca de Rojas, a quien amó Miguel, el primer nombre de mujer que nos ha dejado? De ella tuvo a su hija Isabel de Saavedra, la que lo acompañó en sus últimos años y prolongó su estirpe un poco después de su muerte. Ana Franca, figura misteriosa que aparece y se va, sin dejar casi huellas, perdida en la intimidad tan oculta y secreta de Miguel de Cervantes, el hombre que debió de amar tanto y lo dejó ver tan poco.

¿Estuvo Miguel en las Islas Terceras? ¿Conoció de cerca la corte de Felipe II en Lisboa? Volvió ciertamente al Africa, con una misión a Orán; con su hermano Rodrigo, otra vez compañero de armas, probó de nuevo su suerte en ellas. Pero ya no era el mismo. Quizá estaba fatigado de la espada; quizá había vuelto a asaltar la imaginación la cadencia de los versos bien medidos, de la prosa que suena bien en el oído y deja un temblor en el alma. El temple de Lisboa le hace recordar su otra sirena de la juventud: la poesía. El soldado Cervantes, herido en la mano izquierda, siempre herido en el pecho, por toda suerte de balas, se mira la mano derecha. ¿De quién es? ¿No será acaso la de un escritor?

* * *

1583. Ya está Cervantes en España, y para siempre. Salió hace quince años, cuando tenía solo veintiuno; ahora tiene treinta y seis. Se está acabando de construir el Escorial; Felipe II está cada día más encerrado entre sus muros y en su espíritu; ha puesto su vida —y la de España— a una sola carta: la Contrarreforma. Se dispone a luchar con Isabel de Inglaterra; todavía está lejos la Armada que había de llamarse Felicísima y algunos llamarían, imprudentemente, Invencible; pero la actitud que la organizó ya germina en el Escorial, ya sopla el viento que movió sus velas hacia el Norte. Ya está el Greco definitivamente en Toledo; ya está españolizado, pintando llamas, pintando almas, nubarrones grises sobre el Tajo, ángeles con las alas fuera del lienzo, figuras que ascienden y se transfiguran, otras de frailes y caballeros que se refrenan y contienen, que contemplan milagros sin perder el sosiego, la «gravedad española». Hay uno que lleva su mano al pecho, junto a la espada, mientras sus ojos absortos y melancólicos miran, con ardor silencioso, más allá de todo lo que se puede ver.

Cervantes lo ha visto todo. La guerra, los heridos y los muertos, los cómitres que azotan a los remeros cautivos, quizá con el brazo de uno de ellos, cortado de un tajo; ha olido el hedor de las sentinas y entrepuentes; ha pasado hambre y sed, ha bebido líquidos fétidos, bajo el sol de Africa; ha visto los cuerpos llenos de parásitos; ha visto también hombres muertos a palos, y a otros que agonizan clavados en una estaca hasta la que llegan las olas. Ha visto también las ciudades doradas del Renacimiento, los estudiantes alegres, las damas de largos cabellos rubios y ojos azules, las naves cubiertas de gallardetes que piden puerto. Ha sentido la alegría del vino rojo en las copas, el tibio calor de la amistad, el verde de un prado junto al río, el desfallecimiento ilusionado del amor que teme y espera, la música de una guitarra o de un laúd, la de las flautas o las chirimías, las cajas o tambores de guerra, las campanas que hacen vibrar el aire.

Tiene la memoria llena de imágenes y recuerdos: la guerra, el cautiverio, Argel, la traición, el heroísmo, el castigo, el afán de libertad. Tiene la imaginación llena de sueños, de lo que no ha vivido y quisiera vivir, lo que quizá ha entrevisto un instante, lo justo para saber que es verdad: el amor y los versos junto a un agua que fluye.

¿Qué escribirá Cervantes? ¿Quién será este nuevo Miguel que está naciendo, que empieza a olvidar esa espada que lleva aún al costado, a mirar más y más esa pluma que tiene en la mano derecha y moja distraídamente en un tintero, sobre un bufetillo recubierto de terciopelo rojo, con dorados, quizá sobre la tabla de una mesilla baja?

Si se vuelve a los recuerdos, Cervantes da comedias llenas de experiencia morisca, con resonancias de su cautiverio, de la vida de Argel, de los tipos aventureros y apicarados que allí encontró, de las moras que aman a cristianos, de renegados e indecisos. Si se abandona a los sueños, elige el género de la evasión en el siglo XVI, la novela pastoril, la inverosimilitud querida por sí misma, lo consabido presentado una vez más, todo subordinado a la belleza de las imágenes y de la lengua.

Que Cervantes sabía bien la artificiosidad de los relatos pastoriles, no es dudoso. Con áspero sentido de la realidad, el perro Berganza, en el *Coloquio* famoso, compara los pastores reales que ha conocido con los de la literatura: «Digo que todos los pensamientos que he dicho, y muchos más, me causaron ver los diferentes tratos y ejercicios que mis pastores y todos los demás de aquella marina tenían, de aquellos que había oído leer que tenían los pastores de los libros; porque si los míos cantaban, no eran canciones acordadas y bien compuestas, sino un *cata el lobo dó va, Juanica,* y otras cosas semejantes; y esto no al son de churumbeles, rabeles o gaitas, sino al que hacía el dar un cayado con otro o al de algunas tejuelas puestas entre los dedos; y no con voces delicadas, sonoras y admirables, sino con voces roncas, que solas o juntas, parecía, no que cantaban, sino que gritaban o gruñían. Lo más del día se les pasaba espulgándose o remendándose sus abarcas; ni entre ellos se nombraban Amarilis, Fílidas, Galateas y Dianas, ni había Lisardos, Lausos, Jacintos ni Riselos; todos eran Antones, Domingos, Pablos o Llorentes; por donde vine a entender lo que pienso que deben de creer todos, que todos aquellos libros son cosas soñadas y bien escritas para entretenimiento de los ociosos, y no verdad alguna.» *Cosas soñadas y bien escritas.* ¿Será tan poco, será tan desdeñable? ¿Por qué entonces vuelve todavía al tema pastoril, con el episodio de la pastora Marcela en el *Quijote,* y después del vencimiento del Caballero de la Triste Figura, y todavía se muere prometiendo la segunda parte de la *Galatea,* vueltos los ojos a su primer libro irreal, soñado y bien escrito?

La vida literaria es Madrid. El mundo del teatro; corrales, autores y representantes; popularidad inmediata, algún dinero quizá, aventuras y sobresaltos; el teatro español está todavía empezando, no ha llegado aún el gran Lope de Vega, que había de alzarse con la monarquía cómica. Cervantes tiene amigos, por primera vez hombres de letras y escenarios, ingeniosos, decidores, agudos y maldicientes. Cervantes va siendo conocido y estimado; no es muy joven para empezar, pero no es tarde; la vida cortesana, los mentideros, los aplausos, el nombre que anda de boca en boca, los versos forjados en la soledad, que ahora se oyen declamar en la escena, ante un público afanoso... Esto es lo que ahora va significando el verbo «vivir» para Miguel de Cervantes; y de repente aparece la Mancha.

6

Entre Madrid y Toledo, cerca de Illescas, cuyo Hospital de la Caridad guarda famosos Grecos, está Esquivias, villa hidalga, de cereales, olivos y, sobre todo, viñedos. Allí va Cervantes, a fines de 1584, a casarse con Doña Catalina de Palacios Salazar, de familia hidalga, con modesta dote, sobrina del cura Juan de Palacios. Catalina es una muchacha de diecinueve años; Miguel tiene treinta y siete. Cuando se piensa en un matrimonio «de conveniencia», en que Miguel, al comienzo de su madurez, quiere «establecerse», en que el tío y la madre de Catalina le buscan un marido decoroso;

cuando se recuerda que el matrimonio no vivió junto demasiado tiempo, no se olvide lo que pudo ser el mutuo atractivo: la muchacha fresca, jovencísima, llena de ilusión y espera, guardada en una casa hidalga de la tierra en que la Mancha empieza, apartada del mundo; y el hombre de imaginación y aventura, que las ha visto de todos los colores, que ha vivido heroicamente, que trae mucho que contar y sabe contar como nadie ha contado todavía; el que conquistó a los fieros argelinos con la gracia de la palabra, con la dignidad de la figura, ¿no arrebataría a una muchacha que no ha hecho más que ver días iguales a sí mismos sobre la llanura de la Sagra y suspirar de cuando en cuando?

Justamente cuando parece que Cervantes se aquieta y se asienta, cuando tiene mujer y alguna hacienda de su dote, cuando es escritor y hombre de teatro, cuando parece haber elegido nuevamente el camino de la vida, aparece éste lleno de encrucijadas, de senderos oscuros e imprevistos. Sin duda va a alternar entre Madrid y Esquivias, entre el mundo de las letras y el pacífico y cotidiano de la labranza; va a descansar quizá de las intrigas de cómicos y libreros con la vida apacible en la casa hidalga; va a templar la monotonía de la tierra manchega, de la llanura de viñedos y cereales, de los horizontes silenciosos, de los pueblos blancos, de calles anchas y rectas, de las casas con grandes rejas donde suenan los pasos, con las murmuraciones de la corte, la gracia de las actrices, el olor de la tinta de imprimir, la impaciencia del autor ante las pruebas de su libro recién compuesto, los primeros ejemplares que son como hijos recién nacidos, apenas creíbles y tan verdaderos.

Todavía no ha terminado el año 1585 y ya está Miguel lejos de su casa; ni Esquivias ni Madrid lo detienen; ha encontrado una comisión para cobrar algunos dineros en Sevilla, y le ha interesado. Se echa al camino; va a cruzar otra vez, como cuando era muy mozo, la Mancha; va a penetrar en la campiña andaluza; va a renovar las imágenes de olivares y bosques de naranjos, cal y patios, dulce ceceo, pueblos y ciudades. Va a sumergirse, con toda la experiencia de vida que lleva a la espalda, en Sevilla. Esto no se hace impunemente.

Cervantes vuelve a Madrid y a Esquivias, a la vida literaria y a la vida recoleta de la villa toledana; pero no mucho tiempo. Se están haciendo preparativos para equipar la gran Armada que ha de luchar contra Inglaterra; la va a mandar el gran almirante que había combatido en Lepanto, que había mandado a Cervantes, bajo las banderas de Don Juan de Austria: Don Alvaro de Bazán, Marqués de Santa Cruz.

En todo el reino se trabaja febrilmente: se construyen naves, se fabrican armas, se cosen uniformes; también se hace gran acopio de víveres para la expedición; hay que buscar y encontrar trigo, aceite, vino. Cervantes recibe su nombramiento para procurarlos en tierras de Andalucía, y toma de nuevo el camino de Sevilla. Está empezando el año 1587.

Las explicaciones de Cervantes pecan de someras. En el prólogo a la edición de sus *Ocho comedias y ocho entremeses nuevos* (1615), se refiere con extraña sobriedad a un episodio decisivo de su vida; después de recordar sus antiguas innovaciones teatrales, su devoción por Lope de Rueda, Torres Naharro y los que iniciaron el teatro español, lo que él añadió a su obra, escribe estas palabras: «Compuse en este tiempo hasta veinte comedias o treinta, que todas ellas se recitaron, sin que se les ofreciese ofrenda de pepinos ni de otra cosa arrojadiza; corrieron su carrera sin silbos, gritas ni barahúndas; *tuve luego otras cosas en que ocuparme; dejé la pluma y las comedias,* y entró luego el monstruo de naturaleza, el gran Lope de Vega, y alzóse con la monarquía cómica...» Y, por si fuera poco, unas cuantas líneas más abajo escribe: «*Algunos años ha que volví yo a mi antigua ociosidad, y pensando que aún duraban los siglos donde corrían mis alabanzas, volví a componer algunas comedias,* pero no hallé pájaros en los nidos de antaño; quiero decir que no hallé autor que me las pidiese, puesto que sabían que las tenía; y así las arrinconé en un cofre, y las consagré y condené al perpetuo silencio.»

Así, con tan pocas palabras, despacha Cervantes su abandono de la literatura, la interrupción de su vida de escritor: «Tuve otras cosas en que ocuparme»; y la vuelta al teatro es que «volví yo a mi antigua ociosidad». ¿Es que para Cervantes la literatura era el ocio y lo demás el negocio? ¿Es que lo importante era ir por los pueblos de Andalucía, requisando trigo para la Armada, dando vales, venciendo la suspicacia de los labradores, haciendo cuentas y trabacuentas, siendo denunciado y excomulgado por tomar trigo propiedad de la Iglesia, encarcelado una vez y otra porque los banqueros no responden? Tenemos que volver a preguntarnos, en vista de esta conducta, de estas palabras, de los quince años largos que pasa en estos menesteres por tierras andaluzas: ¿Quién era Cervantes?

Se piensa que fueron razones económicas las que llevaron a Miguel de Cervantes a ser alcabalero y comisario de provisiones: tenía que ganarse la vida; la poesía y el teatro no daban mucho dinero; los libreros pagaban poco por el privilegio de una novela. Sí, pero ¿daba mucho dinero su nuevo oficio? Los documentos atestiguan que Cervantes estaba siempre alcanzado de dinero; lo vemos sin poder pagar deudas y atrasos; varias veces pide prestado para comprarse un traje. Había tenido —él mismo insiste en ello— considerable éxito como autor dramático; la *Galatea* le dio crédito y renombre; además, había la hacienda de Catalina, la dote que aportó al matrimonio. Ortega solía decir que el hombre lo hace todo por *razones líricas,* hasta cuando busca otras utilitarias para explicar su conducta. ¿Cuáles serían las razones últimas de Cervantes, las razones líricas para pasar tan largos años por tierras de Córdoba, Sevilla, Ecija, Carmona, Jaén, Úbeda, Baeza, Martos, Porcuna, Arjona, Estepa, Marmolejo, Lopera, Arjonilla, Las Navas, Alcaudete, Alora, Granada, por toda la geografía andaluza?

No es verosímil que Cervantes pensara pasar tan largo tiempo fuera de su casa y familia, del mundo de las letras; sin duda aceptó por motivos concretos y particulares algunas comisiones, que se fueron prolongando y enlazando con otras; las cosas de esta vida se enredan —«como las cerezas», dice una frase popular— y nos llevan adonde no hemos proyectado. Pero cuando esto ocurre es porque algo en nosotros las acepta, las quiere, las ha escogido en su secreta intimidad. Cervantes probó la vida inmediata, directa, de modesta acción cotidiana; el ir y venir; el conocer hombres y mujeres de todo linaje y condición; la estancia en ventas y posadas; los caminos, que prefirió siempre; toda la variedad de figuras, condiciones y sucesos que compone la vida. Le fue tomando gusto, se identificó con ese Miguel andariego y curioso, que iba mirando todas las cosas desde dentro, sin salirse enteramente del cuadro; empezó a reconocerse en ese hombre, como antes en Lepanto, como después —a pesar de todo el horror de la situación— en aquel que había elegido ser en Argel.

Creo que él mismo lo ha explicado maravillosamente, en las primeras páginas de *La ilustre fregona,* proyectando lo que había sido su manera personal de sentir la vocación en las andanzas de sus criaturas ficticias:

«Trece años, o poco más, tendría Carriazo cuando, *llevado de una inclinación picaresca, sin forzarle a ello algún mal tratamiento que sus padres le hiciesen, sólo por su gusto y antojo,* se desgarró, como dicen los muchachos, de casa de sus padres, y *se fue por ese mundo adelante, tan contento de la vida libre,* que en la mitad de las incomodidades y miserias que trae consigo, no echaba menos la abundancia de la casa de su padre: ni el andar a pie le cansaba, ni el frío le ofendía, ni el calor le enfadaba. Para él todos los tiempos del año le eran dulce y templada primavera; tan bien dormía en parvas como en colchones; con tanto gusto se soterraba en un pajar de un mesón como si se acostara entre dos sábanas de Holanda...

»En fin, en Carriazo vio el mundo un pícaro virtuoso, limpio, bien criado, y más que medianamente discreto; pasó por todos los grados de pícaro, hasta que se graduó de maestro en las almadrabas de Zahara, donde es el *finibusterre* de la picaresca.

» ¡Oh pícaros de cocina, sucios, gordos y lucios; pobres fingidos, tullidos falsos, cicateruelos de Zocodover y de la plaza de Madrid; vistosos oracioneros, esportilleros de Sevilla, mandilejos de la hampa, con toda la caterva innumerable que se encierra debajo de este nombre *pícaro*! Bajad el toldo, amainad el brío; no os llaméis pícaros, si no habéis cursado dos cursos en la academia de la pesca de los atunes: allí, allí sí que está en su centro el trabajo junto con la poltronería; allí está la suciedad limpia, la gordura rolliza, la hambre pronta, la hartura abundante, sin disfraz el vicio, el juego siempre, las pendencias por momentos, las muertes por puntos, las pullas a cada paso, los bailes como en bodas, las seguidillas como en estampa, los romances con estribos, la poesía sin aciones. Aquí se canta, allí se reniega, acullá se riñe, acá se juega, y por todo se hurta. *Allí campea la libertad y luce el trabajo; allí van o envían muchos padres principales a buscar a sus hijos, y los hallan; y tanto sienten sacarlos de aquella vida, como si los llevaran a dar la muerte.*»

¿No se podrá aplicar a Cervantes la emoción que trasciende de estos párrafos? ¿No sería que, a pesar de todas las fatigas, tártagos y penalidades, Cervantes no veía manera de dejar la vida azacanada, libre, llena de estímulos y sorpresas, que vivía? ¿No sentía un infinito apetito de realidad, que sólo el contacto diario con la vida espontánea, varia, rica, verdadera le podía dar? ¿No era todo lo demás, comparado con ella, ficción insípida? Porque además —no lo olvidemos— todo eso pasaba en Andalucía.

7

¿Qué es Andalucía? Y ¿cómo la vivió Cervantes? En mi libro *Nuestra Andalucía* (Díaz-Casariego Editor, Madrid 1966; *Obras,* VIII) hay un párrafo que podría explicar cómo se sintió allí Cervantes: «Apenas se entra en ella, sobreviene una nueva relación con el ambiente, el paisaje, la ciudad; empiezan a salirle a uno raicillas por la parte baja del alma, y estas se van hincando silenciosamente en el suelo. Ya está. Al poco rato, ya no hay medio de irse. Andalucía es un lugar para 'quedarse', y es inútil que la fuerza de las cosas nos arrastre: tenemos que arrancarnos a tres tirones, y unas briznas de nuestro ser se desprenden de nosotros y quedan en el suelo: yo creo que el mantillo que cubre los campos andaluces está hecho de fragmentos y esquirlas y virutas de las almas de los que han pasado por allí y han tenido que irse, a lo largo de tres mil años de historia.»

Hechas las cuentas, resulta que Cervantes, el castellano, vivió cerca de veinte años en Andalucía, sobre todo en Sevilla y su comarca. La Mancha de Don Quijote nos ha oscurecido bastante ese hecho decisivo. Creo que sin Italia, primero, y Andalucía después no se entiende a Cervantes: su amor a la libertad y la belleza, su complacencia en las cosas, ese entusiasmo que pone al describir la belleza de una mujer, o «un pequeño patio ladrillado, que de puro limpio y aljofifado, parecía que vertía carmín de lo más fino», o una comida de pícaros, jaques y mozas en el sevillano patio de Monipodio: «Se sentaron todos alrededor de la estera, y la Gananciosa tendió la sábana por manteles; y lo primero que sacó de la cesta fue un gran haz de rábanos y hasta dos docenas de naranjas y limones, y luego una cazuela grande, llena de tajadas de bacallao frito; manifestó luego medio queso de Flandes, y una olla de famosas aceitunas, y un plato de camarones, y gran cantidad de cangrejos, con su llamativo de alcaparrones ahogados en pimientos, y tres hogazas blanquísimas de Gandul.»

Y esa Andalucía cervantina, con no demasiada diferencia, la encontramos viva hoy, porque Andalucía, que es una de las tierras más viejas de Europa —dos mil, tres mil años—, anterior a los árabes, a los godos y a los romanos, tiene un pasado inmemorial y sin fechas, renovado una vez y otra, como la casa pintada cada año de la misma cal blanquísima. «¿En qué consiste —me he preguntado— la fascinadora impresión que produce Andalucía? Desde que ponemos el pie en ella, algo nos levanta; estamos en todo momento sorprendidos, nos sentimos en levitación, como solían algunos místicos; o, más sencilla y castizamente, 'en vilo'». «Caminamos por una calle andaluza. Normalmente es blanca, de casas encaladas, limpia, con un matiz de esmero. Algunos de estos caracteres los podemos encontrar en esos fuertes, admirables pueblos manchegos, Almagro, el Toboso, Campo de Criptana. Pero hay algunas diferencias. Mientras los manchegos se abren en largas calles rectilíneas, que responden a la indefinida dilatación de la meseta, los andaluces se quiebran constantemente. El muro blanco se interrumpe en un ángulo; la calle es más estrecha, y de repente se hincha, como si suspirara, y hace un mínimo ensanche que vale por una plaza; las rejas puntúan enérgicamente la blancura y rompen la continuidad; las macetas funcionan de manera múltiple: son flores, por supuesto, pero son labor de alfar, y elementos de la arquitectura, y se conjugan con las rejas y con los azulejos. Tan pronto como la mirada se olvida y se abandona, algo viene a recordarle que hay que estar sobre aviso.»

Así ha vivido siempre Andalucía: no hay región de España más alerta que ella; solo así puede explicarse la fabulosa concentración de espíritu que ha significado en la historia de España. Sevilla, en tiempo de Cervantes, tenía más poetas, más pintores que ninguna otra ciudad de España; tenía más pícaros, ladrones, mozas alegres, truhanes que ninguna; más nobles, más damas refinadas, como Doña Leonor de Milán, Condesa de los Gelves, la amada cercana y casi imposible del poeta Fernando de Herrera. Andalucía le ha pedido mucho a la vida; y así podríamos resumir la actitud de Cervantes en el mundo.

* * *

Mientras Cervantes, montado a caballo, seguido de corchetes, va de pueblo en pueblo, entre los maleantes y los cuadrilleros de la Santa Hermandad —encargados de perseguirlos y tan parecidos a ellos—, los labradores que con mil engaños ocultan la cosecha, los venteros que hacen mil malicias a los que viajan, las mozas del partido resignadas con su suerte, los mancebos que salen a la vida con las ilusiones intactas, y los viejos que guardan siempre alguna entre sus desengaños; mientras ve desde cerca la menuda vida cotidiana y piensa a veces, a sus solas, que es la única verdadera; mientras «en el silencio de la noche» se da a sí mismo «la pobre cuenta de sus ricos males», ha caído en el castillo de Fotheringhay la hermosa cabeza marchita de María Estuardo, reina de Escocia; ha muerto también Don Alvaro de Bazán, que había de mandar la Armada encargada de liberarla, primero, de vengarla después, y restablecer la fe católica en Inglaterra; ha tomado el mando de la «Felicísima Armada», sin saber de cosas de mar, el Duque de Medina Sidonia, y la Armada que se llamó Invencible ha vuelto vencida; ha reconstruido España su poder naval y ha reunido todavía otra flota mayor, pero ha empezado a faltar la concordia y la esperanza: se han levantado los aragoneses y han perdido sus fueros; ha huido Antonio Pérez, perseguido por el rey, y ha luchado con este, su arma una pluma, por las cortes de Europa, escribiendo capítulos nuevos de la «leyenda negra» que había comenzado antes Fray Bartolomé de las Casas; ha muerto Felipe II, el rey frío, inquietante, tremendo, de sosegadas pasiones, y Cervantes ha comentado en un soneto famoso, irónico y ambiguo, las honras fúnebres que vio hacerle en Sevilla.

Mientras Cervantes iba y venía de un pueblo a otro, por sierras y llanos, entre olivares grises y trigales dorados, junto al Guadalquivir, por medio de los viñedos generosos, requisando granos, midiendo aceite, extendiendo vales, haciendo cuentas que nunca salen justas, de venta en venta, de cárcel en cárcel, iba y venía Santa Teresa de un convento a otro, haciendo fundaciones por Castilla y Andalucía, componiendo sus libros místicos, en que se habla de cosas tan íntimas y levantadas en la lengua del pueblo castellano. Y Francisco Suárez, aquel jesuita granadino que nunca entendía bien lo que le enseñaban sus maestros, publica en Salamanca el primer tratado de Metafísica que se ha compuesto desde Aristóteles, en el cual aprenderá toda Europa durante doscientos años; y Mateo Alemán escribe la historia del *Pícaro* por excelencia, *Guzmán de Alfarache;* y Lope de Vega, alzado con la monarquía cómica, llena España de comedias, de versos, de historias, de amores arriscados, de garbo y pasión, como un viento que no cesa de soplar.

Cervantes siente alguna vez impulsos de emprender aventuras mayores; las lejanías le hacen señas de llamada; hay puestos vacantes en las Indias, y un día Miguel recuerda sus méritos y decide solicitar uno de ellos. Una mano de funcionario ha escrito en el margen del papel en que la mano de Lepanto, de la *Galatea* y de las comedias ha redactado su solicitud: *Busque por acá en qué se le haga merced.* La suerte está echada: Miguel se quedará «por acá» para siempre; la pluma oficial ha sellado su destino español. Quizá aquella noche, bajo las estrellas andaluzas, entre olor de jazmines o yerbabuenas, a lo lejos las cadencias de una copla o un repique de castañuelas, pensó Cervantes que más valía así, y sintió que se le posaban en el alma interminables horas de experiencia, ese saber de la vida que sólo se adquiere viviendo y que algunos saben devolverle.

De vez en cuando, Miguel se acuerda de que es poeta. Compone unos versos de ocasión; en 1592 se ha comprometido con Rodrigo de Osorio, que andaba por Sevilla con su compañía, a escribirle seis comedias, a 50 ducados cada una, que Osorio representaría con la condición de que «pareciese que era una de las mejores comedias que se habían representado en España»; Cervantes sin duda no las escribió, pero en Sevilla frecuentaba a los cómicos, asistía a los corrales de comedias, trataba con algunos poetas y novelistas. En 1594 muere su madre, Doña Leonor de Cortinas, y Cervantes vuelve brevemente a Madrid y sin duda antes a Esquivias, a la compañía de Catalina su mujer. Pero pronto toma otra vez el camino de Andalucía: Granada y su sierra, Málaga, Sevilla siempre. Esta vez lo espera, por deudas y fianzas que no puede presentar, nada menos que la famosa cárcel de Sevilla, donde probablemente empieza a gestarse el *Quijote*. Podemos imaginar una nueva generación del escritor Cervantes: ya no sería el hombre que hace versos, como todos los cultos de su época, ni tampoco el escritor «profesional» que prueba fortuna en los géneros dominantes —el teatro, la novela pastoril—, sino el que siente que la vida acumulada durante años y años se le va decantando en el fondo del alma y necesita expresarse; mejor dicho, empieza a expresarse para sí mismo, a ser literatura.

Va terminando el siglo XVI; ha pasado la hora más alta del poderío de España; Lepanto va quedando lejos; cuando, unos años más tarde, Cervantes hable de «la más alta ocasión que vivieron los siglos pasados», ¿por qué tendrá que agregar «ni esperan ver los venideros»? ¿No se empieza a ver un vago desánimo, a pesar de la honda alegría, hecha de amor a la realidad, que impregna la persona entera de Cervantes? Se ha pasado ya del mediodía; las sombras se van alargando; hay en la vida española un comienzo de decadencia y pesadumbre; pero el otoño es sazón de cosecha. Cervantes siente una nueva gravedad, un peso interior que le da consistencia. ¡Oh, no es que tenga importancia ninguna! No es nada, un pobre recaudador de contribuciones, comisario de provisiones, un modesto funcionario puesto mil veces en entredicho, que visita una y otra vez la prisión. Pero siente —como en Lepanto, como en Argel— que es *alguien*. ¿Quién? No es simplemente un hombre que escribe; al contrario: hace tantos años que apenas escribe... De vez en cuando toma la pluma y va trazando unas líneas; siente que el que ennegrece el papel es ahora un *escritor:* alguien que es, que sólo es de verdad, escribiendo; porque lo que escribe no es lo que se le ocurre, sino lo que ha llegado a ser.

8

Felipe II había puesto la corte en Madrid; a los cuarenta años, en 1601, la devuelve a Valladolid Felipe III. Allá va

Cervantes a principios de 1603, a rendir cuentas y aclarar su conducta; a quedarse ya para siempre en Castilla. Valladolid, la Mancha, Esquivias, Toledo, Madrid: estos serán los límites de los años últimos de Cervantes, su última experiencia, la más acendrada e intensa, de España. Sin duda el *Quijote* se engendró y planeó, se empezó a escribir en Andalucía; se perfiló en la Mancha, en idas y venidas, quizá en Esquivias, acaso en Argamasilla de Alba, el Toboso o Campo de Criptana. La Mancha dio el escenario, la patria del hidalgo, los horizontes irreales, los campos yermos, las ventas incómodas y sin esmeros, los sueños exaltados, la figura humanísima del cazurro y visionario Sancho, enloquecido a fuerza de cordura.

Castilla iba bien con la hora de melancolía de la España declinante, que todavía lo era todo pero ya empezaba a no serlo de verdad; que se replegaba y se encerraba en sí misma, embozada en su capa, sin querer ver a los que le parecían entrar en lo que Saavedra Fajardo llamaría pocos decenios después *Locuras de Europa*; la España cuyo símbolo mejor es la figura imaginada por Baudelaire, ese *Don Juan en el infierno* («Don Juan aux enfers») que cruza la laguna de donde no se vuelve, en la barca tripulada por Caronte, asediado por sus rivales, por sus amantes abandonadas, y, apoyado en la espada, mira la estela —mira hacia atrás— y no se digna ver nada:

> *Mais le calme héros,*
> *courbé sur sa rapière,*
> *regardait le sillage*
> *et ne daignait rien voir.*

En Valladolid vive Cervantes con su hermana, con su mujer, a la que apenas había entrevisto breves temporadas en veinte años de matrimonio, con una sobrina, con la hija de los amores juveniles con Ana Franca. Es una casa llena de mujeres, en un piso junto a otros vecinos, de gentes que entran y salen, y hombres que la rondan. Valladolid estrena su capitalidad perdida, que le va a durar solo cinco años; hay una nueva animación en la vieja ciudad que Cervantes conoció de niño; los poetas la celebran o la escarnecen, cuando desean que la corte vuelva a Madrid.

Allí vuelve Cervantes a probar la cárcel, aunque por breves días, esta vez con toda su familia y los vecinos de la casa entera, porque ha muerto, acuchillado a su puerta, el caballero Don Gaspar de Ezpeleta, amigo de aventuras y amoríos y de andar entre gente del bronce. Todos son sospechosos. Se dibujan historias, enredos, misterios, visitas de tapadillo. Una comedia de capa y espada que envuelve al autor, hasta que se pone en claro que la familia de Cervantes no tiene que ver con el hombre muerto a estocadas, probablemente por venganza y en duelo.

Estos años primeros del siglo XVII está Cervantes entre el Pisuerga y la Mancha. Vuelve a ver Castilla, al cabo del tiempo, con nuevos ojos. Siempre se ve desde algo distinto; siempre en la visión actual entra aquello que se ha visto antes y no se ve ya. Cervantes mira Castilla con ojos que han sido italianos, argelinos y, sobre todo, andaluces. La Mancha de Don Quijote es tan Mancha, tan superlativa y únicamente Mancha, porque está vista desde dentro y desde fuera a la vez: desde dentro, porque Cervantes ha vivido cada recoveco, cada entresijo, cada matiz de esta comarca, tan sencilla y tan secreta a un tiempo; desde fuera, porque la Mancha no es el mundo del autor, sino solo una de sus porciones, y por eso aparece con toda su figura bien perfilada y definida, puesta en relación con otras cosas, como una unidad que se contempla exenta y cerrada; la Mancha no es la Mancha sola; está puesta —al menos idealmente— junto a otras tierras, otras ciudades, otras gentes; es una comarca *elegida,* convertida en escenario, interpretada. La explicitud del carácter manchego de *Don Quijote* es justamente la consecuencia de haberse escrito el libro desde un horizonte mucho más dilatado, haciendo que la pupila, después de trazar amplios círculos, haya venido a posarse, como un ave de presa, sobre esa comarca de elección, sobre ese lugar donde van a acontecer las más maravillosas transfiguraciones imaginativas de la realidad.

* * *

Cervantes está en Valladolid cuando, a principios de 1605, aparece en Madrid *El ingenioso hidalgo Don Quijote de la Mancha,* el libro que había ido escribiendo año tras año, probablemente a trozos, interrumpiéndolo cuando la vida no le dejaba seguir, madurándolo en cada interrupción, empezándolo de nuevo a otro nivel de experiencia, de dolor, de ironía, de ilusiones maltrechas y siempre verdecidas. ¿No advertís que el *Quijote* comienza con poco aliento, con promesa de ser un libro breve, y se va dilatando después, haciéndose, no solo más largo, sino más amplio, más vasto, más abarcador? ¿No veis cómo Cervantes va tomando más aliento, va abriendo más la mente y el proyecto, dando cabida a nuevos elementos, aprehendiendo así las cosas cada vez con mayor profundidad? Cuando se repite, cuando olvida lo que ya ha dicho, cuando contradice un detalle, cuando llama a un personaje de distinto modo que al principio, no es que «dormita», como dicen que solía el bueno de Homero, sino que despierta, quiero decir despierta de nuevo a su libro, a su historia, a su faena de escribir, después de haber soñado más la vida. En el *Quijote* van entrando, a niveles cada vez más hondos, a cada acometida del escritor discontinuo, las cosas que Miguel hizo y le pasaron, su vida, en suma. La unidad de la novela va organizando ese material, lo dispone en formas inteligibles, lo interpreta mediante la narración. Cervantes va dando transparencia a la densa opacidad de la vida real: eso es justamente la literatura.

Nadie lo había hecho como él; nadie había encontrado ese punto de vista desde el cual se puede penetrar imaginativamente en la vida humana, no a la distancia de la épica, sino en la tupida concreción de la novela moderna. Cervantes lo supo bien cuando escribía en *El coloquio de los perros*: «Quiérote advertir de una cosa, y es que los cuentos, unos encierran y tienen la gracia en ellos mismos; otros, en el modo de contarlos; quiero decir, que algunos hay que, aunque se cuenten sin preámbulos y ornamentos de palabras, dan contento; otros hay que es menester vestirlos de palabras, y con demostraciones del rostro y de las manos, y con mudar la voz se hacen algo de nonada, y de flojos y desmayados se vuelven agudos y gustosos.»

Cervantes tenía cincuenta y siete años cumplidos cuando se publicó la primera parte del *Quijote*. ¿Se imagina su osadía? Escribir un libro genial es siempre una peligrosa audacia; hacerlo cuando ya todo el mundo cree saber quién es su autor, raya en la temeridad o la indecencia. Cervantes era un modesto escritor medio olvidado; había compuesto comedias y versos, una novela pastoril, esmerada y gustosa, pero que se podía reducir a las normas aceptadas del género; ya era «cosa vista»; ya se sabía lo que se podía esperar de él —lo que se podía temer de él—. Y ahora, de repente, con nunca vista insolencia, con ademán sencillo, cansado, y hasta un poco irónico, descubre, como quien no quiere la cosa, que es un genio.

Yo socarrón, yo poetón ya viejo,

dirá en un momento de melancólico humor Miguel de Cervantes.

> *Yo he dado en* Don Quijote *pasatiempo*
> *al pecho melancólico y mohíno,*
> *en cualquiera sazón, en cualquier tiempo.*
> *Yo he abierto en mis* Novelas *un camino*
> *por do la lengua castellana puede*
> *mostrar con propiedad un desatino.*

Y, por si las cosas no estuvieran claras, todavía añade:

> *Yo soy aquel que en la invención excede*
> *a muchos, y al que falta en esta parte,*
> *es fuerza que su fama falta quede.*

¿Es esto sólo? Ya puesto a hacer confesiones, y nada menos que a Apolo, Cervantes agrega algo más:

> *Tuve, tengo y tendré los pensamientos,*
> *merced al cielo, que a tal bien me inclina,*
> *de toda adulación libres y exentos.*
> *Nunca ponga los pies por do camina*
> *la mentira, la fraude y el engaño,*
> *de la santa virtud total ruina.*
> *Con mi corta fortuna no me ensaño,*
> *aunque por verme en pie, como me veo,*
> *y en tal lugar, pondero así mi daño.*
> *Con poco me contento, aunque deseo*
> *mucho.*

Retengamos esta última, preciosa confesión: «Con poco me contento aunque deseo mucho.» Ahí está todo Cervantes. Ahí está, veo yo, la lección de Sevilla, de Andalucía entera: pedirle mucho a la vida; contentarse acaso con poco; hacer, a última hora, que ese poco tenga tan alta intensidad, que valga por mucho, que valga la pena.

Y la respuesta de Apolo, la socarrona contrarréplica de Cervantes, la conclusión final del dios, encierra, en pocas sílabas contadas, el balance vital que Cervantes, en los linderos de la vejez, traza de su vida:

> *«Tú mismo te has forjado tu ventura,*
> *y yo te he visto alguna vez con ella,*
> *pero en el imprudente poco dura.*
> *Mas si quieres salir de tu querella,*
> *alegre, y no confuso, y consolado,*
> *dobla tu capa, y siéntate sobre ella.*
> *Que tal vez suele un venturoso estado,*

cuando le niega sin razón la suerte,
honrar más merecido que alcanzado.»
—Bien parece, señor, que no se advierte,
le respondí, que yo no tengo capa.
El dijo: «Aunque sea así, gusto de verte.
La virtud es un manto, con que tapa
y cubre su indecencia la estrecheza,
que exenta y libre de la envidia escapa.»

9

Don Quijote es el éxito y la fama, la envidia y el dinero que se anuncia y no llega. Las ediciones que se multiplican, pero las más de las veces piratas, que no se cobran. Los demás escritores fingen desdén o aguzan el ingenio para la sátira.

Ya está Cervantes en Madrid, adonde ha venido, siguiendo a la corte. Se suceden las ediciones del *Quijote,* las traducciones a lenguas extranjeras. Cervantes tiene una orgullosa modestia, una pobreza de la que nunca sale, una popularidad que va creciendo; también, el fingido desdén de los que se habían creído superiores a él y saben que no lo son, que pasarán un día y Miguel quedará. En 1613 publica las *Novelas ejemplares*; al año siguiente, Cervantes sufrirá un golpe inesperado, una herida siempre enconada, un dolor que sentirá ya siempre.

Bajo el nombre de Alonso Fernández de Avellaneda aparece en Tarragona un libro titulado *Segundo tomo del Ingenioso Hidalgo Don Quijote de la Mancha*; continuación vulgar, pedestre, no sin algún ingenio, de las aventuras famosas en el mundo de Don Quijote y Sancho. Cuando Cervantes prepara su segunda parte, un desconocido, un recién llegado, que oculta su nombre —tan bien, que ha resistido a tres siglos y medio de pesquisas, el verdadero «crimen perfecto»—, se ha atrevido a anticipar, degradándola, envileciéndola, la divina historia. Lo que más hiere a Cervantes, sin embargo, es el prólogo, un prólogo que respira odio, envidia, resentimiento del mediocre frente a la superioridad, adulación a Lope de Vega. Desde el primer párrafo, el prólogo es una agresión continuada al verdadero autor; hay una frase en que «Avellaneda» (o quien fuera) se descubre: «Conténtese con su *Galatea* y comedias en prosa; que esto son las más de sus novelas: no nos canse.» Los Avellanedas se cansan de que existan los hombres de genio; quieren saber lo que son, que se contenten con lo que en cierto momento han alcanzado, con lo que ellos han creído que eran. Pero Miguel, que se contenta con poco, *desea mucho.* Y a despecho de quien sea, lo ha tenido.

Este episodio doloroso fue sin duda un estímulo que lo llevó a acabar la segunda parte del *Quijote,* publicada en 1615; también salen ese año las *Ocho comedias y ocho entremeses*; el anterior, el *Viaje del Parnaso.* Cervantes está lleno de proyectos: más teatro, la segunda parte de la *Galatea,* las desconocidas *Semanas del jardín* y, sobre todo *Los trabajos de Persiles y Sigismunda,* el libro que creía el mejor de los suyos, el que no llegaría a ver impreso...

Cervantes vive casi siempre en Madrid, con ocasionales viajes a Esquivias, a la Mancha, a Toledo, «peñascosa pesadumbre, gloria de España y luz de sus ciudades»; Toledo, que ha hecho vivir en *La ilustre fregona* con desusada fulguración; donde ha salvado de la destrucción, para siempre, la posada del Sevillano, bajando por la Sangre de Cristo. Madrid va siendo, cada vez más de verdad, la capital de España; una ciudad, no castellana, sino española, centro de la vida nacional; poco a poco se va llenando de gustosa vida, que será deliciosa en tiempo de Felipe VI, y casi siempre. Cervantes, vecino de Lope de Vega, con quien conserva agridulce relación, se mezcla —siempre un poco de lejos— en la vida literaria. Nunca fue un escritor «profesional»; los que lo eran nunca le perdonaron ni su modestia, ni su retiro, ni su genialidad.

* * *

Nadie tan español como Cervantes; nadie puso en sus libros tanto de la realidad de España, la efectiva y la soñada —que es igualmente real—. En rigor, la obra de Cervantes, más que una obra literaria al uso, es la expresión de España misma, la manera como esta se manifestó, se dio a conocer a sí propia. Las criaturas de Cervantes viven ante nosotros; se afanan sobre la tierra manchega, andaluza, castellana, catalana, o por el mundo que entonces era poco menos que español; casi nunca describe; pero la vida misma de los personajes conjura su escenario, lo trae ante nosotros, vivimos en él. La obra cervantina está hecha de España como de un material, y al leerla nos parece ir absorbiendo la sustancia misma de la nación. Y a la inversa: Cervantes ha impreso en España su sello personal, para siempre. A pesar de tantas cosas, tantos dolores y fracasos, tantas empresas, tantos cambios, la España en que vivimos es la España cervantina. Nada de lo que escribió nos es ajeno; nos reconocemos en su visión inexorable y cordial a un tiempo. Cervantes lo vio todo, pero lo vio con amor, como los hombres de la generación del 98, como Ortega, como tantos españoles de nuestro tiempo, a quienes nadie podrá quitarles «el dolorido sentir».

Cervantes va a morir, y lo sabe. Cuatro días antes, el 19 de abril de 1616, dedica el *Persiles* a su protector el Conde de Lemos:

«Aquellas coplas antiguas, que fueron en su tiempo celebradas, que comienzan: *Puesto ya el pie en el estribo,* quisiera yo no vinieran tan a pelo en esta mi epístola, porque casi con las mismas palabras la puedo comenzar, diciendo:

> *Puesto ya el pie en el estribo,*
> *con las ansias de la muerte,*
> *gran señor, esta te escribo.*

«Ayer me dieron la Extremaunción, y hoy escribo esta: el tiempo es breve, las ansias crecen, las esperanzas menguan, y con todo esto, llevo la vida sobre el deseo que tengo de vivir...»

El *Persiles* es un libro de sueños; un libro de amor y de belleza, donde Cervantes se recrea en tantas imágenes. No se lo entiende si no se lo ve como un complemento de su vida real, como un contrapunto de la sabrosa y cruda realidad en que también se complació tanto. La hermosura de las ciudades y los paisajes, la hermosura de la mujer sobre todo, asedian a Cervantes en su obra final; va recordando, imaginando, soñando hermosuras; juega con ellas, las engarza en un mar de historias inverosímiles, en medio de las cuales asoma de vez en cuando la realidad concreta, que muerde en nosotros y rasga la tela del ensueño.

Cervantes no ha perdido nunca la complacencia en la realidad, pero sabe lo que después, siglos después, dirá Antonio Machado:

> *de toda la memoria sólo vale*
> *el don preclaro de evocar los sueños.*

En el prólogo del *Persiles,* este libro entrañable, tan desconocido, que Azorín, sin embargo, supo gozar y entender hace muchos años, Cervantes se retrata de cuerpo entero. Nos cuenta que, «viniendo otros dos amigos y yo del famoso lugar de Esquivias, por mil causas famoso, una por sus ilustres linajes y otra por sus ilustrísimos vinos», los alcanzó, montado en una borrica, «un estudiante pardal, porque todo venía vestido de pardo»; y al preguntar por qué van tan de prisa, un compañero contesta: «El rocín del señor Miguel de Cervantes tiene la culpa desto, porque es algo que pasilargo.» «Apenas hubo oído el estudiante el nombre de Cervantes —continúa este—, cuando, apeándose de su cabalgadura, cayéndose aquí el cojín y allí el portamanteo, que con toda esta autoridad caminaba, arremetió a mí, y acudiendo a asirme de la mano izquierda, dijo: 'Sí, sí, este es el manco sano, el famoso todo, el escritor alegre, y finalmente el regocijo de las Musas'. Yo, que en tan poco espacio vi el grande encomio de mis alabanzas, parecióme ser descortesía no corresponder a ellas; y así, abrazándole por el cuello, donde le eché a perder de todo punto la valona, le dije: 'Ese es un error, donde han caído muchos aficionados ignorantes: yo, señor, soy Cervantes, pero no el regocijo de las Musas, ni ninguna de las demás baratijas que ha dicho vuesa merced. Vuelva a cobrar su burra y suba, y caminemos en buena conversación lo poco que nos falta del camino'.»

Cervantes sintió más alegría por el elogio fresco e ingenuo del estudiante pardal, en el camino de Esquivias a la puente de Toledo, que por todos los versos convencionales que sobre él se habían escrito. Y se despide —del lector, de la vida— con estas aladas, entrañables palabras, que no pueden leerse sin sentir que aprisionan, en solo dos líneas, el «quién» que fue Cervantes: «Adiós, gracias; adiós, donaires; adiós, regocijados amigos; que yo me voy muriendo, y deseando veros presto contentos en la otra vida.»

Un hombre que va a morir, que sabe que va a morir muy pronto, y se despide. ¿De qué? De la gracia, el donaire, el regocijo, la amistad; de la palabra, de la conversación. ¿No es esto España? Que piensa, con ilusión, con prisa, en la otra vida. Cuya última palabra, después de tantos años de infortunios, heridas, cárceles, cautiverio, pobreza y desdén, después de tanto amor, tanta belleza, tanta ilusión fresca y nunca marchita, es «contentos». ¿No es esto España?

5. Jovellanos: Concordia y discordia de España [1]

I. EL MÉRITO Y LA GRACIA

Un magistrado sin peluca

Jovellanos —Don Gaspar Melchor de Jovellanos— había nacido en Gijón el 5 de enero de 1744; murió en Asturias, en el Puerto de la Vega, entre Luarca y Navia, en días de tormenta, el 27 de noviembre del año, tan tormentoso también, de 1811. Ahora, a los ciento cincuenta años de su muerte, al recordarlo, ¿qué hacemos? ¿Un acto de continuidad piadosa, o acaso el inútil intento de galvanizar un cadáver? Si se tiene un poco de sensibilidad histórica, las conmemoraciones producen siempre alguna aprensión e inquietud. ¿Son una prueba de fidelidad, o tal vez un desliz, una infidelidad a esa dama a la que siempre hay que ser fiel, la Realidad?

No está vivo el *escritor* Jovellanos, no nos engañemos: le faltó para ello intensidad, brillo, sentido del humor, abandono. Le faltó, sobre todo, como a los demás hombres de su tiempo en España, potencia creadora (por eso se equivocan los que, desorientados por muchas analogías superficiales, equiparan la significación de los ilustrados del siglo XVIII con la de los hombres del 98 y de la generación siguiente). Le perjudicaron también sus comentaristas y sus editores. Ahí está, enterrado en el «Panteón» —como se llama familiarmente la tan benemérita como inhospitalaria Biblioteca de Autores Españoles de Rivadeneyra— con lápida compuesta, con mediana prosa y no mucha lealtad, por D. Cándido Nocedal. No se ha conseguido aún vivificarlo:

[1] 1961.

ni la devoción de Julio Somoza, ni siquiera su reciente edición de los *Diarios,* al fin rescatados de tantas mezquindades y tan dignamente estudiados por Angel del Río. Jovellanos no tiene *lectores*; a lo sumo, tiene *estudiosos* —lo que es triste para un autor—. Literalmente, está en el Limbo; y esto para siempre, naturalmente, por falta de gracia, suya y de los demás. ¿Podría salir de él?

En todo caso, sería deseable y justo; debería salir y circular de nuevo entre nosotros, porque tiene, aunque con algún desmayo, no pocas cosas que decirnos. A vuelta de muchos elogios, casi nunca ha tenido «buena prensa», porque no la ha tenido en España la mesura, sino las dos tradiciones de desmesura y extremismo que han pretendido, alternativa o simultáneamente, identificarse con nuestra realidad histórica. El «éxito» de muchos nombres depende de su aptitud para ser «utilizados»; los que no se dejan —y este es el caso de Jovellanos, a pesar de su serena blandura sin aristas— corren el riesgo de que se prefiera volverles la espalda. No sería difícil, ni carecería de interés, una historia de nuestras letras hecha desde este punto de vista.

Una vez que Jovellanos empezó a escribir unas *Memorias* que dejó apenas iniciadas hizo esta anotación conmovedora: «Y aunque es para mí muy dulce la esperanza de que mi nombre no quedará enteramente sepultado en olvido, no es porque crea que será celebrado con aplauso, sino recordado con lástima y ternura.» ¿Por qué no las dos cosas? Ambas son posibles; y una tercera más: considerarlo como el símbolo de una época decisiva, la crisis de España, la transición entre el antiguo régimen y la España nueva, que había de resultar —precisamente entonces, y no antes— dividida en lo que se ha llamado «las dos Españas». Y no se olvide que cuando un país está realmente dividido en dos, esta escisión afecta precisamente a aquellos hombres que no la quieren ni la pueden aceptar; y así quedaron hendidos, divididos, heridos, los que no eran «hombres de partido» capaces de aceptar frívolamente la partición; los que eran, por el contrario, españoles enteros. De ellos, acaso el mejor, clave de su tiempo, era Jovellanos. Si consideramos las figuras más representativas del siglo XVIII, se podrían agrupar provisionalmente en cuatro generaciones que llenan su segunda mitad y los años del XIX en que se inicia el Romanticismo. La primera de ellas sería la de 1721; es la de los hombres significativos del antiguo régimen: Aranda (1718-1799), Campomanes (1723-1802), Floridablanca (1728-1808). El último llega hasta a hacer que su muerte coincida con la de la época a la que perteneció y a la que se aferró obstinadamente, sin aceptar el tránsito al mundo que se preparaba. A la segunda generación, la de 1736, pertenecen hombres de muy diversa contextura: Clavijo, Lampillas, Hervás, Juan Andrés, Cadalso, Capmany. Son —salvo Cadalso, militar, intelectual de afición, prerromántico— eruditos, todavía auténticos, llenos de esa pasión por las cosas y las noticias que fue tan sincera y necesaria en el siglo XVIII y que había de volverse después inerte manía por los «datos», cosa bien distinta.

La tercera generación es la de Jovellanos. En rigor, su «epónimo» no es él, sino Goya. Es la de 1751, y a ella pertenecen igualmente Masdeu, Iriarte, Comella, Martínez Marina, Meléndez Valdés, Forner. Son los «ilustrados» por excelencia, los que lo son como una minoría actuante, como fermento decisivo de la sociedad española. Los que ejercen su influencia sobre Goya y, en cierto sentido, lo condicionan, configuran y acaso limitan. Los que reciben plenamente el impacto del acontecimiento histórico más importante del siglo, la Revolución francesa; y, sobre todo, los que reciben la hostilidad compacta, que antes se había producido sólo de manera esporádica y ocasional.

La generación siguiente, la de 1766, se sale ya del siglo XVIII; no es la que padece, sino la que realiza la crisis histórica en que se pasa de una España a otra; la que preludia —y algo más, si se aguza el oído— el Romanticismo. Es la de Moratín, el Conde de Noroña, Mor de Fuentes, Conde, Godoy, Marchena, Flórez Estrada, Böhl de Faber, López Ballesteros, Hermosilla, Quintana, Vicente López.

No olvidemos que Jovellanos no era profesionalmente un «intelectual» (en realidad, todavía no los había en España). En el siglo XVIII, la vida intelecual se ejercía desde otra profesión. Había clérigos (Hervás, Andrés, Masdeu, Martínez Marina; funcionarios (Clavijo, Tomás de Iriarte); militares (Cadalso); magistrados (Forner, Meléndez y el propio Jovellanos). En la generación siguiente aparece ya el intento del ejercicio intelectual como profesión. El caso de Moratín es revelador: empieza teniendo beneficios eclesiásticos, sinecuras al estilo antiguo; luego tiene una profesión semi-intelectual, en que la condición de funcionario se apoya en conocimientos y destrezas literarias: oficial de la Interpretación de Lenguas.

Jovellanos se destinaba originariamente a la Iglesia, y a los diecisiete años el obispo de Oviedo le confirió la primera tonsura; llegó a pensar en hacer oposiciones a la canonjía doctoral de Tuy. La huella de estos comienzos en su biografía y en toda la trayectoria de su actuación había de ser muy fuerte: Jovellanos no se sintió nunca enteramente desligado de estos primeros pasos; su carácter extremadamente moral lo llevó a sentirse solidario de los deberes que había empezado por aceptar. Por fin, decide dedicarse a las leyes; en 1767 es nombrado Alcalde del crimen de la Real Audiencia de Sevilla. Cuando va a despedirse del Conde de Aranda para ocupar su puesto, el ministro mira al joven magistrado, de larga cabellera rubia y rizosa, y le encarga que no se ponga peluca, sino la deje al descubierto. Un año después, Jovellanos se pone a escribir *El delincuente honrado,* comedia lacrimosa, que no hubiera podido componer un magistrado a la antigua usanza, acostumbrado a esconder los cabellos y los sentimientos bajo una impersonal peluca blanca.

La complacencia en la limitación

Jovellanos es un lector apasionado y constante. No solo en español y en francés, como solía hacerse en su tiempo, y en latín, como todavía era frecuente, sino en italiano y, sobre todo, en inglés. Su horizonte de lecturas es muy amplio: Saint-Pierre, Buffon, Blair, Condillac, Gibbon, Rousseau, Payne, Locke, la *Política* de Aristóteles, Maupertuis, Adam Smith (cuatro veces, y no se contentará con ello: «*septies repetita placebunt*», escribe), Godwin, Turgot, Condorcet, d'Alembert; Gacetas inglesas, Revistas francesas; y también Cervantes, Góngora; y lo que es más, lee a los contemporáneos más jóvenes: Moratín, Forner, Meléndez. Y escribe cartas a diversos amigos: el canónigo Posada, el cónsul inglés Alexander Jardine (a quien suele llamar Jardins o Jardines o Hardings), Ceán Bermúdez, Vargas Ponce... Tiene viva curiosidad por todo; le interesa la realidad entera, el país en que vive, las costumbres, los pueblos, los caminos, los cultivos, las minas, la arquitectura, las obras de arte. Las actividades de las admirables Sociedades Económicas de Amigos del País son las suyas. De todo está informado, por todo se preocupa seriamente, con desusado buen sentido, con extraña moderación. Pero se diría que en él se extrema la tendencia intelectual que caracteriza toda la modernidad: el miedo al error, más fuerte que el afán de alcanzar la verdad.

Por esto, intelectualmente, Jovellanos se queda siempre corto. Su claro entendimiento está siempre frenado, no se abandona, está trabado por sus propias virtudes. Por eso también Jovellanos no fue un *escritor,* sino solo un hombre que escribía (mucho y con frecuencia bien), después de ser el que era, no *haciéndose* a sí mismo al escribir; no, por tanto, escribiendo *dramáticamente,* por ser el escribir su vida misma.

Así se explica tanto su biografía como su acción histórica. La carrera eclesiástica iniciada, la de la magistratura que abrazó después, le dan un fuerte sentido de la responsabilidad, una conciencia escrupulosa, un puritanismo que probablemente se desarrolló sobre un temperamento espontáneamente tímido. Toda la obra y la vida de Jovellanos son de una pureza extremada, casi angeloide, sin ímpetu, y solo las sostiene la rectitud moral, la energía de las convicciones, el «puro respeto al deber», más que las inclinaciones de la sensibilidad o del carácter. Jovellanos, sin duda, no supo nunca de Kant, pero fue uno de los poquísimos kantianos que en el mundo han existido.

Incluso sus *Diarios* son de una severidad sin excepciones. No hay en ellos ni un destemple, ni una liviandad, ni un desenfado siquiera. Sin duda, se sintió atraído por Ramona «la Majestuosa», hija de los marqueses de Villadangos, en León, a quien veía de cuando en cuando y con quien tenía conversaciones que le producían mal disimulada ilusión; pero siempre se refiere a ella con enorme reserva y timidez de cincuentón lleno de vacilaciones y cautelas. «A la tertulia a casa de Diguja; *larga conversación con la Ramona*: me confirma en la idea que siempre tuve de su buen talento y buenos principios; poco satisfecha de la conducta de sus pretendientes, menos de la de *Pepe María Tineo*; sentida de los chismes e incidentes que alejaron a J. M. V. [Juan Meléndez Valdés o acaso Joaquín María Velarde]; se dice conforme con su suerte, poco inclinada a un establecimiento; alejada de él por su carácter; no hay remedio, es preciso abrazarle; alabo su desinterés, y me duele mucho que no halle una suerte digna de su mérito.» (18-VI-1795). Pocos días después: «Tertulia: *serio con la Majestuosa.*» Y el día 29: «A la tertulia; diálogo con *Ramona: '¿Con que mañana se va Vm.? Demasiado cierto es. ¿Puedo servir a Vm. en algo? Pero Vm. no tiene ya intereses en Asturias, ni aun tendré ese gusto... Pues yo siento también que Vm. se vaya... y no sé por qué. A fe que ahora me es más sensible mi partida'.* Antes que la conversación se empeñase: 'Vamos a jugar', dijo, y se levantó. Creo conocer su carácter y cuánto vale aquella sencilla expresión, proferida con tanta nobleza como ternura; pero distamos mucho en años y en propósitos. Despedida de todos. En la cena, Tineo rehúsa el mérito de Ramona; yo le doy el alto lugar que merece; dice (como zahiriendo), que pues me hallo en estado, por qué no aspiro a él; respondo que, a estarlo, ningún otro objeto me decidiría, ni valdría más a mis ojos, y le reprendo su falta de consecuencia y de respeto; presentes los sobrinos, Martínez y monsieur Pusargue, que lo aplaudieron; se envolvió la conversación; al fin, bolero y despedida.» Dos años después, el 11 de octubre de 1797, esta anotación: «A casa de Villadangos, que va mejor. *La Ramona siempre interesante.*» Y el 17 de noviembre, una más explícita y melancólica: «En León a las ocho y media: muchas gentes nos esperan; visita del Obispo, y Daniel, de los Villadangos; *conversación interesante con la Majestuosa*; allí Colasín Ponte, que la enamora; creo que se casarán, y él será feliz con tal mujer.» No hay más referencias a ella en los Diarios; pero la entrada siguiente, a renglón seguido, correspondiente al sábado 18, empieza con estas palabras: «¡Qué lágrimas me cuestan estos amigos! Con ellas me despido de los que me siguieron.» ¿Serían las lágrimas por los amigos o por Ramona renunciada y sin esperanza? ¿Llegaría el pudor de Jovellanos a poner sus lágrimas de vago amor apenas confesado en el día siguiente, en otro contexto, como quien se enjuga los ojos con el pañuelo, volviendo la cabeza?

Haría pensarlo el temple habitual de Jovellanos: unos días antes, el 13, cuando va a ser ministro, en el momento de mayor triunfo de toda su carrera, ha escrito: «Oyéronse cascabeles: el hortelano dijo que entraba una posta de Madrid; creímoslo chanza de algún amigo; el administrador de Correos, Faes, entrega un pliego con el nombramiento del Ministerio de Gracia y Justicia. *¡Adiós felicidad, adiós quietud para siempre!* Empieza la bulla, la venida de amigos, y la de *los que quieren parecerlo*; gritos, abrazos, mientras yo, abatido, voy a entrar a una carrera difícil, turbulenta, peligrosa. Mi consuelo, la esperanza de comprar con ella la restauración del dulce retiro en que escribo esto; *haré el bien y evitaré el mal que pueda: ¡dichoso si yo vuelvo inocente!, dichoso si conservo el amor y la opinión del público, que pude ganar en la vida obscura y privada.*»

Y cuando ha llegado a la corte, el día 22, y Godoy, Príncipe de la Paz, lo invita a comer a su casa, encuentra que este tiene sentada a su derecha a la Princesa, la dulce Condesa de Chinchón que maravillosamente pintó Goya; y a la izquierda a su amante, a la guapa Pepita Tudó. «Este espectáculo —escribe Jovellanos— acabó mi desconcierto; mi alma no puede sufrirle; ni comí, ni hablé, ni pude sosegar mi espíritu; huí de allí; en casa toda la tarde, inquieto y abatido, queriendo hacer algo, y perdiendo el tiempo y la cabeza.»

Sería difícil encontrar en toda la historia de España una figura de mayor limpieza y mérito que Don Gaspar Melchor de Jovellanos. Si encima hubiera tenido gracia, ¿qué hubiera sido?

2. LAS EMPRESAS DE JOVELLANOS

Las artes útiles

Jovellanos era un hombre de esos para quienes la realidad cuenta; no le interesaba suplantarla, ni olvidarla, ni brincar desde ella a cualquier fantasmagoría. Por eso no fue nunca ni un demagogo, ni un arbitrista, ni un ideólogo. Las cosas, grandes o pequeñas, le importaban: con ellas, pensaba, hay que vivir, y para ello hay que ocuparse de ellas. A veces son minucias —la fabricación de gorros tunecinos—; otras, las cuestiones decisivas del país, como el *Informe sobre la Ley Agraria*; se desplaza en comisiones oficiales para estudiar pulcra y minuciosamente los caminos o las minas de carbón; no hay brizna de realidad que no sea para él significativa. Se refleja en Jovellanos todo lo admirable del siglo XVIII, y falta en él la dimensión de utopismo que esterilizó tantas virtudes de ese tiempo. Solo le sobró una virtud: moderación; quiero decir que la tuvo inmoderadamente, con exceso, ya que el carácter que acabo de apuntar la hacía en él menos necesaria: la moderación como actitud psíquica es esencial, sobre todo cuando falta la que impone la presencia de la realidad, que es siempre la gran moderadora; y si se cuenta con esta, la excesiva moderación en el carácter funciona como inhibición que impide extraer las consecuencias que la realidad reclama; dicho con otras palabras, hace que no se le dé a esta *lo suyo*.

Jovellanos sentía indisimulada predilección por lo que llamaba «las artes útiles», las del manejo y utilización de las cosas; lo que corresponde homólogamente —en circunstancias bien distintas, y por tanto con distintos contenidos— a lo que hoy llamamos la técnica. Esto y su profunda vinculación a Asturias, sobre todo a su Gijón natal, lo llevó a la empresa que más hondamente lo absorbió, y que a la vez fuera para él la ocupación más «felicitaria»: la fundación del Instituto de Gijón, que se llamó Real Instituto Asturiano de Náutica y Mineralogía. Su «objeto general» era «la enseñanza elemental de las ciencias exactas y naturales»;

pero, de un modo más circunstancial y concreto, «el fin *particular y determinado* a que se encaminará toda la enseñanza, será doctrinar hábiles pilotos para el servicio de la Marina Real y Mercantil, y buenos mineros para el beneficio de las minas de aquel Principado, y señaladamente, las de carbón de piedra.»

Cualquiera diría que empresa tan pacífica y conveniente no había de traer a Jovellanos demasiados quebraderos de cabeza; y sin embargo...

El Instituto Asturiano

Mineros y pilotos. Esto es lo que busca Jovellanos. En su Instituto «no se tratará de ofuscar vuestro espíritu con vanas opiniones, ni de cebarle con verdades estériles; *no se tratará de empeñarle en indagaciones metafísicas,* ni de hacerlo vagar por aquellas regiones incógnitas donde anduvo perdido tanto tiempo». «*Venid vosotros a estudiar la Naturaleza*», agrega. «España, después de haber despertado la atención de las demás naciones, y dádoles el primer impulso... contenta con el fruto de sus victorias y dormida sobre sus laureles, *empezó a desdeñar los estudios a que los debiera,* y..., olvidándolos casi por dos siglos enteros, *se abandonó a las especulaciones de una filosofía estrepitosa y vacía,* en tanto que otros pueblos, contemplando los cielos, explorando la tierra, y cultivando las ciencias naturales, corrían a un mismo paso a la cumbre de la ilustración y la opulencia». No cree Jovellanos que deban estudiarse en el Instituto las lenguas muertas; requieren excesivo esfuerzo y no dan un fruto comparable: «¿Hasta cuándo ha de durar esta veneración, esta ciega idolatría, por decirlo así, que profesamos a la antigüedad? *¿Por qué no habemos de sacudir alguna vez esta rancia preocupación, a que tan neciamente esclavizamos nuestra razón y sacrificamos la flor de nuestra vida?...* Estudiad las lenguas vivas, estudiad sobre todo la vuestra; cultivadla, dad más a la observación y a la meditación, que a una infructuosa lectura, y, sacudiendo de una vez las cadenas de la imitación, separaos del rebaño de los metodistas y copiadores, y atreveos a subir a la contemplación de la Naturaleza...»*

No se olvide que hombre tan sabedor, y en cierto modo erudito, como Jovellanos, escribía a Vargas Ponce, tras aconsejarlo en un trabajo contra las corridas de toros: «Lo que le pido es que no me ande buscando ni leyendo libracos: póngase a pensar y adelantará más en un cuarto de hora que en muchos días de estudio.» Sí, Jovellanos también creía, como el gran *detective* Hercule Poirot, en esas «pequeñas células grises» que con tanta frecuencia olvidan los intelectuales.

El 6 de enero de 1794 se inauguró el Instituto Asturiano; desde entonces, todo van a ser ilusiones y desvelos, también algunas zozobras. Jovellanos, con su hermano y el pequeño grupo de sus colaboradores, apenas vive para otra cosa que su Instituto: allegar dinero, mejorar las instalaciones, hacer programas, hablar a los alumnos, organizar pequeñas fiestas, conservar y levantar la moral. Quisiera tener una cátedra de Humanidades castellanas; también Historia y Geografía, Lógica, Filosofía moral, Derecho público universal. Sobre todo hacen falta libros; para esto hace falta algún dinero y... permiso. Para ambas cosas hace gestiones con algunos altos jerarcas de la Iglesia; los resultados son descorazonadores, especialmente para un hombre de la honda religiosidad de Jovellanos, de tan rigurosa y fiel ortodoxia, tan amigo de clérigos, desde el canónigo Posada al obispo Tavira.

Jovellanos, en 1795, hace una solicitud al Inquisidor general, Cardenal Lorenzana, para tener libros prohibidos en el Instituto, «que solamente pueden leer los jefes y maestros de aquel Establecimiento». El resultado está contado por Jovellanos en sus *Diarios* (6-VIII-1795): «El tonto del Cardenal Lorenzana insiste en negar la licencia de tener libros prohibidos en la Biblioteca del Instituto, aunque circunscrita a jefes y maestros. Dice que hay en castellano muy buenas obras para la instrucción particular y enseñanza pública, y cita el *Curso* de Lucuce, el de Bails y la *Náutica* de D. Jorge Juan, y añade en postdata que los libros prohibidos corrompieron a jóvenes y maestros en Vergara, Ocaña y Ávila; pero, ¿serían los libros de Física y Mineralogía para que pedíamos la licencia? Y, ¿se hará sistema de perpetuar nuestra ignorancia? Este *monumento de barbarie debe quedar unido al Diario*. ¿Qué dirá de él la generación que nos aguarda, y que a pesar del despotismo y la ignorancia que la oprimen, será más ilustrada, más libre y más feliz que la presente? ¡Qué barreras podrán cerrar las avenidas de la luz y la ilustración!»

Un mes después cree que se ha emprendido ya la ofensiva contra el Instituto. Le avisan que el cura de Somió, comisario de Inquisición, anda haciendo preguntas sobre los libros de la Biblioteca, de manera inquietante. Da órdenes de que se ande con cuidado, que no se permita registrarla, que no se entregue el inventario. Pero al día siguiente...:

«Al instituto, por la siesta; allí el cura de Somió leyendo en Locke; no pude esconder mi disgusto; le reprimí hasta la hora; dadas las tres, salí con él; díjele que no me había gustado verle allí; que cierto carácter que tenía me hacía mirarle con desconfianza, y aun tomar un partido muy repugnante a mi genio, y era prevenirle que, sin licencia mía, no volviese a entrar en la Biblioteca; se sorprendió; protestó que sólo le había llevado la curiosidad; que no tenía ningún encargo; que otras veces había venido y se proponía volver, y le era muy sensible privarse de aquel gusto, aunque cedería por mi respeto. Díjele que su aplicación no sería frustrada, que (yo) le proporcionaría los libros que quisiese; pidióme la *Vida de Cicerón,* y se la ofrecí y nos separamos sin disgusto. ¿Qué será esto? ¿Por ventura empieza alguna sorda persecución del Instituto? ¿De este nuevo Instituto, consagrado a la ilustración y al bien públicos? ¿Y seremos tan desgraciados que nadie pueda asegurar semejantes instituciones contra semejantes ataques? ¡Y qué ataques! Dirigidos por la perfidia, dados en las tinieblas, sostenidos por la hipocresía y por la infidelidad a todos los sentimientos de la virtud y la humanidad. Pero ¡guárdense! yo sostendré mi causa; ella es santa; nada hay ni en mi Institución, ni en la Biblioteca, ni en mis consejos, ni en mis designios que no sea dirigido al único objeto de descubrir las verdades útiles. Yo rechazaré los ataques, sean los que fueren, y *si es preciso, moriré en la brecha.*» (5-IX-1795.)

Se ve, por debajo de la habitual placidez y mansedumbre de Jovellanos, una efectiva energía, la de los hombres apacibles y no agresivos, tan infrecuente en nuestro país. La misma, mezclada con algún humor, aparece también en un incidente que tuvo con su paisano el obispo de Lugo, D. Felipe Peláez Caunedo, a quien se había dirigido pidiéndole ayuda para el Instituto, a fines de 1799. El Obispo le había contestado con mal disimulada hostilidad y aspereza:

«Mi dueño y amigo. Un obispo debe invertir sus facultades en socorrer las necesidades de sus diocesanos, en el seminario conciliar y otros institutos piadosos, que sirvan para sostener nuestra sagrada religión y combatir los filósofos de nuestros días, que renuevan y reúnen todos los errores y horrores de los tiempos pasados, persiguen cruelmente la Iglesia y potestades legítimas. Si he de juzgar por la sabiduría, honor y altas virtudes del Director Cienfuegos, pocos progresos se pueden esperar para la educación y ejemplo de la juventud. En las actuales circunstancias sería lo más acertado que Vm. se dedicase al cuidado de su casa, tomando estado y olvidando otros proyectos y vanidades del mundo, que ya nos ha dado bastantes desengaños.»

La respuesta de Jovellanos no se hizo esperar; el 16 de diciembre contesta a D. Felipe como hombre que no se muerde la lengua y a quien no se puede decir lo primero que se viene al despecho o al mal humor. La carta de D. Gaspar merece citarse íntegramente:

«Ilmo. Sr.:

»Por más que yo aprecie el Instituto Asturiano, nunca pudiera extrañar que Vm. se negase primera y segunda vez a socorrerle porque estoy harto de ver olvidada la caridad pública de los más obligados a ejercerla. Más que Vm. se negase a contestar a sus reverentes oficios, y sobre todo, que diese a mis amistosa carta tan despegada respuesta, ni lo esperaba, ni lo puedo pasar en silencio.

»Aquella carta prueba que yo no ignoraba las obligaciones de Vm. como obispo cuando le recordaba las que tiene como miembro de la sociedad que le mantiene, y es bien extraño que Vm. sólo recuerda las primeras para desentenderse de las últimas.

»Sin duda que un obispo debe instruir al clero que le ayuda en su ministerio pastoral; pero debe también promover la instrucción del pueblo, para quien fue instituido el clero y el episcopado. Debe mejorar los estudios eclesiásticos; pero debe promover las mejoras de los demás estudios, que Vm. llama profanos y que yo llamo útiles, porque en ellos se cifra la abundancia, la seguridad y la prosperidad pública; porque con la ignorancia ellos destierran la miseria, la ociosidad y la corrupción pública: y, en fin, porque ellos mejoran la agricultura, las artes y las profesiones útiles, sin las cuales no se puede sostener el Estado, ni mantenerse los ministros de su Iglesia. Y de aquí es, que si los obispos deben aversión a los filósofos que deslumbran, y a las malas artes que corrompen los pueblos, deben también aprecio a los sabios modestos y protección a la enseñanza provechosa que los ilustra.

»Lo que ciertamente no cabe en las obligaciones ni en los derechos de un Obispo, es injuriar a sus prójimos con injusticia y sin necesidad.

»El Director Cienfuegos ha merecido por su talento, su buena conducta y distinguidas prendas el aprecio del Cuerpo en que sirvió a S. M.: por estas prendas, merece aquí el aprecio de cuantos le tratan, y particularmente el mío, que estoy muy satisfecho del celo con que desempeña el cargo que el Rey le ha conferido. Si tanto no ha bastado para merecer el aprecio de Vm. pudo a lo menos esconder en su carta esta flaqueza, y eso tuviera de menos desatenta.

»Me aconseja Vm. que cuide de gobernar mi casa y tomar estado. El primer consejo viene a tiempo, porque no vivo de diezmos y cobro mi sueldo en vales; el segundo, tarde, pues quien de mozo no se atrevió a tomar una novia por su mano, no la recibirá de viejo de la de tal amigo.

»Concluye Vm. exhortándome a que aproveche los desengaños. No puede tener muchos quien no buscó la fortuna, ni deseó conservarla. Con todo, estimo y tomo el que Vm. me da, y le pago con otro consejo, que probablemente será el último, porque de ésta no quedará Vm. con gana de darlos ni recibirlos. Sea Vm., si quiere, ingrato con su patria y desconocido con sus amigos: pero no caiga otra vez en la tentación de ser desatento con quien pueda tachárselo tan franca y justamente como *Jove Llanos.*»

Esta es la carta y este era el hombre. Estas eran también sus empresas, las suyas, no las que pidieron de él, ni tampoco las que históricamente hubiera debido acometer, y al fin hubo de afrontar, pero ya herido y a destiempo. Hay un momento en que Jovellanos, solicitado desde fuera, piensa que ha llegado la hora de intentar algo más alto, que no era «la suyo», pero que acaso era «lo debido». Con un heroísmo hecho de inocencia —en los dos sentidos de la palabra— se dispone a intentarlo. Lo que le costó es bien sabido; lo que le costó a España se sabe menos, y acaso no se ha querido saber. No será malo recordar lo que ocurrió al pasar del siglo XVIII al XIX.

3.   LA GÉNESIS DE LA DISCORDIA

Un hombre religioso

Jovellanos sentía seria, hondamente la religión. No solo aparece así en su obra pública —se hubiera podido pensar que tenía en cuenta las presiones exteriores—, sino en su correspondencia privada, en sus *Diarios,* destinados a no ser leídos, en su conducta toda. Son constantes las referencias a las misas, frecuentes, muchas veces diarias; a la confesión, a la comunión que recibe. Habla de un auxilio que *desursum est*: «este busco, este imploro, no con el fervor que debiera, sino con el que mi tibieza permite. Acudo a la mesa sagrada cada quince días.» Acusa su interés teológico, su lectura de la Biblia («de segunda vez toda»). Estos dos datos, en España —donde tan poco se ha leído la Biblia— y hacia 1800, antes de que se generalizara la tendencia a la «frecuente comunión» y en medios vagamente influidos por los principios jansenistas, son mucho más elocuentes de lo que superficialmente pudiera parecer. «Kempis, mi antiguo amigo», dice con devoción Jovellanos.

Pero, claro está, no puede estar contento. Cuando tiende la mirada en torno suyo, lo que encuentra religiosamente está muy lejos de lo que desea. La carta al obispo Caunedo no es solo una crítica de su actitud, sino un programa positivo, un *desideratum* de lo que le parece la función propia de un prelado. Siente esperanza cuando piensa en el futuro, pero el presente lo descorazona. «Beber con el Abad —anota en 1795—, gran *postroyalista y pistoyense*». Y, con mayor detención: «Toda la juventud salmantina es *portroyalista*. De la secta *pistoyense*; Obstraect, Zuola y, sobre todo, Tamburini, andan en manos de todos; más de tres mil ejemplares había cuando vino su prohibición; uno sólo se entregó. Esto da esperanza de que se mejoren los estudios cuando las cátedras y gobierno de la Universidad estén en la nueva generación. Cuando manden los que obedecen. Cualquier otra reforma sería vana. Como la de los frailes. Los de Calatrava, en la última corrupción.» (20-III-1795.)

Este texto tiene un interés extremado, porque muestra que, lejos de existir en España una minoría de seglares «ilustrados» anticatólicos y enemigos de la Iglesia, partidarios de profundas reformas en el seno de esta, eran los propios eclesiásticos, en gran número, los que las querían, los que sentían su necesidad, los que se sentían oprimidos por una pequeña fracción que acabó por hacer abortar ese movimiento. La joven generación de sacerdotes y religiosos se sentía en afinidad con los católicos seglares «a la altura del tiempo», como Jovellanos, y no quería perpetuar, en nombre de la religión, un estado de cosas que, sobre ser anacrónico e injusto, no tenía nada que ver con ella y se oponía a su espíritu. En La Robla tropieza Jovellanos con tres benedictinos que van al monasterio de Nájera, y tiene con ellos una larga conversación de estudios. Habla del atraso de la teología entre los de la Orden, que ha ocasionado el refrán «la Teología benedictina es redonda», porque la empezaban por cualquier parte; y agrega: «Sin embargo, presto se reformará este método; hay ya muchos partidarios del Lugdunense y del Gazaniga, muchos *port royalistas y tamburinistas*. La mudanza está hecha, porque las nuevas y buenas ideas cundieron por los jóvenes; serán viejos y ellas con ellos.»

En Mansilla de las Mulas —«pueblo murado, derrotado»— le dicen que el pueblo tuvo setecientos vecinos, hoy ciento veinte; las dos terceras partes jornaleros y pobres. Y reflexiona: «Todavía hay riego; buena tierra para centeno y lino; cría de potros, mulas y ganado vacuno y lanar. ¿Cómo, pues, tanta pobreza? Porque hay baldíos, porque las tierras están abiertas, porque el lugar es de señorío del duque de Alba, porque hay mayorazgos, vínculos y capellanías. ¡Oh suspirada Ley Agraria!»

El 13 de junio de 1797, día de San Antonio de Padua, tiene D. Gaspar esta sabrosa anotación: «A la Iglesia: predicó Don Félix de Bobes, cura de San Julián de los Prados (Santullano), no de San Antonio, sino contra los espíritus fuertes. Parecíase al que predicó a unas monjas contra los desafíos, o al que, a los aguadores de la Puerta del Sol, contra las escofietas. ¿A qué combatir los vicios de la sabiduría en un país de ignorancia? ¿Es esto más que adularla? ¡Y qué cosas no dijo! ¡Y cuán groseramente! Pero siguió la moda, y acaso, otro impulso.»

Jovellanos creía en muchas cosas; por ejemplo, en «la opinión pública, sin la cual ningún establecimiento puede consolidarse»; en la fuerza de la instrucción, en que se puede decir a la nación: «¿Quieres ser verdaderamente sabia? Reforma tus Universidades; erige en cada provincia un Instituto como este; protege las letras y los literatos, y volverás a ser, como fuiste un día, la primera nación del mundo sabio.» Creía también en lo que hoy llamamos autenticidad: «conozco los hombres, y los tolero, y creo que ninguno es tan digno de lástima como el que no es lo que debe de ser.» Y todo ello, ¿para qué? ¿Quiere instruir en la impiedad y el descreimiento? Al trazar el plan ideal de sus enseñanzas, después de la retórica y la lógica, agrega: «Y como esta última ande envuelta en la metafísica, se preparará a los jóvenes para tomar conocimiento de esta, pasar a la teología natural, que rigurosamente es una parte suya, y acabar con la ética, que toda se apoya y deriva del conocimiento del Sumo bien, contenido en su antecedente. A esto debe suceder la historia de la Religión para perfeccionar el conocimiento del dogma, que desde la escuela habrán estudiado en el catecismo. Esta la suma: un método sencillo, acomodado al objeto, pocos preceptos, ejemplos muchos, poco fiado a la memoria, mucho a la explicación paciente y constante, hasta que se sepa haberse entendido cuanto se propone.» Esto es lo que quería Jovellanos a mediados del año 1800, cuando le quedaban muy pocos meses de vida al siglo XVIII, y a él muy pocos más de libertad.

Cuando se habla de la Inquisición en tiempos de los Borbones, sobre todo a fines del siglo XVIII, se suele insistir en que estaba ya muy quebrantada y ablandada; más aún, se recuerda que los inquisidores eran, con frecuencia, hombres ilustrados, impregnados de las ideas del tiempo, acaso un punto escépticos, casi siempre benignos; si se comparan las actividades inquisitoriales del XVIII con las de los dos siglos anteriores, parecen, es cierto, bien poca cosa. Y se siente la tentación de considerar la Inquisición como algo liquidado e inoperante, al menos desde tiempo de Carlos III.

Pero esto sería un error. Lo característico de los aparatos represivos es que, cuando están sólidamente instalados, apenas tienen que ejercerse. Su mera presencia y su disponibilidad aseguran su eficacia. Al cabo de algún tiempo, nada tienen que prohibir ni castigar, porque nada o muy poco se intenta. Su lenidad no consiste en otra cosa que en la convicción de que ni siquiera es necesaria la violencia. Pero, además, todo el mundo sabe que esta está ahí, dispuesta y preparada a ejercerse tan pronto como haga falta.

El larguísimo proceso inquisitorial de Olavide, que culminó en el tremendo *autillo* de 1778, y que tan bien ha estudiado Défourneaux, es un ejemplo especialmente claro. El mecanismo de la Inquisición, a pesar de todas las «luces» de la época, era implacable y bastaba para triturar cualquier desviación de las normas establecidas, y aunque no se tratara de la pérdida de la fe. (Recuérdese que Olavide, al leerle la sentencia en que se lo declaraba «herético formal», gritó: «*No, eso no*», antes de caer desvanecido.) La conmoción en toda España fue grande, y se vio claro que con la Inquisición no había juegos y que no estaba dispuesta a dejar escapar su poder y su influjo. Los expedientes se hacían a los más altos personajes de la Corte —Aranda, Almodóvar, Campomanes, O'Reilly, hasta Floridablanca, primer ministro—, acusados por Felipe Samaniego, arcediano y amigo de Olavide, que, aterrado, se había denunciado a sí mismo de haber leído a Hobbes, Spinoza, Bayle, Voltaire, Diderot, d'Alembert, Rousseau, y a quien la Inquisición exigió que delatara a las personas con quienes había hablado de esos autores. A veces, la Inquisición hacía su expediente, lo guardaba y no pasaba adelante —cuando la persona en cuestión tenía demasiado poder o prestigio, o demasiado poca importancia—, a reserva de usarlo en un momento oportuno. En su «Epístola a los amigos de Sevilla», Jovellanos se refiere a las repoblaciones de Sierra Morena y a las cuitas de Elpino (Olavide):

«Mil pueblos que del seno enmarañado
de los Marianos montes, patria un tiempo
de fieras alimañas, de repente
nacieron cultivados, do, a despecho
de la rabiosa envidia, la esperanza
de mil generaciones se alimenta;
lugares algún día venturosos,
del gozo y la inocencia frecuentados,
y que honró con sus plantas Galatea;
mas hoy de Filis con la tumba fría,
y con la triste y vacilante sombra
del sin ventura Elpino ya infamados,
y a sus primer horror restituidos.»

Jovellanos sabe muy bien que mientras persista la Inquisición, y con ella el sistema represivo organizado, frente al cual prácticamente no había resistencia, nada sólido y duradero se podrá hacer en España, y siempre se estará expuesto a lo peor. Ve igualmente que esta situación destruye la religión, en beneficio único de un aparato de poder temporal que se escuda con su nombre. «Dicen —suspira con esperanza en 1797— que Tavira será Inquisidor General, y aun hay quien dice que *será abolida la Inquisición*. ¡Oh, cuánto ganarían con ello las letras! ¡Cuánto las costumbres! Cuantos menos fuesen los hipócritas, mejor sería. El depósito de la fe estaría mejor en manos de los Obispos, de donde fue arrancado, y este padrón, que sólo sufren tres pueblos católicos, sería para siempre arrancado.» En una visita a Logroño había escrito: «Se me olvidaba decir que por la mañana estuvimos en la *Inquisición,* palacio magnífico para alojar tres clérigos y oprimir a algunos infelices; cada inquisidor tiene su magnífica y amplia habitación con un grande y bello jardín; jamás vi tantas ni tan bellas flores de primavera.»

Las tentaciones resistidas

Jovellanos, al pensar en la Inquisición, no deja de mirar las flores. Se podría encontrar en ese rasgo una abreviatura de su carácter. Era un hombre de paz; sueña con ella, sin olvidar sus condiciones, anticipando las organizaciones internacionales, que todavía hoy, más de siglo y medio después, son tan problemáticas: «Correo. ¡Oh paz! ¡Oh santa y suspirada paz! Por fin vuelves a enjugar los ojos de la afligida y llorosa Humanidad. ¿Se habrán acabado para siempre los horrores de la guerra? Empiezo a columbrar un tiempo de paz y fraternidad universal; un Consejo general para establecerla y conservarla.»

La tentación fácil, en estos años, era el revolucionarismo. El ejemplo de Francia era alentador para los que querían llevar a cabo enérgicamente las reformas y transformar las sociedades. La otra tentación era la inversa: el reaccionarismo. Asustados de los excesos de la Revolución, muchos ilustrados dan marcha atrás, reniegan de sus propias convicciones, aceptan descorazonados la identificación que los adversarios hacen entre los principios de la época y las violencias. La marcha atrás de toda la política española desde 1788, cuando se inicia la agitación francesa, es bien conocida; su ejemplo más notorio, Floridablanca, el hombre que tuvo más responsabilidad en la expulsión de los jesuitas, que rechaza todas las reformas, todas las innovaciones, se petrifica en los usos del antiguo régimen, y en 1808, cuando van a buscarlo a su retiro murciano para presidir la Junta de resistencia nacional contra Napoleón, contesta a las aclamaciones, invariablemente —mitad caduco, mitad cauto— con un grito tan plausible como incomprometedor e incongruente: «¡Viva el Niño Jesús!»

Jovellanos era demasiado inteligente, demasiado sincero, demasiado valiente también para caer en ninguna de esas dos tentaciones. Sigue donde estaba. Y el 3 de junio de 1794 escribe a su amigo el cónsul inglés Jardine aquella famosa carta, tantas veces citada, que es todo un programa de serenidad, moderación y concordia. Quiero reproducir aquí sus párrafos esenciales:

«Pienso aspirar a una licencia para que mi librería pública posea toda especie de libros prohibidos, aunque con separación y con facultad de que sean leídos por los maestros. Basta: tiempo vendrá en que los lea todo el mundo. Si se consigue, allí quedarán las cartas de usted; si no, quedarán en el archivo, y para el fin tanto vale. Esto quiere decir que no puedo dejar de hacer una prevención: que escriba con alguna precaución. No es necesaria para conmigo (siempre que las cartas vengan por medio seguro); pero lo es para otros cuyos ánimos no están maduros para las grandes verdades. Usted se expresa muy abiertamente en cuanto a la Inquisición: yo estoy en este punto en el mismo sentir, y creo que en él sean muchos, muchísimos los que acuerden con nosotros. Pero ¡cuánto falta para que la opinión sea general! Mientras no lo sea no se puede atacar este abuso de frente; todo se perdería: sucedería lo que en otras tentativas; afirmar más y más sus cimientos y hacer más cruel e insidioso su sistema. ¿Qué remedio? No hallo más que uno. Empezar arrancándole la facultad de prohibir libros; darla sólo al Consejo en lo general, y en materias dogmáticas a los obispos; destruir una autoridad con otra. No puede usted figurarse cuánto se ganaría con ello. Es verdad que los consejeros son tan supersticiosos como los inquisidores; pero entre ellos se introducirá la luz más prontamente: sus jueces penden de los censores, estos se buscan en nuestras academias, y estas reúnen lo poco que hay de ilustración entre nosotros. Aun en los obispos hay mejores ideas. Los estudios eclesiásticos se han mejorado mucho. Salamanca dentro de pocos años valdrá mucho más que ahora, y aunque poco, ahora vale mucho más que hace veinte años. *Dirá usted que estos remedios son lentos. Así es: pero no hay otros; y si alguno, no estaré yo por él. Lo he dicho ya; jamás concurriré a sacrificar la generación presente por mejorar las futuras.* Usted aprueba el espíritu de rebelión; yo no: le desapruebo abiertamente, y estoy muy lejos de creer que lleve consigo el sello del mérito. *Alabo a los que tienen valor para decir la verdad, a los que se sacrifican por ella; pero no a los que sacrifican otros entes inocentes a sus opiniones, que por lo común no son más que sus deseos personales, buenos o malos.* Creo que una nación que se ilustra puede hacer grandes reformas sin sangre, y creo que para ilustrarse tampoco sea necesaria la rebelión. Prescindo de la opinión de Mably, que autoriza la guerra civil, sea la que fuere; yo la detesto, y los franceses la harán detestar a todo hombre sensible...

»Si el espíritu humano es progresivo, como yo creo (aunque esta sola verdad merece una discusión separada), es constante que no podrá pasar de la primera a la última idea. El progreso supone una cadena graduada, y el paso será señalado por el orden de sus eslabones. Lo demás no se llamará progreso, sino otra cosa. No sería mejorar, sino andar alrededor; no caminar por una línea, sino moverse dentro de un círculo. La Francia nos lo prueba. Libertad, igualdad, república, federalismo, anarquía... y qué sé yo lo que seguirá, pero seguramente no caminarán a nuestro fin, o mi vista es muy corta. Es, pues, necesario llevar el progreso por sus grados.» (Los subrayados son míos.)

Jovellanos sentía lástima por los que no son lo que deben ser, por los que se falsifican a sí mismos. Tenía un profundo sentido de la autenticidad, que poco después había de llevarlo a conflictos muy hondos, en las dos ocasiones decisivas de su vida: en dos situaciones en que, por la ambigüedad esencial de las cosas humanas, por la complejidad de la biografía, varias autenticidades parciales y fragmentarias entraron en conflicto. Por dos veces, una al acabar el siglo, otra al hundirse el antiguo régimen en 1808, tendrá Jovellanos que tomar en peso su vida entera, mirando a la vez a ese reloj cuyo tiempo no tolera el error ni la rectificación: el de la historia.

4. LA ESCENA NACIONAL

Entra Godoy

La vida de Jovellanos se había desenvuelto en medios reducidos: sus funciones de la carrera judicial, las Academias, las Sociedades de Amigos del País, los círculos de amigos, el marco de su Gijón natal o de Asturias, donde tenía sus raíces y un prestigio incomparable. Esta limitación estaba bien de acuerdo con su timidez, con su carácter apacible y también con un temor de enajenar su manera de vivir. Pero al mismo tiempo tiene Jovellanos conciencia de que hay problemas apremiantes, de mayor amplitud, que solo podrían resolverse a escala nacional. Su pensamiento está siempre condicionado por limitaciones exteriores: por ejemplo, sus ideas sobre los problemas agrarios no se explayan en todo su alcance, porque no habla en nombre propio, sino de una corporación, la Sociedad Patriótica de Madrid, cuyas reservas tiene que aceptar a cambio de la fuerza que proporciona a su punto de vista; así lo dice expresamente a Jardine.

En este momento interviene Godoy en su vida; de su mano va a salir —por muy breve tiempo— al escenario nacional. La cosa comienza en el otoño de 1797. Godoy decide nombrarlo embajador en Rusia; antes de que haya salido de Asturias para la Corte, el 13 de noviembre, recibe el nombramiento de Ministro de Gracia y Justicia. La correspondencia cruzada entre Jovellanos y Godoy es muy cordial: llena de deferencia y estimación por parte del Príncipe de la Paz, de gratitud y protestas de amistad y aprecio por parte de Jovellanos. El 7 de noviembre de 1797, Godoy comunica a Jovellanos su segundo y más importante nombramiento con estas palabras: «Amigo mío: Ya está usted en el cuerpo de los cinco; el Ministerio de Gracia y Justicia está destinado para V., y la nación recibirá el bien que su talento va a producirle. La ignorancia se desterrará y las formas jurídicas no se adulterarán con los pretextos de fuerza y alegatos, de partes opresivas de la ignocencia; venga V., pues, cuanto antes, pues desde aquí arreglará lo que diga hay pendiente.—Una eterna amistad y la consecuencia más sólida ofrece a V. su afectísimo amigo, *Manuel*.» Y Jovellanos responde con el calificativo de «Mi muy amado bienhechor» y se considera «dichoso de contar en el número de mis amigos a un hombre más digno aún de amor y de respeto por la generosidad de su alma que por su alta dignidad».

¿Cuánto había de sincero en todas estas palabras? En conjunto, la política interior de Godoy no estaba muy lejos de lo que entonces querían los hombres más rectos e ilustrados de España. Aunque las *Memorias* de Godoy son muy aderezadas y fuerza las cosas para defenderse del desprestigio en que cayó, mucho de ellas es incuestionable, y la lista de las cosas que realizó o al menos *fomentó* —la función propia del Estado, dicho sea de paso, cuyo mejor nombre es el que tuvo un Ministerio en España en tiempos menos tradicionalistas pero más tradicionales— es bastante impresionante. Es notorio que Godoy moderó extraordinariamente el poder y la agresividad de la Inquisición, y su innegable despotismo fue mínimamente violento y efectivamente *ilustrado*. Godoy tuvo interés en llevar al poder a un hombre como Jovellanos, y estuvo contento en robustecer su prestigio, siempre dudoso, con el del irreprochable asturiano; y Jovellanos sin duda pensó que había llegado su hora, que Godoy vencía sus reservas y escrúpulos, que lo iba a obligar a *dar su medida*. Con la actitud a un tiempo medrosa y arrojada del soldado que por fin va a entrar en fuego, Jovellanos se dispuso a ser ministro.

Sin embargo, las cosas se alteran muy pronto: el 28 de marzo de 1798 fue exonerado el Príncipe de la Paz; según él en sus *Memorias,* tras muchas instancias suyas y sin perder el favor y el afecto de Carlos IV; según otros, caído en desgracia; ha habido quienes han creído que Jovellanos y Saavedra maquinaron contra él; no parece probable, pero sí que no vieron con malos ojos su caída, porque la distancia entre las normas morales de Godoy y las suyas era demasiado grande, y ya hemos visto el descorazonamiento que invadió a Jovellanos apenas puso el pie en la Corte. En todo caso, hasta donde se puede juzgar, Jovellanos y Saavedra se opusieron a toda persecución contra Godoy, a quien debían gratitud por haberlos llevado al Gobierno —probablemente a instancias de Cabarrús— y que en algunos aspectos representaba la misma orientación de progreso, reforma y protección a las letras y la enseñanza.

Jovellanos fue ministro muy poco tiempo, sólo hasta agosto de 1798, con Saavedra como primer Secretario de Estado; pero emprendió en tan cortos meses la empresa que había de justificar su paso por el Poder; la que lo había de hacer tan fugaz, y, en cambio, tan pertinaz su infortunio.

Las Universidades

Se conservan tres exposiciones o representaciones que Jovellanos presentó a Carlos IV, en las que se esboza todo un programa de transformación, que permite imaginar lo que hubiera podido ser la historia española de los años sucesivos si hubiese prevalecido esta política.

La primera es un plan para arreglar los estudios de las Universidades. Jovellanos tiene conciencia de que sus posibilidades son decisivas, pero a largo plazo: «Tal es, Señor, el carácter de mi ministerio —dice al Rey en 1798—, que incapaz de hacer algún bien, ni de evitar ningún mal general momentáneamente, puede por medio de operaciones lentas, pero seguras, preparar a la Nación su mayor prosperidad y alejar para siempre de ella los principios de atraso, decadencia y ruina, que amenazan a toda sociedad política, cuando entregada del todo a los objetos presentes, no extiende su actividad y sus miras a lo por venir.» Lo que más importante le parece es la instrucción pública: «*Ya no es un problema, es una verdad generalmente reconocida que esta instrucción es la medida común de la prosperidad de las Naciones: y que así son ellas de poderosas o débiles, felices o desgraciadas, según que son ilustradas o ignorantes.*»

España carece de esta especie de instrucción, y no por falta de instituciones: «¿Hay por ventura otra Nación que nos gane en el número de establecimientos literarios? Ninguna tiene más cátedras de primeras letras y Latinidad; ninguna, tantas de Filosofía, Medicina, Teología y Jurisprudencia; ninguna, tantas Universidades, Colegios, Seminarios y Casas de enseñanza; ninguna, en fin, tantos establecimientos, tantas fundaciones, tantos recursos, dirigidos al grande objeto de la Instrucción pública. *La causa, pues, de nuestra ignorancia, no puede estar en el descuido de este objeto, sino en los medios de dirigirle.*»

«Hubo un tiempo —continúa Jovellanos—, en que España, saliendo de los siglos oscuros, se dio con ansia a las letras.» Entonces creía que todos los conocimientos estaban en las obras de los antiguos, y se dedicó a ellas; buscó más el ingenio, el gusto y la imaginación, más que la verdad y los conocimientos útiles, la elegancia; se hizo *humanista,* cultivó la Gramática, Poesía, Elocuencia, Historia y no las disciplinas que habían de labrar su prosperidad y gloria. Después vino otra época «en que los riesgos de la Religión arrebataron toda su atención hacia su estudio». Herejías y sectas, discusiones sobre el derecho de los Príncipes y de los Pueblos, ataques a la autoridad pública, anarquía y desorden: «Desde entonces, las ciencias eclesiásticas merecieron todo su cuidado»; y Jovellanos se refiere a Trento y las obras insignes de aquella época. Esto condicionó las Universidades españolas: «fueron desde el principio unos cuerpos eclesiásticos: como tales, se fundaron con autoridad pontificia. Tuvieron la preferencia en las asignaturas de sus cátedras, la Teología y el Derecho Canónico. La Filosofía se cultivó solamente como un preliminar para entrar en estas Ciencias; y aun la Medicina y la Jurisprudencia hubieran sido descuidadas si el amor del hombre a la vida y a los bienes pudiese olvidar el aprecio de sus defensores.»

«No hablaré aquí —prosigue Jovellanos— de los vicios de esta misma enseñanza, que de una parte, eran derivados del estado general de la Literatura de Europa, y de otra, inherentes a la constitución misma de estos cuerpos. En la renovación de los estudios, el mundo literario fue *peripatético,* y el método escolástico, su hijo mal nacido, fijó en todo él, la enseñanza. Más o menos tarde, fueron las naciones sacudiendo este yugo; y si la nuestra le siente todavía, no es porque no esté ya dispuesta a entrar en el buen sendero.»

Y Jovellanos concluye hablando del «funesto error, que ha sido origen de tantos males»: el menosprecio o el olvido de las *ciencias útiles.* Pero no entiende por ello simplemente las técnicas o ciencias aplicadas —casi lo único que se ha cultivado en España, aunque en forma elemental y de corto alcance, única posible cuando se las aísla—, sino la Filosofía especulativa y práctica, las Ciencias exactas y las naturales. «La Matemática de nuestras Universidades —termina amarga y desdeñosamente Jovellanos—, sólo sirvió para hacer Almanaques; y su Física, para reducir a nada la materia prima.»

Tavira en Salamanca

La Universidad más importante era Salamanca; ya hemos visto que Jovellanos, a pesar de encontrarla muy mal, señalaba que algo había mejorado, y sobre todo tenía esperanza en el futuro. «Vuestra Majestad —informa Jovellanos al Rey— sabe cuál es el estado de aquella primera Universidad del reino, y cuánto importa, así mejorar el plan de sus estudios y gobierno, como conciliar los ánimos de sus maestros y escolares, divididos en dos facciones muy encarnizadas, que se infaman y acriminan a cada paso. Los *aristotélicos* acusan a sus contrarios de impíos innovadores, y bajo el título de *filósofos,* les achacan todas las impiedades en que han caído los incrédulos que en estos últimos tiempos profanaron este nombre. Sus contrarios, se vengan imputándoles el empeño de resistir toda reforma de los estudios, y hacer la guerra a toda ilustración para conservar sus añejas opiniones: su adhesión a las usurpaciones de la Curia Romana, su aversión a la autoridad soberana y sus regalías, su ambición de dominar las escuelas, de conservar la influencia de los regulares en ellas, y en una palabra, de perpetuar la ignorancia.»

Por esto, Jovellanos propone que se nombre Obispo de Salamanca, ya que la silla está vacante, al Obispo de Osma, Don Antonio Tavira. «Es nuestro Bossuet, y debe ser el reformador de nuestra Sorbona.» Don Antonio Tavira era una de las figuras más ilustres y venerables de la Iglesia; había sido predicador de Carlos III, doctor y catedrático de Salamanca, muy erudito y conocedor de las lenguas clásicas y orientales, obispo de Canarias y luego de Osma, amigo de Roda, Campomanes, Cabarrús, Meléndez, Jovellanos; de gran piedad, que no le evitó delaciones y sospechas. Esta vez Jovellanos logró su propósito: el 6 de julio, un real decreto nombraba a Tavira Obispo de Salamanca.

Jovellanos y la Inquisición

La tercera representación a Carlos IV, la más importante de todas, fue presentada también en 1798. Jovellanos precisa en ella con rigor los caracteres de ese Tribunal: «La jurisdicción del Tribunal de la Inquisición no es privativa, sino acumulativa. No es propia, sino delegada. No es absoluta, sino limitada: en su ejercicio, porque debe ejercerse juntamente con el Ordinario o persona que nombrare; y en su objeto, porque está reducida a las causas de fe.» Continúa Jovellanos con sus precisiones; recuerda que fue fundada a fines del siglo xv y coetánea a la expulsión de los judíos, para proceder contra los que, habiendo abjurado el judaísmo en público, lo profesaban en secreto; de ahí, señala, el misterio de sus procedimientos, la infamia que cubrió a los descendientes de los conversos, confirmada por las leyes que aprobaron los estatutos de limpieza de sangre; lo cual separó a tantos inocentes de empleos de honor y de confianza, de entrar en iglesias, colegios, conventos, cofradías y gremios de artesanos. «De aquí la perpetuación del odio, no solo contra la Inquisición, sino contra la religión misma, y la obstinación en su antigua creencia, bien descubierta cuando la expulsión de los moriscos a la entrada del siglo pasado, y eternizada irremediablemente después.»

Estas pocas palabras sobrias y serenas de Jovellanos, sin *pathos* ni melodramatismo, dicen más que tantas declamaciones posteriores sobre lo que la Inquisición significó en la historia española de tres siglos. Pero con esa anotación retrospectiva, Jovellanos no ha hecho sino empezar. A renglón seguido explica a Carlos IV cuál es la situación presente:

«Que la fe ya tiene poco que temer de los herejes, y nada de los judíos, pero mucho y todo de los impíos. Que no solo tiene que temer de los que hay en el seno de la nación, que, por la misericordia de Dios serán muy contados, sino de los que no pertenecen a ella, pues en las gacetas, los diarios, los libros y folletos extranjeros cunden sin remedio las doctrinas impías, y entre las varias gentes que vienen a correr por España, y los empleados en destinos diplomáticos, y objetos de comercio e industria, hay y puede haber muchos de estos propagandistas.

»Que contra tamaño mal, es corto dique la Inquisición: *primero,* porque sus individuos son ignorantes y no pueden juzgar sin los calificadores; *segundo,* porque lo son estos también, pues no estando dotados, los empleos vienen a recaer en frailes, que lo toman solo para lograr el platillo y la exención de coro; que ignoran las lenguas extrañas; que solo saben un poco de Teología escolástica y de moral casuística; y aun en esto siguen las encontradas opiniones de su escuela...»

Es decir, la Inquisición es dañina y además ni siquiera cumple la función de atajar la impiedad, por la extremada incompetencia de sus jueces. «Todo clama —concluye Jovellanos— por la reintegración de los Obispos en sus derechos perdidos y su jurisdicción usurpada, y más que todo las circunstancias del día, en que la conservación de la fe va a estar librada sobre su celo y autoridad. A la muerte del Santo Padre un horrendo cisma amenazará a la Iglesia. Si se verificare, el rebaño de cada nación tendrá que acogerse y reunirse bajo sus pastores, y moverse y apacentarse al sonido de su silbo.»

Se refiere Jovellanos a la probable muerte de Pío VI y a la tensión existente entonces, sobre todo a causa de las presiones de Napoleón sobre la Santa Sede. Pero su mirada iba aún más lejos: veía ya la crisis que iba a afectar a la Iglesia al ponerse en cuestión su poder temporal y transformarse las condiciones sociales e históricas de Europa. «Aun evitando el cisma —continúa—, existirá la misma necesidad. Los Papas ya no tendrán dominios temporales, y con todo pugnarán por conservar sus Cardenales, su curia, sus congregaciones, su autoridad, sus bulas, sus dispensas, y aun pugnarán por extender sus facultades, para sacar más lucro de ellas, porque este está en la condición y en el orden natural de las cosas humanas.»

Jovellanos quiere robustecer la autoridad de los Obispos, y reducir a su autoridad a los frailes y a los que se llaman exentos. La Inquisición y el ultramontanismo le parecen sumamente peligrosos, no solo para la prosperidad intelectual y política del país, sino para la religión misma, amenazada por un cambio profundo de circunstancias. Conviene no olvidar hasta qué punto era perspicaz Jovellanos, y qué gravísima crisis afectó a la Iglesia en el siglo XIX, hasta el punto de acarrear la pérdida para la religión de la gran mayoría de las clases trabajadoras, como ha reconocido *hoy* la opinión eclesiástica más responsable. Pero mientras pasaba, esto no se quiso advertir ni reconocer. Mientras la Iglesia ha perdido porciones del mapa de la cristiandad, esto se ha aceptado y deplorado, y se ha procurado evitar; cuando la deserción ha sido «horizontal» y ha afectado a estratos enteros —y mayoritarios— de las sociedades cristianas, como las estructuras oficiales permanecían inalteradas, no se veía o no se quería ver, y poco o nada se hacía para conjurar tan enorme pérdida. (Repárese en que el único país importante en que esto no ha ocurrido, en que la fidelidad o infidelidad a la religión no ha sido asunto social, en que todos los niveles sociales participan por igual del cristianismo —o de su crisis— es los Estados Unidos, donde la situación de la Iglesia ha sido siempre bien distinta de lo que fue en Europa, y hoy lo es en el sentido de que no ha perdido a las masas obreras y campesinas por el hecho de serlo.)

Esto es lo que intentó Jovellanos, mesuradamente, el día que llegó a participar del Poder. Como era de esperar, esa participación duró muy poco: una enfermedad súbita y extraña, que muchos historiadores suponen envenenamiento, lo acometió en agosto de 1798 (Saavedra estuvo igualmente enfermo); fue exonerado del ministerio, y sustituido en él por José Antonio Caballero, la figura más reaccionaria de su tiempo; y hubo de volver, desterrado, aunque conservando sus comisiones para el estudio de las minas, a Asturias. Año y medio después, en marzo de 1801, fue, como todos saben, preso y conducido a Mallorca, donde permaneció en cautividad hasta después del motín de Aranjuez y la caída de Godoy y Carlos IV, en 1808.

Menéndez Pelayo, en los *Heterodoxos,* escribió: «Jovellanos no era, ciertamente, amigo de la Inquisición, tal como existía en su tiempo, y quizá pensó en reformarla; pero que fuera esta la causa de su caída... *credat Judaeus Apella.* ¿Qué les importaba la Inquisición a Caballero, ni a Godoy, ni a María Luisa?» Y agrega aún: «De todo lo cual resulta que Jovellanos fue víctima de su austeridad moral, y que no por enemigo de la Inquisición, ni por haber favorecido la difusión del enciclopedismo, sino por haber querido cortar escandalosas relaciones y traer a la Reina al recto sendero, sufrió destierros, cárceles y persecuciones.» ¿Qué podemos pensar de este juicio? Menéndez Pelayo había leído, no solo las obras impresas de Jovellanos, sino el manuscrito de sus *Diarios.* Acaso esto era suficiente para llegar a otras conclusiones; pero otros documentos ponen la cosa todavía más clara. Intentaremos precisar este episodio, cuyas consecuencias quizá no se han medido todavía.

5. BAJA EL TELÓN

Un retrato pintado al odio

En el otoño de 1800, cuando Jovellanos llevaba más de dos años retirado en Asturias, fuera del ministerio y dedicado sobre todo a su Instituto, se presentó contra él una delación anónima y secreta, con el epígrafe «Reservadísimo a los Reyes Nuestros Señores». No se sabe quién la escribió; los historiadores probablemente lo lamentan; yo no: primero, porque la memoria conserva los nombres de demasiados hombres viles, y no siento particular avidez por añadir uno más; y segundo, por una razón más seria e importante. Si se conociera el nombre del autor de la denuncia, se trataría de un individuo, probablemente sin gran interés, y en definitiva la cosa se rebajaría a la condición de una anécdota; en rigor, la anónima delación está inmejorablemente firmada: es su estilo literario el que la identifica, el que la hace inconfundible y elocuente. Su autor, más allá del azar individual, resulta bien conocido. Del Sol decía Galileo que es «*eterno non, ma ben antico*»; yo no creo que haya «constantes históricas», pero hay tipos duraderos y casi permanentes, por lo menos dentro de periodos históricos muy largos. El que escribió la delación de Jovellanos —tan fecundo, que aún no ha dejado de hacerlo— se descubre a cualquiera que tenga alguna sensibilidad literaria y un mediano conocimiento de las circunstancias españolas. Véalo, si no, el lector.

«Don Gaspar Melchor de Llanos (pero no *Jove*, porque dicen que se ha usurpado este distinguido apellido), hombre de imaginación suspicaz, siguió con toda felicidad y aprovechamiento la carrera de sus estudios; mas entregado con tesón a la varia lectura de los libros de nueva mala doctrina, y de esta pésima filosofía del día, hizo tan agigantados progresos, que casi se le puede tener por uno de los corifeos o cabezas del partido de esos que llaman Novatores, de los que, por desgracia y tal vez castigo común nuestro, abunda en estos tiempos nuestra España, que antes era un emporio del catolicismo. Con estos principios consiguió una encantadora retórica y elocuencia, que se funda más en la verbosidad y ornato de voces y expresiones, que en la solidez de argumentos, capaz de atraer con mucha facilidad a los incautos a sus opiniones, y de la que han usado frecuentemente los que se han separado de las máximas sagradas de nuestra adorable religión. Todo esto unido produce en el corazón del hombre un sinnúmero de pasiones, que le hacen odioso a la sociedad y abominable a todos, si se exceptúan aquellos a quienes ha arrastrado su sistema y opinión, que por lo regular no son pocos; porque, por lo común, su modo de pensar va acompañado con el halago de las pasiones todas, y de la libertad; su soberbia los ciega hasta tal grado que están firmemente persuadidos que todos son unos ignorantes a par de ellos. Su ambición en nada se sacia: todo quieren que sea suyo. Se irritan al contradecirles; no pueden sufrir la prosperidad de los demás. Estos hombres llenos de este orgullo y de esas vanas perniciosas opiniones, para quedarse exentos de las razones con que la Iglesia destruye sus malignas máximas, asestan sus tiros contra la cabeza de la Iglesia, procurándola destruir, haciendo ridículo lo más sagrado de nuestra religión católica, y concluyendo echando por tierra, y hollando los tronos, los cetros y las coronas; porque conocen que unidas las dos potestades, son absolutamente invencibles; mas separadas ni una ni otra puede resistirles. ¡Ojalá no tuviéramos tan a la vista un abominable y sacrílego ejemplo producido de estos miserables principios! Para no molestar mucho la atención de Vuestras Magestades, se pondrán pocos hechos, no obstante que pudieran decirse muchísimos que prueban hasta la demostración el carácter de Don Gaspar Melchor de Jovellanos.»

Tal es el comienzo de la delación. ¿No lo ha leído el lector ya, con variantes, otras muchas veces? ¿No reaparece, con los mismos giros, con idénticos epítetos, con invariables tópicos, con el mismo odio al que escribe bien, con semejante engolada suficiencia, tan insegura? ¿No se repiten las mismas identificaciones y asociaciones? ¿Para qué se querría una firma al pie del documento, cuando tantas lo han ido suscribiendo, con diferentes ocasiones y pretextos, a propósito de otros Jovellanos, dirigido a diversos Carlos, durante siglo y medio?

El de Don Gaspar acumula sus cargos: «espíritu de partido y afición *(sic)* hacia sus paisanos y secuaces de su opinión»; «enfadoso orgullo»; espíritu innovador. Recuerda que los Reyes lo separaron del ministerio, «usando de mucha prudencia y compasión». Y agrega que Jovellanos, «habiendo fijado su residencia en Gijón, su patria, comenzó aquí desde los principios a colocarse en un verdadero despotismo, independencia y libertad, arrollándolo todo y cerrando los ojos y oídos a toda ley.» Al llegar aquí, el denunciante escribe estas palabras extraordinarias: «Prueba bien convincente de esto es el magnífico monumento, riquísimamente construido que le erigió el mismo Principado de Oviedo, fijado en las mismas murallas de la ciudad, no habiéndosele dedicado otro igual con tal publicidad a ningún héroe, conquistador y soberano españoles.» Y a continuación traduce, algo ampulosa y libremente, la inscripción latina en abreviaturas del monumento, que luego describirá con el mayor detalle. ¿Para qué? Para ir comentando negativamente, con increíble mezquindad, los méritos que sus paisanos reconocían a Jovellanos. Por ejemplo: «Con sumo aplauso de los *asturianos,* esto es, de los de su condición, o sus sectarios, que le llamaban públicamente *el Jovino, e*sto es, el Dios, el apoyo, la felicidad, el único bien de las Asturias.» ¡Fabulosa interpretación del nombre poético, al gusto de las academias del siglo XVIII, que se daba a Jovellanos! «*Habiendo erigido un Instituto, o escuela.* Pero ¡qué escuela o Instituto! De disolución, de vicios, de libertad e independencia, a la que sólo concurren los niños y jóvenes más despreciables, y muy pocos de calidad.» «*De la República Asturiana.* Aunque la voz República se usa en las inscripciones lapidarias, aun donde el Gobierno es monárquico, puede ser sospechosa en el día, atendiendo a los antecedentes dichos y a los consiguientes que se dirán».

«¡Qué prueba más convincente del orgullo, soberanía y despotismo de D. Gaspar Melchor de Jove Llanos que el permitir o tal vez exigir ser preferido a la misma Justicia del Pueblo en los actos públicos, en los que con particularidad representa la persona del Rey! Ocupa dicho caballero la derecha de la Justicia en toda función solemne eclesiástica; se le da la paz primero que a ella, y pocos le ven sin indignación presidir en la solemnidad del *Corpus* en la procesión pública, vestido con el uniforme de Ministro, y algunos dicen con bastón, llevando detrás pajes y lacayos con su gran gala. Ninguno se atreve a oponerse a estos y otros hechos suyos, porque cuando alguno quiere contradecirle, o le quiere hacer cargo de que hay ley en contrario, o que el Rey lo tiene así mandado, su frecuente respuesta es: *Aquí no hay más ley, ni más Rey que yo.* Muchos hechos más se pudieran alegar que convencen el disparatado carácter de Jove Llanos pero son suficientes los dichos para conocerle.»

«Y no obstante —concluye la delación— que todos son hechos constantes y públicos que ha visto y presenciado y tiene cierta ciencia todo el Principado de Asturias, deberán Vuestras Magestades usar de mucha precaución, caso que quieran poner freno a tan enfadosa y desvergonzada libertad; porque son muchos sus partidarios, y al presente poderosísimos, con quienes tiene reservadísima correspondencia, asegurando muchos que no hay negocio importante en la Monarquía, que no se le comunique, y se espere y abrace su dictamen como el de un oráculo...» ¿De qué se trata, en suma? ¿Qué se proponen los delatores? Las últimas líneas son excepcionalmente claras y significativas; dicen así:

«Parece que el mejor medio sería separarle, sin que nadie lo pudiese penetrar, muy lejos de su tierra privándole de toda comunicación y correspondencia; examinar en Asturias, y principalmente en su patria, la certeza de estos hechos por medio de hombres hábiles, justos e imparciales, y verificado todo, usar de la soberana autoridad y poder, con la prudencia, humanidad y misericordia que acostumbran Vuestras Magestades; pero en una situación y estado que sea el escarmiento de él y de los infinitos libertinos que abrazan su perniciosa doctrina y máximas corrompidas, que apestan más que la misma peste a toda nuestra España, que ha fiado Dios a Vuestras Magestades para que procuren conservársela al menos católica y religiosa.»

La maquinaria se pone en marcha

Esta delación, conservada entre los Documentos reservados del Ministerio de Gracia y Justicia, fue publicada por Julio Somoza en 1885. ¿Cuáles fueron sus efectos? Recuérdese que Godoy no estaba en el poder, y que el sustituto de Jovellanos en el Ministerio era D. José Antonio Caballero, Marqués Caballero, enemigo de todos los ilustrados y de toda reforma, partidario de la Inquisición y la tendencia ultramontana, hombre sin escrúpulos, que luego conspiró contra Godoy y a quien las multitudes aclaman, después del motín de Aranjuez, gritando: «¡Viva el pícaro Caballero!», afrancesado después y colaborador de José Bonaparte.

Pues bien, Caballero envía inmediatamente un oficio al Regente de la Audiencia de Oviedo, Andrés Lasaúca, encargándole «con absoluta reserva» una información acerca de la inscripción del monumento a Jovellanos en Oviedo, del Instituto de Gijón, de su comportamiento en la procesión del Corpus, de sus palabras arrogantes, etc., es decir, exactamente de todos los puntos mencionados en la delación. El 26 de noviembre de 1800 hay una primera respuesta del Regente Lasaúca al Ministro, de extremada minuciosidad. Por ejemplo: «La inscripción cuya copia me remite V. E. se halla en esta ciudad, a la salida de ella, junto al arco de la puerta llamada de Noceda, desde donde toma su principio la carretera que guía a Gijón. La leí una vez luego que llegué a esta ciudad; ahora, por la intemperie de las lluvias, y no ser fácil detenerme a comprobarla sin ser notado de las gentes, no he podido volver a leerla, como lo haré, y aun sacaré un diseño, pues me parece que los dos escudos colaterales no están en la forma que aparecen de la copia.» (El delator había afirmado que a la izquierda estaba el del Principado y a la derecha el de Jovellanos, juzgándolo desacato.)

Lasaúca agrega: «Sobre los demás particulares de que V. E. me manda informar, no puedo dar razón fija por ahora, pues aunque he oído a algunas personas timoratas lamentarse de que en las escuelas del Instituto no se procure instruir en las máximas cristianas a los jóvenes que concurren a ellas, doliéndose de que estos, al paso que se hallan adelantados en las ciencias, que forman el objeto de aquellas, se hallen atrasados en la de la religión; con todo, no he oído en particular que se les enseñe máxima alguna perniciosa.»

El 6 de diciembre envía Lasaúca otro larguísimo y concienzudo informe a Caballero. Ya ha averiguado muchas cosas. Los escudos están al revés de como decía la delación: el de Jovellanos está a la izquierda, el del Principado de Asturias a la derecha. La enseñanza del Instituto se reduce a matemáticas, español, etc., «sin que haya establecimiento ni práctica que obligue a los alumnos a ejercicio ninguno de devoción..., aunque a nadie he oído referir en particular máxima alguna perniciosa, que se enseñase en las mismas a la juventud». «Para el uso de las mismas escuelas hay una pequeña biblioteca de libros selectos, entre los cuales se ha sospechado que haya algunos prohibidos, bien que para ello no he llegado a saber hubiese más fundamento que el lance particular de haber entrado casualmente un eclesiástico, familiar del Santo Oficio, a quien se le hizo salir inmediatamente que comenzó a recorrerlos, diciéndole que allí ningún quehacer tenía.»

«En orden a las máximas del Sr. Jovellanos —continúa el Regente—, aunque con una vaga generalidad, he oído a algunos tenerle en concepto de poco piadoso, y a otros graduar su genio y carácter de sobrado dominante; sin embargo, en conversaciones que he tratado con varios sujetos, los que nunca se han manifestado inclinados a sus opiniones en ninguna materia, y pudieran tener noticias bastante puntuales de su modo de pensar, nada les he oído referir en particular que pueda parecer digno de especial censura; antes bien, significándoles yo haber oído que en el pueblo de Gijón se conducía con un cierto aire de demasiada arrogancia y superioridad, queriendo anteponerse aun a la misma Justicia en los actos públicos, y que cuando sobre estos o semejantes hechos se le contradecía, reconviniéndole con la ley o con las órdenes de S. M., acostumbraba responder: *'Aquí no hay más ley ni más Rey que yo'*, todos me han asegurado que no podían persuadirse hubiera proferido semejantes expresiones, aunque de ello no les era fácil dar una razón positiva, por no haber oído lance alguno sobre que pudieran recaer.»

Y Lasaúca termina su informe con un abocetado retrato de Jovellanos en su Gijón natal: «Su conducta particular en Gijón no he sabido que dé ocasión por ningún capítulo a hacerse reprensible. Se mantiene sin fausto alguno, con muy poca familia, que todavía ha disminuido últimamente, y no deja de extrañarse que, a lo menos por decoro, no sostenga alguna mayor ostentación. Entregado al estudio, reduce su diversión a algunos ratos de paseo, dedicando otros a procurar el adelantamiento de la fábrica de la nueva casa del Instituto, a mejorar el aspecto público de la villa y hermosear sus inmediaciones, en que por su influjo y dirección se han plantado de pocos años a esta parte un crecido número de árboles, habiendo facilitado la salida de las aguas en un terreno pantanoso próximo a la villa, en el que en el día se cogen abundantes cosechas de maíz. Trata poco con las gentes del pueblo, y en las conversaciones familiares con las que diariamente concurren a su casa, no sé que se mezcle al descubierto en los asuntos del público, aunque se cree, con no poco fundamento, que secretamente se le consultan los más, y que se manejan con su dirección, pues no puede disimular la extremada pasión a su patria y el ansia desmedida de engrandecerla por cuantos caminos le sea posible...»

El día 20 vuelve Lasaúca a escribir a Caballero; encarece las dificultades de la información; acaso quiera Jovellanos alguna distinción especial en los actos públicos, pues «se me ha asegurado que los clérigos de la villa de Gijón estaban quejosos de ello, y por este motivo le miraban con bastante desafecto».

Es decir, que, a pesar de los esfuerzos de Lasaúca, sólo se pudo comprobar que la delación era, de arriba abajo, una hipócrita y mezquina falsedad.

Las interferencias exteriores

Faltan, sin embargo, un par de piezas para explicar enteramente el asunto; ambas, de origen extranjero. Mientras Jovellanos y Tavira trataban, desde dentro de la Iglesia y de la más estricta ortodoxia, por espíritu religioso, de reducir o suprimir la Inquisición y la identificación de la religión con el reaccionarismo político y económico, con el despotismo y los abusos, desde fuera, irresponsablemente, se hacían ataques semejantes, desde otros supuestos y por otros motivos, proyectando una luz falsa sobre los ilustrados españoles.

A comienzos de 1789, Grégoire, Obispo de la Iglesia Constitucional de Francia, escribe una carta abierta al nuevo Inquisidor General, Ramón José de Arce, protestando de la Inquisición y pidiendo tolerancia religiosa en España, como primer paso para los avances revolucionarios. La carta, publicada en español y en francés, se difundió ampliamente; la traducción estaba dedicada al Príncipe de la Paz, mediante una carta del traductor que lo incitaba a abolir el Santo Oficio, del que había sido víctima. Naturalmente, la Inquisición prohibió la Carta de Grégoire, se escribieron refutaciones, y se aprovechó para presentar como revolucionarismo o ateísmo todo ataque a esa institución o al ultramontanismo en cualquier forma.

En 1799 se publicó en Francia una traducción española del *Contrato social* de Rousseau, con notas contra el Gobierno de España y elogios de Jovellanos. Este se apresuró a escribir a Urquijo, ministro de Estado después de la salida de Saavedra, tan pronto como desde Gijón tuvo noticias de ello, desentendiéndose de tales implicaciones. Urquijo le pedía en nombre del Rey información sobre las vías por las cuales había tenido conocimiento del asunto.

Estos dos hechos fueron suficientes para precipitar la reacción. La Inquisición y sus partidarios contaban absolutamente con Caballero; se unieron a ellos algunos aristócratas del partido llamado «inglés», que se oponían por motivos distintos a la política de alianza con Francia; finalmente, los jesuitas expulsos, recientemente admitidos de nuevo en España, en número de unos 700, que habían iniciado una enérgica política ultramontana. Jovellanos fue la víctima elegida, y cayó del ministerio (la suposición del envenenamiento nunca fue probada). Poco después, en 1799, Grégoire publicó un nuevo escrito análogo, que añadió leña al fuego.

Lo más grave fue, sin embargo, otra cosa. Muerto Pío VI y elegido Pío VII, el 14 de marzo de 1800, el ultramontanismo empezó a adquirir fuerza en España. Después de una queja del nuevo Papa contra los «jansenistas», el 10 de diciembre de 1800 se reconoció oficialmente en España la bula de Pío VI *Auctorem fidei,* contra el Sínodo de Pistoya, de 1794, que no se había promulgado todavía en el país. Es decir, el triunfo del ultramontanismo *por real orden.*

El desenlace

Todo estaba ya maduro y a punto. El 13 de marzo de 1801 se cumplen al detalle las proposiciones del delator anónimo de Jovellanos. Los hechos son bien conocidos. El Regente de la Audiencia de Asturias sorprende en la cama a Jovellanos al rayar el día, lo detiene, se apodera de todos sus papeles; desde su casa cercada, rodeada de soldados, lo lleva hasta León; luego, con escolta de caballería, por Castilla, la Rioja, Navarra, Aragón y Cataluña, hasta Barcelona; por último, lo embarcan y trasladan a Palma, primero a la Cartuja de Valldemuza o Valldemosa, luego al Castillo de Bellver. Siempre aislado, incomunicado, sin permiso de tener papel, lápiz ni tinta, sin poder pasear ni bañarse sin guardias de vista, sin poder confesar, sin que el sacerdote jurase previamente no tratar con él de otras materias que la confesión.

Un sacerdote que llevó una representación de Jovellanos a Carlos IV, contando su desgracia y pidiendo ser juzgado, permaneció siete meses en prisión; cuando se sabe que ha conseguido burlar las prohibiciones y escribir una segunda representación, se redoblan los rigores. Así, durante *siete años,* de marzo de 1801 a marzo de 1808. Fue menester la caída de Godoy y de Carlos IV —se suele olvidar demasiado lo segundo—, la proclamación de Fernando VII como rey en vísperas de la invasión napoleónica, para que Jovellanos fuese libertado. Caballero, poco antes de «afrancesarse», fue el mismo que firmó su orden de libertad.

Godoy había estado fuera del poder durante toda la maquinación de Caballero y sus partidarios contra Jovellanos. El mismo mes de su prisión volvió a la gracia real y fue nombrado Generalísimo; poco después volvía a ser privado y a ejercer el poder. Se ha solido dar por supuesto que Godoy fue el causante de la persecución y larga prisión de Jovellanos. En sus *Memorias* se defiende de ello; declara que no tuvo poder contra Caballero, que este ganó a Carlos IV y lo persuadió de que Jovellanos era un impío y tenía que ser implacable con él. Carlos era poco inteligente y sumamente obstinado, y es muy verosímil que Godoy tuviera razón en esto. Es cierto también que Caballero era su enemigo, y que con todo su poder no consiguió Godoy apartarlo del Gobierno, en el que lo sobrevivió. Pero no es menos claro que Godoy no se empleó a fondo en defensa de Jovellanos, a quien probablemente tenía alguna hostilidad, y por lo menos dejó hacer. Su responsabilidad es insoslayable; si no en haberlo encarcelado, sin duda en no haberlo libertado durante siete años de gobierno. Los Reyes no hubieran podido resistir a los empeños decididos y sinceros de Godoy, si este los hubiera tenido. Todavía en 1807, cuando Cevallos comunica a Jovellanos, en su prisión, que Godoy ha sido nombrado Decano del Consejo de Estado, el prisionero escribe a Godoy, en términos muy cordiales, para felicitarlo y pedirle ayuda. Este escrito no fue suficiente, pero está compuesto con esperanza y revela que Jovellanos no creía que Godoy fuera el enemigo encargado de perderlo.

Cayó el negro telón sobre la escena que acababa de llenar Jovellanos, y quedó este fuera de ella. Durante siete años, siete años decisivos, Jovellanos estuvo preso. ¿Hay algo más injusto y lamentable? Sí: durante esos mismos siete años España se quedó sin Jovellanos.

6. LA ÚLTIMA TENTACIÓN

El silencio

Desde marzo de 1801, Jovellanos se ve envuelto en sombras. Piedras que se tiran escondiendo la mano, enemigos embozados, ejecutores de órdenes reservadas que las cumplen con dolor y sin protesta. El Regente Lasaúca se despide de su prisionero Jovellanos abrazándolo con lágrimas: nadie estaba tan persuadido de su inocencia, que había transmitido con honradez administrativa.

Frente a ese silencio, Jovellanos intenta una vez y otra levantar su voz. Pide justicia, es decir, ser juzgado, ser acusado y poder defenderse; está seguro de sí mismo, de su honor, de su veracidad, lleno de serena y apacible impavidez, bien distinta del miedo de sus opresores. Ya el 24 de abril ha conseguido Jovellanos escribir una representación a Carlos IV; la envía a su fiel amigo Don Juan Arias de Saavedra; el Marqués de Valdecarzana, primo de Jovellanos, había prometido ponerla en manos del Rey; cuando llegó, no se atrevió a presentarla; Arias de Saavedra había salido ya desterrado a Sigüenza, y la representación no llegó a su destino. El 8 de octubre escribió otra, unió la copia de la anterior y las envió a su capellán Don José Sampil, en Gijón; este fue más valiente y marchó a Madrid para ponerlas en manos del Rey. Pero se sospechó el motivo de su viaje; salieron dos postas a su encuentro, una camino de León, otra de Sigüenza; el buen cura consiguió, sin embargo, llegar a Madrid, pero de poco le valió: fue sorprendido por los esbirros del juez de policía, Marquina; encerrado en la Cárcel de Corona, interrogado y amenazado durante siete meses, llevado después entre alguaciles a Gijón, confinado y con obligación de presentarse diariamente al Obispo. En Barcelona se detiene al mayordomo de su amigo el Marqués de Campo-Sagrado, durante 129 días, sólo por haberle encontrado una carta amistosa de Sampil. A cada intento, Caballero fulmina al Capitán general de Mallorca, este al Gobernador del Castillo de Bellver, este a sus subordinados, y la muralla de oscuridad y silencio se aprieta en torno a Jovellanos.

¿Qué pedía este? Jovellanos dice al Rey que cómo se le puede tratar así de no haberlo acusado de alguna gravísima culpa, y quiere conocerla y poder defenderse. Está persuadido de que ha sido denunciado por «algún delator calumnioso». Protesta de que se le haya robado su honor y estado, de que se le haya puesto en una *muerte civil*. Está lejos de creerse libre de imperfecciones, flaquezas y defectos, pero está seguro de que «el más riguroso examen de mi conducta y mis escritos, *nunca, ¡nunca! podrán acreditar que yo, ni como ciudadano, ni como magistrado, ni como hombre público, ni como hombre religioso, haya cometido jamás advertidamente el menor delito que me hiciese indigno de la gracia de V. M. y del aprecio de la Nación*».

«Intimidados por el aparato y rigor de mi tratamiento cuantos pudieran tomar alguna parte en mi alivio y defensa», sus palabras no llegan al Rey, nadie lo acusa, nadie lo juzga, su nombre se calumnia y se mancilla, se le niegan todos los derechos. «Yo ignoro —añade Jovellanos— de dónde me puede venir tanto mal: si alguna extraña equivocación, si alguna aparente sospecha, dieron ocasión a él, óigaseme, y yo las desvaneceré en un punto; pero si algún indigno delator osó poner su infame boca sobre mi opinión y mi inocencia, para sorprender a los Ministros de V. M., óigaseme también, y póngasele cara a cara conmigo, para que yo le convenza, le confunda, y le exponga a toda la indignación de V. M. y al horror y execración del público.» Es el hombre de la luz, de la publicidad, frente a los del silencio y las tinieblas. Jovellanos, buen cristiano, sabía que «todo el que obra mal, aborrece la luz, y no viene a la luz, porque sus obras no sean sorprendidas; pero el que obra la verdad, viene a la luz, para que sus obras sean manifiestas, pues están hechas en Dios» (*Juan*, 3, 20-21).

Y todavía agrega Jovellanos algo más nuevo y sorprendente: «Imploro, Señor, la justicia de V. M., no solo para mí, sino para mi Nación; porque no hay un hombre de bien en ella a quien no interese mi desagravio. La opresión de mi inocencia amenaza la suya, y el atropellamiento de mi libertad pone en peligro y hace vacilante la de todos mis conciudadanos.»

Cuando Jovellanos resume sus tribulaciones escribe estas líneas: «*En una palabra: para pasear un poco dentro del Castillo; para confesarme; para hacer testamento; para comunicar cartas abiertas con mis hermanos, sobre negocios de familia, fueron necesarias órdenes de la Corte, cuyo indecente tenor... hará patente a todo el mundo la bajeza con que el Marqués Caballero servía al odio implacable de los autores de mi desgracia.*»

En esta bajeza participaron muchos. Por ejemplo, un Don Pedro Josef de Saravia, delator y soplón de Arroyo de Valdivielso, que escribe a Caballero en 1805 para delatarle que se le han confiado memoriales de Jovellanos. Merecen citarse algunos pasajes de sus cartas. «Participo a V. E. —escribe— cómo el médico titular de ese valle, me ha dado dos memoriales en borrón del Excmo. Sr. D. Gaspar Melchor de Jovellanos, a fin de que busque medio de que se pongan en limpio y en manos de sus Magestades (que Dios guarde), quejándose del rigor con que se le trata, con otras cosas, y que sus memoriales no llegan a las reales manos; y no determinándome yo a darles curso sin saber si es la voluntad de V. E., se lo pongo en su noticia para su gobierno, pues da a entender, presumo, en dichos memoriales, de V. E.»

Poco después vuelve a escribir Saravia al ministro, aún con mayor oficiosidad y adulación. Repite que el médico le entregó los memoriales para su envío, «ofreciéndome por ellos dineros, y siendo mi corazón nada avaro, sino recto en una vida quieta, despreció la oferta, pues no permitiría mi sangre tal vileza, aunque me hallase en necesidad de pedir una limosna, pues tengo alma, y si la pierdo nada me aprovecha; cuanto más que noto en dichos memoriales que el Sr. D. Gaspar de Jovellanos se queja de lo que sin motivo se le oprime en la Cartuja de Mallorca... Esto me da bastante que sospechar, pues me *costa* que V. E., desde que estuvo en *Salamanca,* ha mantenido siempre una conducta irreprochable..., como si fuere necesario lo juraré; con que si al Sr. Jovellanos se le oprime, motivos habrá para ello, que no necesito yo saberlos». Este párrafo es un ejemplo estupendo de lo que yo llamaría el espíritu de abyección, correlato normal del despotismo. Saravia dice que lo amenazan si no pone los memoriales en manos de los Reyes, y protesta que no los entregará más que a quien Caballero designe, «aunque me cueste la vida». Y agrega: «He llegado a entender que el señor obispo de Salamanca tiene interés que dichos memoriales se pongan en propia mano de S. M., pues dicen que el señor obispo ha sido condiscípulo del Sr. Jovellanos.»

Saravia es incansable: sigue escribiendo a Caballero, que contesta a sus comunicaciones y le da órdenes. Teme que el arzobispo de Burgos haga algo en contra suya. Explica que los memoriales fueron entregados por el médico a su padre, para que los copiara, y rogó al hijo que los pusiera en manos de S. M., Saravia los vio y decidió comunicarse con Caballero. «Días pasados —añade—, en la villa de Villarcayo, oí a ciertas personas decir que el Sr. Jovellanos había sido un grande ministro, y qué razón había para no oírle. Yo les dije que si no se le oía, motivos habría; que no se mentase ni se hablase de tales cosas.» Don Pedro Josef de Saravia hubiera debido escribir, además de sus cartas, un hermoso tratado del envilecimiento. Todavía se queja de que el cura del pueblo lo encontró una tarde al anochecer en la Dehesa y le preguntó qué había hecho con los memoriales; y que un amigo del médico, llamado Bonifaz, y el mismo cura están contra él: «Ahora, así dicho Bonifaz como el cura (que todas las tardes corteja a sus dos hijas), médico y demás, están buscando medios de perseguirme; pues parece que dicho Bonifaz tiene ídolo para atraer las voluntades de infinitos, y creo sea la causa la desenvoltura de sus dos hijas solteras.» Dicho lo cual, Don Pedro Josef de Saravia desaparece púdicamente de la escena.

El 5 de abril de 1808 recibe Jovellanos la orden de libertad. Ha caído Godoy; Carlos IV ha abdicado forzadamente en su hijo Fernando VII; este, con el partido «fernandino», liberta a los presos políticos y trata de atraerse partidarios. La isla de Mallorca se engalana para celebrar la libertad de Don Gaspar. Se grita *¡Viva el señor Jovellanos! ¡Viva la inocencia!* Una compañía con bandera desplegada, la música del regimiento de Suizos, voluntarios de Aragón, Borbón, Milicias y Húsares españoles, «y toda la flor de la ciudad».

No falta ni un mes para el 2 de mayo. Los Reyes viejos y el Rey joven se entregan a Napoleón, van a Bayona, disputan entre sí. María Luisa y Carlos piden a su *Manuel* y Godoy llega. Injurian a su hijo, lo acusan de los peores crímenes y hasta piden para él —a Napoleón— el patíbulo. Grandes de España, arzobispos, inquisidores, generales, magistrados sirven a Napoleón, y pronto a José Bonaparte. Mientras tanto, Fernando VII adula al Emperador y borda con primor en Bayona y Valençay. Se forman juntas en todas partes y se organiza la resistencia contra los franceses, dirigida por hombres de letras, algunos militares, algunos eclesiásticos y hombres del pueblo. Heroísmo y crueldad, la crisis del Estado y las instituciones, y una fuerza nueva que germina. Hombres nobles y bien intencionados contemplan la vileza del régimen hundido, consideran la pujanza incontenible de Napoleón, y piensan que lo único posible es colaborar con él, encauzar las cosas, acabar con la violencia y la lucha, empezar otra vez, al lado de Francia, que es Europa, que es —al fin y al cabo— la ilustración y el espíritu del tiempo que comienza. Son los «afrancesados».

Muchos de ellos son amigos entrañables de Jovellanos, que se cuentan entre lo más decente del país. Y todos se vuelven hacia el cautivo de Bellver, recién liberado, para pedirle ayuda y cooperación. El Gran Duque de Berg, Murat, nombrado Lugarteniente General del Reino *por Carlos IV* —antes de que este y Fernando renuncien a la corona de España en favor de Napoleón—, reclama la presencia de Jovellanos en la Corte el 1 de julio de 1808. Desde Jadraque, Don Gaspar se excusa con su mala salud. Gonzalo O'Fárril, Mazarredo —el gran marino, quizá el hombre que más de buena fe se «afrancesó»— le instan amistosamente. Miguel José de Azanza une sus ruegos; quieren que vaya a Asturias, que use su prestigio para calmar a sus paisanos, que se empeñan en hacer la guerra a Napoleón. Jovellanos se excusa cortésmente, y cuando esto no basta empieza a mostrar su discrepancia. Las cosas, piensa, ya no tienen arreglo: «La Nación se ha declarado generalmente y se ha declarado con una energía igual al horror que concibió al verse tan cruelmente engañada y escarnecida.» La guerra civil es inevitable, «y pues que el gran problema, de si convenía inclinar la cerviz o levantarla, está ya resuelto, resolver otro que aún queda en pie: ¿Es por ventura mejor una división que arma una parte de la nación contra el todo, para hacer su opresión más segura y sangrienta, o una reunión general y estrecha que hará el trance dudoso, y tal vez ofrecerá alguna esperanza de salvación?» «La causa de mi país —concluye en su carta a Mazarredo—, como la de las otras provincias, puede ser temeraria: pero es a lo menos honrada, y nunca puede estar bien a un hombre que ha sufrido tanto por conservar su opinión, arriesgarla tan abiertamente cuando se va acercando al término de su vida.»

José Bonaparte lo nombra Ministro del Interior, y Jovellanos no acepta. ¿Qué más se puede hacer? Queda la intervención de su fraternal amigo Cabarrús, uno de los hombres a quienes Jovellanos quería más, a quien había defendido en sus persecuciones, a quien estimaba tanto. Y esto es lo que hace que Jovellanos estalle, rechace las proposiciones y afirme apasionadamente la libertad de España. Y escribe este párrafo definitivo:

«España no lidia por los Borbones ni por Fernando; lidia por sus propios derechos, derechos originales, sagrados, imprescriptibles, superiores y independientes de toda familia o dinastía. España lidia por su religión, por su Constitución, por sus leyes, sus costumbres, sus usos, en una palabra, por su libertad, que es la hipoteca de tantos y tan sagrados derechos. España juró reconocer a Fernando de Borbón; España le reconoce y reconocerá por su Rey mientras respire; pero si la fuerza le detiene, o si la priva de su príncipe, ¿no sabrá buscar otro que la gobierne? Y cuando tema que la ambición o la flaqueza de un Rey la exponga a males tamaños como los que ahora sufre, ¿no sabrá vivir sin Rey y gobernarse por sí misma?»

Todavía quedaba en reserva una tentación más: el general Horacio Sebastiani, desde el cuartel general de Daimiel, le escribe a Jovellanos el 12 de abril de 1809, cuando la guerra ensangrienta ya un año toda España, cuando ya no queda ni ficción de los Reyes, ni de la Corte, ni de todo el aparato del régimen entregado y vendido: «Señor: La reputación de que gozáis en Europa, vuestras ideas liberales, vuestro amor por la patria, el deseo que manifestáis de verla feliz y floreciente, deben haceros abandonar un partido, que sólo combate por la Inquisición, por mantener las preocupaciones, por el interés de algunos grandes de España, y por los de la Inglaterra. La libertad constitucional bajo un gobierno monárquico, el libre ejercicio de vuestra religión, la destrucción de los obstáculos que varios siglos ha se oponen a la regeneración de esta bella nación, serán el resultado feliz de la Constitución que os ha dado el genio vasto y sublime del Emperador... Os presento una gloriosa carrera: no dudo que cojáis con gusto la ocasión de ser útil al Rey José y a vuestros conciudadanos... Estoy pronto a entablar comunicaciones con vos, y daros pruebas de mi alta consideración.»

Dios mío, ¿hay mejor sirena? ¿No es el programa mismo de Jovellanos? ¿No es el triunfo de lo que siempre ha buscado? Sebastiani, nada menos, usa estas dos palabras: *liberal, regeneración.* Imaginamos a Don Gaspar, en Sevilla, sentado en un sillón, como lo pintó Goya, la mano en la mejilla, cansado, muy cansado, lanzar un suspiro y mojar en la tinta, con mano un poco estremecida, la pluma de ave:

«Señor General: Yo no sigo un partido. Sigo la santa y justa causa que sostiene mi patria, que unánimemente adoptamos los que recibimos de su mano el augusto cargo de defenderla y regirla, y que todos habemos jurado seguir y sostener a costa de nuestras vidas. No lidiamos, como pretendéis, por la Inquisición ni por soñadas preocupaciones, ni por el interés de los Grandes de España; lidiamos por los preciosos derechos de nuestro Rey, nuestra Religión, nuestra Constitución y nuestra independencia. No creáis que el deseo de conservarlos esté distante del de destruir cuantos obstáculos puedan oponerse a este fin: por el contrario, y para usar de vuestra frase, el deseo y el propósito de regenerar la España y levantarla al grado de esplendor que ha tenido algún día y que en adelante tendrá, es mirado por nosotros como una de nuestras principales obligaciones.»

«El sin igual Jovellanos»

¿A qué seguir? El resto de la historia es bien conocido: la gestión de Jovellanos en la Junta Central, sus nuevas tribulaciones y amarguras, la impresión inequívoca de que los de antes, los de siempre, iban a traicionar la empresa española e iban a precipitar al extremismo a los que no lo querían. Decía antes que hubo algo más lamentable que la prisión de Jovellanos, y fue que durante siete años España se quedara sin él. ¿Se ha medido lo que significó esta pérdida? ¿Lo que contribuyó la ausencia de la perspicacia, la mesura y el prestigio de Jovellanos en los años decisivos en que se consuma la crisis del antiguo régimen y se gesta la España nueva?

Es el momento en que surgen —antes no— «las dos Españas»; es el momento en que España pierde su concordia radical —que no excluye, sino exige, discrepancia y aun lucha— para vivir en discordia. A esta, Jovellanos dijo siempre: No. Lo dijo *siempre*: viniera de donde viniera la tentación. Hay hombres que resisten muy bien a la mitad de las tentaciones, pero sucumben fácilmente a la otra mitad. Jovellanos es uno de los contados españoles que resistió a todas, que fue siempre fiel a sí mismo, a lo que creía la verdad.

Unos meses antes de su muerte, un armador de Vigo llamado Manuel de Táboas le escribe una carta que me conmueve profundamente: le anuncia que ha comprado una fragata de porte de 150 toneladas, para emplearla en el comercio de cabotaje y América, según lo permitan las circunstancias; la va a hacer navegar «armada en corso y mercancía, con ocho cañones de a seis, bajo el mando del piloto de Muros, Don Ramón de Santiago, sujeto muy recomendable por su disposición, actividad y celo». «Antes de matricularla en esta Comandancia de Provincia, hemos resuelto los dos, por un efecto del cariño que a V. E. profesamos, ponerla de nombre: *El sin igual Jovellanos.*»

Jovellanos contesta conmovido, melancólico y con una punta de humor asturiano: «Correspondería yo muy mal al buen afecto de Vm., y a los sentimientos del mío, si no condescendiese con la primera parte de su deseo. Llámese enhorabuena la fragata *Jovellanos,* ya que en eso se complace Vm., y hágala Dios más afortunada, de lo que anuncia este apellido: pero permítame Vm. que no consienta en manera alguna, que se añada a él un dictado que Vm. no pudiera aplicar sin nota, ni yo admitir sin escándalo.»

Al cabo de tanto tiempo, a los ciento cincuenta años de estas cartas y de haberse extinguido esta vida española que tanto ardió serenamente, pienso que el armador tenía razón.

Prólogo a los Diarios de Jovellanos [2]

La figura intelectual más importante del siglo XVIII fue en España don Gaspar Melchor de Jovellanos (1744-1811). He dicho intelectual porque mayor alcance y genialidad tuvo otro

---

[2] Selección en Alianza Editorial, Madrid, 1967.

español, contemporáneo, coetáneo y amigo suyo, el gran visual —y manual, no lo olvidemos— Goya (1746-1828). Los *Diarios* de Jovellanos mencionan con frecuencia a los hombres de su tiempo; cinco veces aparece en ellos el nombre del fiero aragonés, que nos dejó el admirable retrato de Jovellanos sentado a su mesa, vestido con elegancia; en la mano derecha, que descansa sobre la rodilla, unos papeles; la mano izquierda, pensativamente puesta en la mejilla, el codo apoyado en la mesa. Hay una fulguración de blancura desde el rostro hasta las medias blancas. El rostro de Jovellanos está en reposo; hay un poco de melancolía en sus facciones, un ligero cansancio. El cuerpo gravita sin pesadumbre, pero sin tensión, sobre la silla y la mesa. De este cuadro, con un poco de esfuerzo y de imaginación, se podría extraer la figura de Jovellanos.

Coincidiría en lo sustancial con la que nos permiten forjar sus hechos, sus escritos públicos, sus anotaciones personales, sus cartas. Intenté hacerlo con algún detalle en mi ensayo *Jovellanos: concordia y discordia de España*. Allí traté de buscar *quién* había sido Jovellanos, cuál fue su papel en la crisis histórica del antiguo régimen, cuando España pasó de un mundo a otro, cuando se quebraron tantas posibilidades y se abrieron otras, casi todas destinadas a abortar. La juventud de Jovellanos transcurre durante el reinado de Carlos III, cuando España inicia la fase quizá más sana y equilibrada de toda su historia; su madurez se inicia en esa misma época, pero cuando va a iniciar su plena actuación histórica, cuando su generación va a «estar en el poder», sobreviene la doble crisis: sustitución de Carlos III por Carlos IV, comienzo de la Revolución francesa. Entonces comienza a quebrantarse el *consensus* en que había vivido Europa respecto a quién debe mandar, y con ello la legitimidad *social* de la monarquía. Al mismo tiempo, la violencia de la Revolución da pretexto a las fuerzas reaccionarias españolas para intentar, primero, y conseguir, después, ahogar todos los intentos de transformación social, económica, intelectual y política que se englobaban bajo el nombre Ilustración, de la cual Jovellanos era principal exponente.

Jovellanos, que no fue precoz, ni personal ni socialmente, no pudo aprovechar de manera verdaderamente eficaz el período en que tantas posibilidades españolas fueron efectivas —su obturación posterior no debe engañarnos respecto a su realidad—. Cuando su figura se había afirmado y afianzado socialmente, cuando su prestigio comenzaba a irradiar, el ambiente ya se había enrarecido, se había perdido la holgura y la confianza, todo era, en el mejor de los casos, problemático. Si Jovellanos hubiese tenido más brillantez y menos cautela, si hubiera tenido más energía y acaso un poco menos de sentido de la responsabilidad, su actuación a escala nacional habría podido iniciarse mucho antes de esa crisis, y es posible que ésta hubiera tenido otro desarrollo. Y quizá la irradiación de su nombre no hubiera permitido la gran peripecia de su vida personal: su prisión en Mallorca de 1801 a 1808, su desaparición del escenario de la vida española durante siete años decisivos, cuando tenía que realizarse la transición del antiguo régimen a la nueva situación determinada por la Revolución y la expansión napoleónica. Jovellanos, a pesar de las dimensiones con que *hoy* se presenta su figura, era relativamente oscuro, sin brillo de escritor, excesivamente asturiano y relegado a su región y a su ciudad natal, Gijón; su prestigio era grande, pero sólo en Asturias o entre reducidas minorías: fue posible que los enemigos de lo que representaba lo hicieran desaparecer, sin explicaciones, sin proceso, sin justificación, sin que esta prisión se convirtiera en un asunto nacional.

Cada vez parece más claro que la obra capital de Jovellanos, desde nuestra perspectiva actual, son los *Diarios* que compuso, con interrupciones, entre 1790 y 1801, es decir, desde poco después de comenzar el reinado de Carlos IV y la Revolución francesa hasta cincuenta y dos días antes de su prisión de siete años. Y, sin embargo, esta obra excepcional no ha podido ser leída hasta 1915, más de un siglo después de la muerte de su autor, y entonces de manera tan deficiente, precaria y limitada, que en rigor hay que considerar la fecha 1953-54 como la de su verdadera existencia pública. Y todavía habría que agregar que este libro, por diversas razones, no ha ingresado aún en el repertorio de los libros españoles en circulación efectiva. ¿Cómo se explica esto? Hay que contar, siquiera brevemente, la extraña historia de estos *Diarios*.

Son nueve en total. Una gran parte de ellos son relatos de los viajes que Jovellanos hizo por diversas regiones españolas, casi siempre con encargos oficiales (inspección de minas, etc.); son, pues, *itinerarios* en los que anota día por día las incidencias del camino, los lugares visitados, el estado de minas, carreteras, canales, la condición económica, detalles de agricultura, ganadería o industria y —con extremada minuciosidad— de arte: Jovellanos describe prolijamente las iglesias u otros edificios, con sus características arquitectónicas, sus enterramientos, inscripciones —que suele transcribir—, pinturas, esculturas. Los *Diarios* son un formidable repertorio de noticias artísticas, aunque limitado a ciertas comarcas que Jovellanos visitó.

Otra parte de los diarios corresponde a épocas de vida sedentaria, sobre todo en Gijón; entonces la actividad de Jovellanos es, sobre todo, de organización y de pensamiento. La narración se remansa; hay noticias políticas, referencia constante al correo; cartas escritas o recibidas; a las lecturas de la prensa francesa o inglesa, de los innumerables libros que despaciosa y reflexivamente absorbía.

En un caso y en otro, Jovellanos habla mucho de personas, presentes o ausentes; y se van anudando los comentarios sobre sus temas, sus preocupaciones, las noticias que llegan, la realidad que tiene delante. De vez en cuando —muy de tarde en tarde— deja que se trasluzca algo de su intimidad; pero los *Diarios* están muy lejos de ser una deliberada confidencia, y el subtítulo «Memorias íntimas» con que originalmente se publicaron es desorientador. A última hora, tomados en conjunto, sí que significan una gran confidencia de Jovellanos, precisamente porque no se propuso hacerla, sino más bien dejar constancia de su mundo y de los temas con que se debatía. Casi siempre veló pudorosamente su yo; pero lo vemos actuando, luchando con las cosas, enfrentándose con ellas, recibiendo su impacto, y al final se va dibujando ante nosotros.

Cuando Jovellanos fue preso en Gijón, sacado de su casa en mitad de la noche, rodeado por los soldados que obedecían al Regente de Asturias Andrés Lasaúca, por orden del ministro Juan Antonio Caballero, Marqués de Caballero, en 1801, todos sus papeles fueron secuestrados y enviados a Madrid, y allí fueron los cuadernos manuscritos de sus *Diarios*. Al recobrar su libertad, en 1808, pidió Jovellanos que todos sus papeles fueran entregados a don Juan Ceán Bermúdez. Y aquí comienza la historia agitada de esta obra.

La oposición a que los *Diarios* se publicaran comenzó muy pronto, cuando, poco después de la muerte de Jovellanos, su pariente Baltasar González de Cienfuegos litigó contra Ceán para evitar que este los publicara. En 1814 —aunque la obra no pudo aparecer hasta 1820, durante la época constitucional—, imprimió Ceán sus *Memorias para la vida del Excmo. Sr. D. Gaspar Melchor de Jovellanos y noticias analíticas de sus obras,* donde se da un breve extracto de los *Diarios*. Muerto Ceán, se venden sus libros y papeles, y en una prendería de Madrid compra los manuscritos de los *Diarios* Don Vicente Abello. Cuando Don Cándido Nocedal preparaba la edición de obras de Jovellanos en la Biblioteca de Autores Españoles de Rivadeneyra, Abello le facilitó los manuscritos, y con ellos se preparaba un tercer volumen, que había de completar los dos que publicó Nocedal; parece que llegaron a imprimirse y existieron juegos de capillas, pero el hecho es que no vieron la luz, y en 1861 se interrumpió la publicación de la Biblioteca de Rivadeneyra. Los manuscritos pasaron a poder de Don Alejandrino Menéndez de Luarca, tradicionalista como Nocedal y Abello. En estos años fueron leídos por algunas personas, entre ellas Menéndez Pelayo, que no siempre refleja con exactitud el contenido de los *Diarios.*

En 1885, Julio Somoza publicó extractos en *Jovellanos: Apuntes para su biografía.* En 1891, Menéndez de Luarca, sobre quien se habían hecho muchas presiones para que autorizara la publicación de los *Diarios,* publicó en un periódico de Oviedo, *La Victoria de la Cruz,* y con el título *Los Diarios de Jovellanos: Apuntes para el prólogo,* un artículo en que explicaba sus escrúpulos e insistía en que los *Diarios,* de publicarse, deberían serlo íntegramente y sin correcciones, para que fuesen *«si no el contraveneno de las Obras, el segurísimo medio de arrancar al autor la máscara».* Para Don Alejandrino, Jovellanos era un *espíritu fuerte,* un descreído, hereje y revolucionario. Sus invectivas son violentísimas. Es inútil intentar apropiarse a Jovellanos, dice el tradicionalista Don Alejandrino; hay que renunciar a él y mostrar claramente quién fue y qué pensaba. Para ello se deben publicar sus *Diarios* sin atenuaciones ni modificaciones.

A pesar de estas declaraciones, no se hizo. Cuando se cumplió el centenario de la muerte de Jovellanos, en 1911, todavía los *Diarios* seguían inéditos. El Instituto Jovellanos, de Gijón, cuyo director era entonces Miguel Adellac, decidió hacer otro intento; después de muchas dificultades, consiguió adquirir los originales de la viuda de Don Alejandrino, con la obligación de reproducir su prólogo. Todavía tardaron cuatro años en aparecer; por fin, en 1915, se publicó la primera edición de este libro: *Obras de D. Gaspar Melchor de Jovellanos —Diarios* (*Memorias íntimas*)—, *1790-1801. Publícalos el Instituto de Jovellanos, de Gijón. Madrid, Imprenta de los Sucesores de Hernando, 1915.*

Resultó que esta edición era sumamente defectuosa. En 1923 se publicó una larguísima *Fe de erratas cometidas en la transcripción e impresión del «Diario» de Jovellanos.* Por su parte, Julio Somoza, el incansable jovellanista, el hombre que ha hecho más por restablecer la vida, los escritos y las noticias todas de Jovellanos, había anotado y corregido más de 3.000 erratas. Finalmente, en 1953-54, la Diputación de Asturias, por medio del Instituto de Estudios Asturianos, acometió la edición adecuada de los *Diarios,* preparado el texto por Julio Somoza, con una extensa e inteligente introducción de Ángel del Río y un tercer y breve volumen de Indices preparado por José María Martínez Cachero (1956). Esta edición, clara, correcta, completa, ha dado verdadera existencia pública a los *Diarios,* y a ella hay que referirse en adelante. Posteriormente ha sido reimpresa en la continuación de la Biblioteca de Autores Españoles.

¿Por qué esta edición, que significa sólo una selección del texto completo? ¿Se justifica, una vez que existe una impresión correcta y adecuada del conjunto de la obra? Creo que sí. En mi ensayo antes citado escribí: *Jovellanos no tiene «lectores»; a lo sumo, tiene «estudiosos» —lo que es triste para un autor—*. A remediar esa tristeza tendía mi ensayo; el mismo propósito tiene la presente edición. Los *Diarios* son muy extensos y desaniman al lector actual. No son íntimos, ni dramáticos, ni apasionantes; están escritos despaciosamente y sin brillantez, aunque no sin encanto. Una grandísima parte de ellos está ocupada por *noticias,* del mayor interés para quien las busca, de muy poco para el que simplemente se encuentra con ellas. Las descripciones minuciosas de pequeñas iglesias, con sus retablos, pinturas, enterramientos, inscripciones, interesan al estudioso del arte español, pero aburren al que no profesa esa disciplina. Las precisiones sobre el laboreo de las minas, el trazado de caminos, el transporte del carbón, los salarios, la agricultura, son inapreciables para reconstruir la historia económica de España a fines del siglo XVIII, y la integridad del texto de los *Diarios* es preciosa. El interesado en la historia política de la época tiene un sinnúmero de datos, alusiones —no siempre claras— y conexiones marginales, que pueden aclarar muchos puntos oscuros; pero el que no está en el detalle de las cuestiones se pierde fácilmente y no comprende bien.

Es esencial que exista una edición completa de los *Diarios* para ser estudiada por muy diversos especialistas; pero el hecho es que no ha sido nunca *leída.* Y vale la pena, porque para todo español alerta, interesado por España en cualquier dimensión, para cualquiera que sienta el atractivo de una vida distante, para el que se preocupe por los permanentes problemas españoles, los *Diarios* de Jovellanos son un libro *único.*

Cada vez parece más claro el interés superior del siglo XVIII, tan torpemente desconocido, que la pereza y la ignorancia han vertido sobre él la leyenda negra de su falta de interés. Año tras año vamos viendo que la España presente procede directamente de lo que se quiso hacer en el siglo XVIII y fue estorbado —por el azar o por la voluntad de algunos hombres— en la gran crisis que empezó cuando Jovellanos comenzaba a redactar estos *Diarios.* Nos damos cuenta de que casi todas nuestras miserias proceden de la mala fortuna que hizo abortar las espléndidas posibilidades que estaban ya maduras en los últimos decenios del siglo XVIII. Jovellanos fue un observador excepcional por su puesto en la sociedad española, por su talento, por su honestidad y candor, por su misma falta de genialidad, que le impedía imponer sobre las cosas la huella de una personalidad demasiado enérgica. En estas anotaciones personales, Jovellanos filtra una época entera, va registrando con serenidad, con veracidad, una imagen de España —y de la Europa a que siempre estuvo atento— en años decisivos. Y va trazando al mismo tiempo la trayectoria y el argumento de una vida, la suya, en un escenario que conoció y amó profundamente. La introducción del punto de vista personal —aun de manera tan púdica y recatada— vivifica la historia, y nos da esa mirada inteligible que consigue la novela más bien que el tratado.

Pero para que esto sea enteramente verdad hay que despojar los *Diarios* de gran parte de su contenido noticioso, que se interpone en la narración y atasca, por decirlo así, la fluencia de la vida. A fuerza de anotaciones, acumulando —con la pasión del siglo XVIII— informaciones y noticias, Jovellanos se olvida de sí propio; y el lector moderno, sobre todo el lector apresurado que somos hoy casi todos, se descorazona y, lo que es peor, olvida la trama que iba dibujándose ante sus ojos.

Esto es lo que me ha movido a preparar la presente edición; he querido presentar unos *Diarios* para *lectores*. He conservado muestras de todos los intereses de Jovellanos, de todas sus preocupaciones, aun las más nimias; pero he alterado la proporción de sus temas. Todo lo que se refiere a la vida personal de su autor está conservado; las noticias de interés general, literarias, políticas, sociales, económicas —cuando se refieren a la estructura y no a los detalles—, se han retenido casi siempre; las referencias al arte, cuando indican curiosidad, gusto, sensibilidad estética y no mera catalogación. De igual modo, se han retenido los temas incipientes, en que se denuncia una nueva actitud: el prerromanticismo, la nueva sensibilidad para el paisaje, el sentimiento religioso —tan afín al de nuestro tiempo, tan distante de las vigencias de la época.

El texto que aquí ofrezco es sólo uno de los muchos posibles. La selección hubiera podido ser distinta. Creo que ésta encierra lo más vivo de las anotaciones de diez años de la vida de Jovellanos. Cuidadosamente he salvado todo lo que se refiere a la *vida cotidiana* en su inmediatez. A veces, anotaciones mínimas referentes al tiempo, la comida, el estado de salud, el aseo, la manera de sentirse al despertar por la mañana, una conversación trivial. Cada vez estoy más persuadido de que en esa textura menuda y sin importancia de nuestros días está la clave de la vida entera, que solo ahí podemos encontrar *el sabor de la vida*. Algunos dirán que la de Jovellanos era relativamente insípida. Es cierto que no parece haber sido sazonada con demasiadas especias; pero esto es solo una invitación a aguzar el paladar y tratar de distinguir de sabores con mayor finura.

Pero no es esto solo. Lo que percibimos en los *Diarios* de Jovellanos es el sabor de *una vida del siglo XVIII*. Ahora bien: resulta que el siglo XVIII nos es, a pesar de su claridad conceptual, menos inteligible que otros porque en él la ficción, especialmente la novela, fue secundaria (y el teatro estuvo entorpecido por mil obstáculos, normas, reglas y supersticiones, con pocas excepciones, y éstas limitadas, como Don Ramón de la Cruz). Cuando nos maravillamos —si es que algunos nos maravillamos— de lo mal que entendemos la España visigótica, hasta en ocasiones dudar (o negar) que sea España, a pesar de la amplia información que sobre ella existe, no solemos caer en la cuenta de que tal incomprensión se debe a que no nos ha dejado *ficciones* —cuentos, novelas, romances, cantares—, y no podemos intuir qué significaba el verbo *vivir* en Toledo o Sevilla el año 500, 600 ó 700.

Si queremos de verdad entender qué era la vida en España durante el siglo XVIII, tenemos que mirar estampas de Goya o leer sainetes, o las cartas y anotaciones de Moratín, o los libros —tan personales, tan confidenciales, casi novelas— de Cadalso. Imagínese lo que significan los *Diarios* de Jovellanos desde este punto de vista: la versión directa e inocente, en un papel, de lo que iba siendo, día tras día, *vivir* para la mejor cabeza de la España de su tiempo. Lejos de su propósito, a pesar suyo, tan celoso de su intimidad, nos va desnudando no solo lo que era su vida personal, sino la de su época. Si seguimos sus anotaciones sin distraernos demasiado con lo que anotaba, sentimos el temblor de lo que ha sido la vida humana en los diez años densos, estremecidos, inquietos en que terminó el siglo XVIII.

6. España y Europa en Moratín

1. UNA FIGURA EN CLAROSCURO

Un centenario

El día 10 de marzo de 1760 nació en Madrid Leandro Fernández de Moratín. Durante mucho tiempo se le ha solido llamar «Moratín hijo». Don Nicolás, es decir, «Moratín padre», proyectaba sobre él su sombra; pero hoy, de toda su obra no ha sobrevivido en verdad más que la «Fiesta de toros en Madrid» y su hijo Leandro. (No digo que esto sea justo, ni siquiera que sea definitivo; solo digo que así es en 1960, en este doble centenario de su paternidad.)

Los centenarios deberían justificarse. ¿Debemos recordar a Moratín sólo por haberse cumplido dos siglos desde que nació? ¿Es sincera esta memoria? ¿De verdad nos importa, tiene hoy algo que decirnos? En otras palabras, ¿es Moratín en alguna medida —aunque sea una medida modesta— un «clásico» con quien tenemos que contar, o se ha quedado en lo contrario, en un «neoclásico»? Porque todo «neo-ismo» es la negación de cualquier posibilidad de clasicismo auténtico, de perduración viva y problemática.

La imagen habitual de Moratín, la que nos ha conservado una tradición exclusivamente literaria —versos fríos, ingenio de *El Café,* noble cordura de *El sí de las niñas,* afrancesamiento venial— nos parece muy desvaída y despierta en nosotros ecos tenues y sordos. Pero cabe preguntarse si es verdadera esa imagen apagada de Moratín; si fue *sólo* eso; si es lo que fue principalmente. No olvidemos ese extraño fenómeno que tantas veces he señalado: el desnivel de la literatura española, desde comienzos del siglo XIX, no ya con la europea, sino con la efectiva realidad histórica de la vida española; el hecho de que el Romanticismo literario se inicia cuando Europa *y España* llevan ya quince años de ser románticas, y en cambio los escritores «románticos» por excelencia —Espronceda, Larra, Zorrilla— pertenecen a una generación que en su íntima realidad ya no era romántica, aun cuando lo fuera aún —por unos pocos años— el mundo en que vivían, todo el mundo de los que románticamente murieron temprano.

Si lo miramos como escritor neoclásico, Moratín está, en efecto, muy lejos; pero si atendemos a su realidad total, nos aparece inesperadamente más cercano; si no me equivoco, con él empieza *históricamente* la época romántica. Según mis cuentas, era de los más viejos de la generación de 1766; y esta es, sin duda, la primera del Romanticismo, aquella que realmente lo inicia originalmente, la que inventa sus temas, la que alcanza esa nueva manera de instalación en el mundo que define a una época, antes de que el mismo mundo como tal la haya adoptado. Es la generación de Walter Scott y los *lakistas;* de Fichte, Hegel, Schleiermacher, los Schlegel, Novalis, Tieck, Beethoven; de Napoleón, Maine de Biran, Chateaubriand, Senancour, Benjamin Constant. ¿Se quiere más puro e intenso Romanticismo? Pero —se dirá— ¿y en España? También, también. Algunos de los hombres de ese tiempo parecen «muy XVIII»; pero a poco que se les quite el mármol —o la escayola— que los recubre, aparece una realidad que late románticamente: Quintana y Marchena, por supuesto; pero además el Conde de Noroña, Cienfuegos, Arriaza, Arjona, Dionisio Solís, Mor de Fuentes, traductor del *Werther*.

La personalidad de Moratín nos aparece escindida: como escritor *público,* especialmente dramaturgo y poeta, pertenece *casi* íntegramente a la época que termina; pero el Moratín casi desconocido de sus escritos privados, el que —por muchas razones— no ve la luz, corresponde inequívocamente a la fase que empieza; mejor dicho, a la transición entre ambas, que coincide con la profunda crisis europea definida por el paso del *ancien régime* a las nuevas formas históricas y que en España representa un momento decisivo, clave de toda nuestra historia de siglo y medio —y digo esto para no intentar hacer profecías.

Quién era Moratín

A los cuatro años, el niño Leandro tuvo viruelas. Sanó a fuerza de cuidados, pero se quedó feúcho, irritable, tristón y tímido. Sobre todo, tímido. En intimidad, con amigos cercanos, y pocos, se abría, era locuaz, reía, decía ingeniosidades; la sociedad lo hacía cerrar sus valvas, como un molusco suspicaz, y volverse mudo e inexpresivo. A los veinte años, después de una niñez sin juegos, solitaria, embebida en la lectura, con vago enamoramiento y versos a una niña vecina, se queda huérfano de padre. A imitación de este, Moratín acostumbró algún tiempo a escribir unos diarios pueriles, llenos de abreviaturas crípticas, con palabras mezcladas en español, latín, francés, inglés e italiano, sin duda para despistar y hacer más difícil el desciframiento [1]. El día 11 de mayo de 1780 anota: «Obiit Pater: ego trst.» (Murió mi padre: yo triste). Esta expresión lacónica, «yo triste», va a recurrir con frecuencia en sus notas, trazadas sin duda por la noche, al recogerse. La del día siguiente es aún más concisa: «Sepelivert». (Lo enterraron.) Se mudan a la calle del Rubio. El día 29 anota: «ad obrad: ex hodie 12 rs.» (al obrador: desde hoy 12 reales). Y el mes siguiente, el de junio, tiene esta sola anotación: «Nihil in hoc mens. accid. ego trst.» (Nada ocurrió en este mes: yo triste).

Moratín trabaja en un obrador o taller de joyería; había aprendido a dibujar, y con eso ayuda a su madre. Vive una vida monótona: de vez en cuando va a un café (un real), toma un refresco (seis cuartos); se llega hasta El Escorial; va a casa de Jovellanos, de Juan Antonio Conde, de su tía Ana, su madrina, que solo le lleva doce años. O va «a ver a los ahorcados», anotación que reaparece con frecuencia y que era evidentemente uno de los menudos placeres de la época. Sus amigos son, además, Juan Antonio Melón, Estala, el P. Navarrete, Forner.

Después de la muerte de su madre, y por recomendación de Jovellanos, el Conde de Cabarrús lo llevó a Francia como secretario. Este viaje le ocupó aproximadamente el año 1787. Al año siguiente, la desgracia de Cabarrús lo dejó sin protector y en malísima situación económica. Había terminado antes de su viaje *El Viejo y la Niña;* pero cuando el año 88 quiso estrenar esta comedia, el Vicario eclesiástico de Madrid negó su licencia para que se representara. Moratín buscaba un empleo, por modesto que fuera; Floridablanca le concedió al fin un beneficio de muy poca cuantía, y se ordenó de primera tonsura. En 1790, Forner y él entran en relación con Godoy, que los aprecia y distingue: Moratín recibe un beneficio en la parroquia de Montoro y una pensión sobre la mitra de Oviedo (que, por cierto, el obispo se negó a pagarle, andando el tiempo, desde 1816, hasta llegar a deberle cerca de 80.000 reales cuando murió). La protección de Godoy fue decisiva: consiguió el estreno de *El Viejo y la Niña,* después escribió y representó *La comedia nueva,* recibió una pensión de 30.000 reales para via-

---

[1] Recientemente se ha publicado una edición completa del *Diario* de Moratín, por M. y R. Andioc (Castalia, Madrid, 1969).

jar, años más tarde fue nombrado secretario de la Interpretación de Lenguas.

El 22 de mayo de 1798, cuando Moratín se acerca ya a los cuarenta, hace su primera aparición en el Diario Paquita. Las referencias amorosas, o simplemente a mujeres, son escasas en las anotaciones y en la correspondencia de Moratín [2]. En 1793 le escribe a Melón desde Londres: « ¡Cómo bebo cerveza! ¡Cómo hablo inglés! ¡Qué carreras doy por Hay-Market y Covent-Garden! Y sobre todo, ¡cómo me ha herido el cieguezuelo rapaz con los ojos zarcos de una espliegüera! » «No puedo escribir más, porque se va acercando la hora de comer: ¡si supieras con quién como hoy! Pero esto no es para curas de misa y olla como tú.» Así vuelve a escribirle desde Bolonia en 1795.

Paquita es otra cosa. Paquita era Francisca Muñoz y Ortiz, hija de Don Santiago y Doña María. Doña María escribía con mala ortografía, *Pacita* y *Cerida* y cosas así, y Moratín, durante años, llamará en las cartas, por broma, *Pacita* a su amiga. Con ella pasea, tiene bromas, van juntos, y más de una vez, a ver a los ahorcados. El 7 de julio de 1799 hay una anotación importante: «En casa de Conde: bromas con Paquita, a la que le di un beso» (*quam osculavi*). En julio del 800 le regala un abanico; en octubre de 1801, unos pendientes. Las anotaciones de esta amistad llena de ternura y a veces de «ternezas», siempre indecisa —¿acaso las viruelas?—, se van sucediendo. El año 1802, a la vez que Moratín encuentra «pestilente» la tragedia de *Macbeth,* señala que «lloró Paquita por un golpe en la cara»; no cabe duda de quién se lo había dado, porque el año 1804 se hace constar que Paquita y su madre estaban afligidas, porque Don Santiago había dado de puñadas a su esposa, y otro día el mismo Don Santiago le da a Paquita una bofetada.

A fines de 1806, este horizonte dulce y gris se llena de nubarrones negros y amenazadores. Hay consultas acerca de un posible casamiento de Paquita. Moratín anota sibilinamente algo acerca de «testamento y ternezas». Pero nada va muy de prisa: casi un año después, en setiembre de 1807, «lloró Paquita»; y al darle Melón la noticia de que iba a casarse, «planximus. Ego tristis».

Sin embargo, no nos precipitemos. Algunos historiadores de la literatura nos cuentan que a Moratín le pasó lo que al Don Diego de *El sí de las niñas,* y que lo único que sacó de la relación con Paquita, que se había casado con un militar, que era más hombre de acción, fue convertirla en figura literaria. No

---

[2] Mucho más frecuentes en el texto completo del Diario que en la versión expurgada de las *Obras póstumas.*

hay nada de eso. Por lo pronto, *El sí de las niñas* se representa en el teatro de la Cruz el 24 de enero de 1806, muchos meses antes de que se hable siquiera de que Paquita pueda casarse. Pero, además, en *diciembre de 1815* Paquita escribe a Moratín consultándole sobre la conveniencia de su matrimonio con un teniente coronel, de la edad de Moratín (este, que tiene cincuenta y cinco, contesta en broma: «esto es, cuarenta años»), y por lo visto aquejado de reuma y otros alifafes; al año siguiente, nuevas consultas: resulta que el apuesto militar de once lustros no es más que capitán, que Paquita desde luego no está enamorada de él y que no le pagan sus sueldos. Y cuando el año 18, ya casados, Moratín se refiere al marido de Paquita, habla de «las estimables prendas del Sr. Valverde..., un hombre de juicio y virtuoso, con quien pasar la vida en paz». Este es el matrimonio «romántico» con el ardiente y decidido militar, trasladado —anticipadamente— a *El sí de las niñas*. Hasta su muerte, Moratín escribe siempre, afectuosamente, a Paquita. Siempre le habla de usted. Y le deja de por vida el usufructo del retrato que le había pintado Goya. Esta es la historia.

Moratín quería tres cosas: tomar chocolate, ir al teatro todos los días y que lo dejaran en paz. Las dos primeras las consiguió casi siempre; la tercera, casi nunca. « ¡Buen chocolate tengo! —le escribe a Melón, desde Burdeos, en 1822—. Yo creo que si fuese a parar a las islas de los Lagartos, allí me encontrarían con mi jícara y mi panecillo francés, regodeándome todas las mañanas, aunque no tuviera calzones. Sin chocolate y sin teatro, soy hombre muerto. Si algún día te dicen que me he ido a vivir a Astracán, saca por consecuencia legítima que en Astracán hay teatro y hay chocolate.»

Fue un intelectual. Quizá antes de tiempo; quiero decir, antes de que fuera posible un tipo social que en el siglo XIX había de florecer en toda Europa, pero que en la sazón en que le tocó vivir era imposible, y desde luego en España. Moratín quería ver, quería entender las cosas; sabe o cree saber lo que estaría mejor, pero no aspira a influir. De ahí el peculiar *claroscuro* de su figura, que le da singular atractivo. Fue algo análogo a lo que había de ser después Valera, pero sin «actuación», y en esa medida más sincero, porque no necesitaba ser «conformista». ¿Es que no lo fue? No, creo que no; más bien indeciso, pero no subjetivamente, sino fiel a la indecisión real de las cosas. Solía ver las dos caras de ellas, las que efectivamente tenían. Ilustrado, liberal, penetrado de aversión al fanatismo, a la torpeza, al espíritu de delación, a la Inquisición, sin duda; pero había presenciado los horrores, las estúpidas violencias, los crímenes repugnantes del Terror en la Revolución Francesa, en 1792; había visto las cabezas en las picas. *Obstupui* —anota en su diario: me quedé estupefacto—. Y siente «pavor». Esa es la huella, el traumatismo que lo frenará siempre.

Moratín, hay que decirlo, no era valiente. Creo que tampoco era cobarde, no más que lo estadísticamente normal. Pero hay épocas en que esto no es suficiente, en que es menester ser valiente. Moratín no lo fue del todo, y eso explica los aspectos menos claros de su biografía y las limitaciones de su obra de escritor. Pero hay que añadir que tampoco dejó enteramente de serlo; porque tuvo y mantuvo muchas lealtades: a la amistad, a la no-violencia, al decoro intelectual, a la realidad profunda de España y de Europa, mancilladas en su superficie por muchos apresurados, frívolos, violentos, y también por otros cobardes, no epidérmicos, sino profundos y viscerales. Moratín fue siempre un liberal desencantado por la Revolución, escarmentado, que no reniega pero tampoco espera: de un lado ve la Inquisición; de otro lado, la cabeza puesta en una pica y los pechos cortados de la dulce, de la hermosa Princesa de Lamballe.

2. UN EUROPEO EN EUROPA

Una Europa y dos Españas

En la Introducción a mi libro *Ortega* he estudiado con algún detalle la situación española a fines del siglo XVIII. He mostrado cómo la tensión existente entre la *ilustración* y el *popularismo* venía a coincidir con la admiración hacia lo europeo —lo francés en la medida en que Francia imponía su estilo en todo el mundo— y el gusto por lo español castizo, encontrados sentimientos que luchaban, no ya entre diferentes grupos españoles, sino dentro del alma de muchos individuos. La «ilustración» se presentaba como superior y, en cierto sentido, ejemplar, pero sin duda bastante descolorida y desvaída; frente a ella, el atractivo de lo popular era notorio y mucho más intenso. A todos los «ilustrados», a la vez que suspiran por las formas de Europa, se les van los ojos tras las más broncas, toscas y sabrosas del pueblo de su tierra. Cuando Moratín viaja por Alemania o Suiza admira el nivel de vida, el refinamiento, y lo compara con la frecuente sordidez española que exaltan los «apologistas»: «Comí en Happenheim —escribe—, lugar pequeño, situado al pie de unas montañas, delicioso en extremo por su amenidad y frescura; pero en este lugarejo de cuatro casas, distante de toda corte opulenta, ¡qué posada!, ¡qué sopa con huevo desleído, a la alemana!, ¡qué buen asado de carnero! Cuando en Las Rozas, en Canillejas o en Alcorcón haya otro tanto, entonces, para mí tengo que no se gastará el tiempo en escribir apologías.» En cambio, ya de vuelta en España, cruza las repoblaciones de Sierra Morena, y escribe unas líneas en que se condensa todo el espíritu de las *Cartas Marruecas* de Cadalso: «Llegamos a la Luisiana, una de las nuevas poblaciones: la posada llena de burros y machos y cencerros; voces, humo, jarrieros y un fraile dieguino y un marqués de Écija, vestido de calesero, que me convidó a aguardiente, y él y el ventero se trataban de *tú* con singular cariño.»

Esta es la posición ilustrada; pero... El mismo Moratín escribe una y otra vez, sobre todo desde la lejanía voluntaria o forzosa, referencias a lo «castizo» y plebeyo, que encubren mal, bajo la broma, la dolorosa nostalgia. Por ejemplo: «Yo vivo y envejezco... Entre tanto nada me duele, y gozo de aquella salud negativa de que te di noticia, ocho años hace, desde Montpellier. Quisiera que a ti te sucediera lo mismo. Guárdate de los hartazgos de callos, huevos duros, tarángana, sardinas fritas, chiles, pimientos en vinagre, queso y vinarra, que tanto apeteces por esos ventorrillos, rodeados de moscas y mendigos y perros muertos. ¡Esa sí que es vida! Y ríete de Apicio, de Epicuro, de Aristipo y de todos los golosos que la fama y la historia celebran.»

Pero los ojos con que Moratín mira a Europa no son siempre los mismos. Durante su primer viaje, con Cabarrús, durante los otros, más largos, que realiza entre 1792 y 96, bajo la protección de Godoy, no ve las cosas como las verá luego, después de su emigración en 1816. ¿Qué ha cambiado? Europa, sin duda —se dirá—. La Revolución Francesa, el paso del antiguo régimen a la inquieta era revolucionaria. No, no es eso. En Europa han acontecido muchos y graves cambios, pero es la misma. Es España la que es otra; son los ojos de Moratín los que no miran desde el mismo punto de vista, desde el mismo nivel, sino desde otra España. ¿Qué ha sucedido?

Radicalización inducida

La actitud de los ilustrados españoles, desde Feijoo hasta el propio Moratín, era de ejemplar moderación y buen sentido. Pocas veces se ha dado el caso de una minoría tan responsable, tan bien intencionada, tan poco dispuesta a embalarse o a seguir la inercia de una actitud inicialmente acertada. Casi todos ellos eran católicos; algunos de ellos, profundamente religiosos, como el P. Feijoo o Jovellanos; eran enemigos de la violencia y del desorden. Querían vivir con cierto decoro intelectual, moral, nacional, y hasta se avenían a que las cosas fueran despacio. Hay una carta de Jovellanos al cónsul inglés Jardine, de 1794 —repárese en la fecha— que muestra mejor que ningún otro documento la actitud moral y política de los ilustrados españoles del siglo XVIII:

«Usted se expresa muy abiertamente en cuanto a la Inquisición: yo estoy en este punto del mismo sentir, y creo que en él sean muchos, muchísimos los que acuerden con nosotros. Pero ¡cuánto falta para que la opinión sea general! Mientras no lo sea no se puede atacar este abuso de frente; todo se perdería: sucedería lo que en otras tentativas; afirmar más y más sus cimientos, y hacer más cruel e insidioso su sistema. ¿Qué remedio? No hallo más que uno. Empezar arrancándole la facultad de prohibir libros; darla solo al Consejo en lo general, y en materias dogmáticas a los obispos; destruir una autoridad con otra. No puede usted figurarse cuánto se ganaría con ello. Es verdad que los consejeros son tan supersticiosos como los inquisidores; pero entre ellos se introducirá la luz más prontamente: sus jueces penden de los censores, éstos se buscan en nuestras academias, y éstas reúnen lo poco que hay de ilustración entre nosotros. Aun en los obispos hay mejores ideas. Los estudios eclesiásticos se han mejorado mucho. Salamanca dentro de pocos años valdrá mucho más que ahora, y aunque poco, vale ahora mucho más que hace veinte años. *Dirá usted que estos remedios son lentos. Así es: pero no hay otros; y si alguno, no estaré yo por él. Lo he dicho ya; jamás concurriré a sacrificar la generación presente por mejorar las futuras.* Usted aprueba el espíritu de rebelión; yo no; le desapruebo abiertamente, y estoy muy lejos de creer que lleve consigo el sello del mérito... Creo que una nación que se ilustra puede hacer grandes reformas sin sangre, y creo que para ilustrarse tampoco sea necesaria la rebelión... Si el espíritu humano es progresivo (aunque esta sola verdad merece una discusión separada), es constante que no podrá pasar de la primera a la última idea. El progreso supone una cadena graduada, y el paso será señalado por el orden de sus eslabones. Lo demás no se llamará progreso, sino otra cosa... Es, pues, necesario llevar el progreso por sus grados.»

Si los ilustrados eran así, ¿cómo se pudo desatar la violencia contra ellos, cómo se introdujo la discordia y se escindió España? Suelo explicar muchos fenómenos históricos con el concepto de «radicalización inducida», usando esta palabra en el sentido que tiene en electricidad. A causa de las violencias revolucionarias *en Francia,* la ilustración española, que las repudia enérgicamente, adquiere sin embargo una carga eléctrica que le era totalmente ajena, que nunca quiso tener, y se la combate como si Jovellanos fuese Robespierre y el dulce Meléndez estuviese ejecutando las *noyades* de Nantes. Puesto que en Francia se cometen atrocidades y crímenes, todo está permitido contra los que quieren que en España se lea a Descartes y a Newton, y haya Universidades decorosas; contra los que frecuentan los sacramentos, pero piensan que la Inquisición es una vergüenza religiosa y nacional; contra los que creen que el hombre tiene derecho a vivir humanamente y a disponer de su destino.

Esto es lo que introduce una radical alteración en España, lo que, sobre todo entre 1808 y 1833, va a hacer de la vida española algo absolutamente anormal, que explica el resto de nuestra historia hasta hoy: se la podría entender, en efecto, como la lucha entre los que quieren superar el impacto de ese cuarto de siglo y los que están dispuestos, desde opuestos frentes, a perpetuarlo y hacer que España *consista* en eso.

El desnivel

A pesar de las graves perturbaciones que sacuden Europa entera entre 1789 y 1815, su realidad histórica permanece; por debajo de las vicisitudes militares y políticas, el cuerpo social de las naciones europeas se conserva sólido y compacto, queda en sí mismo, acaso alterado, pero no enajenado. Pero cuando un español alerta se asoma a Europa a fines del siglo XVIII, la ve de otra manera que lo hará a comienzos del siglo XIX.

En 1770, 1780, 1800, los españoles cultos sabían muy bien que España estaba en mala *situación:* económica, política, cultural, militar; estaban persuadidos de que el nivel de vida era bajo, de que la creación intelectual era pobre y muy limitada, de que España no era la gran potencia que había sido, ni siquiera la que acababa de ser; que el fanatismo y la superstición tenían gran vigor, que todo progreso tropezaba con innumerables dificultades. Pero nada más. ¿Es que esto es poco? No, ciertamente, pero al lado de lo que se sentía durante el reinado de Fernando VII, parece bien poca cosa: los españoles de estas fechas estaban convencidos de que la *condición* de España era incomparable con la de los grandes países europeos, y que, además, esto era irremediable. En el siglo XVIII el español trataba a Europa *en pie de igualdad,* aunque conociese sus desventajas; en el XIX no sueña con ponerse a nivel, tiene la impresión de que al cruzar los Pirineos entra en otra época distinta.

Moratín, cuando viaja por todos los países del Occidente europeo entre 1787 y 1796, se siente *un europeo en Europa.* España podrá ser un «pariente pobre», podrá estar «venida a menos», pero pertenece con pleno derecho a la misma familia. Moratín viaja y lo ve todo con perfecta naturalidad, sin petulancia y sin humillación. Contempla, admira, se entusiasma, se desilusiona, critica, compara con lo español, y el resultado no es siempre negativo. En todo caso, está al mismo nivel histórico, al mismo nivel de jerarquía, aunque no de prosperidad, acierto o riqueza; y tan pronto como abandona las cimas, con frecuencia se siente un poco más alto. Ya veremos la terrible melancolía que lo invade cuando, unos años después, sienta en lo más hondo de su persona que *ya no es así,* y piense desesperadamente que la cosa no tiene remedio.

La visión de Europa

Moratín sale de España con los ojos abiertos y desprevenido. La holgura con que se mueve por Europa, a pesar de su habitual timidez, nos sorprende hoy, porque vemos que su desparpajo es, por decirlo así, histórico. Va a salir de España en 1787. En Barcelona ve las pinturas de Viladomat, y se pregunta cuándo se grabarán. Y a sí mismo se responde: «Cuando amanezca en nosotros el buen gusto, cuando lleguemos a sentir una chispa de amor a la patria; pero esto va muy largo.» Las emociones de todo género se van a acumular: «Vi por primera vez el mar. No me hartaba de verle, porque, en efecto, para quien ha nacido en tierra de secano, y no ha visto más cantidad de agua que la del claro Manzanares,

> *Quanto ricco d'onor, povero d'onde,*

el espectáculo del mar es interesante y maravilloso.»

En seguida cruza la frontera. ¿Cuál es su primera impresión? ¡Un descenso! : «Pasé las cumbres de Pirene, y atravesé el Rosellón, que en verdad está muy atrasado en comparación de la agricultora, industriosa y comerciante Cataluña.» La actitud crítica lo acompaña. Le escribe a su amigo Ceán Bermúdez sobre la arquitectura francesa, y se extiende en consideraciones generales: «Mi amigo D. Juan: Mucho me alegro de ver confirmada por usted la idea que he formado, en general, de la arquitectura que hoy se usa en Francia, y de que usted convenga conmigo en que el espíritu de novedad que agita estas cabezas sea la causa de la corrupción del arte. Y en efecto, el mismo genio que les hace inventores de tantas modas, de tantos figurines, de tantos caprichos graciosos que vuelven locas a nuestras mujeres, y hacen a toda Europa tributaria de la rue Vivienne y del Palais-Royal, ese mismo genio, mal aplicado a la austera arquitectura, la degrada y la corrompe con novedades y extravagancias monstruosas... Esta libertad va cundien-

do de tal manera en París, que lo más moderno es lo peor...
No quieren imitar; quieren inventar siempre; y este empeño,
que es favorable al adelantamiento de algunas artes, perjudica
y arruina a las otras.»

Pero lleva la admiración pronta y con discernimiento. Escribe a su tía Ana, su madrina, solo doce años mayor que él,
tan lectora de los novelistas, dramaturgos e historiadores clásicos —«Tía más romancista que usted ningún sobrino la ha tenido jamás»—, y le cuenta su visita a una Sinagoga y una
divertida historia de judíos, dineros disputados y juramentos
falsos. Y después comenta: «Si lee usted esta carta a su vecino
el clérigo, no dejará de exclamar inmediatamente lleno de cólera contra el pueblo de Israel, repitiendo aquel antiguo proyecto, que aún no ha podido poner en práctica, de quemar a todos
los judíos para expiación de nuestras culpas; pero dígale usted
que esta Sinagoga y esta judiada de que la he dado noticia,
se refiere a una ciudad del Papa; y cuando el Sumo Pontífice
los admite y los favorece en sus estados, y no los atenacea ni los
quema, él (que tan distante está de ser pontífice, que a los sesenta y nueve años todavía no ha pasado de las Vallecas) no
haría mal en imitar la tolerancia del jefe supremo de la Iglesia
católica. Pero no hay remedio: el celo de la casa del Señor le
devora; y si le diesen autoridad y leña, en un abrir y cerrar
de ojos reduciría a cenizas los portales de la calle Mayor, el de
Paños, el de Provincias, la subida de Santa Cruz y la calle de
Postas. —A ese hombre le ha perdido la lectura de un libro
que anda por ahí, intitulado *Centinela contra judíos, puesta en
la torre de Dios,* por el Padre Fray Francisco de Torrejoncillo, etc., etc. Pídaselе usted, y verá que fraile como el tal padre
Torrejoncillo no ha existido jamás desde que se inventaron los
frailes.»

La Revolución Francesa lo llena de horror. Ya desde Londres, a donde ha llegado el 27 de marzo de 1792, escribe sus
noticias de Francia, que tienen la inmediatez de lo que está ocurriendo: «Las cosas de París van mal. La Fayette se escapó,
huyendo de la guillotina, que le amenazaba; el Rey está en
una torre del Temple con un municipal que no le pierde de
vista y mil hombres de guarda; los jacobinos han renovado las
proscripciones del Triunvirato; nadie vive seguro, y todo el
que puede escapar escapa.» O también, lapidariamente: «El
inicuo Marat acaba de morir asesinado, a manos de una mujer.»

«Al entrar por primera vez en Londres —escribe Moratín—
se percibe el olor desagradable del carbón de piedra.» Pero en
seguida se acostumbra uno, y ya no molesta. Lo malo es otra
cosa: «La lengua es infernal —escribe recién llegado—, y casi
pierdo las esperanzas de aprenderla.» Pero al cabo de un año

escaso vuelve sobre el tema con mayores ánimos: «Maldita lengua es la de estas gentes; no obstante, traduzco ya como un girifalte; pero no se trate de hablar ni entender lo que hablan, porque es cosa perdida.» Y sólo unos meses después es cuando escribe, en un rapto de euforia: «¡Cómo bebo cerveza! ¡Cómo hablo inglés!... Y sobre todo, ¡cómo me ha herido el cieguezuelo rapaz con los ojos zarcos de una espliguera!» Sin duda sólo esos ojos pudieron soltarle la lengua.

Ahora es cuando Moratín hace, a fondo, la experiencia de Europa. Se entiende, la primera experiencia a fondo; la segunda, más amarga, será la de la emigración, después de la guerra de la Independencia. Ahora, viajero pensionado, va a visitar y recorrer despaciosamente unos cuantos países europeos, viéndolo todo, residiendo meses en cada ciudad, conversando con los personajes famosos, sumergiéndose en la vida cotidiana, juzgando con humor, ironía, complacencia, admiración o desdén lo que encuentra en torno suyo. Es la ocasión en que Moratín llega a ser plenamente escritor: olvidado de las censuras, de los ojos suspicaces, de la mojigatería y la malevolencia, de las «tres unidades» y los preceptos —en una palabra, de lo que Ortega hubiera llamado «la magia del deber ser»—, moja la pluma en tantos tinteros y nos va dejando, a lo largo de los caminos de Europa, algunas de las páginas más vivaces, inteligentes, divertidas y bien escritas que podemos leer en castellano.

3.   LA OTRA UNIDAD DE EUROPA

Holgura

Cuando se leen las anotaciones de viaje y las cartas que escribe Moratín a sus amigos desde países extraños, conviene pararse un momento en algo que es sorprendente: su naturalidad. Moratín es curioso, lo observa todo, a veces con increíble minuciosidad, que lo lleva a extremos divertidos; pero no tiene nunca el aire del viajero azacanado, sino al contrario: sus escritos acusan una inesperada holgura. Se dirá que viajaba despaciosamente, más bien *residía* en los países visitados. Pero ahí está: tampoco eso es exacto. Moratín no se «establece» en ningún lugar, aunque pase en él muchos meses o incluso más de un año. Un hombre de nuestro tiempo interpretaría una estancia tan larga como «vivir» en esa ciudad, «residir» en ella. Moratín, no; es siempre un viajero, que está «de paso»; pero pasa lenta, morosamente, con un estilo de viajar que hoy nos es desconocido hasta el punto de costarnos un esfuerzo recordar que existió.

Y no es esta la única holgura del viajero Moratín. La lleva
en los ojos: mira todo con calma y sin inquietud, aunque no
sin conciencia de novedad y aun de sorpresa. Nunca parece
dépaysé; siempre está *chez-soi,* «en casa», en una casa mayor
que la habitual, que por lo visto es Europa. Las cosas que ve
son nuevas, distintas, atrayentes, repulsivas, divertidas, enojo-
sas, admirables, despreciables; pero no son nunca «ajenas»,
no son «lo otro», y por eso lo «pintoresco» en él no ha perdido su sentido originario para convertirse en «exótico», como
ocurrirá con los viajeros de muy pocos decenios después.

Si no me equivoco, Moratín vive dentro de un gran supuesto: la unidad de Europa. ¿Cómo —se dirá—, a fines del siglo XVIII? ¿No es un ideal, que todavía parece a muchos qui-
mérico en la segunda mitad del siglo XX, justo dos siglos después de haber nacido Moratín? Es que se trata de la *otra* unidad de Europa; dicho con otras palabras, de la Europa anterior
a los nacionalismos.

Se olvida demasiado hoy que Europa *es* una; que ha empezado por ser ella antes que sus naciones, que ha sido el gran
supuesto sobre el que estas se hallan implantadas. Cuando nosotros hablamos de «unidad» de Europa, cuando nos afanamos
por ella —o al menos decimos que lo hacemos, tal vez procu-
rando hacerla imposible—, en rigor se trata de la «unión»
europea. Moratín vive sobre esa unidad originaria, previa a la
escisión nacionalista —aunque, por supuesto, Europa estaba
llena de naciones y (como ahora) de otras realidades que no lo
eran—; en ella descansa; es la que le permite viajar calmosa-
mente, sin tener que «instalarse», sin «establecerse», sin afin-
carse en parte alguna, moviéndose pausadamente, con naturalidad y holgura, por su gran casa solariega.

Inglaterra

Solo así se explica que Moratín comience sus *Anotaciones
sueltas de Inglaterra* con una nota sobre «los ingleses que van
de prisa», los cuales van en línea recta y atropellan lo que encuentran; a la cual sigue otra sobre los que piden dinero a los
que pasan, y una tercera que dice escuetamente: «He visto
algunas veces los carteles de las comedias puestos sobre las pier-
nas de vaca, en las tiendas de los carniceros.» La conjuración
de la pólvora, las «pinturas poligráficas de Pall Mall», la frecuencia de la embriaguez, empezando por el Príncipe de Gales,
que «se emborracha todas las noches», los banquetes, las tabernas, los clubs: Moratín no necesita hacer «introducciones», no
tiene que hacer preparativos; empieza con naturalidad, *in me-*

dias res, como hombre que no ha salido del ámbito en que desde siempre había vivido.

Esta actitud lo lleva a escribir esta anotación que merece copiarse íntegramente:

«Lista de los trastos, máquinas e instrumentos que se necesitan en Inglaterra para servir el té a dos convidados en cualquiera casa decente.

1.º Una chimenea con lumbre.
2.º Una mesa pequeña para poner el jarro del agua caliente.
3.º Una mesa grande, donde está la bandeja con las tazas y demás utensilios.
4.º Un jarrón con agua caliente.
5.º Un cajoncito para tener el té.
6.º Una cuchara mediana para sacarlo.
7.º Una tetera, donde se echa el té y el agua caliente.
8.º Un jarrillo con leche.
9.º Una taza grande con azúcar.
10. Unas pinzas para cogerla.
11. Unas parrillas.
12. Un plato para la manteca.
13. Otro plato para las rebanadas de pan con manteca, que se ponen a calentar sobre las parrillas.
14. Un cuchillo para partir el pan y extender la manteca.
15. Un tenedor muy largo para retostar las rebanadas antes de poner la manteca.
16. Un cuenco para verter el agua con que se enjuagan las tazas cada vez que se renueva en ellas el té.
17. Dos platillos.
18. Dos tazas.
19. Dos cucharitas.
20. Una bandeja en la mesa grande, para todos estos trastos.
21. Otra bandeja más pequeña, donde se ponen las tazas con té, las rebanadas de pan y el azúcar para servirlo a los concurrentes.

Todo esto es necesario para servir dos tazas de té con leche. Si es más libre el hombre que menos auxilios extraños necesita para el cumplimiento de sus deseos, las gentes cultas ¡qué lejos están de conocer la libertad! ¡Cuántas manos trabajan para que el cortesano sorba un poco de agua caliente! ¡Qué necesidades ficticias le rodean! ¡Cómo gime el infeliz bajo la pesada cadena que le doran las artes! »

Ahí está la minuciosidad del XVIII, que lo observaba y catalogaba todo, pero transmutada irónicamente. Hay en esa página la consideración —con lupa, una lupa un tanto irregular—

de un detalle minúsculo, un «detalle sugestivo», como hubiera dicho Azorín; sugestivo en cuanto revela toda una manera de vivir.

Moratín observa los usos. Por ejemplo, la afición a cabalgar, que no se reduce a los hombres, sino que se extiende a las damas. Pero esto último, a pesar de que no montan a horcajadas, sino a mujeriegas, de que «llevan sus vestidos de caza, sus botas, su sombrerillo con plumas, que tiemblan al movimiento del caballo», no le gusta a Moratín: «una mujer sobre un caballo no parece bien: cuando su sexo se nos presenta robusto, rígido y feroz, como en este caso, desaparecen la delicadeza y la timidez, que son los signos que le caracterizan. La mujer que gusta de domar caballos, despídase de enamorar corazones: toda acción de fuerza es extraña en ellas, y en tanto son amables, en cuanto nos parecen débiles». En cambio, le encantan las damas inglesas que conducen un birlocho de dos caballos, porque esto no requiere fuerza, sino inteligencia y destreza, ayudada por el arte. Moratín llega al entusiasmo: «Una dama hermosa que atrae los ojos del concurso desde aquella altura, donde se la ve dirigir con fácil impulso dos caballos, que ceden a la rienda, y en presta carrera burlan la atención curiosa que la sigue, no es una mujer, es una deidad que se presenta a los hombres en carro de triunfo. Nada se ve en ella que enuncie la fatiga o el peligro: su hermosura la hace poderosa; y así como enamora los ánimos con su vista, así sujeta la ferocidad de los brutos al imperio de su voz.»

Mira con ojos amistosos y divertidos a los clérigos de la Iglesia anglicana, casados, con sus familias: «Es cosa particular ver en los espectáculos y los paseos a los canónigos, deanes, arcedianos u obispos ingleses con sus grandes pelucas, muy graves, rollizos y colorados, llevando del brazo cada cual de ellos a su mujer, y delante tres o cuatro chiquillos o chiquillas, muy lavaditas, muy curiositas y muy alegres. Una mujer que llega a obispar puede considerarse por una mujer feliz. ¡Qué satisfacción, ver todo un pueblo postrado a los pies de su esposo, pendiente de su palabra, instruido por su doctrina, dirigido por sus consejos! ¡Qué vida muelle y regalona no ha de gozar en su compañía! »

Pero los ingleses tienen un culto excesivo al dios Dinero. Y esto se revela en una frase «que está muy en uso entre los ingleses». Una frase que, por cierto, al cabo de ciento setenta años, se considera en Europa invención americana, signo del «materialismo» de los Estados Unidos, opuesto al «espiritualismo» de la «vieja Europa». Esa frase es la respuesta frecuente a la pregunta *¿quién es aquel?* En lugar de contestar cómo se llama, de dónde es, qué ha hecho o escrito, en Inglaterra

responden inmediatamente: «*Aquel vale dos mil guineas*, o
más o menos; y según es lo menos o lo más, así es el gesto de
aprobación o desprecio del que lo pregunta. Esto de *valer* tanto, significa que aquel hombre junta tanta renta al año, ya sea
por sus haciendas, por su industria o por sus sueldos, y tal es
el modo de informar del mérito y circunstancias de cualquiera.»
Y concluye Moratín: «Si el Tasso, Cervantes, Milton, Camoens
atravesaran por una calle de Londres, nadie diría: 'Aquellos
han escrito la *Jerusalén*, el *Don Quijote*, *El Paraíso perdido* y
Los Lusíadas'; dirían (según la frase vulgar): *Aquellos cuatro
que van por allí valdrán, uno con otro, doscientos reales.*»

Pero hay dos momentos en que Moratín se formaliza y se
encara seriamente con cualidades profundas de Inglaterra: primero, cuando dice sin vacilar cuál es «el pecado mortal de los
ingleses», que no es solo pecado, sino un carácter fundamental
de esa sociedad; después, cuando señala una grande y auténtica virtud inglesa, al hilo de la cual descubre otra dimensión de
lo que es el país. ¿Cuáles son esos rasgos en que Inglaterra se
expresa y define en su peculiaridad nacional?

«El pecado mortal de los ingleses —dice Moratín—, el que
cubre toda la nación y hace fastidiosos a sus individuos, es el
orgullo; pero tan necio, tan incorregible, que no se les puede
tolerar.» Moratín enumera las diversas manifestaciones de ese
orgullo británico. «¿Se habla de religión? Todas las demás naciones son fatuas, supersticiosas y fanáticas en sus principios y
prácticas religiosas.» «¿Se trata de Gobierno? Ninguno hay mejor que el suyo: su gloriosa constitución es la mejor de las cons-
tituciones posibles.» «Es de inferir que en todas materias serán
consecuentes. Su ejército, su marina, son invencibles; Inglaterra es inatacable: si tienen alianza con otro reino, es para pro-
tegerle; si le declaran la guerra, es para destruirle; las demás
naciones son miserables y pobres y tontas, si se comparan con
la suya; sus literatos, los primeros del mundo...»

Pero hay algo más interesante que esa supervaloración de
lo propio, más hondo sin duda que esa estimación «comparativa». Moratín lo advierte muy bien. Se trata de los *usos,* de las
costumbres, del estilo entero de la vida: el inglés no admite
otros que los suyos, en rigor ni siquiera cuenta con ellos. «¡Pobre el extranjero que antes de llegar a Londres no haya aprendido el ejercicio de las ceremonias y modales ingleses! Si no se
peina como ellos, si no se toma el té como ellos, si no va vestido como ellos, si no come y bebe como ellos, es hombre perdido: antes de oírle una palabra, se le graduará de extranjero, que
es decir un bestia sin educación. Esta dulce satisfacción de
que nada hay bueno sino en Inglaterra les hace mirar todo lo que
no es inglés con una caritativa compasión, que aturde; les

hace decir tan clásicos disparates acerca de las otras naciones, y atreverse a preguntas tan necias y extravagantes, que no hay extranjero que pueda contener la risa al oírlas.» Esto quiere decir que la Inglaterra de fines del XVIII que Moratín observa está encerrada en sí misma, que para ella lo demás apenas tiene realidad, en todo caso una realidad de otro orden, por debajo del «umbral» de lo aceptable. Y Moratín recibe una impresión que devuelve exactamente esa actitud: experimenta una curiosa «inferioridad» inglesa. Es interesante recoger esto, en una época de general anglomanía, incluso en Francia y, como él hará constar después, en Italia. Moratín tiene una inconfundible impresión de que los ingleses tienen «malas maneras». ¿Cuáles son las buenas? Sin duda las europeas, las de esa gran «casa solariega» donde Moratín está, también en Inglaterra, por supuesto, pero de un modo precario. «Este ignorante orgullo —agrega—, acompañado de las costumbres feroces que aún conservan, les da un aire de rusticidad, que ofende a la vista. Cualquiera que haya asistido a los espectáculos donde se reúne la juventud más decente de Londres, habrá observado en su fisonomía, acciones y movimientos una grosería insultante, que dista mucho de la dulzura y urbanidad, que son hijas de la riqueza, el lujo y la buena educación. Todos ellos me parecen otros tantos carniceros o toreros puestos en limpio: tal era el aspecto rústico y amenazador con que se presentaban. ¿De dónde pueden nacer defectos tan notables, sino de la ignorancia y la ridícula altanería y presunción que nace y vive con ellos?» Y Moratín concluye, con un gesto «muy XVIII», deliciosamente «ilustrado»: «Es inútil advertir que hay excepciones; y ¿en qué cosa no las habrá? En este artículo no he hablado de los sabios ingleses; he hablado sólo de los ingleses.»

Insiste Moratín en ese carácter *aparte,* histórica y socialmente insular, de Inglaterra: frente a las dificultades de un espacio limitado y un clima duro, han buscado en un enérgico esfuerzo industrial la prosperidad naturalmente negada; de ahí se sigue el aislamiento, las aduanas impenetrables, «el despotismo atroz con que tiranizan el Asia», el contrabando en América, el dominio naval, el recelo frente al extranjero. De pasada, repara Moratín en algunos indicios de una sociedad económicamente muy desarrollada: todo cuesta dinero; lo piden por entrar en una iglesia, en un palacio, en un jardín, en una biblioteca, museo, gabinete, armería, en el Parlamento; por otra parte, las artes «dependen tanto del tráfico y comercio, que lo que no se hace para vender por docenas no se hace bien; por eso sus estampas son tan excelentes y sus estatuas tan ridículas». Moratín ve ya, antes de comenzar el siglo XIX, la incipiente industrialización de Inglaterra.

La gran virtud inglesa tiene conexión con estos caracteres: «En ninguna parte —dice Moratín— he visto practicada la verdadera caridad política con tanto acierto como en Inglaterra: aquella caridad que socorre la verdadera pobreza, y la hace desaparecer por medio de auxilios oportunos; que proporciona el trabajo que sostiene la inocencia y la virtud contra los peligros a que la necesidad las expone; que alivia a la naturaleza doliente, débil o decrépita; en una palabra, aquella que, dejando libre a los delitos el camino de la prisión o del cadalso, ampara a los que se hacen dignos de invocarla, y en cuanto es posible, enmienda los males que causa al género humano la desigualdad escandalosa de las fortunas. Ya debe suponerse que donde se ejerce esta ilustrada caridad no se verán filas de pobres asquerosos, insolentes, holgazanes, llenos de vicios, espulgándose al sol y esperando la hora de llenar las horteras en una olla de bodrio que se reparte entre ellos; ni se verá lleno de esta gente el portal de un poderoso, ni la entrada de una iglesia, donde con grande ostentación farisaica se les reparten cuarenta o cincuenta reales, de dos en dos cuartos; porque ni esta es caridad cristiana ni estos son pobres.» Moratín explica cómo cada parroquia de Londres socorre a los suyos, atiende a los huérfanos, los alimenta y viste, educa y enseña; todos aprenden diversos oficios; se asiste a los enfermos, a las mujeres embarazadas, a los ancianos e impedidos; se da mucho dinero libremente, y hay además un fuerte impuesto, «el más justo de todos ellos», una sexta parte del alquiler de la casa que cada uno ocupa. Se recaudan sumas inmensas, para este fin y para otros: la suscripción para los curas franceses refugiados de la Revolución, desde fines de agosto de 1792 hasta marzo de 1793, reunió catorce mil libras esterlinas. En esta Inglaterra adusta y tosca, menos europea que otros países, cerrada en sí misma, con algo de ave de presa, desdeñosa e ignorante de lo exterior, ve Moratín florecer, con el sentido económico y la industria, la libertad de discusión, la crítica, la eficacia, la «verdadera caridad política», expresión con la que quiere significar, si no me engaño, lo que después se llamó justicia social.

Europa y el siglo XIX

Evidentemente, Inglaterra es un poco menos Europa, y en ese sentido, «inferior»; pero su superioridad en otros aspectos es indudable: ¿en qué reside? Acaso en que en ella se anticipa el porvenir: los rasgos que descubre Moratín en ella son quizá los del futuro —por eso aparecen afectados por cierta tosquedad—. Cuando se lee hoy la lista de los trastos necesarios para tomar una taza de té, se encuentra que se han hecho necesarios en todas partes. Los periódicos, las caricaturas, los clubs, la eficacia, la industria, todo lo que resultaba insólito va a ser la norma europea pocos decenios después. Cuando Moratín cruza de nuevo el Continente, cuando recorre Francia, Bélgica, Alemania, Suiza, Italia, cuando vuelve finalmente a España, se sumerge otra vez en la plena unidad de Europa, pero la mira con otros ojos que antes: tiene quizá una impresión que nunca se formula: la de haber recaído en el pasado. ¿No será que, al haber estado en Inglaterra, lo que ha hecho Moratín es asomarse al siglo XIX?

4. EL VIAJE A ITALIA

Los caminos de Europa

En agosto de 1793 sale Moratín de Inglaterra. Va hacia Italia, donde va a instalarse de nuevo. Entre una y otra, simplemente «viaja», recorre los viejos caminos de Europa, se detiene a mirar un paisaje, a visitar a un hombre ilustre, a curiosearlo todo. En su actitud se encuentra el hombre del siglo XVIII y el viajero romántico. Tan pronto se descubre uno como se anuncia el otro. Las anotaciones de Moratín van cambiando de humor según los parajes o los tiempos. Manifiesta una decidida preferencia por la regularidad y la simetría en las ciudades: el racionalismo que en Descartes comenzó a hacer objeciones a «ces anciennes cités, qui, n'ayant été au commencement que des bourgades, sont devenues, par succession de temps, de grandes villes» y a compararlas desfavorablemente con «ces places régulières qu'un ingénieur trace à sa fantaisie dans une plaine», persiste todavía en Moratín, que aún no ha redescubierto el encanto de las viejas ciudades arbitrarias, desiguales y caprichosas. «La ciudad —dice al llegar a Dover— es de forma muy fea e irregular, aunque no deja de tener cosas muy buenas, entre muchas viejas y de mala construcción.» En Ostende es aún más explícito: «Calles anchas, limpias y bien empedradas; las casas nuevas (que hay bastantes, particularmente cerca del puerto), muy buenas; las antiguas, mezquinas y ridículas; nuestros venerables abuelos no fueron los más duchos en esto de proporciones y belleza simétrica.» Y nuevamente en Francfort: «La parte antigua de la ciudad es, como sucede en todas, fea; calles estrechas y torcidas, mucha gente en ellas, mucho bullicio y movimiento.»

Antes de abandonar Inglaterra encuentra testimonios dramáticos o cómicos de las guerras de la Revolución, que siguen sacudiendo a Francia: «Antes de llegar a Dover hallamos un carro con un grande ataúd, en que llevaban a Mr. ..., coronel inglés, muerto de un balazo en el sitio de Valenciennes, que iba a buscar la fama póstuma, por medio de un epitafio, al rincón húmedo y oscuro de una capilla.» Y poco después: «Viento contrario. Me divierto en ver embarcar para Ostende clérigos y ex frailes franceses, desaliñados, puercos, tabacosos, habladores; tan en cueros como el día en que llegaron, y tan a oscuras de lengua inglesa, al cabo de dos años de manosear el diccionario, como la madre que los parió.»

En Brujas le salen al paso imágenes familiares: «En una casa antigua vi sobre la puerta las armas de España.» Y partiendo de ahí reflexiona sobre las huellas españolas en tierra de Flandes: «Un viajero observador halla en Flandes no pocos monumentos de nuestra antigua dominación, y lo primero que me dio en los ojos fueron las capas y las mantillas.» Y la comparación con Inglaterra se le impone en seguida: «¡Extraña diferencia de estilos! En Inglaterra no se ve ni un Cristo, ni una Virgen, ni un santo en sus iglesias, que parecen habitaciones sin inquilinos; y en Flandes los Cristos, las Vírgenes y los santos se revierten de las iglesias, salen a los cementerios y adornan las puertas de las casas y los esquinazos de las calles y plazas públicas.»

Flandes. Mantillas negras, llevadas con poca gracia. Sombreros redondos, negros, muy anchos de ala. Monedas de todos los Estados vecinos, inglesas, holandesas, prusianas, del Brabante, del Austria, de Baviera, de Colonia, de Francia, Alemania. Colonia: «Mantillas y muchas capas. Escudos de armas por todas partes; universidad, conventos, muchísima nobleza.» Pero, en seguida, el siglo XVIII: «Fui a ver el célebre gabinete del Barón de Hupsch, hombre instruido, de buenos conocimientos en la física y antigüedades, obsequioso y afable.» Manuscritos, ediciones raras, arte de los antiguos y de la Edad Media, curiosidades orientales, de América y África, pinturas y esculturas modernas; un gabinete de historia natural. Y en casa de Mr. Hardy, Vicario de la iglesia metropolitana, «Me alegré de ver con un microscopio, hecho de su mano, los animalillos del agua corrompida, cosa estupenda por cierto, capaz de confundir nuestro orgullo, persuadirnos de nuestra pequeñez y nuestra ignorancia». Visita la Catedral de Colonia, con admiración por su grandeza; pero añade: «Me amenazaron con el tesoro y las reliquias; pero no lo quise ver: algo se ha de dejar al viajero que venga detrás de mí.»

Desde una eminencia ve el Rhin y «Maguncia, medio destruida por los prusianos, que la acababan de ganar, después de una defensa la más gloriosa.» Maguncia, siempre destruida y ganada y perdida por unos o por otros. El Margrave de Hesse comercia en hombres, a quienes entrena como soldados, alquila y cobra cuando no se los devuelven. En Francfort le disgustan los judíos: «un gran barrio de judíos, narigudos, aceitunados, hediondos; los domingos les cierran las puertas del barrio, y no salen hasta el lunes; las judías tan bonitas como ellos, excepto la barba de chivo; tienen una gran sinagoga». «He notado que en toda esta tierra se fuma mucho.» De vez en cuando las delicias y comodidades le hacen volver los ojos a su áspera España; pero también: «Comí en Kenzingen. ¡Ay, qué comida! El barbero de Torrelodones guisa mejor.» O bien esta otra nota: «Las sillas de posta de Ostende a Suiza son de lo más indecente e incómodo que puede imaginarse, muy semejantes a nuestras calesas: regularmente son de cuatro ruedas; viejas, sucias, desabrigadas, llenas de remiendos, parches y apósitos; los caballos no del todo malos; los postillones del todo execrables: lerdos, sordos, embusteros, estafadores a no poder más. El vino del Rhin es un vinillo blanco, ligero y agradable. Las estufas alemanas, preferibles, en mi opinión, a las chimeneas: las colocan en los ángulos de las piezas; meten el fuego por la parte de afuera, calientan el cuarto, no dan humo ni esclavizan como las chimeneas y braseros. Son de hierro, muy bien labradas, con bajos relieves o barnices que imitan porcelanas y mármoles.» Es el *poêle* de Descartes, a cuyo calor concibió el método; la misma estufa que había complacido a Montaigne, a pesar de algunos inconvenientes, por «cette chaleur eguale, constante et universelle, sans lueur, sans fumee, sans le vent que l'ouverture de nos cheminees nous apporte».

En Suiza, sus impresiones son mixtas. En Schaffhausen, «ciudad pequeña, pobre y puerca, situada entre montes», encuentra todo sumamente modesto y de poco valor. «Fui a una casa de baños; entré en una pieza donde había hasta seis u ocho; comencé a desnudarme; entraron dos mujeres y empezaron a despojarse también; me metí en mi baño, y ellas en el suyo: ¡qué costumbres!» Le gusta el Rhin, encuentra hermoso el lago de Zurich, no tanto las damas: «Las damas en este país no me parecen las más a propósito para enseñar actitudes elegantes al teatro ni a las bellas artes; se visten para no estar desnudas y andan por no estar paradas.» Su opinión del vino es también desalentadora: «El vino de Suiza es un vinillo que si fuese algo más fuerte parecería vinagre aguado.» Tropieza con el bocio: «he visto muchas mujeres con paperas enormes, ya como panecillos, ya como grandes morcillas; pero entre las que padecían esta deformidad las he hallado muy viejas, prueba de que no es achaque mortal». En conjunto, su visión de Suiza es pesimista: «La libertad de Suiza está prendida con alfileres»; no cree que pueda resistir un ataque exterior más de tres meses, por falta de víveres. «Toda la Suiza, en general, es muy pobre; las artes y el comercio pudieran haberla enriquecido; pero, por descuido imperdonable de los que la han gobernado hasta aquí, no se ha hecho.» No es demasiado sensible al paisaje, salvo cuando es apacible y suave; el más bravío le suscita admiración, pero todavía muy mezclada con sentimientos de horror: «montes horribles; el río, que se rompe entre los peñascos; arroyos que se precipitan con estruendo de las alturas; cuestas, camino malísimo; una garganta estrecha, donde está el que llaman Puente del Diablo, lugar espantoso, donde el río parece que baja a los abismos entre enormes peñascos, que le convierten en espuma y niebla: aire, frío, estrépito; ¡grande y tremendo espectáculo!»

El tiempo en Italia

¿Por qué será que casi todos los viajeros, cuando entran en Italia, y aun cuando vayan de paso, parecen *quedarse?* Cambia el ritmo, el *tempo* de la narración; el tiempo en Italia adquiere una elasticidad nueva. ¿Recordáis aquellas palabras tan breves pero tan pausadas, tan morosas, tan deleitosas de Cervantes en *El Licenciado Vidriera?* El camino parece hacerse posada; todo se remansa, nada es tangente; el viajero no se siente distante y extranjero, sino envuelto en una atmósfera donde todas las cosas están cerca, puestas en la perspectiva de la felicidad.

No es Moratín una excepción: apenas entra en Italia, su relación cambia de andadura. Su manera de gozar, su crítica, su ironía, están a mitad de camino entre «el extranjero» y la manera entrañable, desgarrada, dolorida, de referirse a España. Recién llegado a Milán, después de hablar de la catedral y de otros edificios, de la cárcel pública donde encuentra las armas del Rey de España y las de la casa de Fuentes, y una inscripción latina alusiva a Felipe III y al Conde de Fuentes en 1605, hace este comentario: «Los coches que vi en el paseo eran exactamente como los que se ven en el Prado de Madrid, ni mejores ni peores; pero aquí hay más lujo en materia de criados: no hay señorcillo que no lleve su par de lacayos, y otro par de volantes del coche, y alguna vez vi tres, con sus gorretas de volatín, sus vestidos blancos y sus hachones de pez por la noche; y ve aquí cinco o seis haraganes empleados en arrastrar a un podrido. Este es el uso que se hace de los hombres, como si el género humano abundase en demasía, como si no hubiera provincias desiertas, como si no faltasen manos al arado, al remo y al buril.» Visita al abate Parini, y esta visita le sorprende: «Los españoles viajan poco, y los que lo hacen no suelen acostumbrar a dar molestia con su presencia a los hombres de mérito que hallan al paso: ¿para qué? ¿No basta visitar al banquero?» Moratín no deja escapar hombre ilustre: «Fui a ver al célebre Bodoni —escribe en Parma—, hombre de excelente carácter, joven, de bella presencia, gran viveza, instruido, amable: en cuanto a su mérito tipográfico, ¿qué puedo yo añadir a lo que manifiestan sus obras, esparcidas ya por toda la Europa, que las admira?» En Bolonia visita a los jesuitas españoles, sobre todo a don Manuel de Aponte, que ha traducido la *Ilíada* y la *Odisea* y ha enseñado el griego a su criadita Clotilde Tambroni, hasta hacer de ella catedrática de partículas griegas en la Universidad. En Ferrara «Vuélvenme a rodear los jesuitas: mucho chocolate, mucho hablar de Ganganelli, sin haber forma de llamarle Clemente XIV. Exceptuando esto, bellísima gente: me obsequiaron, me festejaron, me trajeron en palmitas».

Moratín, en Italia, vuelve a su verdadera patria: el teatro. Por todas partes le sale al encuentro, lo estudia, se extasía, se burla; advierte en varias ocasiones que no hay luz en la sala (la costumbre es más antigua de lo que suele creerse): «Durante el espectáculo no hay en la sala otra luz que la que viene de la orquesta y el teatro.» Y en otro lugar: «la sala sin luces». Lo mismo se admira del fichero alfabético de la biblioteca de Parma que del Correggio o de la Venus del Ticiano, que dicen haber sido su dama: «¡Oh, quién tuviera una dama como ella, aunque no tuviera una habilidad como él!»

El escritor Moratín

Todas las potencias de Leandro Fernández de Moratín se exaltan en Italia; su capacidad de percepción, su ojo crítico, sus principios, y sobre todo su talento de escritor. Los que solo conocen de Moratín su teatro y sus poesías no tienen la menor idea de quién fue; son sus cartas y diarios los que dan su medida; pero, sobre todo, en Nápoles y en Roma es donde Moratín llega a ser el extraordinario escritor que pudo ser, el que solo asomó tímidamente para desvanecerse. Con él se fue, si no me engaño, la posibilidad de que la literatura española del siglo XIX hubiese sido plenamente auténtica, no aquejada por una enfermedad oculta que le impidió ser como la francesa o la inglesa, como había sido en el Siglo de Oro, como había de volver a ser desde el 98. Casi toda la literatura española del siglo XIX nos parece hoy «anticuada» (las contadas excepciones servirían precisamente para explicar en qué consiste este fenómeno); no es que nos parezca «antigua», sino algo bien distinto: «anticuada». Hace ya bastantes años, inquieto por esta impresión, aventuré una explicación de este azorante carácter de algunas cosas: ¿por qué, al pasar el tiempo, al hacerse pretéritas, algunas cosas —estilos literarios, formas artísticas, modas, gestos, ideas— nos parecen anticuadas? ¿Cómo fueron cuando eran presentes, cuando no eran antiguas? Sospechaba yo que se trataba de cosas *anacrónicas,* de cosas que no estuvieron en su día «a la altura del tiempo», sino afectadas por un coeficiente de inautenticidad, de infidelidad a su hora. El *Poema del Cid,* el *Libro de Buen Amor,* los romances medievales, *La Celestina, El Lazarillo,* Quevedo, Feijoo, son ciertamente antiguos; a nadie se le ocurriría decir que eran anticuados. Pero sí nos lo parecen, salvo cuatro o cinco nombres —y no siempre—, los escritores del XIX, y, por supuesto, el Moratín *oficial,* el de las obras públicas e impresas.

El documento —si vale la expresión— que comprueba esto es precisamente la prosa de este Moratín de sus viajes. Ahí vemos lo que la prosa española pudo ser, lo que tenía que haber sido y no fue. Si hubiera «pasado» por esas formas, se hubiera ahorrado medio siglo de amaneramiento, de dengues, de tópicos, de afectación, de insinceridad, en suma. La prosa *italiana* de Moratín es mucho más «moderna» que todo lo que se ha escrito después, hasta el 98. Sería apasionante intentar reconstruir una posible historia de nuestra literatura que *partiese* en 1793 de estas páginas. Y como la literatura no es más que la expresión verbal de una forma de vida, de una contextura de alma, habría que preguntarse por la España que hubiese correspondido a esa prosa posible y muerta al nacer, suplantada por la que todos conocemos, como ha ocurrido con España misma.

No es fácil dar idea de la Italia de Moratín: son cientos de páginas, de desigual intensidad, casi todas sabrosas, desenfadadas y perspicaces. Me limitaré a dar algunas «muestras» que sugieran el tono de su manera de ver, de su manera de escribir. La sociedad napolitana le parece atroz: «El pueblo, que, como he dicho, es numerosísimo, es también puerco, desnudo, asqueroso a no poder más; la ínfima clase de Nápoles es la más independiente, la más atrevida, la más holgazana, la más sucia e indecente que he visto: descalzos de pie y pierna, con unos malos calzones desgarrados y una camisa mugrienta, llena de agujeros, corren la ciudad, se amontonan a coger el sol, aúllan por las calles, y sin ocuparse en nada, pasan el día vagando sin destino hasta que la noche los hace recoger en sus zahurdas infelices.» Son los *lazzaroni,* de los cuales se dice que hay cuarenta mil. No son tantos los mendigos, pero... «No hay idea de la hediondez, la deformidad y el asco de sus figuras: unos se presentan casi desnudos, tendidos boca abajo en el suelo, temblando y aullando en son doloroso, como si fueran a expirar; otros andan por las calles presentando al público sus barrigas hinchadas y negras hasta el empeine mismo; otros, estropeados de miembros, de color lívido, disformes o acancerados los rostros, embisten a cualquiera en todas partes; le esperan al salir de las tiendas o botillerías, donde suponen que ha cambiado dinero; le siguen al trote, sin que le valga la ligereza de sus pies; y si se mete en la iglesia para sacudirse de tres o cuatro alanos que suele llevar a la oreja, entran con él, se hallan con otros tantos de refresco, le embisten juntos al pie de los altares, y allí es más agudo el lloro y más importuna la súplica.» Mientras tanto, Nápoles está lleno de hospitales y hospicios, hay más juzgados, tribunales y juntas que en ninguna parte, más de seis mil abogados y procuradores, once mil escribientes y otros dependientes del foro, seis mil seiscientos curas y frailes, más de sesenta y cuatro mil en todo el Reino, sin contar Sicilia, casi cinco mil monjas en la ciudad, con más de doscientos conventos. «La nobleza, infatuada, como en todas partes, con sus escudos de armas y sus arrugados pergaminos, es tan soberbia, tan necia, tan mal educada, tan viciosa, que a los ojos de un filósofo, de un hombre de bien, es precisamente la porción más despreciable del Estado.»

Pero Moratín no pierde el humor ni el gusto por la realidad; es inequívoca la complacencia en ella, que rezuma en el garbo de sus descripciones: «En Nápoles llaman *industria* al adquirir dinero por medio de fraudes y mentiras, *buscare* al estafar, *assasinare* al robar: *son assasinato* quiere decir 'me han quitado un carlín', y al dinero le llaman *il mio sangue.*»

«Así como el pueblo romano necesita *panem et circenses* —añade Moratín—, se dice que el de Nápoles necesita *farina, furca e festini.*» Y comenta: «Dicen que además de harina necesita horca; yo diría que necesita buen gobierno, educación y ocupación.»

Y cuando anuncia: «voy ahora a tratar de putas y alcahuetes», alcanza una frescura y eficacia que no desmerecen de *La Celestina* o *Rinconete* o *La ilustre fregona,* que solo se encontrarán en el siglo XIX en los mejores momentos de Larra o Valera: «¿Quién podría fijar el número de putas que hay en Nápoles? Como este ejercicio carece de examen, como no está erigido en gremio, como no sufre ni veedores ni demarcadores,

¿quién podrá averiguar de cuántos individuos se compone, aunque visite desde los dorados palacios de los príncipes a los ahumados rincones de la abatida plebe? En ambos extremos se hallan hermosuras fáciles: el precio es diferente, el contrato es el mismo, los medianeros no. Un abogadillo enredador, un guardia de corps tramposo y perdido, un marquesito hambriento, un abate modesto y sutil, conducen hasta el fin las empresas más difíciles en este género.» « ¡Qué infames, qué puercos, qué despreciables, qué embusteros y malvados son los alcahuetes! ¡Cómo corren toda la ciudad de un lado al otro! ¡Cómo se introducen en los cafés, en las tiendas, en las casas de juego! ¡Cómo se insinúan con los forasteros! ¡Cómo los espían y salen al encuentro al acabarse los espectáculos, ofreciéndoles sus servicios, proponiéndoles hermosuras venales de todos los géneros, de todas edades, de todos precios! Ellos son los azuzadores del vicio, los que propagan la corrupción de las costumbres, los que facilitan la infidelidad del tálamo, los depositarios de tanta debilidad humana, de tanto resbalón femenil; protegidos de las ilustres damas que procuran un desahogo a su temperamento, mal satisfechas de un esposo anciano, o distraído en otra parte, o debilitado por los desórdenes; de las modestas viudas, que necesitan en la austeridad de su retiro un suplemento de aquella felicidad que interrumpió la muerte; de las doncellas tímidas, que se rezuman de apetito y no pueden sufrir en paz las dilaciones de un padre descuidado... Si se ofrece buscar dinero para salir de un apuro, pagar al casero, acallar a los alguaciles, alhajar el cuarto, vestir a las recién venidas, regalar al cirujano, facilitar una fuga, ocultar un preñado, costear un casamiento, ellos lo hacen todo... ¡Oh Nápoles! ¿Cuál corte de Europa competirá contigo en punto de alcahuetes?... Bastaría sólo el *Signor Luigi* para asegurarte esta preeminencia. ¡Qué hombre! Alto, desvaído, encorvado con el peso de la edad y de los afanes graves de su ministerio, de venerable calva, de aspecto halagüeño y señoril, limpio, cortés, humilde, fiel, devotísimo de San Jenaro y honrado a no poder más...»

La visión que Moratín tiene de Roma es igualmente chispeante, alerta, crítica, mordaz y jovial. Va soltando observaciones, opiniones, descripciones, comentarios con libertad insólita en hombre públicamente tan cauto: «La pasión del coche es una de las más vehementes en las mujeres romanas. Las Lucrecias más castas (si hay alguna) no resisten a un coche de cuatro asientos.» «Difícilmente se hallarán en otra parte maridos de mayor mansedumbre, esposas más suaves y fáciles, doncellas menos hurañas.» «En esta ciudad, bien diferente de París, Londres, Venecia y Nápoles, no ofrece a la vista aquellos objetos de prostitución que tanto suelen ofender los ánimos castos; la razón es clara: ¿cómo ha de haber mujeres públicas donde las casadas y solteras, sin peligro y sin escándalo, ejercen este oficio? ¿Para qué ha de haber alcahuetes donde hay maridos poco espantadizos, padres indulgentes y dormilones, madres y tías que con tal inteligencia saben instruir en los misterios del amor a sus tiernas alumnas?» «En Roma son frecuentes los robos y asesinatos, y el Gobierno... poco diligente en reprimir tales excesos: cuando no hay parte que pida, la justicia no obra, y deja sin castigar el delito; las disputas de las tabernas se acaban a rejonazos. Cuando yo estuve en aquella corte oí decir que desde el principio del pontificado de Pío VI se contaban en el Estado papal diez y ocho mil muertes.» Moratín no se harta de monumentos, iglesias, cuadros, teatro. Va y viene, visita otras ciudades, se entusiasma con un grupo de jóvenes que dan una serenata espontánea a dos muchachas, admira los hospitales asistidos por padres capuchinos y monjas —«¡Qué bien parece un religioso cuyo traje, cuyo aspecto anuncian austeridad, penitencia, desprecio del mundo, ocupado en aliviar y consolar la humanidad doliente y desvalida!»—, se deleita con Venecia, lamenta el mal gobierno de Roma, admira el lujo de Turín, encuentra en Mantua, en un cuadro antiguo del martirio de una santa, «representada la guillotina con poquísima variación», ve en Florencia el retrato de Felipe II joven, pintado por el Ticiano, y reconoce en él «aquel malvado viejo que asusta en la librería de El Escorial».

Y, finalmente, de vuelta en Roma, escribe una de las páginas más vivaces, garbosas, frescas y anticipadoras de nuestras letras: «Vuelvo a ver las romanazas, con sus jubones de estameña, verdes y colorados, y sus grandes cofias, muy gordas y muy habladoras; los hombres, con su redecilla y sombrero gacho, chaleco, chupa suelta, calzones anchos, su gran puñal y su capa larga. Las mujeres de los cocineros, de los volantes, de los curiales, las que comen algo y las que no comen jamás, vestidas muy a la francesa, bien tocada la cabeza, en ademán grave y señoril, asomadas a las ventanas o ruando en coche: pasear por las tardes a pie es una humillación que sólo lo tolera en paz el ínfimo pueblo. Los príncipes romanos, ocupados en cortar las colas a sus caballos para hacerlos ingleses; corriendo en birlochos, alborotando la ciudad a chasquidos y atropellando viejas, emigrantes y jesuitas, con un cierto aire de aturdimiento e insulto, que no hay más que pedir, y una cara de tramposos y petardistas, que a legua se distingue Las damas y matronas ilustres, prendidas con mucha elegancia, buscando apoyos que suplan la escasa dotación de sus alfileres; calculando el amor como un senador genovés calcula las especulaciones de su comercio de granos. Los abates, innumerable turba, que ennegrece las calles de la ciudad, divididos en clases, que hacen ver cuán desigual es la fortuna en sus dones. Abates llenos de lacería, barbinegros, agujereados, piltrafosos por todas partes, haciendo provisión de berzas en Plaza Navona o en la fontana de Trevi, para cocerlas y dar de comer a su desastrada e infeliz familia. Abates procuradores, notarios, diestrísimos en presentar testamentos que no se otorgaron jamás, en escribir y autorizar lo que nunca sucedió, en hacer que todos tengan razón, para que todos pierdan la causa. Abates abogados, embrollones, picarones, a quienes sólo se pueden comparar los paglietas napolitanos. Abates jovencitos, peinaditos, relamidos, duendes de los estrados, solicitando con sus cuatro años de colegio y su árbol genealógico canonjías, prioratos y gobiernos.»

¿Puede hacerse mejor? Moratín resume en esta página, que todos conocerían si en España la literatura fuera más vivamente frecuentada y transitada, si no fuera tanto cosa de «almogávares eruditos», su larga, profunda, alegre, inteligente experiencia de Italia. Al final asiste a una bendición del Papa, que describe breve, eficazmente. Y concluye: «En Asia podrá haber algo que se parezca a esto; pero en lo restante del mundo no hay soberano que se presente a su pueblo con tal grandeza, ni que reuniendo el imperio y el sacerdocio aparezca a sus ojos como padre, como príncipe, como intérprete de las voluntades de Dios, y dispensador en la tierra de su perdón y sus beneficios. Así es que, por más que reflexione la filosofía, no es posible asistir a esta función sin sentir una conmoción irresistible de maravilla y entusiasmo.» Con estos sentimientos se despide de Italia. Este viaje europeo, ejemplar en tantos sentidos, ha terminado. A Moratín lo espera de nuevo España, su destino. No sabía entonces que años después, extranjero en su tierra, tendría que volver, triste y melancólico, envejecido y desilusionado, a recorrer los caminos, ya sin regreso, de Europa.

5. LA ESPAÑA PERDIDA

El «afrancesamiento» de Moratín

La invasión napoleónica de 1808 es la fecha decisiva en que la España del antiguo régimen se hunde, y al desaparecer, pone de manifiesto la discordia que se había ido gestando en los dos decenios anteriores, que se hubiera podido evitar con relativa facilidad. (Pocos temas de investigación histórica serían tan fascinadores y tan importantes como el estudio de las discordias producidas en diversas sociedades, y de aquellas otras que a tiempo fueron evitadas: la más reciente de estas últimas, la que amenazó a los Estados Unidos a comienzos del decenio que ahora termina, y que se simboliza en el nombre de McCarthy.) «La ocupación del país por las tropas napoleónicas —he escrito en la Introducción de mi *Ortega*—, el abandono por los reyes y el gobierno, la destrucción externa y la defección interna del Estado entero, deja la vida española a la intemperie. Apenas queda nada que sea plenamente *vigente*. Una pequeña fracción de los 'ilustrados' siente la tentación de realizar la transformación deseada aceptando el cambio de dinastía, ya que la reinante ha mostrado tal indignidad, sin advertir que la invasión francesa no era un mero cambio de dinastía. La gran mayoría de la nación, incluyendo desde luego a los 'ilustrados', y en primer lugar a Jovellanos, organiza la resistencia nacional y trata de reconstruir el Estado. 'Lejos de renovarse la España antigua —escribe Alcalá Galiano—, iban los negocios encaminándose a la creación de una España nueva'. Pero el acuerdo nacional era puramente negativo y no implicaba una *concordia:* de acuerdo en rechazar a Napoleón y defender la independencia, pronto se descubre el equívoco que latía bajo la empresa aparentemente unitaria. 'Aparecieron —sigue diciendo Alcalá Galiano— en la España libre dos opuestos bandos, todavía *acordes* entre sí y con visos y hasta seguridad de llevar la discordancia de pareceres, hija de la oposición de intereses, hasta los términos de odio acerbo y pugna encarnizada'. Los innovadores están dispuestos inicialmente a la moderación y a la transacción; pero al responderse a ellas con una repulsa *total* y extrema, que no acepta la más mínima transformación —mejor, conformación de lo que había perdido toda forma—, reaccionan a su vez con irresponsabilidad y extremismo. Y desde entonces va a predominar en la vida pública española lo negativo, lo polémico, el constante subrayado de la diferencia y la desunión. En otras palabras, se inicia, y no como juego, sino en los estratos más profundos de lo colectivo, la *vida como partidismo*.»

Sólo sobre este fondo se puede entender la conducta de Moratín en los últimos veinte años de su vida, de 1808 a 1828. La situación de los «ilustrados» apenas tenía solución adecuada: si abrazaban la causa de la independencia nacional, esto los llevaba a una cooperación con fuerzas que lo que primariamente querían era la resistencia a las innovaciones de Francia, el mantenimiento del antiguo régimen en sus formas más reaccionarias; que esto no es una conjetura aventurada lo prueba la historia inmediatamente posterior, porque esas mismas fuerzas, que habían resistido a Napoleón en 1808 —es decir, a la Francia *revolucionaria*—, son las que llamaron y acogieron con los brazos abiertos, quince años después, a los Cien Mil Hijos de San Luis —es decir, a la Francia *reaccionaria*—. Pero, por otra parte, si querían salvar las innovaciones y la libertad, la tentación inmediata era la cooperación con los invasores, su aceptación por lo menos, y ello implicaba una abdicación de la dignidad nacional y de su propia independencia. En ambos casos, lo más probable, casi inevitable, es que se pusieran al servicio de los que los llevarían adonde nunca quisieran ir, que se prestaran a cooperar con su inteligencia, su prestigio y su energía a posiciones que últimamente repudiaban. Es la lección que nunca —o pocas veces— aprenden las minorías mejores: que no se puede «hacer el juego» a los peores, que no hay que dimitir del propio criterio para plegarse al inferior, al menos inteligente, menos patriótico, menos moral. Solo unos cuantos hombres —Jovellanos como ejemplo— supieron mantenerse fieles a sí mismos; solo muy pocos tuvieron la decisión de afirmar lo que creían que debía afirmarse —por ejemplo, la independencia nacional—, negando al mismo tiempo lo que se quería hacer pasar de matute bajo esa bandera.

Moratín no fue de ellos. Era poco enérgico; era, sobre todo, un desilusionado, un gran desesperanzado. Como tantos, creía que el poder de Napoleón era incontrastable, que la resistencia era imposible *y que no se deben acometer imposibles* (se equivocaba en las tres cosas); pensaba que el Estado que acababa de hundirse no merecía otra cosa (en lo que no se engañaba); que entre Fernando VII y José Bonaparte cabía esperar más del segundo que del primero (sin duda tenía razón, pero no advertía que el problema estaba mal planteado). En resumen, Moratín «aceptó», «colaboró», fue «afrancesado». Su «colaboración» con el régimen francés —en la hora en que la España oficial, de los Reyes para abajo, adulaba abyectamente a Napoleón en Bayona— fue tremenda: Moratín fue bibliotecario, y por si fuera poco, aceptó una condecoración de José Bonaparte, que lo hizo «caballero del Pentágono». Estos fueron sus crímenes.

Su situación en 1814, al producirse la derrota francesa, fue muy difícil. En una carta desde Barcelona, el 18 de julio, cuenta sus cuitas: desde 1812 estaba en Valencia, donde fue muy bien acogido, y decidió quedarse: «tan hostigado estaba ya con aquel rey de farsa, con sus embusteros ministros, con tanta relajación, tantas imposturas y picardías, que renuncié de todo corazón a la Corte, al empleo, al sueldo nominal y al trato y comunicación con tan pícara gente. Se fue de Valencia a Madid el Rey Pepe, y yo me quedé.» Pero al evacuar Valencia los franceses se siente en peligro: «Yo había sido un empleado; había ido a Madrid con el convoy, y a mayor abundamiento, era caballero del pentágono, circunstancias que me exponían, en los días temibles de abandono y desorden, a cualquier insulto del pueblo, y en los siguientes a la venganza de los literatos, con quienes sabe usted que jamás quise hacer pandilla.» Moratín sale de Valencia, va a Vinaroz, llega a Peñíscola; pasa mil trabajos, privaciones y peligros; por fin vuelve a Valencia, lee los decretos del Rey y ve en ellos que está autorizado para permanecer en España, exento de culpa; hasta tal punto era venial la «colaboración» de Moratín. En vista de ello, se presenta al general Elío, que lo recibe con violencia y grosería, casi hasta la agresión personal; lo detiene, lo manda a Francia en una goleta, a la que sorprende un fuerte temporal, y por fin arriba a Barcelona, donde el general Barón de Eroles lo recibe humanamente y le permite quedarse.

Moratín se establece en una posada en el *Carrer den Petrixol,* que le cuesta tres pesetas y donde come «demonios fritos». Un comerciante le presta la *Gaceta de Madrid* y la llave de su luneta, y así tiene Moratín su teatro; vegeta, espera, aprende catalán; legalmente está sin culpa, pero «este es el tiempo de las venganzas». «De las seis consabidas comedias —escribe en enero de 1816— ya tengo dos prohibidas, una por el Protector de los Teatros y otra por el Tribunal de la fe». «Entretanto —agrega—, es necesario hacer una vida oscurísima y retirada; no hablar, no escribir, no imprimir, no dar indicio alguno de mi existencia.» Unos meses después, todavía más lapidariamente: «Acabó el tiempo de leer y escribir.» Y por si fuera poco: «Querido Juan —escribe a Juan Antonio Melón, su gran amigo—: Habrá ya unos cuatro meses que recibí carta tuya; pero no conozco al que me la envió, y no quise fiarme de él para entregarle ninguna mía. Esto de mantener correspondencia con afrancesados, indinos, traidores, es cosa delicada; la delación y la calumnia andan muy listas por aquí, y hay muchos hombrecitos de bien, buenos cristianos y temerosos de Dios que pondrán a su padre en la horca por menos de dos pesetas.»

España desde lejos

Al final, la amenaza de la Inquisición puede más que su deseo de resistir en Barcelona y decide expatriarse. Al cabo de ocho meses de solicitudes para ir a Italia, puede salir y se establece en Montpellier. Desde allí enumera los motivos de persecución «vigentes» en España: «Básteme por ahora saber que nadie me perseguirá donde estoy ni por traidor, ni por gaditano, ni por masón, ni por libertino, ni por afrancesado, ni por conspirador, ni por sospechoso. No puedes figurarte ¡con qué facilidad, con qué impunidad se atropella a cualquiera en aquel desventurado país!» Y el año 18: «Ha empezado ya el Santo Tribunal a sacar las uñas, y busca por todas partes masones, libertinos, blasfemos, lascivos, heréticos y sospechosos.»

Moratín está desesperanzado. Viaja por Francia, en 1820 está en Bolonia; no confía en los constitucionales, y así escribe: «Aquí esperaré, con la sorna que me caracteriza, los progresos de nuestra incipiente libertad; y si ellos fuesen tales que basten a animarme y despertar mi amor patriótico, tal vez en el año de 21 emprendería mi viaje para Barcelona...; yo no trataré de volver a ver la Cibeles, aunque vuelva a España.» Por fin vuelve a Barcelona, lleno de desconfianza, aunque «cuando me acuerdo de que no hay Santo Oficio ni Lozano de Torres, me olvido de mis miserias, y me parece que todo va bien». Con todo, su pesimismo crece: la inquietud que le producen las torpezas de los liberales va aumentando: prevé una intervención que dé al traste con la libertad penosamente conseguida y mal utilizada. Vuelve a cruzar la frontera, y desde Bayona, a fines del 21, escribe: «Mi carácter es la moderación; no hallo razón ni justicia en los extremos; los tontos me cansan y los malvados me irritan. No quisiera hallar estas clases de gentes en donde hubiese de vivir.»

Desde Burdeos vuelve los ojos, llenos de nostalgia, a España, a su Madrid, para siempre perdidos. Prevé la intervención de la Santa Alianza y el restablecimiento del absolutismo y el terror, y en una frase desolada intenta justificar su apartamiento: «*El que no puede apagar el fuego de su casa, se aparta de ella.*»

Desde 1823, en que sus profecías se han cumplido, sus cartas desde Burdeos, desde París al fin, desgranan el mismo eterno rosario de temas dolorosos: nostalgia, noticias de persecuciones, censuras, envidias; la ilusión nunca perdida del teatro; referencias constantes a Goya: «Llegó en efecto Goya, sordo, viejo, torpe y débil, y sin saber una palabra de francés y sin traer un criado (que nadie más que él lo necesita), y tan contento y tan deseoso de ver mundo» (27-VI-24). «Goya llegó bueno a París» (el 8 de julio del 24). «Goya está ya, con la señora y los chiquillos, en un buen cuarto amueblado y en buen paraje; creo que podrá pasar comodísimamente el invierno en él. Quiere retratarme, y de ahí inferirás lo bonito que soy, cuando tan diestros pinceles aspiran a multiplicar mis copias.» En Burdeos, Goya y Moratín se tratan con frecuencia y se comunican noticias de los amigos. De vez en cuando surge una referencia a la guerra de la Independencia de la América española, a los comunicados de Bolívar. El año 25 dice a Melón: «Goya, con sus setenta y nueve pascuas floridas y sus alifafes, ni sabe lo que espera ni lo que quiere: yo le exhorto a que se esté quieto hasta el cumplimiento de su licencia. Le gusta la ciudad, el campo, el clima, los comestibles, la independencia, la tranquilidad que disfruta. Desde que está aquí no ha tenido ninguno de los males que le incomodaban por allá; y, sin embargo, a veces se le pone en la cabeza que en Madrid tiene mucho que hacer; y si le dejaran, se pondría en camino sobre una mula zaina, con su montera, su capote, sus estribos de nogal, su bota y sus alforjas.» Moratín sabía corresponder a los retratos: no es flojo el apunte.

El viejo aragonés ha estado a punto de morir; pero Moratín cuenta al poco tiempo: «Goya escapó por esta vez del Aqueronte avaro; está muy arrogantillo, y pinta que se las pela, sin querer corregir jamás nada de lo que pinta.» Y esta contribución a la «leyenda»: «Goya dice que ha toreado en su tiempo, y que con espada en la mano, a nadie teme. Dentro de dos meses va a cumplir ochenta años.» En octubre del 23 «Goya ha tomado una casita muy acomodada, con luces de Norte y Mediodía, y su poquito de jardín: casa sola y nuevecita, en donde se halla muy bien... Doña Leocadia, con su acostumbrada intrepidez, reniega a ratos, y a ratos se divierte. La Mariquita habla ya francés como una totovía, cose y brinca y se entretiene con algunas gabachuelas de su edad.» Pero después de este «interior», en mayo del 26, anuncia el viaje de Goya, que «se va solo, y mal contento de los franceses», y de quien teme que no llegue, porque «el menor malecillo le puede dejar tieso en un rincón de una posada». No fue así, y el tremendo aragonés volvió a Madrid y sintió otra vez la llamada de Burdeos y retornó junto a su amigo Moratín, que siguió dando a España noticias suyas, ya que «le cuesta muchísimo trabajo escribir una carta».

A Moratín no le costaba ninguno. Eran su delicia y, sobre todo, su consuelo. Le acercaban a los amigos, a quienes tanto quiso; le traían, en su ir y venir, entre censuras y cuidados, entre noticias tristes y recuerdos alegres, zozobras, decepciones y hasta inconfesadas esperanzas, la España perdida, la España irrenunciable de cuya sustancia misma estaba hecho, y bien lo sabía, el europeo Moratín.

7. Valera, una tradición olvidada

La historia española ha solido ser extremosa. Una buena parte de su contenido está hecha de frenesí y desmesura. A veces, en la forma de heroísmo y genialidad; con mayor frecuencia, como era de temer, en la de arbitrariedad, fanatismo y violencia, que casi siempre encubren inseguridad y torpeza. Pero no es solo esto, ni mucho menos. Lo malo es que la desmesura ha tenido a lo largo del tiempo una «buena prensa» de que jamás ha gozado la mesura. Nos hemos complacido mucho más en la «furia española» —expresión destinada tantas veces a consolar de descalabros— que en la «gravedad» y el «sosiego» que eran propios de España cuando, sin decirlo demasiado, era grande. Don Ramón Menéndez Pidal, en uno de esos admirables estudios en que, como quien no hace nada, va aclarando, sin enturbiarla, la historia de España, ha comparado el extraordinario éxito, la fama universal del P. Las Casas con la oscuridad que desde pronto envolvió la meditación sobre los problemas indios del P. Vitoria. Porque mientras Vitoria pensaba, distinguía, matizaba, veía los dos lados de cada cuestión, procuraba encontrar y decir la verdad, Las Casas desbarraba, lo confundía todo, exageraba como un libro de caballerías y —para decirlo con rigor— mentía. (R. Menéndez Pidal: *El P. Las Casas y Vitoria, con otros temas de los siglos XVI y XVII.* Colección Austral. Madrid, 1958, pp. 9-64.)

Que hay en España una tradición desenfrenada y extremista —o mejor dicho, dos— nadie lo duda; que hay algo más, y que se olvida casi siempre, es lo que intento recordar. Creo que es urgente; no solo por la necesidad de salvar esa parte esencial de nuestro haber común, sino porque el extremismo, al ser constantemente recordado y revivido, se mantiene perennemente actual y en desarrollo; mientras que la moderación, la mesura y la veracidad, la capacidad de distinguir, el respeto al prójimo —sin el cual, dicho sea de paso, no hay respeto a uno mismo—, al quedar relegados al olvido se van extinguiendo. Hasta el punto de que cuando un español dice algo sensato, tolerante y justo, no puede evitar la impresión de estar haciendo un descubrimiento: le parece que está inventando el buen sentido, el espíritu de verdad, el liberalismo.

Y no es así. Acabo de releer, en unos días de calma, un viejo libro escrito hace exactamente un siglo: unos ensayos de Valera, publicados entre 1856 y 1864, que en esta última fecha editó con el título: *Estudios críticos sobre literatura, política y costumbres de nuestros días*. Si yo escribiese alguna vez, como Marco Aurelio, lo que he llamado «un testamento de gratitud aguas arriba», uno de sus primeros renglones sería para D. Juan Valera. Uno de los más viejos estratos de mi formación intelectual y humana es la influencia de su lectura, que llenó varios años de mi adolescencia. De los catorce a los diecisiete años leí casi todo de lo mucho que escribió; muy pocos menos de cincuenta volúmenes de novelas, cuentos, poesía mediana pero —si se me entiende bien— muy «civilizada» y, sobre todo, ensayos. En esa hora en que se absorbe porosamente, en que la mente y la personalidad reciben como una primera capa de pintura sobre la cual se superpondrán las posteriores y más decisivas, más auténticas, pero que condiciona a estas y, sobre todo, su modo de «prender», la prosa de Valera, serena, nunca encrespada, pulcra, nítida, un tanto fría —como una nevada— iba cayendo sobre mí, dejando una huella escasamente visible pero siempre actuante. Justamente su frialdad —bien lo veo al cabo de tantos años—, en lugar de apagar ardores excesivos, lo que hacía era —como la nieve sobre la tierra— abrigarlos, impedirles disiparse en mera irradiación sin designio; hacer posibles las combustiones a más alta temperatura necesarias para la asimilación de otros estímulos más intensos y penetrantes.

En la dedicatoria de ese libro al Duque de Rivas hace Valera una confidencia que conmueve: «Confieso a Vd. ingenuamente, señor Duque —escribe—, que a pesar de presentarme con tan escaso caudal como son estas obrillas, quisiera comprar con ellas algo de fama póstuma; quisiera dejar algo que me sobreviviese. Sé que no seré popular, ni muy leído; pero dentro de cien o doscientos años no faltarán aficionados a libros raros que me tengan en su biblioteca. Puede que un Gayangos, o un Salamanca de entonces, compre un ejemplar de esta edición a peso de oro, pues llegarán a hacerse raros por ser quizá la única edición esta que yo publico, y por el descuido con que se mirarán los ejemplares, empleándolos en envolver alcaravea. Este pensamiento del bibliófilo que me ha de salvar de la onda muerta del Leteo, me anima y me consuela, ha sido parte en que yo me decida a publicar los artículos. Sólo con pensar y dar por seguro que dentro de un siglo o dos se podrá muy bien decir que por un *Valera,* bien conservado, hubo quien diese mil o dos mil reales en esta o aquella almoneda, doy por bien empleados los gastos de la impresión y el desdén que ahora recelo del público. Todo se puede sufrir con la esperanza de que haya un *Valera,* bien conservado, dentro de un par de siglos; sobre todo, al considerar que el Valera de carne y hueso se va ya amojamando, marchitando y consumiendo. Sobreviva, al menos, mi espíritu, y quédese algo de él en este pícaro mundo, tan querido cuanto ingrato, aunque sea en el fondo empolvado de un estante, y rara vez en comunicación con otros espíritus humanos, salvo con los de aquellos eruditos curiosos, que sólo leen los libros que nadie lee.»

Hace pocos años se habló largamente de Donoso Cortés, con ocasión del centenario de su muerte. Donoso Cortés es uno de los ejemplos más egregios de la extremosidad española, que tan bien sabe aprovechar el extremismo. No sé si entre todo lo que se ha escrito sobre él se ha recordado el estudio que en 1856 dedicó Valera a su *Ensayo sobre el catolicismo, el liberalismo y el socialismo,* publicado en 1851. El trabajo de Valera es bastante largo; hay en él un resumen de las ideas dominantes en diferentes escuelas de su tiempo y un conato de interpretación de la historia moderna y de las posibilidades políticas del tiempo; voy a contentarme con recoger algunos comentarios sobre el libro de Donoso, en que opone a su extremosidad —y a la de sus adversarios— una actitud distinta, precisamente aquella a la que me estoy refiriendo en este artículo.

«Un compatriota nuestro —dice Valera—, dotado de una imaginación poderosa, de agudísimo ingenio, de vehemente ambición de gloria, de un amor desmedido a lo paradojal, de arrebatadora elocuencia y de poca o ninguna ternura y caridad en el alma, se hizo eco entonces de todas estas ideas, las formuló y sintetizó con precisión y brío en discursos llenos de fuego, y compuso, por último, uno de los libros más sublimes y más absurdos que se han escrito en el siglo XIX.» Valera se refiere a la oposición entre Donoso y Proudhon, para intentar evadirse de ambos. «La revolución incarnada en Proudhon vomitaba blasfemias contra Dios: la reacción incarnada en Donoso Cortés vomitó blasfemias contra la humanidad y contra los dones naturales que Dios le ha conferido. Estos dos hombres eran dignos adversarios el uno del otro: eran dos energúmenos, poseídos ambos por el demonio del orgullo. Proudhon renegaba de Dios y le declaraba la guerra, porque no le revelaba el secreto de hacer felices a los hombres. Donoso Cortés renegaba de la humanidad entera, porque no aceptaba la soberanía de su inteligencia y el yugo de sus opiniones: negaba la inteligencia de los demás, porque no reconocían la infalibilidad de la suya; y *para hacer santas y buenas sus opiniones, trataba de unimismarlas impía y torcidamente con la santa doctrina de la Iglesia.*»

Valera recuerda la famosa frase de Donoso Cortés: «Yo no sé si hay algo debajo del sol más vil y despreciable que el género humano, fuera de las vías católicas.» Y contesta con una sobria, imponente enumeración: «Sócrates, Platón, Aristóteles, Epicteto, Confucio, Leónidas, Epaminondas, Marco-Aurelio, Trajano, Tito, Saladino, lo mejor de la docta Alemania y la mayor parte de la sabia y poderosa Inglaterra son, por consiguiente, despreciables y viles... El género humano, por fortuna, tiene todavía sentido común y se ríe igualmente de la protección y redención que Proudhon le promete en nombre del diablo y de los improperios y desvergüenzas que le dice Donoso, *tomando el nombre de Dios en vano, o dígase en falso.*»

«Hay en su libro —añade luego— una sátira tan vehemente y tan deslumbradora contra la razón humana, y contra todas las ideas generalmente proclamadas en este siglo, y una defensa tan bien hechas de la esclavitud y de la imbecilidad del entendimiento, y un tan maravilloso y sublime panegírico de la efusión de sangre, que debemos tratar de refutarlos; así como debemos hacer notar que, si bien el dogma católico está expuesto fielmente en el libro singular de que nos ocupamos, *se deducen de él tales consecuencias que si no fuese el catolicismo divino, vendría a tierra, y se hundiría para siempre con pocos defensores que tuviese como el marqués de Valdegamas.*»

Adviértase que la preocupación constante de Valera es oponerse a la identificación abusiva de las opiniones particulares de Donoso y otros con el catolicismo, a la propensión a «unimismarlas», como dice con estupenda expresión. Confiados en el carácter divino de la religión católica y en la seguridad evangélica de que las puertas del infierno no prevalecerán contra ella —se entiende universalmente y a la larga—, a muchos importa poco qué acontezca aquí y ahora, o en las personas de cada uno de los hombres individuales. Valera, por otra parte, no puede aceptar la contraposición absoluta que Donoso establece entre el catolicismo, el liberalismo y el socialismo (homogeneizándolos, dicho sea de paso), «como si fuesen tres escuelas del todo enemigas y opuestas, y no se pudiese ser socialista sin ser ateo, ni liberal sin ser racionalista, ni católico sin ser servil». La hostilidad de Donoso va, naturalmente, contra el liberalismo. Valera considera que lo más claro y eficaz es copiar lo que Donoso dice de la escuela liberal, y que es esto:

«Impotente para el bien, porque carece de toda afirmación dogmática, y para el mal, porque le causa horror toda negación intrépida y absoluta, está condenada, sin saberlo, a dar con el bajel que lleva su fortuna al puerto católico, o a los escollos socialistas. Esta escuela no domina sino cuando la sociedad desfallece, y el periodo de su dominación es aquel transitorio y fugitivo en que el mundo no sabe si irse con Barrabás o con Jesús, y está suspenso entre una afirmación dogmática y una negación suprema. La sociedad entonces se deja gobernar de buen grado por una escuela que nunca dice *afirmo* ni *niego,* y que a todo dice *distingo.* El supremo interés de esa escuela está en que no llegue el día de las negaciones radicales o de las afirmaciones soberanas; y para que no llegue, por medio de la discusión confunde todas las nociones y propaga el escepticismo, sabiendo como sabe que un pueblo que oye perpetuamente en boca de sus sofistas el pro y el contra de todo, acaba por no saber a qué atenerse y por preguntarse a sí propio si la verdad y el error, lo injusto y lo justo, lo torpe y lo honesto son cosas contrarias entre sí o si son una misma cosa mirada bajo puntos de vista diferentes. Este periodo angustioso, por mucho que dure, es siempre breve; el hombre ha nacido para obrar, y la discusión perpetua contradice a la naturaleza humana, siendo como es enemiga de las obras. Apremiados los pueblos por todos sus instintos, llega un día en que se derraman por las plazas y las calles pidiendo a Barrabás o pidiendo a Jesús resueltamente y volcando en el polvo las cátedras de los sofistas.»

No cabe exponer mejor en menos líneas la posición antiliberal simbolizada por Donoso Cortés, y que encierra la explicación de la mitad de la historia de los últimos cuarenta años; de la mitad, porque el resto se entiende mejor a la luz del comentario que hace Valera del párrafo copiado más arriba: «Traducido todo este párrafo a un lenguaje más razonable y menos elocuente, sería como si dijéramos que a la escuela liberal, o dígase a la gente sensata e ilustrada, le inspiran horror igualmente toda afirmación dogmática como las de Donoso o Torquemada; y toda negación intrépida como las de Proudhon o de Babeuf: *a la escuela liberal, que tiene juicio, le causa horror la locura.* La escuela liberal, esto es, la gente sensata e ilustrada, está condenada, sin saberlo, pero a menudo sabiéndolo perfectísimamente, a no gobernar largo tiempo a los pueblos que no son ni ilustrados ni sensatos, y va a dar con el bajel que lleva su fortuna o al puerto 'católico' del día de San Antonio en Sevilla, con el saqueo en nombre de la religión y del rey, y el grito de 'muera la nación y vivan la inquisición y las cadenas', o a los escollos socialistas de los incendios de Valladolid y de Palencia. *La escuela liberal no domina sino cuando la barbarie desfallece,* y por eso domina en Inglaterra, en Bélgica y en Francia. La sociedad entonces se deja dominar por una escuela que nunca dice *afirmo* ni *niego,* porque siempre *distingue* entre la religión y la superstición, la libertad y la licencia; Santa Teresa y Sor Patrocinio, Padilla y Pucheta. El supremo interés de esa escuela, y bien se puede añadir que el supremo interés de la sociedad toda, está en que no llegue el día de las negaciones radicales o de las afirmaciones soberanas; esto es, el día de Robespierre o de Torquemada; el día de San Bartolomé o las matanzas de septiembre; el día de los autos de fe o el día de la guillotina; el día de los asesinatos de los judíos y de los indios o el de los asesinatos de los frailes. *Para que no llegue este día, la escuela liberal distingue todas las nociones por medio de la discusión, procura ilustrar la opinión pública y propaga el escepticismo o la doctrina filosófica que nos aconseja examinar detenidamente antes de creer en el marqués de Valdegamas o en el ciudadano Aiguals de Izco.*»

El análisis minucioso que Valera hace del libro de Donoso hubiera bastado, de haber sido atendido, a ponerlo en su lugar; y de haber sido recordado, a no sacarlo intempestivamente de él. Pero lo que aquí me interesa es solo ejemplificar, en el caso de Valera, una tradición española que suele demasiadamente olvidarse, y que tiene tantos derechos como cualquier otra para ser reivindicada. Una tradición que si a veces puede parecer crítica y «defensiva», antes de afirmarse en doctrina positiva y coherente, es porque siempre ha tenido que conquistarse a fuerza de esfuerzo el derecho a existir, porque se ha visto obligada a buscar el aire que respirar, el que tenía que hacer vibrar para hacer sonar en «la espaciosa y triste España» unas cuantas palabras mesuradas y justas, unas pocas palabras verdaderas.

Las noches de este mundo

Habet mundus iste noctes suas et non paucas, decía, si no recuerdo mal, San Bernardo. Entre las cosas peligrosas, una de las que más lo son es olvidar esta vieja verdad. Ha sido el error de las épocas excesivamente optimistas, confiadas, progresistas. De las que han creído que, una vez dejada atrás la oscuridad —la noche—, sólo habría adelante luz. Después del «oscurantismo», las tinieblas o *Dark Ages,* únicamente ya Ilustración, *Aufklärung, Enlightenment,* siglo «de las luces», estado «definitivo» de la humanidad comtiana. Porque cuando vuelve a caer la noche sobre el mundo, el hombre progresista no está preparado, no sabe qué hacer, no dispone siquiera de una pobre candela con que alumbrarse. Y es menester ver siempre, porque siempre hay que saber a qué atenerse para poder vivir; quiero decir si se es hombre, si se quiere seguir intentando ser hombre o, lo que es lo mismo, descubriendo nuevos significados —los nuestros— a esta expresión circunstancial.

Aun sin ser forzosamente progresista, se puede olvidar esa recurrencia de la nocturnidad sobre el mundo, simplemente cuando se disminuye o se pierde el sentido histórico. Y nada hay más huidizo y evasivo que este. Aun en nuestro tiempo, historizado si los ha habido, y precisamente al enfrentarse con cualquiera de las noches que nos amenazan —la noche histórica es múltiple y con frecuencia ambigua—, muchas veces se piensa que la situación es nueva, y se repiten, sin saberlo, gestos ya hechos, *de los que se debiera haber partido,* para apoyarse en ellos, para mejorarlos e ir más allá.

Al lector atento de D. Juan Valera, sobre todo si es español, le aguardan muchas sorpresas. Desconcertantes, alentadoras, inquietantes también. No es la primera vez que me he referido a ello. Especialmente sus escritos anteriores a 1870 —no quiero entrar aquí en la cuestión de esta anomalía—, tienen un penetrante sabor para nuestro paladar, y nos suenan extrañamente actuales. Hace casi un siglo, en unas cartas públicas dirigidas a José Luis Albareda, expresaba Valera su manera personal de ver muchas cosas de este mundo y del modo de esperar, desde él, el otro: cosas referentes a la religión, la tolerancia, la convivencia civil, el pensamiento.

«Nosotros —escribía— no hemos dicho jamás que sea impecable todo el que escribe. Escribiendo, hablando, pensando, hasta soñando, puede pecar el hombre. Lo que no queremos es que se le ate, que se le deje manco, que se le deje mudo, que se le corte la lengua o que se le ponga una mordaza para que no peque. Entienda, pues, el Sr. Nocedal que queremos la libertad de pensar, que queremos la libertad de andar, como queremos la libertad de vivir. Viviendo se peca, y no por eso deseamos que se mate a nadie a fin de evitar el pecado.»

«Por otra parte —agregaba—, España no puede levantar en sus costas ni fronteras un valladar que ataje la corriente del espíritu humano. Todo lo malo y todo lo bueno que trae esta gran corriente consigo tiene por fuerza que penetrar en España, y tiene que lanzar también nuestros espíritus en esa corriente. Si por temor de caer en ella no nos arrojamos, la corriente nos arrastrará y nos llevará por donde vaya. Si tenemos el valor de echarnos a ella, contribuiremos a darle una buena dirección; tomaremos parte en la grande obra; figuraremos entre los pueblos que van al frente de la civilización… Nosotros, que hemos llevado la civilización y la fe de nuestros padres a América; nosotros, que hemos contribuido en gran manera, y contamos por mucho, aunque los extranjeros lo nieguen, en la historia de la civilización del mundo, no hemos de ir ahora a convertirnos en fósiles, no hemos de ir a emparedarnos y a separarnos de todo comercio humano espiritual, por temor de que nos seduzcan, de que nos engañen, de que se vayan a perder nuestra inocencia y nuestro candor patriarcal. Esto sería una sandez digna de los paraguayos y del doctor Francia.»

Valera concede irónicamente a Nocedal que la magia de su estilo hace pasar por discretas todas las cosas que dice; pero si nosotros —añade— nos descolgásemos ahora «con que el Estado es como una casa, donde el Gobierno hace el papel de padre de familia o de ayo, y el pueblo el del niño chiquito o del pupilo, y donde el Gobierno cuida de que el niño o el pupilo no se ponga enfermo, ni se caiga, guiándole y llevándole de la mano, y apartando de sus labios todo alimento nocivo, etcétera, si nosotros, repetimos, saliésemos con todo esto, y lo dijésemos con formalidad, hasta las piedras se reirían».

En las cartas siguientes Valera se enfrenta directamente con los problemas de la convivencia en su aspecto religioso. Frente a tantos agoreros, *laudatores temporis acti* y que se obstinan —no se sabe bien por qué— en colocar el esplendor del cristianismo en el pretérito, Valera expresa su confianza: «Lejos de pensar yo que las tendencias de nuestro siglo son anti-católicas, veo lo contrario: veo que el catolicismo, hablando humanamente y prescindiendo por un momento de las promesas divinas, tiene un grande e inmediato porvenir.» Es evidente, dicho sea de paso, que Valera fue mucho mejor profeta que sus adversarios, ya que el catolicismo, en los casi cien años transcurridos, ha alcanzado en muchos órdenes una situación que ni los más optimistas hubieran soñado. A pesar de ello, Valera era acusado en estas fechas, por la Prensa que se llamaba entonces en España «neo-católica», de dirigir «un ataque mal encubierto a la unidad católica». Y Valera respondía: «¿Conque en no habiendo Inquisición y leyes durísimas que castiguen la propaganda de cualquier otra creencia, y un valladar que ataje en costas y fronteras la corriente del pensamiento de la humanidad, y una mano de hierro que le ahogue dentro de nuestra alma, y un Gobierno *paternal* que vele por nosotros y que nos trate como a gente condenada a perpetua infancia, y que nos aparte de todo comercio intelectual, y que nos considere como el doctor Francia a los paraguayos, es cosa segura que la unidad católica de España se acabaría? Buena unidad católica es la que *La España* fantasea: una unidad católica en abierta pugna con el espíritu del siglo, contraria a la dignidad del hombre, y desagradable a los ojos de Dios, que desea nuestro acatamiento y nuestra obediencia a sus altos mandatos no por temor de las potestades de la tierra, sino por amor suyo; no en lo exterior y aparente, sino allá en lo profundo de nuestro ser, *corde bono et fide non ficta.* —Yo tengo mejor opinión que *La España* de la religiosidad de mis compatriotas; yo tengo mayor confianza en las promesas del cielo y en el ánimo firme y constante de los españoles; yo creo más en la rectitud de nuestro juicio y en el valor y en la importancia y en la mucha doctrina de los apologistas y defensores de la santa religión de nuestros padres. Por esto no veo la necesidad de acabar con la ciencia humana, de cerrar la puerta a todo progreso, de impedir que se piense y que se discuta para que se crea. Antes me parece que creeremos con más firmeza y con más limpieza mientras más pensemos, sepamos y discutamos.»

De pasada, Valera esboza una concepción de las funciones y la significación del escritor y el intelectual en la sociedad, que me parece sumamente interesante. Vale la pena reparar en que, en el momento en que el intelectual europeo sufrió una crisis de lo que pudiéramos llamar «conciencia de importancia», que había de poner en peligro su misión verdadera y a veces hasta su existencia física, Valera considera la cosa con su habitual perspicacia. Al hablar de la imprenta, dice de ella que es una *máquina* y no una *institución,* una ingeniosa máquina de hierro y de madera, de la cual tienen derecho a usar todos. Y agrega estas palabras admirables para mi gusto: «De ejercer este derecho no se sigue que esté nadie investido de un magisterio, ni de un sacerdocio, ni que forme parte de una especie de cuarto o quinto poder del Estado. La Constitución y las leyes no dan ni pueden dar al escritor o al periodista carácter oficial alguno. En este sentido, importa y vale más un alguacil cualquiera. Lo que sí es cierto es que aquellos que escriben para el público, si lo hacen bien, con ingenio, con corazón y con sana doctrina, tienen un valer superior al de los magnates y hasta al de los más *altos funcionarios;* pero no le tienen por la gracia de la Constitución, ni le tienen como colectividad o gremio, sino que le tienen cada uno de por sí, y sólo por la gracia de Dios.»

Todos estos textos tienen una extremada actualidad. Al decir extremada, no uso este adjetivo a la ligera, sino literalmente; quiero decir excesiva, mayor de lo justo, y por eso engañosa. No, no son simplemente «actuales» esos textos. Lo que *dice* Valera sí podría decirse literalmente ahora —¿podría?—; lo que es bien distinto, y un oído históricamente ejercitado lo discierne fácilmente, es *desde dónde lo dice.* Si se quiere, diríamos que son actuales estos textos, pero no su *contexto.* Porque, en efecto, Valera habla en España y a españoles, pero habla *desde Europa,* apoyándose en ella, seguro de ella y, por tanto, de sí mismo. Y éste es el sentimiento que un hombre de 1958 no puede compartir con igual certeza. Por eso no puede, no debe tampoco, «repetir» a Valera. Nunca se puede ni se debe repetir. Lo que hay que hacer es partir de ahí para llegar a nosotros mismos y seguir adelante. Porque si repetimos la actitud de Valera, nos exponemos a que el mismo suelo en que él se apoyaba nos esté faltando, mientras hablamos, bajo los pies.

A pesar de cierto progresismo, Valera fue hombre meditabundo —quizá le faltó dramatismo, pero tuvo la dosis de necesaria y fecunda jovialidad, que tan pocos tienen—, buen conocedor de la historia, vio agudamente hacia atrás, y por eso pudo mirar bastante lejos hacia adelante. Al final de sus cartas hay una página admirable, de gran escritor, que encierra la verdad que a esa condición pertenece: «Hay en mi lugar —concluye, casi parabólicamente— una hermosísima iglesia, edificada sobre una altura: el pueblo devoto se complace en ella con amor y con orgullo. Para que luzca mejor, y nada la encubra ni la afee, han derribado las casas contiguas y han arrancado los árboles que poblaban la ladera. Por desgracia, las casas contiguas la sostenían, y los árboles prestaban firmeza al suelo, sobre el cual se habían echado los cimientos. Así es que la iglesia vacila sobre ellos ahora, y está toda cuarteada y llena de grietas y hendiduras, donde han nacido infinidad de higueras bravías, y mucha mala yerba y maleza, y donde se anidan lechuzas, murciélagos y búhos. Algo parecido a esto acaeció en España, en el siglo XVII, con nuestra gran civilización católica. A fuerza de ahogar todo pensamiento humano que nos parecía brotar fuera de ella, y a fuerza de destruir todo lo que en ella no nos parecía estar comprendido, aquel maravilloso edificio se cuarteó también, y en vez de Fray Luis de Granada, y de Fray Luis de León, y de San Juan de la Cruz, y de Santa Teresa, produjo al Padre Boneta, al Padre Fuente de la Peña y a los predicadores gerundianos; y en vez de nacer fuera de ella algún sistema filosófico, alguna doctrina profana, que hubiera podido santificarse y purificarse luego en el santuario, nació dentro de ella la inmoral e impúdica herejía de Molinos, y mucha maleza, y mucha mala yerba, como en la iglesia de mi lugar. Esto pido yo a Dios que no suceda de nuevo, por lo cual se debe desear ilustración y tolerancia.»

La imagen de la noche, si se la entiende bien, no es de desesperanza, porque a la noche sigue otra vez la aurora. Pero toda imagen natural, aplicada a lo humano, puede desorientar, y hay que revisarla humanizándola. Porque en la naturaleza, el alba es segura, hagamos lo que hagamos —y aunque no hagamos nada—, y, en cambio, «no por mucho madrugar amanece más temprano»; mientras que las noches históricas, las noches de este mundo, pueden durar más que el hombre; pero este, cantando aprisa, como los gallos del *Poema del Cid,* puede quebrar albores.

8. Ideas y creencias en el mundo hispánico [1]

La interpretación histórica de los países hispánicos gravita pesadamente sobre su proyección hacia el futuro. Desde el siglo XVII se sienten en España los efectos de la llamada Leyenda Negra. Consiste esta en la *descalificación global* de un país, fundada en algunos hechos negativos —verdaderos o no, esto es secundario—. Quiero decir lo siguiente: en todos los países han sucedido —y sucederán— hechos lamentables de cualquier tipo, que revelan torpeza, crueldad, ambición, falta de escrúpulos, según los casos. En ocasiones estos hechos son reales; en otras son exagerados por el sensacionalismo o la hostilidad; en algunas, finalmente, son inventados, imputaciones fabricadas. Estas diferencias, aun siendo importantes, son desdeñables para lo que intento aclarar. Demos por supuesto que los hechos alegados son verídicos. Normalmente no se sigue de ello ninguna consecuencia que vaya más allá de esos mismos hechos. La historia de Italia en la Edad Media y en el Renacimiento está llena de inauditas ferocidades; pero esto no ha afectado nunca a la imagen de Italia como un país de altísima cultura y de un refinamiento artístico sin par. La noche de San Bartolomé, el Terror durante la Revolución, la insurrección y consiguiente represión de la *Commune* han sido explosiones de tremenda violencia en Francia, que no han mancillado el prestigio de este país siglo tras siglo. Las luchas internas de Inglaterra se cuentan entre las más despiadadas de la historia; solamente el reinado de Enrique VIII es de una atrocidad difícil de superar; pero, después de tomar nota de ello, la interpretación histórica se guarda mucho de extender la partida de defunción de la civilización británica; al contrario, ha sido durante siglos el gran modelo digno de imitación.

---

[1] Publicado originalmente en *Cuenta y Razón,* núm. 8 (1982).

La Leyenda Negra consiste en que, partiendo de un punto concreto —supongamos que cierto—, se extiende la condenación y descalificación a *todo el país a lo largo de toda su historia,* incluida la futura. Esto es lo que se inicia para España desde el siglo XVI y se condensa el XVII, y adquiere nuevo ímpetu a lo largo de todo el XVIII y reverdece con cualquier pretexto sin prescribir jamás.

Para que se produzca la Leyenda Negra hace falta que coincidan tres condiciones: primera, que se trate de un país importante, con el cual hay que contar. Segunda, que exista una secreta admiración envidiosa y no confesada por ese país. Tercera, la existencia de una organización (a veces varias que se combinan o se turnan). Si no se dan las tres, la Leyenda Negra no prospera, o no llega a iniciarse, o decae pronto. Si se quiere un ejemplo particularmente claro, piénsese en Alemania.

Se dirá que este fenómeno afectó —o afecta— a España, pero no a los países hispanoamericanos. Grave error, y además irónico. Los movimientos de independencia en la América hispánica, tímidamente iniciados verbalmente a fines del siglo XVIII, de forma activa desde 1810 —coincidentes con la invasión napoleónica de España y la crisis de la legitimidad de la Monarquía—, desataron una campaña de antiespañolismo, rebrote inesperado de la Leyenda Negra, que fue bastante eficaz. Pero su éxito fue superabundante: no se limitó a su blanco deliberado, España, sino que recayó sobre todo su linaje, es decir, sobre los propios países promotores. Lo que se decía de lo «español» se entendió desde luego de lo «hispánico», y desde entonces la América de nuestra lengua quedó incorporada al fenómeno general de la Leyenda Negra. Si se hiciera una historia escrupulosa y veraz de la imagen de los países hispánicos en el resto del mundo, se vería hasta qué punto la frecuente difamación procede directamente de las campañas iniciadas en los años de lucha por la independencia.

Y convendría preguntarse en serio por el grado de sinceridad de esos ataques, proferidos en el ardor de la lucha y en muchas ocasiones por el temor a parecer tibio. Hay un ejemplo particularmente revelador y que mueve a la reflexión sobre este punto. Me refiero al *Resumen de la historia de Venezuela,* escrito y publicado en 1810, unos meses antes de empezar la lucha por la independencia, por el más ilustre de los venezolanos, Andrés Bello. En este escrito puede leerse:

En los fines del siglo XVII debe empezar la época de la regeneración civil de Venezuela, cuando, acabada su conquista y pacificados sus habitantes, entró la religión y la política a perfeccionar la grande obra que había empezado el heroísmo de unos hombres guiados, a la verdad, por la codicia, pero que han dejado a la posteridad ejemplos de valor, intrepidez y constancia, que tal vez no se repetirán jamás...

La Compañía Guipuzcoana, a la que tal vez podrían atribuirse los progresos y los obstáculos que han alternado en la regeneración política de Venezuela fue el acto más memorable del reinado de Felipe V en la América. Sean cuales fuesen los abusos que sancionaron la opinión del país contra este establecimiento, no podrá negarse nunca que él fue el que dio impulso a la máquina que planteó la conquista y organizó el celo evangélico. Los conquistadores y los conquistados reunidos por una lengua y una religión, en una sola familia, vieron prosperar el sudor común con que regaban en beneficio de la madre patria una tierra tiranizada hasta entonces por el monopolio de la Holanda...

El año de 1788 será siempre memorable en los fastos de la generación política de Venezuela, y su memoria permanecerá inseparable de la del Monarca y el Ministro que rompieron con una augusta munificencia las barreras que se oponían a sus adelantamientos. Cuando toda América levantaba al Cielo los brazos por los beneficios que en 1774 derramó sobre ella la libertad del comercio, se veía tristemente abrumado uno de los más preciosos dominios de la monarquía española con todos los gravámenes de un estanco, contra la voluntad de un Rey benéfico y la opinión de un Ministro ilustrado sobre los verdaderos intereses de su nación; pero poco tardaron en llegar a sus oídos, sin el velo de las pasiones, las quejas de unos vasallos dignos de mejor suerte, y la provincia de Venezuela ocupó el lugar que la intriga le había quitado en el corazón del Monarca y de que la tenía privada injustamente el interés particular. A impulsos de tanta beneficencia se ensancharon milagrosamente los oprimidos resortes de su prosperidad y se empezaron a coger los frutos que sembró, a la verdad, la Compañía, pero que empezaban a marchitarse con su maléfica sombra...

Tal ha sido el orden con que la política ha distinguido sus medidas en la conquista, población y regeneración del hermoso país que, desde las inundadas llanuras del Orinoco hasta las despobladas orillas del Hacha, forma una de las más pingües e interesantes posesiones de la Monarquía Española; y tales los sucesos con que sus habitantes, reunidos en una sola familia por los intereses de una patria, han correspondido a los desvelos con que el Gobierno ha procurado elevar a Venezuela al rango que la naturaleza le asigna en América Meridional. Tres siglos de una fidelidad inalterable en todos los sucesos bastarían sin duda para acreditar la recíproca correspondencia que iba a hacer inseparables a un hemisferio de otro; pero las circunstancias reservaban a Venezuela la satisfacción de ser uno de los primeros países del Nuevo Mundo donde se oyó jurar espontánea y unánimemente odio eterno al Tirano que quiso romper tan estrechos vínculos y dar la última y más relevante prueba de lo convencidos que se hallan sus habitantes de que su tranquilidad y felicidad están vinculadas en mantener las relaciones a que ha debido la América entera su conservación y engrandecimiento por tantos siglos. El día 15 de julio del año de 1808 cerrará el círculo de los timbres de Venezuela, cuando recuerde el acendrado patriotismo con que, para eterno oprobio de la perfidia, juró conservar a la Corona de Castilla íntegra, fiel y tranquila esta preciosa porción de su patrimonio[2].

¿Puede compaginarse este texto escrito la víspera del levantamiento con las cosas que se dijeron después? Lo malo para los países americanos es que las voces de la pasión fueron escuchadas y las de la razón y la veracidad fueron desatendidas. Las consecuencias han sido largas para unos y otros, para los «españoles europeos» y los «españoles de Ultramar», como eran designados los diputados de las Cortes de Cádiz (1810-1814).

Lo más interesante es cómo los hispánicos quedaron afectados por la Leyenda Negra. Hubo los que quedaron «contagiados» por ella, los que se persuadieron de su justificación y quedaron desde entonces en estado de *depresión histórica.* Hubo, por otra parte, los indignados, los que rechazaron la difamación de manera absoluta y sin matices, los intolerantes, los que se llamaron en el siglo XVIII los «apologistas», defensores a ultranza de lo bueno y lo malo, de lo justo y lo injusto, despreciadores de lo ajeno por añadidura. No han sido muchos los que se han conservado *libres* frente a la difamación, sin aceptarla ni hacerle el juego de la falta de crítica y el cerrilismo, *abiertos a la verdad.* Se podrían componer tres listas de españoles e hispanoamericanos, pertenecientes a estas categorías: largas las dos primeras; más breve, desgraciadamente, la última.

Esta situación es, si no me equivoco, uno de los factores más perjudiciales en la vida de nuestros pueblos. Si se examinara a la luz de estas ideas la historia de España desde la segunda mitad del siglo XVII y la de las naciones americanas desde su separación, se podría medir la destrucción u obturación de posibilidades que ello ha impuesto, la ambigüedad respecto a la propia realidad que ha inducido. Si se lograra poner en claro el grado de justificación de esa imagen dominante, el futuro de nuestros países quedaría abierto.

Un hecho sobre el que no hay ninguna claridad es el de que hasta fines del siglo XVIII o comienzos del XIX, es decir, hasta la separación (de España y de los diversos pueblos hispanoamericanos, unos de otros), no hubo ninguna inferioridad de la América hispánica respecto de la de lengua inglesa. Al contrario: la prioridad hispánica en el arte, el urbanismo, la imprenta, las universidades, la formación de «países» es inmensa. Las ciudades hispánicas (Santo Domingo, La Habana, México, Veracruz, Valladolid, Puebla, Lima, Cuzco, Quito, Cartagena...) eran incomparables con las de lo que hoy son los Estados Uni-

---

[2] Andrés Bello, *Obras completas* (Caracas, 1957), vol. XIX, pp. 44-55.

dos (Boston, Nueva York, Baltimore, Philadelphia...). Los Virreinatos eran Reinos regidos por Virreyes en nombre del Rey común, el Rey de las Españas, miembros de la Monarquía Católica o Monarquía Española, es decir, *países* en que las diferencias y heterogeneidades eran innumerables, como en las demás porciones europeas de esa inmensa comunidad unida por la Corona.

Esta creación política, de extremada originalidad —nunca había existido nada semejante desde el Imperio Romano—, fue siempre malentendida por los países «intraeuropeos» —sobre todo Francia, que desde el siglo XVIII impone la interpretación de la historia—. Es asombrosa la ignorancia que sobre la estructura de la Monarquía hispánica tienen los pensadores políticos de la época, incluso los que eran sin duda eminentes, como Montesquieu. Ignorancia que nace de una radical falta de curiosidad, de la incapacidad de imaginar algo que iba mucho más allá de los esquemas nacionales.

La prueba de la radical diferencia entre los *países* integrantes de la Monarquía española y las *colonias* de otras potencias europeas está en que existe un *mundo hispánico,* una comunidad de pueblos cuya lengua *propia* es el español, definidos por un repertorio de usos en gran parte idénticos, aunque matizados por profundas diferencias. Como se habla de la *Romania,* se podría hablar de una *Hispania* —diferente de una de sus partes, *España* en sentido estricto—. Nada análogo existe en el mundo. Ni siquiera el ejemplo de los Estados Unidos sería válido, por dos razones: la primera, que antes de la independencia, en la época de vinculación con Inglaterra, era solo una pequeña fracción del territorio actual, mucho menor que la parte originariamente hispánica, en el Sur y el Suroeste; la segunda, que se trataba de «colonias inglesas», esto es, *colonias de ingleses* establecidos en América, sin que formasen parte de las nuevas sociedades los indígenas, los aborígenes americanos. Lo único análogo a la América de lengua española es la de lengua portuguesa; tan análogo que lo incluyo al hablar de «mundo hispánico» (o ibérico, que es lo mismo); incluso políticamente se trató de la misma Monarquía y los mismos reyes durante sesenta años decisivos (1580-1640).

Es apasionante ver cómo en la mente de los hispanoamericanos —en buena medida de los españoles— la visión de la realidad fue sustituida por interpretaciones fabricadas e inyectadas, la mayor parte sin consistencia, discordantes con lo que habían vivido hasta muy poco antes —y no digamos en las generaciones llegadas a la vida adulta después de la independencia—. Es *uno* de los ejemplos —hay muchos más, y algunos bien recientes— de cómo se puede lograr la aceptación de la «historia-ficción», hasta el punto de que la realidad misma es suplantada por una construcción suficientemente repetida[3].

* * *

Creo que esa especial ceguera para lo que fue el Mundo Hispánico (que sin duda perdura para lo que *es*) tiene su raíz en un cambio de particular importancia en Europa, al cual no se unió a tiempo España, ni, por supuesto, su prolongación ultramarina. Me refiero al papel que desempeñan las *ideas* junto a las *creencias*.

En *toda* forma de vida humana, las creencias son mucho más fuertes e importantes que las ideas. Mientras «tenemos» ideas, las creencias nos «tienen» (o «sostienen»), como mostró Ortega ya desde su breve y famoso libro *Ideas y creencias*. Las ideas tienen la función de suplir a las creencias cuando éstas faltan, o han perdido vigor, o entran en conflicto entre sí. Son, pues, lo que intenta restablecer la certidumbre en que antes se estaba y que tenía primariamente un carácter *credencial*[4].

Las sociedades occidentales, salvo muy reducidas minorías, habían vivido, en su torso general, de manera *credencial* hasta el siglo XVIII. En este momento se inicia un cambio histórico que va a tener largas consecuencias. Las *ideas modernas*, nacidas en su mayor parte en el siglo XVII, adquieren fuerza en el siglo XVIII, es decir, *vigor* o *vigencia*. Se difunden, afectan a

---

[3] Leo en estos días un inteligente ensayo de Máximo Etchecopar, «La independencia de América como acontecimiento de España» (*Universitas,* Buenos Aires, septiembre de 1978), en que se ve el gran hecho histórico en una perspectiva española, cuya pobreza y falta de relieve es sorprendente, como ya pudo verse en el libro de Melchor Fernández Almagro, *La emancipación de América y su reflejo en la conciencia española* (Madrid, 1944). Y, por otra parte, el recién publicado libro de Carlos M. Rama, *Historia de las relaciones culturales entre España y América Latina. Siglo XIX* (Fondo de Cultura Económica, 1982). Las innumerables citas de autores del siglo pasado que este libro aduce son, en grandísima parte, lindantes con el absurdo y demuestran un olvido de la realidad o una indiferencia respecto de ella que producen asombro. Esto es lo que no aparece con suficiente claridad en este libro y es lo que le daría verdadero valor. Nada sería más aleccionador que la evidencia de que, durante largos años, nuestros pueblos han vivido en *estado de error* respecto a ellos mismos, con excepciones muy limitadas que sería interesante precisar y filiar con rigor. Se vería cómo aparecen los que podríamos llamar «contagiados» por la Leyenda Negra y los «apologistas» impenitentes, dedicados a acumular falsedad ante la impotencia de unas cuantas mentes veraces que se esfuerzan, con poco éxito, por tener en cuenta la desdeñada realidad de las cosas. Y habría que buscar los verdaderos orígenes de las deformaciones y los canales por los cuales alcanzaron tan extraordinaria vigencia.

[4] He desarrollado considerablemente esta doctrina en *La estructura social* (1955), capítulo IV: «Creencias, ideas, opiniones» (*Obras*, VI).

minorías muy extensas, empiezan a tener consecuencias para la vida social. Progresivamente, se va intentando vivir de ideas. Algunas «ideas», como la del progreso, se convierten en creencias: se inicia *el uso credencial de las ideas* por parte de los que ni las han descubierto, ni perciben su problematicidad, ni son capaces de alcanzar su evidencia o darse cuenta de que carecen de ella.

Las ideas, a última hora, descansan en una *filosofía,* y a ella hay que recurrir. No se hace mucha filosofía en el siglo XVIII ni muy honda —salvo, a fines del siglo, Kant—; se vive del pensamiento del siglo anterior, adecuadamente aguado para el consumo; pero hay una vigencia nunca antes conocida de los *philosophes.*

Aquí comienza lo que podríamos llamar la *anomalía hispánica.* La innovación de España, desde su constitución como nación en los tres últimos decenios del siglo XV, había sido asombrosa, pero de carácter *práctico:* invención de la *nación* y, casi a la vez, de la *supernación* —conjunto de pueblos heterogéneos unidos por una empresa histórica—, extensión de su lengua a otros pueblos, capacidad de engendrar en otras formas humanas, de «injertar» su cultura en otras; desarrollo de técnicas de navegación, militares, políticas; también fue España madrugadora en la expresión literaria y artística y en formas de vida religiosa. En cambio, fue tardía en llegar a una expresión *filosófica* original.

El latín había sido, como dije una vez, *el invernadero de la mente teórica, entre San Agustín y el Renacimiento.* En las lenguas vivas, durante siglos, no era posible el pensamiento riguroso. España, curiosamente, anticipa el uso intelectual de *dos* lenguas hispánicas: el castellano de Alfonso el Sabio y el catalán de Raimundo Lulio (o Ramón Llull), a fines del siglo XIII; pero esta innovación no tiene continuidad. Y cuando Italia, Francia e Inglaterra usan sus lenguas para el pensamiento filosófico, España sigue usando el latín, tanto los humanistas (Luis Vives) como los escolásticos (de Francisco de Vitoria a Francisco Suárez). Ni siquiera cuando Alemania inicia —después del remoto antecedente de Eckehart— el uso del alemán (Wolff, luego Kant) hay filosofía en español. «La *intelección plena* de una filosofía —he escrito en otro lugar— solo puede lograrse en la lengua en que ha sido pensada y escrita, y si esa lengua no se conoce, se permanece siempre marginal a esa forma de pensamiento. Pero la *posesión,* la apropiación de esa filosofía solo puede ejecutarse en la lengua propia, insertándola en la instalación básica lingüística sobre la cual ha de superponerse toda interpretación doctrinal. No se puede *entender* plenamente a Aristóteles si no se lo lee en griego, pero un hombre de lengua española no puede hacerlo *suyo* más que repensándolo en español, con palabras y giros de esta lengua. Esta es la doble condición, aparentemente paradójica, frente a la filosofía originariamente ajena» [5].

Pero esto tiene un gran supuesto: la existencia de una lengua filosófica, la creación de posibilidades filosóficas en una lengua determinada. Es lo que hizo, en cierta medida, Feijoo —y con él otros ilustrados en España y en América—, pero de una manera receptiva y no creadora. Lo mismo podría decirse de Sanz del Río y los krausistas, en el siglo XIX, respecto del alemán.

El Mundo Hispánico, en el siglo XVIII, no dispone de una lengua que le permita ejecutar adecuadamente la operación que Europa realiza: el paso de una vida definida por las creencias a otra condicionada por las ideas. Hay un momento en que se extiende a las sociedades en su conjunto —o a grandes porciones de ellas— lo que había sido propio de sus minorías intelectuales: la necesidad de *saber a qué atenerse,* de llegar mediante la razón a un sistema de ideas que puedan llegar a ser *certidumbres* y, en su momento, convertirse en *creencias auténticas,* en las cuales se pueda uno instalar.

Pues bien: en este momento el Mundo Hispánico se encuentra en una situación deficiente: no solo carece de una filosofía *actual y propia,* sino que tampoco tiene el instrumento lingüístico para hacérsela. Desde entonces, los pueblos hispánicos han vivido «de prestado», han dependido de formas mentales ajenas, no bien poseídas, no enteramente significativas: sin verdadera *independencia histórica.* Hemos estado condenados, a la vez, a *imitar* y a ser provincianos. (Adviértase que esto no es un mal exclusivo de los hispánicos, sino que ha ocurrido a *casi todos* los pueblos occidentales u occidentalizados, y que los que han dispuesto de una lengua y una filosofía *propias* han sido una excepción.)

Lo grave es que esto ha sucedido a España y a los pueblos de su lengua, que habían sido de los más creadores, que *tenían que serlo* si no querían decaer. Y esto ha introducido un insidioso *arcaísmo* en nuestra cultura. El español no creó *a tiempo* la lengua filosófica que necesitaba, y las sociedades hispánicas no llegaron a «madurar» íntegramente.

* * *

Esta fue, creo, la causa más profunda de la *decadencia* española —que no fue ni tan completa ni tan irreversible

---

[5] *España en nuestras manos,* 1978, p. 265.

como se ha dicho, por el profundo desconocimiento del siglo XVIII que se ha tenido hasta hace un par de decenios—. Y esto explicaría también el hecho de que la decadencia afectase a España antes que a América: el Nuevo Mundo no había llegado todavía a la *necesidad* histórica de la filosofía; por tanto, su situación no era *carencial* cuando la de España ya lo era.

La enorme solidez del Mundo Hispánico durante todo el siglo XVIII se debe a que el sistema de creencias en que estaba instalado apenas se había conmovido. Los «ilustrados» españoles, menos brillantes que los franceses, tenían un sentido de responsabilidad muy superior, precisamente a causa de esa instalación. Si se hacen cuentas un poco rigurosas se encuentra que la proporción de error entre los españoles es mínima, mientras que gran parte de la obra de los ilustrados europeos —sobre todo franceses— es insostenible intelectualmente, y no hay que excluir a los muy importantes (tal vez solo a d'Alembert y Condorcet): Voltaire, Diderot, Rousseau, Raynal, no digamos La Mettrie o el barón de Holbach, están llenos de errores, ligerezas, afirmaciones insostenibles; incluso el severo Montesquieu tiene ignorancias y frivolidades que asombran y que no se escaparon a Cadalso ni a Capmany [6].

Lo grave fue que, casi simultáneamente, España y América ponen en entredicho su sistema credencial, lo descalifican y se embarcan en un repertorio de *ideas recibidas*. En América, a causa de la independencia; en España, porque en las mismas fechas se pasa del antiguo régimen a la primera forma de democracia, a la discusión de la Constitución de Cádiz, el parlamentarismo y, más aún, el *periodismo político*. En ambos hemisferios se reacciona contra la situación anterior: en España contra el «antiguo régimen», que se presenta ante todo como el régimen «arbitrario», personal, de Godoy, bien distinto de la plena legitimidad institucional que la Monarquía absoluta había tenido hasta el final del reinado de Carlos III; en América ese mismo régimen se identifica con el régimen *español*, y se envuelve en ello todo lo que España significaba, en todos los órdenes. De esta confusión arranca la mayoría de los errores subsiguientes.

Lo interesante es que los que se oponen a esa innovación ideológica —los absolutistas, tradicionalistas, etc.— la ejecutan igualmente. Quiero decir que, lejos de permanecer instalados en el sistema de creencias en que vivían, toman su contenido como «ideas», que convierten en «tesis», lo más contrario

---

[6] Véase mi libro *La España posible en tiempo de Carlos III,* 1963, en *Obras,* VII.

a lo que es una *creencia social* auténtica, de la cual no se suele tener *ni idea.* Son tradicionalistas *por principios,* ideólogos de la tradición —y con una ideología también tomada en préstamo de los franceses: Joseph de Maistre y Louis de Bonald, luego Louis Veuillot, ni más ni menos que sus adversarios—. Las luchas políticas del siglo XIX son, en su máxima parte, enfrentamiento de «ideas» recibidas por unos y por otros, ni siquiera repensadas, y de una extremada inconsistencia intelectual. La culminación de esto se alcanza en España en las Cortes Constituyentes de 1869; no conozco la múltiple historia política de los países americanos con suficiente precisión para poder dibujar su mapa, pero basta mi limitada información para advertir que los fenómenos tienen profunda semejanza, aunque los contenidos tengan considerables diferencias.

Habría que intentar descubrir el torso de autenticidad que subyace a tantas posiciones y tesis deleznables y que fue el verdadero motor de la vida pública —y en cierta medida de la privada— a lo largo del siglo XIX; para España, los *Episodios nacionales* de Galdós y, con mayor hondura, *Paz en la guerra,* de Unamuno, permiten entrever el fondo de verdad —y de razón— del liberalismo y el carlismo. Habría que buscar los equivalentes hispanoamericanos de esto.

Esta ojeada a nuestro pasado común era indispensable si se quiere entender el presente y poder, con algún fundamento real, adivinar el futuro. La situación actual es bien distinta de las que acabo de recordar, pero viene de ellas. Si no se las entiende, si no se ve la proporción de su justificación e injustificación, de su razón y sinrazón, no es posible superarlas: de una manera o de otra, con distintos vocabularios, *se las repite.* Y esto no hace sino perpetuar la dimensión de *arcaísmo* que ha afectado desde el comienzo a nuestra vida «moderna».

Empezando por el hecho más visible, y que sería cómico si no hubiera tenido tan graves consecuencias, de que los hispanoamericanos independizados, al volverse contra su pasado español, culpan a España, la Monarquía, la Inquisición, etcétera, del *atraso* intelectual de sus pueblos, de la ausencia de una filosofía y una ciencia modernas. Se podría haber esperado que, libres de ese yugo, en posesión de la deseada libertad, se hubiesen dedicado intensamente al cultivo de las disciplinas filosóficas, científicas y técnicas y hubiesen cancelado el retraso imputado a su pertenencia a la antigua Monarquía. Todos sabemos que no fue precisamente así y que las viejas universidades, fundadas desde 1551, tan anteriores a Harvard o Yale, no se apresuraron a asemejarse a ellas, ni se produjeron en los países de lengua española o portuguesa los filósofos y hombres de ciencia que pudieran compararse con los de Alemania, Francia, Inglaterra o los Estados Unidos. Más bien el desnivel se fue acentuando a lo largo de todo el siglo XIX, cuando parecían haber desaparecido las causas del retraso. Y no fue muy diferente la situación de España, en la cual, a causa del tremendo cuarto de siglo que va de la invasión francesa a la muerte de Fernando VII (1808-1833), se produce un desnivel de una generación aproximadamente respecto de los países más creadores de Europa. ¿Y ahora?

* * *

En mi opinión, ha sido un error histórico el desdén por el sólido sistema de creencias que ha servido de columna vertebral a las sociedades hispánicas. En primer lugar, porque *siempre,* y aun en los grupos o los individuos más vueltos a las ideas, incluso en los que se llaman por antonomasia *intelectuales,* son las creencias el fundamento primario de la vida. En segundo término, porque de paso se ha desdeñado la *vitalidad* de los pueblos hispánicos, tan superior a la de otros muchos, y que ha permitido la superación de tantas dificultades y deficiencias. Hay países que subsisten o prosperan a fuerza de buen funcionamiento de las instituciones, y si esto falla decaen radicalmente; los de nuestra lengua se reponen de innumerables caídas y tropiezos y conservan, con la vitalidad intacta, eso que empieza a escasear en el mundo: el sabor de la vida.

Pero, por otra parte, y precisamente con hondas raíces en ese suelo y aun en el subsuelo de las creencias, en el Mundo Hispánico se han engendrado ideas de extremada originalidad, capaces de inspirar una nueva forma de cultura, más allá de las limitaciones y los errores de la que dominó Europa desde mediados del siglo XVII y que no fue favorable para nuestros países. Cuando se ha tropezado con los elementos negativos del racionalismo, cuando se ha visto que ha dejado fuera zonas esenciales de la vida, cuando su abstracción y su tendencia reduccionista han empobrecido la realidad o la han esquematizado de forma maniática, que ha hecho posibles algunos atroces errores de nuestro siglo, han sido pensadas originalmente en español ideas que están de vuelta de esa experiencia, a la vez que la llevan dentro y la incluyen, superada.

A finales del siglo XIX y comienzos del XX, por obra de la generación que en España se llama «del 98», se inicia un cambio radical en la mente hispánica, que consistió sobre todo en una imperiosa llamada a la autenticidad. Tal vez el primer nombre representativo de esto sea el de Rubén Darío, un americano que renovó la poesía —y la lengua poética— desde su propia raíz, partiendo de su condición, enriquecida con innumerables lecturas de los clásicos españoles, de sus contemporáneos y de los poetas franceses, abierto a todo. Rubén Darío, nicaragüense, se sentía argentino, chileno, español, hispánico.

Hay que decir que fue tomado así en España, desde que Don Juan Valera leyó en 1888 su primer libro personal, *Azul...*, y lo hizo famoso de la noche a la mañana. Desde entonces, Rubén Darío fue el poeta más importante de España, «el indio divino, domesticador de palabras, conductor de los corceles rítmicos», como dijo Ortega en 1912, añadiendo: «Ha llenado diez años de nuestra historia literaria.» Rubén Darío se sintió plenamente incorporado a España, a la generación del 98, que fue el primero en ver desde fuera, para formar parte de ella desde su segunda visita a España, en 1899 [7]. Y nunca fue considerado ajeno por los españoles, empezando por sus compañeros de generación Unamuno, Valle-Inclán, Azorín, los Machado— y siguiendo por Juan Ramón Jiménez o el propio Ortega y los poetas más jóvenes.

Análoga ha sido la situación con otros escritores americanos posteriores: Enrique Larreta, Alfonso Reyes, Francisco A. de Icaza, y después Borges, Mallea, Victoria Ocampo, Agustín Yáñez, Neruda, Vargas Llosa, García Márquez, Octavio Paz... Editados en España, leídos con avidez, considerados como propios, como variedades inconfundibles de la gran familia hispánica.

Pero han sido sobre todo escritores, literatos, poetas, novelistas. En el campo que aquí me interesa especialmente, en el de las *ideas* en sentido estricto, la iniciativa de la creación ha sido predominantemente española. Las disciplinas intelectuales, especialmente en el dominio de las humanidades —que son, en definitiva, el suelo de que se nutren las demás—, han sido cultivadas con extraña originalidad y rigor por unas cuantas mentes españolas en los últimos ochenta o noventa años. Es decir, se ha llegado a poseer un *sistema de ideas* nuevas y coherentes, fundadas en el más amplio conocimiento de toda la tradición occidental, pero pensadas circunstancialmente desde nuestra situación y en español, por tanto, íntegramente transparentes e inteligibles para todos los que tenemos esta lengua como propia. Ahí es nada que *por primera vez* se pueda pensar con rigor pleno en una lengua que ha alcanzado su perfección como instrumento filosófico, del mismo modo que

---

[7] Véase mi ensayo «Rubén Darío y la generación del 98», en *Obras,* X.

ha llegado a ser un órgano admirable para la literatura imaginativa después de haber pasado por las manos de Valle-Inclán, Ramón Gómez de la Serna o Jorge Luis Borges.

¿Cuál ha sido la reacción hispanoamericana a esas ideas nacidas en España? Hay que hacer una distinción. La reacción *popular,* quiero decir la de las sociedades de Hispanoamérica en su conjunto, ha sido análoga a la reacción española frente a Rubén Darío y tantos otros escritores: tomar posesión de su obra, nutrirse de ella, vivir de ella. La reacción de las minorías intelectuales, de los profesionales de las disciplinas respectivas, ha sido menos generosa, y por eso se han enriquecido mucho menos. Ante ideas formuladas por primera vez en España, que eran *de todos,* han preferido muchos pensar que no eran «suyas» y han fingido ignorarlas. No se han enterado de que Alemania, el gran país creador entre 1780 y 1930, ha dejado de serlo por ahora; que de Francia e Inglaterra hay que decir cosas parecidas, aunque con menos distancia entre el pasado y el presente; que la espléndida cultura actual de los Estados Unidos no es directa a inmediatamente asimilable si no se parte de un sistema de ideas *propias,* y que en ciertos campos decisivos no han llegado ni de lejos a lo que se ha pensado en español.

Los nombres de Unamuno, Menéndez Pidal, Gómez Moreno, Asín Palacios, Ortega, Marañón para hablar sólo de los maestros muertos— son suficientes. Y hay que añadir que de ellos han nacido *escuelas* —en el sentido más lato y libre de la palabra—, prolongadas hasta hoy, y que han permitido una visión hispánica de los temas capitales de la cultura, llevada a cabo con el rigor intelectual y los recursos de nuestro tiempo, y sin perder de vista la condición creadora y no acumulativa o inerte del pensamiento.

¿Hasta qué punto se ha beneficiado Hispanoamérica de todo esto? Las amplias minorías no profesionales que constituyen uno de los estratos más admirables, civilizados y generosos del mundo, difíciles de encontrar en ninguna sociedad, han aprovechado todo esto como sus equivalentes españoles, o acaso más, con mayor generosidad y simpatía, y por ello con más fruto. Los «profesionales», los que se dedican al cultivo de las «ideas», incomparablemente menos. Y por eso la América hispana no se ha incorporado en la proporción justa a la creación, ha seguido en una actitud de dependencia exterior, y a destiempo, cuando esa actitud receptiva, pasiva, imitativa, es menos justificada que hace un siglo e incluso medio.

Paradójicamente, la situación que acabo de describir tendría que modificarse sensiblemente si se piensa en el Brasil. La diferencia de la lengua, que significa una relativa dificultad

—fácilmente superable—, ha hecho que los autores españoles penetren menos que en los países de lengua española en el conjunto de la población (cuando son traducidos su difusión es muy amplia); pero los hombres de ideas y pensamiento en el Brasil no han tenido ni tienen reparo, de Gilberto Freyre en adelante, en nutrirse de los autores de lengua española en ambos hemisferios, y, lo que es más, proclamarlo. Tal vez por esto ha alcanzado el Brasil un florecimiento considerable de *pensamiento con raíces*.

* * *

Las ideas no pueden ocupar el lugar de las creencias. En la vida del más creador de los pensadores, las creencias ocupan el puesto decisivo. Pretender *vivir de ideas* es una idea desdeñable, falsa. La función de las ideas es suplir la deficiencia de las creencias o resolver sus conflictos o afrontar su iluminación y su siempre problemática certeza allí donde las creencias no han llegado o han entrado en crisis.

Los pueblos hispánicos, por extraña fortuna, han conservado con sorprendente vivacidad un fondo de creencias vitales que palpa todo el que tenga un poco de experiencia de pueblos, y esto es lo que les da esa *realidad* que los caracteriza, a pesar de sus enormes limitaciones y defectos, en una época en que tantos hombres y mujeres parecen hechos de plástico.

Ese tesoro no se debe perder, y una manera de perderlo es despreciarlo, hacer que se intente vivir de «ideas» insostenibles, indemostrables y que, en la mayoría de los casos, no se quieren *discutir,* lo que *pertenece a la esencia de las ideas.* Cuando esto se hace, se produce una escisión en las almas, de manera que se mueven en un mundo irreal de ideas irresponsables, indignas de ese nombre, y las raíces profundas y valiosas de la vida quedan afectadas por un inevitable *primitivismo*. Esta es la situación que nos amenaza de modo permanente.

Por el contrario, si llegásemos a extremar el rigor de las ideas, si llevásemos a su perfección y acabamiento las creadas y formuladas en español, sin preocuparnos en qué ribera del Atlántico han brotado; si las contrastásemos siempre no ya con otras ideas, sino con el torso credencial de nuestra vida, podríamos esperar una época de esplendor intelectual y, lo que es más, de vida verdadera.

9. Meditaciones sobre la sociedad española [1]

1. SOCIEDAD Y ESTADO

Las opiniones sobre la realidad efectiva de España son sobremanera deficientes y desorientadoras. Nadie puede sorprenderse de ello: desde 1936 no se habla en España con suficiente holgura de ella misma; en rigor, no hizo falta esperar a la guerra civil para que la claridad fuera insuficiente: España fue gradualmente invadida por el «politicismo» en los años inmediatamente anteriores, y esta condición hizo que casi nadie quisiera *ver* las cosas. No faltaron voces —y no han faltado enteramente en los últimos treinta años, bien que con sordina— que dijeran cosas veraces, justas y con frecuencia penetrantes sobre la realidad española, y sobre esa parte esencial y delicada de ella que son sus posibilidades; pero esas voces han sido desoídas o —si se me permite por una vez acuñar una palabra— desescuchadas. Las posibilidades de decir y escuchar son en los últimos años un poco mejores que en los decenios precedentes, pero temo que esté sobreviniendo a España una nueva ola de politicismo, quiero decir, de anteposición de lo político —con una visera coloreada ante los ojos— a toda otra consideración. Esta vez, sin embargo, hay una gran diferencia con la situación de hace treinta años: entonces el politicismo afectaba al torso de la sociedad española, mientras que hoy ese mismo torso es —peligrosamente— apático frente a la política; el politicismo actual es muy minoritario y deliberado, y existe principalmente en los grupos que por su vocación u oficio tendrían la misión de aclarar las cosas en vez de confundirlas. Podríamos decir, para ser breves, que en la España de 1965 hay multitudes apolíticas y grupos im-

---

[1] Publicadas originalmente en 1966.

pregnados de agudo politicismo, precisamente porque lo que no hay es política.

La perturbación que esta falta de claridad produce es considerable. En España, no hay que decirlo; en Europa, la existencia de un punto de fricción en una comunidad que coincide en las cosas esenciales, por debajo de una erupción —inquietante, pero epidérmica— de nacionalismo, plantea problemas cuya gravedad se manifestará en los próximos cuatro o cinço años; el efecto es aún más intenso sobre Hispanoamérica, que depende mucho más de lo que se dice de lo que pasa en España y de la imagen que España tiene de sí propia. Si se pudieran determinar con precisión las consecuencias americanas de los últimos treinta años de historia española, los hispanoamericanos tendrían una sorpresa formidable, y creo que los Estados Unidos tendrían otra todavía mayor, y se darían cuenta de hasta qué punto lo que sucede en la Península Ibérica condiciona la marcha general de los asuntos de Occidente.

La vacilación y oscuridad de las opiniones sobre España, dentro y fuera de ella, proceden de muchas causas, la mayoría de las cuales convergen en una: la confusión entre el Estado y la sociedad. Las influencias recíprocas de uno y otra son, naturalmente, enérgicas y decisivas; pero sus realidades son estrictamente diferentes. La actitud de un español frente a ambos puede ser, y en muchos casos es, de radical disparidad; para hablar solo de mí mismo, mi actitud durante tres decenios ha sido de total alejamiento del Estado —hasta el punto de no haber tenido ni siquiera un puesto docente oficial—; en cambio, mi situación ha sido y es de total inserción en la sociedad española.

Los atributos con los cuales se presenta el Estado podrían resumirse así: unidad, homogeneidad unánime, ausencia de toda discrepancia, inmovilidad. La realidad social mostraría otra serie de atributos: pluralidad, heterogeneidad, falta de acuerdo, posible ausencia de concordia, variación, vitalidad. Si se recuerda la distinción de Ortega entre dos formas de Estado —como «piel» o como «aparato ortopédico»— y se tiene presente que lo más importante y lo decisivo es *siempre* la sociedad, es fácil extraer las consecuencias pertinentes de esa simple comparación.

Casi todas las formas de plantear el problema político-social se resienten de un extraño anacronismo. Lo más frecuente, sobre todo en Europa, y no digamos en España, donde se ha perdido el hábito de tratar adecuadamente de estos temas, es enfrentar el individuo con el Estado; pero ocurre que la contraposición entre *individualismo y estatificación* olvida nada menos que la *sociedad.* Es, paradójicamente, lo que suelen hacer muchos que se llaman «socialistas» pero son estatistas; lo que responde a la mentalidad totalitaria y formuló con descarada concisión el fascismo hace algo más de cuarenta años: «Todo por el Estado, para el Estado y dentro del Estado.»

Cuando se habla, por ejemplo, de economía —y en general de todos los asuntos colectivos—, muchos «teóricos» nos ofrecen como alternativa la decisión de un individuo o un plan estatal. Ahora bien, las cosas no pasan de ninguno de estos dos modos: es la *sociedad* la que decide mediante sus fuerzas sociales articuladas en grupos y movimientos. Las grandes compañías modernas no están en las manos de un individuo omnipotente, ni en Europa ni, menos aún, en los Estados Unidos, donde el número de accionistas suele superar con mucho al de los obreros y empleados —porque casi todos estos son accionistas—; las decisiones se producen en una estructura compleja de carácter social y no estatal, y en conexión estrecha con el sistema total de las condiciones económicas objetivas de la producción y el mercado. Análogamente, los hombres y mujeres con formación universitaria, que hasta hace unos decenios eran una exigua minoría, son en algunos países una fracción considerable de la población, que interviene activamente en la ordenación de todas las formas sociales, independientemente del aparato administrativo del Estado. Pero la capacidad de no enterarse es tan grande, que muchos aceptan como válida la descripción de situaciones que dejaron de ser actuales hace varios decenios y que solo persisten residualmente en algunas sociedades atrasadas económica o políticamente, y lo más curioso es que algunos están persuadidos de que esas formas arcaicas son, ni más ni menos, el futuro.

El Estado opera mediante *leyes,* y su fuerza es la coacción jurídica —hablo del Estado en su verdadera función, no de la mera usurpación de sus funciones por un poder más o menos arbitrario—. La sociedad actúa mediante las *vigencias,* y consiste en un sistema de presiones difusas. Ahora bien, la sociedad amorfa es aquella en que el individuo no tiene posibilidades de actuación, y donde el Estado, por su parte, es prepotente. La sociedad estructurada y activa es, por el contrario, la que permite la eficacia del individuo, y entonces el Estado ejecuta sus funciones propias: *fomentar* lo que el individuo inventa y la sociedad realiza, y *ejercer el mando.*

He usado una expresión que debiera ser aclarada. Al hablar del Estado *prepotente* me refiero a aquel cuyas *potencias* van más allá de lo que es requerido por su función propia, es decir, que interviene en aquellas esferas que corresponden a los individuos o a la sociedad como tal. Desde el siglo XVIII, más aún durante el XIX y el XX, se ha producido un desplazamiento de la función del Estado, a la cual me he referido con algún detalle en *La estructura social*. Una cosa es el Poder —la función del mando— y otra las potencias —la capacidad de ejecutar diversas actividades—. El Estado del antiguo régimen, que era bien poca cosa, que era muy poco «potente», era singularmente «poderoso», prácticamente incontrastable, y su mando no podía ser discutido ni combatido por ninguna otra fuerza; a medida que el Estado crece y se incrementa, a medida que va siendo cada vez más rico, eficaz y «potente», y va asumiendo multitud de tareas y funciones, va perdiendo Poder y se lo puede combatir y aun derrotar con extraña facilidad; los dos últimos siglos han presenciado innumerables revoluciones, motines y golpes de Estado, y este, con toda su prepotencia, acusa anormal debilidad. La razón de ello está, si no me equivoco, en la crisis de la *legitimidad* —hablo de la legitimidad social y no meramente jurídica— que sobreviene a los países europeos hacia fines del siglo XVIII, cuando empieza a no estar claro quién debe mandar, es decir, cuando falta el *consensus* sobre quién tiene títulos para ello. La creencia social compacta había sido hasta entonces que el rey es quien tiene derecho a mandar, y eso daba al Estado una integridad de Poder plena, aunque sus recursos y potencias fuesen muy modestos. Cuando esta creencia se debilitó o quebrantó, la democracia fue el intento de restablecer una nueva forma de legitimidad, mediante un *consensus* que, a diferencia del anterior, era *expreso* y, por tanto, voluntario, actual, necesitado de actualización periódica, revocable, etc. Se podría fácilmente extraer una doctrina de la democracia y sus normas intrínsecas simplemente derivando las consecuencias o requisitos del tipo de *consensus* que significa (y que constituye su justificación y su valor).

Una de las más importantes, y que paradójicamente suele olvidarse, es que requiere que la vida sea *pública* en un sentido mucho más radical que el que la vida colectiva ha tenido siempre: publicidad quiere decir que las cosas *consten,* y además se pueda volver sobre ellas, se pueda *recurrir* a ellas para fundar en eso que ha acontecido y se ha dicho una nueva acción de conducta; en esa posibilidad de *recurso* estriba sobre todo el carácter de la legitimidad en la única forma en que *hoy* es posible. El extremo opuesto es la situación de la que es un ejemplo Rusia, pero que tiene manifestaciones análogas en varios grados de aproximación y en países que profesan estar muy lejos de ella, donde las gentes se enteran de lo que les pasa por los periódicos que se lo notifican, y la historia

—de la cual son sujetos pacientes— se reescribe a cada cambio político.

Lo más grave es que una forma deficiente de Estado —lo cual quiere decir casi siempre una forma excesiva— acabe por ahogar a la sociedad o, lo que es si cabe peor, que informe a los individuos y los haga a su semejanza. El Estado es la «expresión» de la sociedad, su representación; cuando esta es inadecuada, y dura mucho, puede hacer que la sociedad se engañe sobre sí misma y piense de sí propia en vista de la imagen que el Estado le da.

Se dirá, y se dirá bien, que al cabo la sociedad reacciona contra esas imágenes, que no pueden prevalecer. Pero aquí se esconde otro riesgo no despreciable, y del que son incontables los ejemplos en el mundo actual. El mimetismo es la tentación que acecha a los individuos o los pueblos sin imaginación, y no olvidemos que la prepotencia del Estado y la restricción de la libertad afectan sobre todo a la capacidad imaginativa del hombre; la economía, la ciencia, la técnica, mal que bien, pueden subsistir; la imaginación se debilita y acaso agota. Y entonces se propone como ideal *lo contrario de lo que existe;* pero lo contrario es muy parecido a aquello a que se opone. Hay muchos —y nada me inquieta tanto como esto— que al imaginar el futuro vuelven los ojos a eso mismo que existe, solo que al revés.

Yo pienso que lo más urgente y apremiante es ejercitar la imaginación. Primero, para comprender la realidad efectiva y no contentarse con las simplificaciones o las versiones interesadas de ella. Hay que volver a formular la pregunta: ¿Qué es España? Hay que contestar: ni lo que se dice ni la inversión mecánica y automática de ello. En segundo lugar, hay que *inventar* el futuro y añadir la decisión de que sea *porvenir.*

Lo peor que le puede pasar a un pueblo es tener una actitud jactanciosa y al mismo tiempo un secreto desprecio de sí mismo. ¿No ocurrirá que se presuma de lo que no se tiene o debería ser motivo de rubor, y se desconozca lo que es una gran riqueza y una promesa? Quisiera examinar lo que para mí es más valioso y prometedor de España: *la vida cotidiana.* Después habrá que preguntarse por el horizonte que se abre ante nosotros, o mejor dicho, que tenemos que abrir. Lo que más me inquieta es que en España todo el mundo se pregunta: *¿Qué va a pasar?* Casi nadie hace esta otra pregunta: *¿Qué vamos a hacer?*

2. LA VIDA COTIDIANA

El español, a lo largo de los siglos, tiene una quejumbre permanente y generalizadora. Si un hombre del Norte de Europa o de América espera un tranvía o un autobús, bajo la lluvia, y este no llega, se impacienta; es posible que murmure reniegos contra la compañía; es probable que le escriba una carta de protesta; su reacción no va más allá. El español apenas se ocupa del autobús, desde luego no de la organización de la cual depende; su comentario va inmediatamente más lejos: «En este país nada funciona.» Es muy frecuente entre españoles el entusiasmo abstracto por España —«lo mejor del mundo»— unido a la hostilidad concreta a todos sus contenidos: nada español les parece bien. A veces el español cae en la cuenta de su generalización constante, de su propensión a exagerar; después de haberlo hecho toda la vida, Larra recapacita un día y escribe aquel famoso artículo: «En este país»; pero pronto se repone y vuelve a la actitud inicial. Hay un refrán español en dos tiempos o, si se prefiere, de ida y vuelta, que siempre me ha parecido revelador. «En todas partes cuecen habas» —dice el español después de recapacitar y comparar su situación con las ajenas—; y en seguida agrega: «y en mi casa a calderadas». En estos años, la generalización más frecuente, sobre todo por parte de los jóvenes, se expresa así: «Aquí no hay nada que hacer.» Yo suelo contestar simplemente: «¿Lo ha intentado usted?»

El estado de la sociedad española induce fácilmente a confusiones. Se lo juzga con frecuencia desde puntos de vista que no se ajustan a la situación real, que son utilizables en condiciones distintas. Casi siempre se tiene una impresión exagerada —en bien o en mal— de la sociedad española: no se encuentra lo que se espera, no se espera encontrar —y por tanto no se reconoce— lo que hay. El desnivel social es muy grande; la desigualdad de posibilidades para los diversos grupos sociales, considerable; la incorporación del país al nivel de la vida activa, sobre todo de la vida histórica, muy deficiente. Cuando se compara la situación española con la de algunos países occidentales esto resulta evidente. Pero si se considera que España es una excepción, el error es mayor aún, porque en la gran mayoría de los países del mundo ocurre lo que en España, solo que en un grado mucho más alto. España pertenece a Europa, y *dentro de ella,* su sociedad se cuenta entre las que están aquejadas de notorias deficiencias; pero está mucho más cerca de cualquier sociedad europea que de las de otros continentes. En los últimos años, especialmente, España ha alcanzado una relativa prosperidad, pero aun aparte de ella habría que ver las cosas así. España no es un país «subdesarrollado», sino mal desarrollado.

Lo más grave es la distancia entre la realidad y la apariencia: la falta de articulación y reconocimiento de los elementos reales, por debajo de una ficticia uniformidad ý unanimidad. Regiones, grupos sociales, grupos de inteses, grupos de opinión. Todo eso existe y no tiene «curso legal»; por tanto, no se expresa, ni adquiere su propio perfil, ni se pule al contacto con los demás ingredientes de la sociedad, ni cuenta con ellos, y así se limita y aprende a convivir. La falta de política ha llevado a una politización general de la vida que me parece sumamente peligrosa: hace falta que haya política; primero, porque es necesaria; segundo, para que entonces la mayoría de las cosas de la vida *no sean políticas*. Porque lo que ocurre es que cuando no hay política donde debe haberla, se derrama confusa e irresponsablemente por la sociedad y está en todas partes.

Se ha llegado a una confusión tan grande sobre las condiciones normales de la vida colectiva, que se olvida la más importante, que es la *publicidad;* la vida colectiva tiene que ser vida pública, *res publica*. El tratamiento particular y «privado» de los asuntos que por su índole son públicos es clandestinidad. No basta con que haya posibilidades. Lo decisivo es poder *contar* con ellas, es decir, que tengan carácter de *disponibilidad*. Desde el punto de vista social y no meramente jurídico esto es lo que significa «Estado de derecho»: no basta con que *de hecho* se puedan hacer muchas cosas —por condescencia o lenidad, porque se lo permiten a uno—; hace falta que uno *tenga derecho* a hacerlas. Esto es lo único que permite proyectar, lo que hace que haya programas y continuidad social, que el hombre sea dueño de sí mismo y pueda convivir activamente con los demás, y la sociedad se organice y tenga, a la vez, movilidad y equilibrio. La falta de estas condiciones provoca una inmediata parálisis y engendra, en los estratos profundos de la sociedad, simplemente anarquía; es decir, la prepara y organiza como personal; la consideración de la sociedad desde el punto de vista de su carácter público se cruza con otra, no menos interesante, desde el punto de vista de la libertad. Es bastante fácil determinar la cuantía de la libertad existente en un Estado; mucho más difícil es aforar aquella de que goza una sociedad. El error más probable es juzgar esta por aquella, y en el caso de la sociedad española esa confusión engendraría un pesimismo mayor del que la estricta realidad impone. Como la vida humana *es* libertad, toda sociedad, en la medida en que lo es, en que está sometida a normas sociales, tiene un margen de libertad considerable. Un campo de concentración no lo tiene, pero no es una sociedad; cuando se consideran las diversas formas políticas nada es más importante que ver en qué medida dejan subsistir la existencia de una sociedad o la reducen a una versión mitigada del campo de concentración; y adviértase que esto no depende *sólo* de los caracteres del sistema político, sino muy principalmente de los de la sociedad a que se aplica. De manera que el «mismo» Estado puede ahogar entera o parcialmente la condición social, y por tanto, la libertad, según los países y las épocas. Un examen atento de los hechos llevaría a no pocas sorpresas.

Al considerar la situación de la libertad en una sociedad determinada hay que tener en cuenta la que falta y la que se tiene. Esto parece perogrullesco, pero casi siempre se omite: a veces se atiende solo a la libertad que falta y se olvida que esa privación concreta se da sobre un fondo de libertades efectivamente poseídas; en otras ocasiones se numeran estas, sin advertir el hueco de las que harían falta también. La situación más inquietante, y que me parece bastante dominante en España, consiste en no echar de menos la libertad que falta y no conocer y estimar la que se tiene. Esto es frecuente, sobre todo, en los jóvenes, y como a estos efectos son «jóvenes» en España todos los que no han conocido otra situación, resulta que forman bastante más de la mitad del país

Los jóvenes, en efecto, no han tenido nunca lo que podríamos llamar «uso de libertad», como se habla de «uso de razón». Esto no quiere decir que no tengan libertad, como también el niño tiene en alguna medida razón, pero no tiene su *uso,* y aquí hay que tomar la palabra en su sentido estrictamente social: para ellos la libertad no es un *uso,* sino a lo sumo una actividad excepcional y privada.

La consecuencia de esto es doble y paradójica. Los jóvenes toman como la cosa más natural del mundo la carencia de innumerables libertades, que no han encontrado «ahí» y no echan de menos, y por eso están dispuestos a aceptar formas política que las excluyen igualmente. Al mismo tiempo dan por supuesto que «no hay libertad», sin advertir que esto no puede decirse nunca de una manera absoluta, porque en rigor nunca «hay» libertad, sino que esta «se hace» ejercitándola —es lo que puedo expresar diciendo que siempre hay alguna libertad, por lo menos la que uno se toma.

Para aforar el estado de la libertad en una sociedad lo mejor sería proceder del siguiente modo, que me atrevo a aconsejar a los lectores de todos los países, porque en todos conviene echar estas cuentas: 1.º preguntarse con alguna energía y claridad. ¿Qué quiero hacer? 2.ª Intentar hacerlo. 3.º Si no se puede, procurar conseguir que se pueda (en general, intentarlo otra vez). 4.º Si continúa siendo imposible, preguntarse con la mayor seriedad *por qué* es así. Ya sé que es mucho más cómodo dar por supuesto que nada puede hacerse, o que lo que uno querría hacer es tan tremendo que no puede ni intentarse, y en vista de ello no hacer nada. Es más cómodo, pero es simplemente *conformismo,* cualquiera que sea su disfraz.

La vida es primariamente vida cotidiana. En ella consiste la riqueza principal de la sociedad española. Cuando se compara esta con otras de Europa, desde el punto de vista de los «datos», casi siempre la comparación es adversa para España; si se comparan las condiciones en que se desenvuelve la vida política y jurídica, el desnivel es todavía mayor; y a pesar de ello, cuando se toma el pulso a la vida, no se puede evitar, si se es sincero, una impresión desconcertante. Con arreglo a las normas recibidas, y que nos encontramos dispuestos a aceptar personalmente, y en ciertos aspectos a afirmar con toda energía, en España se vive «peor» que en la mayoría de los países de la Europa occidental y algunos de América; pero sentimos que de alguna manera se vive «más» que en casi todos ellos. La vida cotidiana española tiene un *plus* de vitalidad, de temperamento, de incentivo. La economía española es mezquina para muchos y estrecha para la gran mayoría, pero uno se pregunta si no habría que hacer otras cuentas para la economía *vital*. Hay un número considerable de españoles cuyos ingresos son inferiores a los de sus equivalentes europeos, pero que tienen mayor holgura vital, y esta envuelve los aspectos económicos.

El español tiene un relativo, pero considerable, inutilitarismo. No quiere esto decir que sea «idealista», ni tampoco que no haya un número crecido de individuos que se mueven principalmente por los estímulos del más sórdido interés. Pero las consideraciones económicas no son las primarias para la gran mayoría, y aun aquellos que actúan así en las grandes líneas de su conducta, lo «olvidan» en el detalle de ella, es decir, precisamente en la vida cotidiana, porque las *formas vigentes* de la sociedad española tienen otro carácter. Es muy difícil para un español plantear las cosas en términos estrictos de economía, yo diría que porque la actitud «económica» continuada le produce una extraña fatiga. Por eso infringe constantemente las normas de lo que dispone una «buena economía». Una vez dije que en «buena economía» cinco céntimos son cinco céntimos, pero que cuando esto es así, la vida se pone triste.

Se dirá que esto es un grave defecto del español, porque la creciente economización del mundo es irreversible, y la complejidad de las sociedades actuales exige un rigor económico que en España no se ha conocido y que es un requisito de una prosperidad que hoy resulta necesaria. El «lo mismo da», el «poco más o menos» ha sido posible hasta hace poco y ha sido una de las formas básicas de esa holgura vital de que he hablado; pero no es una actitud sostenible si ha de conseguirse mayor riqueza, y hoy se pretende esa riqueza y se considera necesaria para la vida; al mismo tiempo —y en esto estriba la dificultad— el español siente como insoportable pobreza la forma de relación con lo económico que domina en gran parte de Europa. No puede evitar la impresión de que «viven peor» los que tienen muchos más recursos que él, y por eso es frecuente que el español que por razones económicas vive en el extranjero viva mucho peor que lo hacía en España, contando con gozar de sus ingresos cuando vuelva, es decir, cuando se instale de nuevo en la forma de vida —incluso económica— que le parece realmente apetecible. El secreto deseo de innumerables españoles sería «ganar en el extranjero y gastar en España»; como esto sólo puede ser una solución excepcional o transitoria, hay que orientarse en otra dirección. Creo que el interés por lo económico y el rigor en esos asuntos son inevitables ya, y además convenientes; los españoles podrían buscar alguna inspiración en los Estados Unidos, donde el espíritu económico está templado y modificado por la extremada generosidad: el norteamericano tiene mucho más interés por *ganar* dinero que por *tenerlo,* y por eso lo da, individual y colectivamente, con una largueza absolutamente sin par en la historia conocida, que pone a este fenómeno en otro «orden de magnitud». Cierta «esplendidez» que el español suele tener, aun dentro de los límites de la pobreza, y que me parece una virtud muy alta, podría recibir una nueva forma en otra situación, definida por la eficacia y la prosperidad. Lo decisivo es que el concentrar la atención en los bienes económicos no haga, paradójicamente, que la vida cotidiana española pierda holgura y adquiera ese matiz de sordidez que todavía resulta tan penoso a ojos españoles.

Hay ciertos detalles que resultan, como siempre, reveladores. Mientras en muchas partes el hombre presume de estar «muy ocupado», de no tener tiempo para nada; mientras cifra su importancia en tener la jornada tan absolutamente llena de trabajos y compromisos que no puede albergar en ella nada inesperado, y una cita, por grata que sea, tiene que aplazarse durante días o semanas, el español siente aún una extraña vergüenza de sus quehaceres y ocupaciones y procura ocultarlos. El español que trabaja muchas horas al día y está siempre en retraso respecto a sus quehaceres, encuentra, sin embargo, hueco para ver a un amigo —o a un desconocido—, y lo recibe como si no tuviera nada que hacer, aunque quizá tenga que sacrificar algunas horas de sueño. La señora que ha estado ajetreada hasta cinco minutos antes de llegar sus invitados, a veces desde las primeras horas de la mañana, toma una actitud de indolencia cuando estos llegan, sugiere que la cena o la fiesta son la única ocupación de su jornada, que pertenece a eso que los que traducen mal el inglés llaman «la clase ociosa».

Yo veo con cierta emoción estos gestos, y me angustia secretamente el ver que cada vez son menos frecuentes y podrían desaparecer en pocos años. Porque, si no me engaño, reflejan una actitud profunda ante la vida que importaría sobremanera salvar.

3. PLANIFICACIÓN Y LIBERTAD

Yo diría, para entendernos con pocas palabras, que la *sociedad* española —conste, la sociedad— tiene un considerable margen de libertad. Esta libertad es relativamente poco ejercitada —desde luego, menos de lo posible—, y existe más bien en forma de «disponibilidad» para el futuro. Sin duda la sociedad espera ciertos estímulos que podrían venirle de un Estado fiel a su verdadera función —el nombre de aquel viejo ministerio español: Fomento— o más probablemente de la acción de ciertos individuos o grupos sociales imaginativos y con un mínimo de gracia y resolución, que sería urgente suscitar, pero que solo excepcionalmente están a la vista.

El español, a pesar de todos los pesares, no está aún «prefabricado»; es en buena medida imprevisible; deja un considerable campo a su espontaneidad, a sus caprichos, hasta a sus humores. Bastaría una pequeña torsión hacia lo alto para que esas capacidades se orientaran hacia sus ilusiones, proyectos, empresas. La libertad política es, quién lo duda, condición para la libertad *vital,* pero puede darse la primera con un mínimo de la segunda, y no es posible un despliegue adecuado de esta última sin una dosis suficiente de aquella. Por eso hay Estados en que la libertad es normal, pero donde la sociedad es precariamente libre, y producen una inequívoca impresión de angostura y tedio. A la inversa, una sociedad sana y enérgica puede salvar una porción apreciable de libertad en circunstancias de manifiesta estrechez; y si lo hace, no tarda en reintegrarse a formas políticas plenamente adecuadas y dignas.

Uno de los síntomas más inquietantes de España en los últimos años es el afán de «planificación» que ha acometido a muchos, y precisamente a gran parte de los que profesan disconformidad con el estado actual de cosas, como si este no fuera el resultado de una minuciosa y estricta planificación de la vida colectiva. A mi juicio, en la preferencia que los dos extremos del espectro de opiniones en España sienten por la planificación se esconde la clave del problema. Pretenden preferirla por razones de «eficacia», a pesar de que difícilmente podrían atribuirla a la actual planificación en muchos órdenes, y que los países que son realmente modelos de eficacia son sumamente moderados en cuanto a la intervención del poder estatal en los fenómenos sociales y económicos, y dejan un margen amplísimo a la regulación de las fuerzas sociales por sí mismas. El hecho de que la elevación del costo de la vida en los Estados Unidos no haya rebasado un 30 por 100 en quince años, a la vez que los salarios se han duplicado con creces en el mismo tiempo, mientras en países sometidos a estrictas regulaciones pueden elevarse los precios en esa proporción en el plazo de un año, no parece impresionarles. Lo cual induce a pensar que no es precisamente la eficacia lo que más les interesa. ¿Qué es entonces?

Yo pensaría que el temor al futuro en lo que tiene de *porvenir,* de innovación, de creación imprevisible e insegura. Con la planificación se trata, sobre todo, de la reducción del futuro al presente, de su domesticación y enjaulamiento. Se trata de saber «ya» lo que va a pasar «luego». Nada más contrario a la condición de la vida humana. Nada más aburrido, por otra parte, y de ahí el tedio que emanan las sociedades rigurosa y minuciosamente planificadas.

Se da por supuesto —y es otro síntoma de la misma actitud— que «el mundo va hacia eso», como si no fuera más cierto que el mundo va hacia muchas cosas diferentes, que tiene capacidad de ensayo, creación, rectificación y, sobre todo, pluralidad; pero además no es de hecho verdad que el mundo —si se entiende por ese nombre sus partes más avanzadas, activas y fecundas— vaya en esa dirección, sino más bien al contrario. Lo cual ocurre es que amplias zonas de la vida española viven petrificadas —y no es sorprendente, pero es lamentable— en formas mentales que fueron dominantes hace treinta o por lo menos veinte años, y estos son muchos años para el paso que llevan las cosas de nuestro tiempo.

De ahí viene la manifiesta hostilidad al liberalismo en que se ha vivido durante cerca de treinta años, y que está lejos de mitigarse; de ahí también la interpretación negativa del liberalismo que ha tenido y tiene vigencia. Porque el liberalismo, que es un sistema político, es *antes* un «temple», un estado de espíritu, una manera de ser hombre. Cuando el liberalismo habla, por ejemplo, de «limitación del Poder», no quiere decir que el Poder deba ser «poco», sino que tenga *límites,* es decir, configuración; y, por tanto, que tenga figura creadora la vida humana, la cual no debe consistir en «ser mandada», sino más bien en *ser,* y ser mandada solo lo mínimo inevitable y conforme a normas que ella misma decida. Por eso el liberalismo, al convertirse en término político, no alteró, sino solo amplió el área semántica de su sentido originario: el «liberal» es «generoso», porque está dispuesto a dejar que los demás sean lo que son y quieren ser, aun pudiendo impedirlo; para combatirlos, si es menester, pero sin sofocarlos ni anularlos; salvando los derechos de las minorías, asegurando la posibilidad de que intenten convertirse en mayorías.

Llevamos decenios oyendo la monótona cantinela de los «errores» y «fracasos» del liberalismo. Todo lo humano en alguna medida es un error y está amenazado por el fracaso, porque la vida terrena es constitutivamente imperfecta y frustrada. Pero dígase si alguna forma de convivencia ha tenido menos fracasos y más éxitos que el liberalismo; dígase si no son los países que le han permanecido sustancialmente fieles aquellos en que se han unido más regularmente la prosperidad y la dignidad, los que nunca se han sumido en la catástrofe ni en la abyección.

En cuanto a los «errores», el más grave ha sido uno, no imputable al liberalismo, sino a todo el pensamiento del siglo XIX y de parte del nuestro: el *individualismo* unido al *estatismo,* la oposición entre «individuo y Estado» (recuérdese a Spencer). Ese ha sido un error común, y muy principalmente de muchos de los llamados «socialistas», que han pasado por alto precisamente la *sociedad,* la han ignorado, y se han instalado en una forma de estatismo.

La vida humana es siempre *vida individual* —la mía, la tuya, la de él o la de ella—, pero en la vida individual acontece la sociedad; o, si se prefiere, *mi* vida está hecha de sustancia social, como enseñó Ortega hace cerca de medio siglo. El «liberalismo *individualista*» es ciertamente un error, pero le viene de su adjetivo: es el *individualismo* —liberal o no— el que es un error. Y su fracaso no puede arrastrar al liberalismo.

Este ha de extenderse a todas las verdaderas dimensiones del hombre. Hace falta, concretamente, la organización de un *liberalismo de la sociedad,* de un liberalismo social (que, por lo demás, está postulado enérgicamente por Ortega hacia 1908). La limitación del Poder no debe ser solo limitación del Poder del Estado frente al individuo, sino también limitación de ese Poder frente a la sociedad como tal y sus grupos, y limitación también de algunos individuos que —en general, utilizando los recursos del Estado— ejercen abusiva presión sobre el conjunto de la sociedad o sus porciones más débiles —fórmula bien conocida y de la que se podría hablar largamente.

El liberalismo tiene que extenderse, pues, a los grupos, a las fuerzas sociales, a la sociedad en su conjunto como sistema de vigencias, creencias, usos, proyectos. Liberalismo no es «atomización», sino al contrario: estructura compleja y no amorfa. La atomización —y el «amorfismo»— es la indefensión, y por tanto, la posibilidad de la opresión. La única defensa efectiva es el reconocimiento de las estructuras reales: clases, regiones, grupos de intereses, grupos de opinión; el «estatismo», por el contrario, es la forma de entregar a la decisión de unos cuantos individuos —políticos o tecnócratas— las decisiones que competen a la sociedad con sus estructuras propias, desde la Prensa hasta las asociaciones, desde los partidos hasta las modas, desde la organización social del gusto y la estimación hasta el mercado.

No puede sorprender que el liberalismo sea frecuentemente odiado: lo aborrecen y temen todos los que desprecian al hombre. Lo desdeñan los que prefieren seguir un pensamiento inercial, una fórmula o receta prefabricada, mejor que una solución extraída del análisis de los problemas concretos; los que gustan de leer en un libro lo que va a ser de ellos; los que carecen del valor de hacer por sí mismos su vida, y no quieren que la hagan los demás: los gregarios.

Hay un fuerte depósito de libertad vital que no se ha extinguido en la sociedad española. Son síntomas de ella la capacidad de entusiasmo del español, de improvisación, de desinterés, de hacer lo que no le conviene. Su resistencia a la adversidad, sin envilecerse del todo. ¿Cómo haríamos para que la sociedad española superara sus deficiencias sin perder lo que entre nosotros hace que la vida valga la pena de ser vivida? Porque yo quiero —como el que más— cambiar; pero no por cualquier cosa.

4. PASADO MAÑANA

Al titular «Pasado mañana» esta última meditación sobre la sociedad española del presente he querido sugerir dos cosas: la primera, que es prudente evitar una engañosa impresión de «inminencia»; la segunda, que no interesa tanto el «tránsito» como lo que haya después de él. Creo que los españoles deberían olvidar para siempre —para el presente, para el futuro— una de las más funestas expresiones de nuestra historia, acuñada, como era de esperar, durante la reacción absolutista de Fernando VII para calificar el trienio constitucional de 1820-23: «los mal llamados años». Todos los años son reales y efectivos, no hay más años que los de nuestra vida, y no se puede vivir «entre paréntesis»; el que lo hace, es que prefiere ajarse en una vitrina mejor que vivir. En general, esta actitud encubre pereza o temor; es una disculpa para no hacer *lo que hay que hacer*. Por otra parte, no hay cosa que contribuya tanto a perpetuar las cosas como la «prisa», sobre todo la prisa verbal; yo creo que tener prisa a los veinticinco años no tiene demasiado sentido; más bien interesa que los próximos veinticinco no sean una atrocidad o una estupidez.

Lo malo es que hay que usar la imaginación, y esta, a diferencia del *bon sens* de que hablaba Descartes, no está demasiado bien repartida; en todo caso, no abunda. Los jóvenes, sobre todo, tienen dificultades considerables para usarla. La razón es que la imaginación, aunque no se reduce a la memoria, se nutre de ella, y son jóvenes para estos efectos todos aquellos cuya «memoria histórica» es corta, es decir, cuantos no han rebasado bastante los cuarenta años, porque no han conocido o vivido con eficacia otra alternativa. La inversión automática no lleva sino al negativo de la misma realidad. Hay algunos que solo quieren *seguir*; otros, *lo mismo sólo que al revés*; algunos, por último, queremos *otra cosa*; pero no otra cosa cualquiera.

España no es tan diferente, tan «especial» como interesadamente se dice; España tiene una enérgica personalidad, una originalidad que le viene precisamente de tener sus raíces sólidamente hincadas en un suelo histórico; sobre el torso que le es común con otros pueblos se levanta su modulación peculiar, que importa retener y salvar, sin caer en la teratología. Hay que desterrar de una vez para siempre la idea de que España es un país anómalo y para quien no valen las leyes de la física, la política o la moral; de que constituye siempre un caso especial, una «excepción» al amparo de la cual puede hacerse lo que convenga. No, España no es un fenómeno de feria, sino un país que ha dado no pocas pautas al mundo y ha contribuido enérgicamente a hacerlo; y esas pautas son también válidas para ella.

España está en Europa, y esta no está sola, sino en Occidente: es uno de sus dos lóbulos inseparables. Ahí es donde hay que plantear el problema; desde ahí hay que imaginar el futuro, incluso los matices diferenciales españoles. Cualquier solución «aparte», provinciana o caprichosa, es utópica y está condenada al fracaso. Los que para imaginar el porvenir de España miran nostálgicamente a Hitler tienen tanto sentido histórico como los que vuelven los ojos a Mao. Solo las soluciones europeas y occidentales y actuales pueden ser viables. Pero hay *varias*, porque el Occidente es plural y permite la originalidad.

El primer principio que habría de tenerse en cuenta sería el respeto a la realidad, la negativa a suplantarla con una ficción, con un conjunto de buenos o malos deseos. El «pensamiento desiderativo» a que se abandonó buena parte de los siglos XVIII y XIX y al que se siguen abandonando todos los inmaturos es una de las tentaciones más peligrosas. En las sociedades occidentales de nuestro tiempo, que tienen una larga historia a su espalda y se han constituido, salvo pasajeros eclipses, en el ejercicio de la libertad —dos rasgos que faltan radicalmente en otras partes, uno u otro o ambos—, en estas sociedades el *pluralismo* es un hecho irrebatible y con el cual hay que contar.

Pero contar con él no quiere decir aguantarse, sino reconocerlo y darle su estatuto social y jurídico: regiones, clases, grupos sociales, grupos religiosos, intereses, opiniones. El Estado monolítico y uniforme es tan irreal y poco viable como el atomismo individualista que finge hombres singulares y abstractos dotados de una libertad también abstracta. Entre uno y otro se interponen las formas reales, las estructuras efectivas en que la sociedad está articulada y —todavía más— va a articularse. En suma, hay que *organizar el pluralismo*.

No se piense que con esto se trata de abrir la puerta a la disgregación de la sociedad: exactamente lo contrario. Porque ese pluralismo no puede tener otra base que la *concordia,* entendida no como una supuesta y ficticia «unanimidad», que ni es posible ni sería deseable, sino como una inquebrantable decisión de *vivir juntos,* esto es, de convivir y discrepar. La concordia es inseparable del disentimiento, y donde este no es posible puede asegurarse que aquella es inexistente. La concordia solo puede basarse en el derecho a ser lo que se es. Y digo derecho, porque no basta con ser de hecho. Estado de derecho es aquel en que se puede contar con las posibilidades, en forma expresa y explícita; no aquel en que se puede confiar en concesiones graciosas, en excepciones o simplemente en la lenidad. La vida histórica y social necesita proyectarse y solo se puede proyectar civilizadamente y a largo plazo cuando se es titular inequívoco de derechos que están más allá de cualquier arbitrariedad.

De ahí la necesidad de los *programas* de vida colectiva, y de que estos sean propuestos (y no impuestos) a la sociedad, de que esta pueda optar, prestarle su adhesión o negársela, y ello con la frecuencia necesaria para asegurar la efectividad del consentimiento, porque no se puede hipotecar el futuro. Los instrumentos de esta proyección colectiva son los partidos políticos. No tengo ninguna debilidad por ellos, más bien siento ante todos una pizca de repulsión instintiva, nunca he pertenecido a ninguno y creo muy improbable que esto me ocurra nunca; pero estoy persuadido de que en nuestro tiempo —desde la crisis del antiguo régimen en el siglo XVIII— son absolutamente necesarios para una vida normal. El *consensus,* fundamento de la legitimidad, al sobrevenir la crisis de esta, tuvo que ser expreso, manifiesto, y esto quiere decir democrático, lo cual requiere la articulación en partidos de las grandes corrientes de opinión.

Es esencial que puedan existir, pero es conveniente que sean pocos, que correspondan a vastos grupos de opinión, que no sean «religiones» ni concepciones de la vida ni ideologías, sino zonas de coincidencia acerca de los problemas específicamente políticos, sin que esto lleve consigo que los miembros del mismo partido compartan las convicciones religiosas, los gustos literarios o las preferencias amorosas de los demás. Es igualmente conveniente que haya mucha gente que no pertenezca a ningún partido y apoye eventualmente, según las circunstancias y según su conducta, a uno u otro. Y sería un error llamar a esa porción de la población «masa neutra», porque debería llamarse mayoría no adscrita.

Todo esto, sin embargo, es demasiado genérico; se refiere solamente a las condiciones generales para que se ponga adecuadamente en marcha una sociedad como la española. Pero ¿y esta misma en su concreción singular? Yo creo que la empresa que se presenta imperativamente a España, la que la sociedad española va, mal que bien, realizando, es su *movilización* total. España ha solido vivir por debajo de sí misma, quiero decir incorporando a la vida histórica una fracción de su totalidad. Despoblados y barbechos han sido las imágenes tópicas de una forma de abandono. La agricultura y la economía actuales no insistirían tanto en la supresión de despoblados, pero el problema más apremiante es el estado de barbecho o despoblado de tantos millones de españoles. La movilización de las capacidades humanas, la incorporación al nivel histórico es lo decisivo; es lo que más profundamente distingue a unos pueblos de otros. Y España, país europeo, radicalmente europeo, está por debajo de *su* nivel, aunque esté muy por encima del de otros países con los cuales no se la puede confundir.

La mejor inversión, la más «rentable», la condición de que todas las demás no sean fantasmagoría, es la humana. La educación deficiente significa la deficiencia histórica de una sociedad. Y es la elevación del nivel humano la que hace posible la del nivel económico; no la hace posible: la hace inevitable.

Por eso, cuanto más se insista en la importancia de lo económico, más esencial es escapar a la obsesión de ello, y sobre todo darse cuenta de que lo «intraeconómico» tiene sus raíces condicionantes en lo social. La economía ha entrado desde hace unos decenios en lo que Kant llamaba «el seguro camino de la ciencia». Los países que *quieren* resolver sus problemas económicos —y que no son todos, por supuesto— los resuelven. Los problemas económicos españoles son menores y no significarán dificultad considerable, dado el nivel de eficacia y prosperidad en que se encuentran los países de Europa occidental y los Estados Unidos. Para ello harán falta, naturalmente, dos cosas: que las posibilidades no estén obturadas por intereses abusivos y miopes; y que no se sacrifique la solución de los problemas a la preferencia por una ideología determinada. (Hace poco tiempo, un grupo de estudiantes de una Universidad española hablaba conmigo privadamente de estos temas. Uno de ellos me dijo: «¿Y no cree usted que se debe racionalizar la economía?» Yo le contesté: «¿Y no sabe usted que el instrumento principal de racionalización es el mercado?» Su sorpresa me reveló que nadie se lo había dicho y que no se le había ocurrido.)

El peso de las pseudoideas aceptadas sin crítica es incalculable, y conviene tener presente hasta dónde puede llevar. La Segunda Guerra Mundial estuvo movida, sobre todo, por la idea de racismo —un disparate científico— y por la noción del *Lebensraum,* del «espacio vital» que Alemania y el Japón necesitaban y los movía a invadir a sus vecinos y hasta a los que no lo eran. Hoy, con el territorio disminuido y la población aumentada, ambos países tienen un nivel de vida que jamás soñaron, y Alemania importa mano de obra en cantidades altísimas, mostrando con hechos la falsedad de las ideas que han costado a la humanidad incalculables sufrimientos y, lo que es peor, un envilecimiento sin ejemplo.

Solo esta incorporación de la sociedad española al nivel de lo que en el último tercio del siglo xx y en Europa merece llamarse «humano» permitirá mirar con confianza el futuro. Solo ella impedirá la masificación, la homogeneización del país tan pronto como sople sobre él un viento de prosperidad ya anunciado por una perceptible brisa. La prosperidad me parece admirable, con tal que esté respaldada por formas humanas adecuadas; con otras palabras, el desarrollo económico es admirable cuando es una manifestación del desarrollo humano. En otro caso, cuando es postizo y «sobrevenido», puede dar al traste con admirables posos decantados en el fondo de una sociedad durante siglos y que constituyen su riqueza mayor inexhaustible.

Hay que salvar la pluralidad de las formas de vida, la seguridad frente al abandono o el despojo, pero la inseguridad radical en que la vida consiste, lo que hace de ella un riesgo, una aventura, una invención, una sorpresa. Hay que mantener clara la conciencia de que los problemas económicos son inmediatos y apremiantes, pero que con ellos no termina la historia, sino que en verdad empieza; que una vez resueltos aparecen los más graves, inseparables de la condición humana, desde el tedio hasta el sentido de la muerte; y por eso importa tanto no comprometer el sabor de la vida española, su invención, su capacidad de improvisación, la pluralidad inagotable de sus temples y matices.

Hay que resistir a la sirena de la homogeneización, que amenaza anular las «diferencias de potencial» en la sociedad y conducir a una «entropía social». Porque hay una forma de empobrecimiento en la que no se suele reparar, pero que es la más grave de todas: no el de los recursos, sino el de la vida misma.

La felicidad es asunto personal, pero acontece y se realiza dentro de un alvéolo social. Solo podemos pedir a la vida colectiva que disponga para nosotros ese alvéolo adecuado, que nos permita buscar esa felicidad y, si la alcanzamos, nos deje gozarla. Y esto requiere, al menos en nuestro tiempo y dentro de nuestra tradición histórica, la *vida como libertad*. La justificación máxima del liberalismo es que responde a lo que el hombre es cuando no dimite de sí propio, cuando no acepta ninguna forma de deshombrecimiento.

Desde ese nivel serían posibles y hacederas las empresas colectivas de España: su elevación hasta sí misma, hasta su propio nivel; su integración original en Europa y Occidente; su función inspiradora y coordinadora, de «Plaza Mayor» de Hispanoamérica. Cualquiera de las tres podría encender en entusiasmo a un pueblo. Las tres juntas y articuladas podrían dar a España una nueva grandeza: la que es posible y digna en el siglo XX, y que no consiste en dilatarse a expensas de los demás, sino con ellos y para ellos.

10. La originalidad española
en el pensamiento actual [1]

Me propongo presentar ante ustedes no tanto el detalle del contenido del pensamiento español contemporáneo sino más bien lo que podríamos llamar la forma de ese pensamiento, lo que a mi juicio constituye la originalidad mayor del pensamiento de España en nuestra época. Hay un hecho histórico y es que el pensamiento tradicional en España se escribió en latín. Vives, los teólogos y filósofos desde Vitoria hasta Suárez en los siglos XVI y comienzos del XVII, escriben en latín. La forma dominante en este pensamiento es la del humanismo o la de la escolástica en su último brote, dos formas intelectuales y literarias que son supranacionales o, si ustedes prefieren, prenacionales. Por otra parte, el pensamiento, lo que podemos llamar el pensamiento en lengua española durante el Siglo de Oro, significó, por diferentes razones históricas muy complejas, la limitación de la teoría en lo que tiene de problemático en sentido estricto. Esto se puede aplicar a los místicos, o a Quevedo, o a Gracián, o a Saavedra Fajardo. La razón principal de todo ello es que España durante los siglos XVI y XVII vivió tratando de evitar el error a cualquier precio. No se entiende la historia española de estos siglos si no se ve que todo se supeditó al propósito de evitar el error. A pesar de lo cual, cuando Feijoo, ya bien entrado el siglo XVIII, se enfrentó con la situación de la cultura y de la vida social española, encontró que España estaba en lo que podríamos llamar estado de error, estado de error que no era, ciertamente, la heterodoxia religiosa en el sentido estricto y habitual, pero era el predominio de la superstición, era la admi-

---

[1] Conferencia pronunciada en Vanderbilt University (Nashville, Tennessee), en 1964, con ocasión del centenario del nacimiento de Unamuno.

sión frecuente de ideas no controladas y erróneas, las concepciones médicas absolutamente absurdas, etc. Con lo cual se mostró, una vez más, que el intento de evitar el error es *la précaution inutile*. Feijoo justamente se dedica a tratar de destruir esos errores arraigados, es decir, lo que llamaríamos en lenguaje moderno las creencias sociales erróneas, y lo hace de tal manera que lo que nos sorprende, lo que nos sorprende más, mejor dicho, lo que más debería sorprendernos, es que no nos sorprende apenas nada, que es de una tan insólita modernidad que lo leemos sin sorpresa, sorpresa que aparece solo cuando lo comparamos con los escritores inmediatamente anteriores o contemporáneos, que parecen pertenecer a otro mundo y a otro clima mental. Gracias a Feijoo —cuyo centenario se celebra también ahora, y que por tanto no está mal recordar—, gracias a Feijoo hubo pensamiento en España, aunque no era todavía, propiamente hablando, pensamiento español, porque la Ilustración de Feijoo en adelante no fue creadora, fue reactiva, transmisora, polémica. Se trató de hacer una europeización de España importando las ideas y los estilos mentales y no, como se hizo después, de manera original y creadora, que es la única realmente eficaz.

Lo grave del caso es que desde 1790 aproximadamente esa radicalización que se produce en España, a consecuencia de la Revolución francesa, destruye las posibilidades que se habían organizado en España en los últimos cincuenta o sesenta años y da al traste con lo que he llamado en uno de mis últimos libros *La España posible en tiempo de Carlos III*. Después, desde 1808, la invasión francesa y la opresión de Fernando VII extinguen casi enteramente la vida intelectual en España y producen sobre todo un aislamiento, una parálisis, que hace que España quede fuera de Europa porque queda, en cierto modo, fuera de sí misma. Esta situación hace que en el siglo XIX España esté en una situación que podríamos llamar de teoría enajenada. El pensamiento teórico se ha hecho ajeno a los españoles y va a hacer falta un largo aprendizaje para volver a él. Hay una dependencia del exterior inmediata y muy fuerte, primero de Francia, después, a partir de los krausistas, de Alemania y al mismo tiempo estos años centrales del siglo XIX significan una crisis de la filosofía en Europa. Es la época en que domina primero el positivismo, luego todos los neo-ismos, neo-kantismo, neo-fichteanismo, neo-hegelianismo, neo-tomismo, es decir, pensamientos recibidos y no creadores; una mala sazón para recobrar la originalidad del pensamiento un país que lo había perdido. Pero ¿qué se entiende cuando se habla de pensamiento español, o de pensamiento francés, o inglés, o alemán, o italiano, o americano? ¿Se trata de ciertas ideas, se trata de un conjunto o repertorio de ideas, de una aportación original de un país a las disciplinas intelectuales? No tanto. No creo que esto sea lo importante. Adviertan ustedes que hay muy pocas ideas de ningún país, hay muy pocas ideas españolas, hay muy pocas ideas alemanas, o francesas; la mayor parte de las ideas son europeas. Desde hace unos cuantos decenios en que los Estados Unidos y algunos países de Hispanoamérica se han incorporado activamente a la vida creadora intelectual, estas ideas son occidentales. Si cualquier país hiciera el intento de vivir de sus propias ideas, el resultado sería la indigencia mental.

Hacer un estudio del repertorio de ideas españolas originales desde 1898 tendría algún interés, pero dejaría fuera lo más importante. Lo más importante es una cierta forma de pensamiento. ¿Pero es que se puede definir, dirán ustedes, la forma de un pensamiento nacional, la forma del pensamiento de un país? ¿Se puede hablar de la forma del pensamiento alemán, o de la forma del pensamiento francés o inglés? No es fácil, porque estos pensamientos tienen una larga historia a través de la cual han pasado por formas muy diversas que vienen unas de otras y además de la interacción de estas anteriores con otras ajenas y diferentes. Pero se podría apreciar, sin embargo, en estos casos la constitución de una actitud teórica originaria, la constitución de una manera mental de plantear los problemas y tratar de ellos. ¿Cuál sería el punto de partida? Evidentemente, la lengua. Y esta es la situación que resulta más clara para España, gracias a esa interrupción en la continuidad del pensamiento teórico al llegar al siglo xx. Es justamente aquello que en un escrito de 1910 señaló Ortega cuando decía estas pocas palabras modestas y ambiciosas: «Queremos la interpretación española del mundo».

En la última lección universitaria que pronunció Don Miguel de Unamuno al cumplir los setenta años, en 1934, decía esto:

«A presión de siglos, encerrado en metáforas seculares, alienta el ánimo, el espíritu, el soplo verbal que nos ha hecho lo que por la gracia de Dios, la palabra suma, somos: españoles de España. Las creencias que nos consuelan, las esperanzas que nos empujan al porvenir, los empeños y los ensueños que nos mantienen en pie de marcha histórica a la misión de nuestro destino, hasta las discordias que por dialéctica y antitética paradoja nos unen en íntima guerra civil, arraigan en el lenguaje común. Cada lengua lleva implícita, mejor encarnada en sí, una concepción de la vida universal, y con ella un sentimiento —se siente con palabras—, un consentimiento, una filosofía y una religión. Las lleva la nuestra.»

Estas palabras de Unamuno definen inmejorablemente lo que quiero decir. La lengua aparece como una manera de instalación, como un temple vital desde el cual el hombre trata con la realidad. Piensen ustedes en el fenómeno lingüístico, que no es solo lingüístico, de la diversificación del latín en los diferentes romances. La historia de cada lengua aparece como depósito de las experiencias históricas de un pueblo y esto hace especialmente agudo el problema que representa la lengua transmitida, la lengua recibida, quiero decir, la lengua exportada de una sociedad a otras, como es el caso del inglés en América o del español en América también. Es decir, lenguas que son, claro está, lenguas propias de los angloparlantes o de los hispanohablantes, pero que no son en igual medida lenguas de las sociedades americanas porque son lenguas que incluyen las experiencias históricas no de las sociedades americanas, sino de otras, viejas sociedades europeas. Son en todo caso las experiencias de los antepasados, problema enormemente delicado y que me parece de la mayor importancia.

Ha habido un paso del castellano al español y al español universal o hispánico en una continuidad lingüística que ustedes conocen bien: continuidad que permite que no haya ni un solo periodo literario español enajenado. No hay ni un solo periodo literario que nos sea ajeno y que no sea accesible e inteligible a cualquier hispano-parlante de una cultura media —el *Poema del Cid* es accesible a cualquier persona con una mediana cultura en el mundo hispánico— y hay por otra parte una diferente continuidad, la continuidad entre la lengua popular y coloquial y la lengua literaria. El español es y ha sido siempre *una* lengua, *una* sola lengua, lo cual no ocurre en otros casos. Y hay otro carácter más que me sorprende siempre en el español y es que al lado de la fijeza morfológica del español, de su temprana formación y fijación de las palabras y de una cierta resistencia e incapacidad para modificarlas, para crear derivados o compuestos, al lado de esto, de esta fijeza, hay la sorprendente libertad sintáctica del español. Podríamos decir que el español juega libremente con monedas bien acuñadas. Parte de ingredientes determinados mientras queda en indeterminación lo que va a hacer con ellos. El español, partiendo de un repertorio de palabras fijadas, bien fijadas, bien acuñadas, probablemente desde el siglo XVI y la mayoría de ellas desde mucho antes, mantiene una libertad sintáctica y compone su frase casi como quiere frente a la rigidez de la estructura sintáctica alemana o francesa. ¿Qué quiere decir esto? ¿Qué quiere decir como manera de instalación en la realidad este carácter lingüístico? ¿Acaso significa una pobreza de recursos unida a una gran libertad y riqueza de proyectos? Esta pudiera ser acaso la inspiración profunda de la lengua española.

La historia de España ha estado afectada, no nos engañemos, por casi constantes anomalías. Recuerden ustedes algunas expresiones usadas para entenderla en los últimos tiempos: «agónica», decía Unamuno; «invertebrada», decía de España Ortega; «conflictiva», llama Américo Castro a la edad que más le interesa. Se podría pensar que estos adjetivos son eufemismos cuya traducción normal sería simplemente «lamentable». Yo creo que no. Yo creo que «agónica», «invertebrada», «conflictiva», no quieren decir forzosamente «lamentable». Responden, me parece, estas calificaciones a las dificultades intrínsecas de una constitución nacional, de la constitución de un país con pretensiones casi siempre distantes de las circunstancias; quiero decir que la historia española está afectada de una innegable anormalidad y extrañeza que le viene de lo que yo llamaría su falta de automatismo. Hay ciertas historias nacionales que parecen brotar con una normalidad casi automática. España suele vivir en cierto modo a contrapelo. Piensen ustedes por lo pronto en esta extraña pretensión que ha tenido nuestro país de ser un país cristiano, europeo, occidental. Había todas las razones para no serlo. Se dice que España es el país menos europeo de Europa y es cierto en alguna medida. España ha tenido a los árabes durante más de siete siglos en su territorio y esto, evidentemente, ha menguado su europeidad, pero en otro sentido España es el país más europeo de todos, porque los demás países son europeos simplemente porque lo son —porque, ¿qué van a ser?— y España lo es porque se ha obstinado de serlo, porque contra toda razón se empeñó en serlo. España ha sido un país europeo a la fuerza, y esto tiene sus inconvenientes. La fricción interna, indiscutible, aunque localizada, de las tres castas: cristianos, judíos y moros; la expansión del siglo XVI; la fabulosa eficacia exterior de España en el siglo XVI mientras la vida interior española es precaria. Es algo sumamente inquietante el leer lo que los europeos decían de los españoles del siglo XVI —ese pueblo frío, astuto, calculador, eficaz, formidable—, mientras cuando leemos a los autores españoles y vemos lo que pasaba en

España nos parece que era algo terrible, desorganizado, pobre, menesteroso. ¿En qué quedamos? Quedamos quizá en las dos cosas. Las pretensiones nacionales españolas han solido ser voluntarias, decididas, no han brotado de una espontaneidad vegetal de la vida histórica. Piensen ustedes en la imposición a España del problema electivo de la Contrarreforma tan íntimamente asociada con lo que significa el barroco. Cuando España vuelve sobre sí misma, cuando España se desentiende de lo exterior y vuelve sobre sí misma, impone entonces proyectos parciales o arbitrarios sobre el cuerpo nacional. Esto es una clave quizá útil para entender casi toda la historia de España y entonces el resultado es la obturación de posibilidades y también un innegable germen de discordias. Piensen ustedes en lo que significa, como realidad histórica, la Inquisición o el hidalguismo —el hidalguismo que no es la hidalguía: los *ismos* suelen ser la inflamación de algo; el hidalguismo fue la inflamación de la hidalguía—; el aislamiento, lo que después llamó Ortega «la tibetanización de España en tiempo de Felipe IV». En el siglo XVIII, y quizá por primera vez en la historia, o por segunda, España se toma como empresa de sí misma. Esa es la gran originalidad, que no han sabido ver muchos, del siglo XVIII. España se trata a sí propia como había tratado sus empresas: la reconquista, América, la evangelización. Entonces España da pasos decisivos, sorprendentes, porque es objeto, empieza a ser objeto por parte de algunas minorías de esa eficacia española cuando España se pone de verdad a una empresa. Pero ocurre que al intentar justamente apoyarse en Europa —precisamente la empresa del siglo XVIII fue la recuperación del nivel europeo, la reinstalación plena de España en Europa—, entonces Europa falla. Sobreviene la crisis de la Revolución francesa que significa por lo pronto la quiebra de Europa; Europa no está ya disponible, no está ahí, y entonces sobreviene a España una peripecia, una tremenda peripecia. Una vez más —España ha sido casi siempre el país del *décalage*, el país del desnivel histórico— España podrá poner como lema de su escudo: «Yo me entiendo y bailo sola.» Esta ha sido la tendencia española, y ocurre que cuando Europa funciona como una unidad, España, que baila sola, pierde el compás. Esto le ocurre especialmente desde 1648. Solo va a tono entre 1730 y 1790, después hay un momento de liberalismo creador en que no solamente España está a tono con Europa, sino que *da* el tono, y la Constitución de Cádiz de 1812 se implanta en Portugal y se implanta en Italia y es el modelo vivo de los liberales de la época romántica, pero esto termina pronto, termina, como ustedes saben, con los cien mil hijos de San Luis y sus consecuencias, y entonces España omite o hace a destiempo todo lo que había que hacer en la época: la monarquía constitucional, la industrialización, la burguesía, la ciencia; lo mismo que había hecho con la ciencia moderna, con la filosofía moderna en el siglo XVII. Pero al mismo tiempo hay una extraña solidez de los elementos constitutivos de la vida española. Recuerden ustedes esa solidez, esa acuñación de las palabras frente a la libertad de la sintaxis. La historia es una larga serie de fracasos de grandes empresas que han dejado el depósito de experiencias múltiples. España las ha visto de todos los colores, especialmente de la gama oscura. Esta realidad es la que descubre plenamente la generación del 98. La empresa de la generación del 98 fue la toma de posesión de la realidad española. El gran filósofo alemán Dilthey decía que la vida es una mezcla extraña de azar, destino y carácter. El azar fue la existencia de un grupo de individuos geniales, el primero de ellos Don Miguel de Unamuno. Ese fue el azar. Lo demás, el destino y el carácter convergentes respondían a la situación histórica a la que España había llegado al terminarse el siglo XIX, y la acción intelectual de este grupo crea una nueva forma de pensamiento. Por primera vez en la historia de España va a existir con pleno rigor un *pensamiento español,* subrayando tanto lo de español como lo de pensamiento. ¿Y en qué consiste, en qué ha consistido o está consistiendo esta forma de pensamiento? La ciencia moderna europea tiene ciertas exigencias, tiene ciertos requisitos, hay una cierta manera de rigor que es la propia de esta ciencia; hay otras formas de rigor, el rigor se dice de muchas maneras. Era menester poseer todo eso, no estar por debajo de eso como había estado el siglo XIX, pero al mismo tiempo no estar fascinado por ello, ver sus limitaciones, ser capaz, llegado el momento, de renunciar a eso para ir más allá. Recuerden ustedes la actitud intelectual de Ganivet o de Unamuno, una actitud que consistía casi constantemente en tener desplantes. (El desplante como forma mental española sería un buen tema para una tesis.) Pero lo grave es que no se puede estar de vuelta sin haber ido primero. ¿Habían ido Ganivet y Unamuno? Ganivet no suficientemente. Ganivet se había asomado curiosa, inteligentemente a Europa y a la ciencia europea, pero no basta con asomarse. ¿Y Unamuno? Unamuno sí, Unamuno personalmente sí. Unamuno había hecho la experiencia real del pensamiento europeo, lo conocía, lo poseía, lo dominaba, era dueño de sus técnicas —pero en su casa, en su casa de Salamanca, quiero decir, públicamente, no. Unamuno era un helenista que hizo cuestión de honor no escribir una sola línea de filología griega. Conocía muy bien la filosofía y procuraba disimularlo; es decir, hizo la experiencia íntima, personal de la ciencia europea de la época, pero no públicamente. Y entonces, como escritor público, no tenía derecho a comportarse como lo hizo desde aproximadamente 1910. Ustedes saben que hacia 1910 Unamuno, que había sido el gran paladín de la europeización, se hizo anti-europeísta. Para mí la razón fundamental es esta: había conseguido convencer ya a tantos, que su actitud realmente parecía conformista. Era muy difícil para Unamuno opinar como los demás aunque los demás opinaran como él. Pero, claro, la actitud era un poco peligrosa porque los demás veían lo público de Unamuno y podían, claro está, tener la tentación de adoptar un cierto energumenismo sin haber ido, sin haber pasado por la disciplina, sin conocer de qué se estaba hablando. Esta es, creo yo, la razón y este es el sentido de las fricciones entre Unamuno y Ortega en el segundo decenio de este siglo.

La generación del 98, se ha dicho muchas veces y se ha dicho con verdad, es una generación de escritores, fueron todos ellos grandes escritores. Me parece esencial, porque el temple literario del 98 fue la condición de la reapropiación de la teoría, que en España se había enajenado. Era menester movilizar nuevamente el alma española hacia la teoría y eso no se podía hacer más que desde un temple literario. Era menester justificar la teoría. La teoría no se puede disparar sobre las gentes como algo obligado. Si alguien me invita a hacer filosofía o ciencia yo le diré: «¿Por qué?» «¿Para qué?» Hace falta que me justifique que tengo que hacerlo, hace falta que me muestre que tengo que hacerlo, sólo entonces lo haré con autenticidad. Eran grandes escritores que no eran sólo escritores. La preocupación de España era el motor vivo y operante de su pensamiento y de su obra literaria. Por eso estos hombres descubrieron que los libros de pensamiento son *libros,* tienen que ser *libros,* por eso tuvieron que hacer una obra literaria, porque una obra literaria es siempre una obra personal. La ciencia en alguna medida es impersonal o transpersonal. La literatura no lo es nunca. Para que nos interesemos personalmente por la ciencia es menester que tenga una dimensión literaria que la haga personal, y entonces se inicia la explicitación de la idea del mundo y de la realidad implícita en la lengua española y que es a la vez el precipitado de su historia. En este momento aparece Unamuno. Unamuno surge a la vida intelectual en un mal momento del pensamiento europeo. Adviertan ustedes que lo que nos parece hoy interesante del pensamiento de Europa apenas tenía relieve en 1895, en 1905, en 1910. Estaba dominada Europa por un irracionalismo que nacía de una idea estrecha y pobre de la razón. Europa creyó que la razón consiste en la razón explicativa, en la reducción de una realidad a sus elementos, o causas, o principios, y tan pronto como el pensamiento se interesó por realidades irreductibles, por realidades que ellas mismas interesan, como es la vida humana o la historia, la razón parecía inútil e incapaz. Unamuno fue irracionalista o fue intelectualista desesperado si se prefiere, y esto lo llevó a una descalificación de esa cultura europea que encontraba alrededor suyo. ¿Dónde encontró Unamuno fuerza para oponerse a esa tremenda vigencia que tenía entonces la ciencia de Europa y atreverse a descalificarla? Yo creo que en la ausencia de esta ciencia europea de lo que para Unamuno era la única cuestión, la cuestión de si hemos de morir del todo o no. Al renunciar a la razón, al renunciar a esa forma de ciencia dominante en su tiempo, afirmó la imaginación, con lo cual, casi sin saberlo, había andado ya la mitad del camino para una reconstitución de una idea adecuada de la razón. De ahí vienen sus mayores invenciones: la novela personal —la innovación capital de Unamuno—, la novela como un método de conocimiento, la anticipación del existencialismo de los años cuarenta y tantos, yendo casi siempre más allá, la presentación del tema de la muerte como tema decisivo de la filosofía, la referencia del hombre a las ultimidades en el momento en que dominaba una mera cultura de medios, todo esto causó la eficacia vital del planteamiento de Unamuno, su apelación al hondón del alma, al fondo mismo de la libertad personal; por eso Unamuno pudo escribir: «Cuando me creáis más muerto retemblaré en vuestras manos.» Unamuno, como escritor, y gracias precisamente a ser escritor, se ha convertido en parte de España. Unamuno es ya un elemento que no se puede perder de la realidad española, es un ingrediente constitutivo de su realidad futura. España será lo que sea, pero será ya España con Unamuno, España que incluye como ingrediente a Unamuno, y Unamuno en su generación, en una generación determinada por la convergencia de esfuerzos que señalan un nuevo nivel, que señalan el comienzo de una etapa movilizada por esa preocupación nacional que aparece en todos ellos y se descubre claramente ahora como el secreto de la obra filológica de Menéndez Pidal, por ejemplo. Este fue el primer nivel alcanzado por el pensamiento español con la generación del 98. Pero no se había hecho más que empezar. Después de la generación del 98 vino la siguiente, la de Ortega. Ortega significa un nivel distinto. Significó el nivel de la teoría. Ortega hablaba del señorío de la luz sobre las cosas y sobre uno mismo, el señorío de la luz hacia el cual, decía, había siempre querido llevar a sus compatriotas. Pero esta teoría, la de Ortega, no es abstracta ni académica, sino circunstancial, rigurosamente circunstancial, y por eso Ortega toma posesión intelectual de los temas a los cuales vitalmente había llegado la generación anterior y hace el descubrimiento de la vida humana como realidad radical. La idea de la vida es la gran idea alumbrada en toda Europa en los primeros años del siglo xx, y esa idea ha sido conceptuada paradójicamente en España con más rigor y más penetración que en parte alguna. Por eso Ortega tuvo que llegar a la idea de un método de aprehensión de la realidad, lo que llamó la razón vital, uniendo las dos palabras que venían luchando desde el último tercio del siglo xix y que Unamuno había contrapuesto del modo más dramático en *Del sentimiento trágico de la vida.* Yo creo que Unamuno fue el último estímulo que desencadenó la producción filosófica de Ortega al publicar el año 1913 *Del sentimiento trágico de la vida.* Ortega, que venía queriéndolo y admirándolo y discutiendo con él y haciéndole reparos en nombre del mismo Unamuno y pidiéndole que fuera hacia la teoría, al ver aquellas formulaciones agudas de irracionalismo pensó probablemente que la cosa no podía seguir así, y un año después publica Ortega las *Meditaciones del Quijote,* donde une por primera vez y en términos irritados, malhumorados, el sustantivo *razón* y el adjetivo *vital.* «Esa oposición, dice Ortega, entre la razón y la vida, de que tanto gustan los que no quieren trabajar, me parece sospechosa. Como si la razón no fuera una función vital y espontánea del mismo linaje que el ver o el palpar.» Ortega se da cuenta de que la razón es algo que encontramos en la vida, algo que se constituye en la vida, una función vital que, por lo pronto, para oponerla a la vida lo primero que hace falta es sacarla de ella, de donde está, extrapolarla de la vida en que ha nacido. A partir de aquí se constituye la teoría de Ortega y aparece el filósofo como escritor. Aparece Ortega como el creador de dos grandes innovaciones: la utilización temática de la metáfora como método filosófico y la renovación de los géneros literarios. Los géneros literarios significan fundamentalmente las diversas articulaciones de la realidad, los diferentes escorzos o posturas en que la realidad es acotada, presentada, interpretada. Y de ahí vienen las anticipaciones, las sorprendentes, increíbles anticipaciones de Ortega respecto del pensamiento europeo: la idea de la verdad como *alétheia,* la idea de la circunstancia o mundo humano, la idea del proyecto, la de la anticipación, la concepción del hombre como una realidad que se hace a sí misma circunstancialmente y que es forzosamente libre, la idea de la razón vital y su forma concreta: la razón histórica. Esto significa la madurez, la madurez del pensamiento europeo en forma personal, quiero decir, más allá de la *scholarship,* más allá de la pedantería. Ustedes saben que en España el intelectual, el pensador, ha tenido que asumir diversas funciones sociales; el intelectual en España tiene que ser casi todo. Visto desde los Estados Unidos, esto parece inquietante y lamentable, y yo no digo que no lo sea. Lo que me pregunto es si es sólo lamentable, porque esta necesidad de que el intelectual toque muchos pitos, de que el intelectual esté en muchas partes y se dedique a funciones muy diversas, evidentemente lo puede quizá distraer, y puede quizá impedirle una última perfección en sus trabajos, pero al mismo tiempo lo mantiene alerta frente a la realidad, quiero decir a la realidad en su complicación efectiva, no en sus versiones abstractas, parciales, académicas. El intelectual que es solamente intelectual trata con una realidad en cierto modo domesticada, y la realidad no se deja domesticar. Por eso la realidad irrumpe una vez y otra y por eso es posible que en países de la más alta tradición intelectual y académica, como Alemania, pasen las cosas que han pasado en Alemania en el siglo xx, y que probablemente no hubieran podido pasar si los intelectuales alemanes hubieran podido y hubieran tenido que ser menos *Gelehrte* y hubieran tenido que estar más a la intemperie como han estado, y ojalá sigan estando, los intelectuales españoles.

Después de Ortega ha habido eso que se llama la Escuela de Madrid, que no es propiamente una escuela, y por supuesto no es solo de Madrid. Es la irradiación de la filosofía que se ha convertido, cosa extraña, en el centro de organización de la vida intelectual española. Ustedes recuerdan las primeras líneas de las *Meditaciones del Quijote* de Ortega en que él se definía a sí mismo como un profesor de filosofía *in partibus infidelium,* porque la filosofía no interesaba a nadie en España. Y recuerdo que don Manuel García Morente contaba que cuando volvió a estudiar en Francia y en Alemania, hacia 1910, no se atrevía a decir la palabra *causalidad* porque las gentes pensaban que hablaba mal y que quería decir casualidad. Pues bien, en estas circunstancias Ortega no se dedicó a llorar por los infieles, sino que

lo que hizo fue convertirlos, convertirlos a la filosofía. Y
España es uno de los países en los cuales, gracias a Dios,
es más fácil editar y vender un libro de filosofía y es más
fácil reunir un auditorio para escuchar una conferencia filosófica. Esta Escuela de Madrid está definida por la independencia, por la pluralidad de tendencias, pero algo más, por
la fecundación por la filosofía de las disciplinas extrafilosó-
ficas, sobre todo de las humanidades. Si ustedes leen un libro español de pensamiento sobre literatura, derecho, historia, sociología, biología, lingüística, encontrarán ustedes con
rara frecuencia citas de filósofos, no siempre bien entendi-
das, y alusiones a textos filosóficos, lo cual no ocurre, por
lo menos no ocurre en esa proporción, en otras partes. Y se
ha unido al mismo tiempo el rigor de la investigación positiva con el rigor teórico que es diferente, y con la belleza
y fuerza de comunicación literaria, y esta es, creo yo, la
gran originalidad del pensamiento español de nuestro tiempo: el hacer libros que hoy han llegado a ser libros de rigor
positivo, que tienen además y primariamente rigor teórico
y que son libros, obras con capacidad de belleza y de comunicación literaria. ¿Qué podemos esperar? Yo creo profundamente en la fecundidad de los métodos, las ideas y las
formas del pensamiento español actual. Yo diría que está
todo por hacer, pero se sabe cómo hay que hacerlo. Creo
que sabemos cómo hay que plantear los problemas, lo cual
no es poco.

Pero hay peligros, hay enormes peligros de que esta
creación española se malogre y se destruya. ¿Cuáles son estos
peligros? El primero, el primero evidentemente, es la restricción de la libertad en España. El segundo es esa tendencia española a la impiedad y al olvido de sí propio. En
tercer lugar, esa actitud tan frecuente en nosotros que se
puede llamar insolidaridad y el deseo de ser único. Alguna
vez he dicho que si a un español se le dice que es el segundo en su campo no lo perdonará nunca; si se le dice que
es el primero fingirá agradecerlo, pero se quedará molesto
a menos que se implique que es un primero sin segundo.
El cuarto peligro es aparentemente inverso, pero está muy
unido, y es el mimetismo, que nace a su vez de un quinto
peligro: la falta de seguridad y el deseo de estar a la última,
aunque esa última signifique un retroceso. Ha habido un
caso, sin embargo, en que esto no ha ocurrido. Recuerden
ustedes que hace unos veinte o veinticinco años apareció como
la corriente filosófica dominante y avasalladora en el mundo el existencialismo. Resulta, además, que el existencialismo
se parece mucho a muchas cosas que veníamos diciendo en

España, sobre todo Unamuno. ¿Qué mejor tentación que declarar alegremente que somos existencialistas y que hemos inventado el existencialismo? ¿Qué mejor tentación que subir al autobús del existencialismo y hacer que se hablara sobre los pensadores españoles en todas partes dentro de la corriente existencialista? Pues no. Da la casualidad de que los pensadores españoles por esta vez han sabido resistir la tentación y han decidido no identificarse con el existencialismo, porque la verdad es que no eran existencialistas, sino otra cosa. En este momento el existencialismo está un poco de capa caída, como ustedes saben, y la gente empieza a no interesarse por él, y yo creo que el pensamiento español actual sigue teniendo algún interés. Pero ¿ocurrirá siempre así? ¿Siempre seguirá ocurriendo así? ¿Tendrán los intelectuales españoles suficiente modestia y suficiente orgullo, si se quiere, para ser fieles a lo que son? A mí me preocupa alguna tendencia reciente en España que es un nuevo brote de pedantería, un cierto amor a lo críptico, lo incomprensible e incontrolable, una curiosa y desmedida afición a aquello que no se entiende. Cuando yo escribo o hablo y pienso que puedan no entenderme los que me leen o me oyen siento una especie de repugnancia interna, casi, casi la náusea de los existencialistas.

Sería triste, enormemente triste, que España olvidara sus propias innovaciones, que las abandonara, y que al cabo de unos decenios tuviera que volver a aprenderlas de fuera; porque de lo que estoy seguro, de lo que estoy completamente seguro, es de que a esa forma de pensamiento a que España empezó a llegar hace medio siglo, a esa forma no habrá más remedio que llegar.

11. España contemporánea en la cultura universal [1]

1

De 1500 (*La Celestina*) a mediados del siglo XVII (Velázquez, Quevedo, Calderón), la aportación de España a la cultura europea fue incompleta, pero de enorme volumen y con extraña frecuencia alcanzó la genialidad. Incompleta, porque faltaron en ella casi enteramente —al menos en forma creadora— las ciencias matemáticas y naturales, y la filosofía solo tuvo una figura de primer orden (Suárez, 1548-1617) después de los humanistas del siglo XVI, de los cuales solo Luis Vives (1492-1540) había tenido personalidad filosófica original, dentro de los límites en que los humanistas europeos la alcanzaron. En los demás campos —poesía, teatro, novela, ascética y mística, teología, arquitectura, pintura, arte militar, navegación, capacidad de colonización, don de mando—, la presencia de España en el mundo durante siglo y medio es casi abrumadora.

En cambio, desde la muerte de Quevedo (1645) o, si se quiere, de Calderón (1681) hasta fines del siglo XIX, se produce una larguísima ausencia de genialidad en España. Empleo esta palabra, «genialidad», en un sentido bastante preciso y controlable, no como un simple término de encarecimiento: entiendo por «genio» el hombre que modifica nuestra manera de ver la realidad de tal modo, que ya forma parte de nosotros y tenemos que seguir contando con él. Hubo en España durante esos dos siglos muchos hombres admirables, y España siguió actuando —sobre todo fuera de sus fronteras— y gravitando considerablemente en el mundo durante todo el siglo XVIII; pero solo hubo en rigor

[1] Publicado en inglés en los *Cahiers d'histoire mondiale,* de la Unesco; en español, en *Los Españoles* (1962).

un *genio,* y este no fue un intelectual, sino un visual y un manual: Goya. Demasiado poco para un cuarto de milenio, sobre todo para la anormal frecuencia de genialidad de la España anterior: Fernando de Rojas, Garcilaso de la Vega, Hernán Cortés, Pizarro, Elcano, Santa Teresa de Jesús, San Juan de la Cruz, fray Luis de León, Juan de Herrera, el Greco, el autor del *Lazarillo de Tormes,* Cervantes, Quevedo, Góngora, Lope de Vega, Calderón, Velázquez, Zurbarán, Don Juan de Austria, Francisco de Vitoria, Francisco Suárez, San Ignacio de Loyola. Sin contar las figuras iniciales del periodo, que aportan una nueva idea del Estado y de la *Weltpolitik*: los Reyes Católicos, Cisneros, el Gran Capitán y el equipo, capitaneado por Colón, que descubre, explora y coloniza América.

De las causas de este súbito florecimiento de España hacia 1500, de su enorme eficacia histórica y de su temprana declinación, no he de hablar aquí [2]. Lo que me interesa es justificar —al menos explicar— el desinterés que Europa ha sentido por lo español desde mediados del siglo XVII. Se produce entonces un descenso tan grande en la capacidad creadora e innovadora, que sobreviene una natural decepción, convertida pronto en indiferencia y falta de esperanza: de España no llega durante mucho tiempo nada fuertemente original; *no se espera nada inesperado* —esta fórmula de apariencia paradójica expresaría bien lo que es la expectativa histórica—; por tanto, con España no hay que contar. De vez en cuando —pero muy de tarde en tarde— hay una sorpresa; pero, además de ser discontinuas, estas no tienen carácter intelectual: Goya o la resistencia frente a Napoleón en la Guerra de la Independencia, o acaso la España romántica como forma de vida capaz de «capturar la imaginación», como dicen en inglés.

Añádase a esto que la paralización de la vida intelectual española entre la invasión napoleónica (1808) y la muer-

---

[2] Pueden verse muchos libros sobre este tema, sobre todo desde fines del siglo XIX: Unamuno, *En torno al casticismo*; Ganivet, *Idearium español*; Ortega y Gasset, *España invertebrada*. Estos son los libros clásicos sobre el tema. Pueden verse también los más recientes de Américo Castro, *La realidad histórica de España*; Menéndez Pidal, *España y su historia*; Pedro Laín Entralgo, *España como problema*; Sánchez Albornoz, *España: un enigma histórico,* etc. Se encontrarán excelentes textos y comentarios en la antología de Dolores Franco: *España como preocupación* (nueva edición, Madrid, 1980), que abarca los siglos XVII-XX. Para el último período, la de Angel del Río y M. J. Bernardete, *El concepto contemporáneo de España*. Sobre el siglo XVIII puede verse, aparte del libro de Jean Sarrailh, *L'Espagne éclairée de la seconde moitié du XVIIIᵉ siècle,* el excelente estudio de Richard Herr, *The Eighteenth-Century Revolution in Spain*.

te de Fernando VII, que pone fin a su despotismo absolutista (1833) produce un *décalage* intelectual, no solo entre España y la Europa occidental, sino entre las actividades intelectuales y la vida histórica dentro de España misma. Esta es romántica al mismo tiempo que en el resto de Europa, pero la literatura que se hace lleva un retraso de unos quince años, aproximadamente una generación[3]. Intelectualmente, España queda afectada durante todo el siglo XIX por un *anacronismo* que hace literalmente *extemporáneas* sus creaciones y les impide tener el impacto que por su calidad a veces hubieran debido tener. Este es, por ejemplo, el caso de Galdós, uno de los más extraordinarios del siglo XIX. Un oscuro escritor español, Ricardo Macías Picavea, escribió esta frase llena de acierto: «Nuestro Galdós (el primer novelista, por cierto, con notable ventaja, de Europa en este siglo..., si España perteneciese a Europa)»[4].

Pero todo esto cambia radicalmente con la generación que llamamos de 1898. Los límites cronológicos de esta comprenden, según mi cuenta, a los hombres nacidos entre 1864 y 1878. Esta generación recibió su nombre, que ha hecho fortuna y se ha hecho universal, de la fecha del acontecimiento histórico que conmovió más profundamente a España a fines de siglo: la derrota en la guerra con los Estados Unidos, y la consiguiente pérdida de los restos del Imperio español de Ultramar: Cuba, Puerto Rico, las Islas Filipinas. Con esta generación comienza lo que podemos llamar *nuestra época*; ella es el límite hacia el pasado de lo que es todavía nuestro presente histórico; todo lo anterior nos parece «otro tiempo»; la generación del 98 pertenece ya al «nuestro». Los más longevos de sus hombres (Menéndez Pidal, Gómez Moreno, Azorín) todavía siguen vivos entre nosotros, y en actividad no marchita; los demás se han ido yendo con la muerte: Unamuno, Valle-Inclán, Baroja, Benavente, Maeztu, Machado, Zuloaga.

A partir de este momento, se produce una súbita concentración de creación intelectual, literaria y artística. ¿Por qué? Nada se explica en historia por lo que es meramente «dado», por las «dotes» de los hombres. No es verosímil que los españoles que han actuado en el siglo XX tuviesen mejores condiciones naturales que los de los dos anteriores, ni que estos fueran inferiores a los del Siglo de Oro. Lo que cuenta es lo que los hombres *hacen* con sus dotes, con lo que les es dado. La crisis de 1898 pone de

---

[3] Véase mi ensayo «Un escorzo del Romanticismo», en *Ensayos de convivencia* (*Obras,* III).

[4] *El problema nacional* 1899, p. 363.

manifiesto la insuficiencia de los principios en que se fundaba la vida española durante la Restauración (desde 1875), a pesar de que en ella se habían mejorado las cosas considerablemente. El 98 fue, he dicho en otro lugar, «el *revelador* que muestra cuál era la situación real de España; a partir de entonces, sólo se podrá vivir con *autenticidad* reconociéndolo y, por tanto, iniciando una época nueva»[5]. El «nosotros» de estos hombres se llama España; no saben a qué atenerse, y lo necesitan para poder vivir sin falsedad, con decencia personal y plenitud histórica. Movidos por esa necesidad y por una profunda vocación se ponen a hacer, desde su raíz, con la misma autenticidad que los filósofos presocráticos en su tiempo, literatura, historia, historia literaria, lingüística, arabismo, filosofía, con una intensidad y una calidad desconocidas en España desde hacía más de dos siglos.

2

He caracterizado en otro lugar[6] la actitud de los hombres de la generación del 98 como *aceptación de la realidad.* Esto no quiere decir «conformidad», menos aún «conformismo», sino algo bien distinto: aceptación de la realidad *tal como es*; y estos hombres encuentran que es *inaceptable.* Dicho con otras palabras, los hombres representativos de esta generación se enfrentan con la realidad española, dispuestos a reconocerla, no a negarla o descalificarla; lo primero que tienen que hacer es *tomar posesión* de ella: físicamente —son los creadores de una nueva visión del paisaje, los inventores de una «Castilla literaria» que es aún la nuestra, que vemos con sus ojos—, recorriéndola de extremo a extremo, recogiendo por igual, con la misma fidelidad, sus miserias y sus encantos: históricamente, mediante la investigación veraz de su pasado, la reconstrucción de su historia y su lengua, la revivificación de sus clásicos; sobre todo, imaginativamente, soñándola, para tomar así posesión de su más honda realidad: la que tiene de programa, proyecto, empresa.

Esa realidad española, repito, les parecía inaceptable. Era menester reformarla, hacerla vivir de nuevo; tomar su naufragio como punto de partida, ya que no tienen otra cosa. Los hombres del 98 están movidos por la íntima necesidad de saber a qué atenerse respecto a la situación en que tienen que vivir y que han aceptado, porque han decidido ser fieles

---

[5] *Ortega. Circunstancia y vocación,* 1960. 6. 66.
[6] *Ibid.,* pp. 67 y ss.

a su destino, creando libremente en él, trazando en esa España que han encontrado las trayectorias auténticas de sus vidas personales. En la crítica áspera de los hombres del 98 no hay «despego», sino todo lo contrario: un intenso, apasionado apego a eso mismo que critican y quieren transformar: a Unamuno «le duele España»; Azorín siente «una abrumadora ternura» por los pueblos muertos o dormidos, a los que quisiera despertar y llamar a nueva vida. Es la misma actitud de Baroja, de Valle-Inclán, a pesar de su deformación sarcástica, de Machado; la que, en forma distinta, más contenida y sobria, mueve la investigación de Menéndez Pidal, Asín Palacios o Gómez Moreno.

Esta situación se traduce en un *temple literario,* que no consiste simplemente en la calidad de los escritos de estos autores, sino en que él es el modo de aproximación a los temas, la única manera de dar autenticidad y eficacia comunicativa a los temas que les importaban. La teoría se había hecho, en sus formas creadoras, ajena a los españoles; no se podía lograr un verdadero interés por ella, una «reapropiación» efectiva, más que desde ese temple literario, que daba un carácter *personal* a las doctrinas y las hacía, a un tiempo, entrañables para sus autores y asimilables para los demás.

Esto es lo que hizo posible ese comienzo de un periodo de originalidad creadora en la cultura española. La generación del 98 canceló súbitamente —aunque solo, por supuesto, para las cimas— el *décalage* intelectual de la España del siglo XIX; la del XX estuvo, al menos en lo más alto, «a nivel», «a la altura del tiempo», según la expresión que gustaba de emplear Ortega; se suprimió, en el núcleo más elevado, el «anacronismo» que había pesado sobre España durante tanto tiempo. Quiero decir que, aunque para la gran mayoría de las cosas ese anacronismo persistió, cuando el español quería darse cuenta de él o acaso corregirlo, ya no necesitaba mirar al exterior: le bastaba medir lo que encontraba alrededor o dentro de sí mismo con lo que dentro del país se acaba de alcanzar. Y desde entonces fue posible que España contribuyese a la cultura de Occidente, no solo por algún indeliberado azar, sino acudiendo allí donde estaban los temas radicales de nuestro tiempo. Lo que ocurrió después es que, como Europa no lo esperaba y no estaba preparada para ello, tardó en enterarse; y cuando empezaba a caer en la cuenta, perturbaciones históricas ajenas a la vida intelectual lo han estorbado de nuevo. Con pérdida para España, desde luego; acaso también con pérdida para Europa, porque en algunos puntos —contados, pero decisivos— la actividad creadora española ha ido quizá más allá que el resto de nuestro continente, con una frescura y pujanza infrecuentes hoy, y se ha podido producir, en algunas fracciones significativas de nuestro mundo intelectual, una inversión de la situación de que se partió. Intentemos justificar esta sospecha con algunos ejemplos.

3

Creo que el primero es ese «temple literario» de que acabo de hablar. Si no me engaño, una de las aportaciones más interesantes de la España actual a las disciplinas intelectuales ha sido su expresión literaria. El estilo y los géneros literarios —problemas graves con que tiene que enfrentarse hoy la teoría, y especialmente la filosófica— han sido renovados hasta conseguir una fidelidad a los contenidos y una eficacia comunicativa que es difícil encontrar en otros lugares. No es un azar, y sí una absoluta novedad, que desde hace cuarenta o cincuenta años los libros de doctrina sean leídos en España aproximadamente tanto como los de ficción, que la filosofía y las disciplinas próximas hayan llegado a suscitar un interés muy vivo en una gran minoría que rebasa enormemente el círculo de los especialistas. Yo diría todavía más: que la filosofía se ha convertido en el *centro organizador* de la vida intelectual española; es decir, que los filósofos han llevado su punto de vista, su método y, en general, su estilo mental al estudio de otros temas, y los cultivadores de otras disciplinas utilizan dentro de su propio campo esas perspectivas y métodos. Lo cual ha tenido una consecuencia final: que nada ha suscitado tanto apasionamiento y entusiasmo como la filosofía —sobre la cual, como era de esperar, han recaído también presiones y hostilidades sin cuento—, que nada ha sido tan vivaz como ella, precisamente porque la teoría renació en España a comienzos de este siglo vivificada por una actitud literariamente creadora.

Y esto ha sido parte esencial de la teoría misma. La renovación del estilo, iniciada por Unamuno, llevada a su perfección por Ortega, ha creado una manera de decir que corresponde a una forma más compleja y profunda de razón. Como en otra ocasión he mostrado [7], *logos* es a un tiempo «razón» y «decir»: a una manera de razón ha de responder una manera adecuada de expresión; el uso de la metáfora

---

[7] «Vida y razón en la filosofía de Ortega», en *La Escuela de Madrid* (*Obras*, V, pp. 368 y ss.).

como instrumento de conocimiento riguroso, la creación de una lengua filosófica que en español no existía antes y que responde quizá más que otra alguna a los requisitos del pensamiento actual, la innovación en cuanto a los géneros literarios[8], condicionados por los temas mismos, todo esto han sido innovaciones capitales del pensamiento español de los últimos decenios.

Solo ha sido esto posible porque han coincidido, en los mismos años, en los mismos grupos intelectuales y hasta en algunas cabezas, la capacidad creadora literaria y la filosófica. Una minoría compuesta de individuos egregios, de fuerte personalidad, con enormes diferencias, pero con una comunidad de nivel, una igual pasión española y una voluntad profunda de crear desde la tradición entera de Europa, ha trabajado durante medio siglo en la renovación de la mente y la sensibilidad de su país.

El caso de Unamuno es particularmente revelador. El más viejo de los hombres del 98 (1864-1936), lleno de saber y de doctrina, se esforzó toda su vida por ocultarlo, por ser solo poeta e inquietador, *excitator Hispaniae*. Su propósito era «hacer que todos vivan inquietos y anhelantes», despertarlos a la «única cuestión»: saber qué ha de ser de nosotros después de la muerte («y si no muero, ¿qué será de mí?; y si muero, ya nada tiene sentido»); afirmar así lo que llamó *el sentimiento trágico de la vida,* título de su libro más famoso (1913). Unamuno ha sido uno de los más innovadores entre los escritores de nuestro tiempo; yo diría excesivamente innovador para su fama internacional y su eficacia; porque estas han sido un tanto engañosas. Su difusión fuera de España no fue grande hasta que en 1925 su actitud política y su destierro por Primo de Rivera le dieron notoriedad universal; su nombre circuló de boca en boca, y entonces se cayó en la cuenta de que era un gran escritor; pero la atención suscitada sobre él fue relativamente superficial, y al cabo de pocos años, agotadas y no reimpresas sus traducciones, desapareció de la circulación internacional, que desde entonces quedó restringida a pocos estudiosos y, sobre todo, a los hispanistas. Y cuando Europa llegó a los temas que habían sido los de Unamuno desde muchos años antes, ya no se acordaba —al menos eficazmente— de él, y no supo aprovechar su enorme aportación.

Unamuno fue uno de los mayores poetas españoles de este tiempo; pero, además, anticipó las ideas más fuertes y

---

[8] Véase mi estudio «Los géneros literarios en filosofía», en *Ensayos de teoría* (*Obras,* IV); también, *Miguel de Unamuno* (*Obras,* V), y *Ortega. Circunstancia y vocación,* sección II, cap. III.

vivaces de lo que después se había de llamar «existencialismo»; y, sobre todo, su irracionalismo o, quizá más exactamente, su «intelectualismo desesperado» lo llevó a intentar el conocimiento de la realidad humana, de la vida y de la muerte, a través de otra facultad que la razón: la imaginación, «la facultad más sustancial»; y para ello, en lugar de hacer teoría, escribió dramas y, sobre todo, novelas que han sido lo más importante, original y fecundo de su obra —también durante mucho tiempo lo menos atendido y estimado—. Estas novelas, que desde 1938 llamé «existenciales» —cuando no las había en ninguna parte— o, mejor aún, «personales» [9], datan de 1897 (*Paz en la guerra*) a 1931 (*San Manuel Bueno, mártir*), y en ellas se encuentra buena parte de las innovaciones técnicas de la novela europea y americana contemporánea; y son, sobre todo, un auténtico *método de conocimiento,* una presentación de la vida humana en su realidad temporal, capaz de dar su intuición eficaz y hacer posible así un estudio metafísico de ella.

Las posibilidades filosóficas y literarias de Unamuno han sido aprovechadas y beneficiadas solo muy en parte. Otro tanto podría decirse de las innovaciones de otros grandes escritores españoles de nuestro siglo: la novela de Baroja, a quien Hemingway reconoció hace poco como su maestro, en medio de una general sorpresa, verdaderamente sorprendente; la de Valle-Inclán, y sus «esperpentos», con su genial desrealización, su lirismo mezclado de farsa, cuyas huellas son tan evidentes en Lorca y —no sé a través de qué caminos— en muchos autores recientes, hasta Tennessee Williams; la recreación del paisaje en Azorín, y no menos la técnica «cinematográfica» de algunas de sus narraciones, como *Doña Inés* [10]; la *greguería,* combinación de lirismo e ironía, de Gómez de la Serna [11], la interpretación poética de la realidad y la temporalidad en Machado [12]; la creación, no solo poética, sino en cierto modo «narrativa», de Juan Ramón Jiménez —pienso sobre todo en *Platero y yo*— cuyo tardío reconocimiento por el Premio Nobel no ha sido suficiente para asegurar una penetración real de su personalidad en otras literaturas.

---

[9] Cfr. «La obra de Unamuno: un problema de filosofía» (1938) y *Miguel de Unamuno* (1943) (*Obras,* V).

[10] Véase «Doña Inés», en *Ensayos de convivencia* (*Obras,* III).

[11] Cfr. «Ramón o la realidad», en *El oficio del pensamiento* (*Obras,* VI).

[12] Cfr. «Antonio Machado y la interpretación poética de las cosas», en *Aquí y ahora* (*Obras,* IV), y «*Platero y yo* o la soledad comunicada», en *El oficio del pensamiento* (*Obras,* VI).

El caso de Federico García Lorca es significativo, y es sorprendente que no se hayan extraído de él las consecuencias oportunas. Su éxito enorme y universal, su difusión en todas las lenguas, a pesar de que su obra está tan ligada a aquella en que fue escrita, la popularidad que ha alcanzado en países de tradición muy diferente, todo ello se funda, claro está, en su poderosa fuerza creadora, en su originalidad y su valor literario. Pero todo eso ha sido posible porque se ha dado también una *presentación* adecuada, a favor de la notoriedad de su muerte lamentable y de haberse convertido así en símbolo y, en cierta medida, en bandera política. No es su muerte lo que ha dado éxito universal a Lorca, sino su mérito y su atractivo como escritor, pero es su muerte la que ha hecho que innumerables hombres de todos los países conozcan su nombre, dispongan de sus obras, sean incitados a leerlas y puedan encontrar así que son efectivamente admirables. Durante su vida, hasta 1936, Lorca era considerado como un extraordinario escritor y poeta, como *una* de las grandes figuras del mundo literario español; a nadie se le hubiera ocurrido ponerlo aparte, menos aún considerarlo «único». Si los azares de la historia dieron a Lorca desde 1936 una notoriedad inesperada, y se encontró que era una egregia personalidad *con la que no se contaba,* una sorpresa respecto de las expectativas dominantes acerca de la vida intelectual española, la reacción normal —si el interés hubiera sido plenamente auténtico— habría sido atender análogamente a los demás escritores de los cuales uno acaba de adelantarse dramáticamente hacia el foco de la atención universal; y, todavía más, reparar en que España, de la cual se empezaban a entrever fulgores —Unamuno, Ortega, ahora Lorca— no debía de ser ya el país con el cual «no había que contar», sino, al contrario, promesa de incitaciones muy altas y enérgicas.

4

¿Por qué no ha ocurrido así? Son varias las razones que lo explican. Algunas afectan al estado actual de la vida intelectual y literaria en Europa y también, aunque con diferencias considerables, en América; otras a las vicisitudes de España en los últimos veinte años; las más sutiles, a los caracteres de la cultura española de este tiempo.

Por debajo de las apariencias de constante «comunicación» entre todas las naciones, existe un profundo provincianismo que aísla y separa a los pueblos de Europa unos de otros; a medida que se ha ido extinguiendo en todas partes la minoría de «conocedores» (no profesionales) que realmente sabían distinguir y estaban al tanto de lo que aparecía en otros países, ha sido sustituida por dos realidades que están muy lejos de cumplir su exquisita función: unos son los «expertos», profesionalmente encargados de informar a unos países de otros; los otros, los que dominan los medios de difusión y, deliberadamente, de acuerdo con una técnica bien conocida y de resultados *inmediatos* seguros, confieren notoriedad universal a cualquier obra literaria, doctrinal o artística. En ambos casos, lo verdaderamente original, lo que supone una efectiva innovación, tiene escasas probabilidades de alcanzar ese tipo de imposición automática, que tiene mucho de mecanismo y, consiguientemente, de inercia. La «receptividad» real y concreta para lo *distinto* es hoy mínima en los públicos europeos; a menos que una obra se les sirva ya envuelta en un «prestigio» que —paradójicamente— hace que se la «dé por supuesta», es decir, que le quita su carácter innovador y de sorpresa íntima. El hecho de que los *best-sellers,* en todos los países, suelen ser libros, no solo de corta *fama,* sino de muy corta *vida* —quiero decir, que no «quedan» casi nunca después como libros a los que permanentemente se acude, aunque sea sin prisa y minoritariamente—, es ya revelador. Y cuando por azar un *best-seller* es un libro de auténtica calidad, para que alcance esa condición tiene que pasar por una serie de manipulaciones sociales o comerciales que marchitan, por decirlo así, su novedad y su verdadero poder de fecundación. Así ha ocurrido, por ejemplo, con Faulkner, cuya genialidad ha tardado tanto tiempo en ser reconocida —y entonces ha sido, a la vez, «desconocida»—; con Pasternak, cuya obra ha sido «manoseada» previamente hasta hacerle perder su fragancia. En general, las obras que en este tiempo alcanzan una aceptación universal son las que tienen —junto a sus excelencias— un lado «inferior», por ejemplo, su aptitud para simplificarse, para convertirse en «fórmula» o acaso en *slogan,* para «manejarse» sin necesidad de intelección profunda o de reviviscencia de su significación literaria: es el caso de obras como la de Freud, la de Toynbee, la de Sartre, en forma extremada la de Becket, un poco menos la de Françoise Sagan o Tennessee Williams, el peligro que corría Camus, aunque parecía dispuesto a conjurarlo; en algunos casos, la cosa es especialmente clara: de Heidegger, lo único que ha alcanzado notoriedad universal han sido algunas facetas relativamente triviales de su profundo pensamiento: la «angustia», el *Sein zum Tode* y la propensión a citar a Hölderlin; lo mismo se podría decir de Teilhard de Chardin o de T. S. Eliot.

Por otra parte, nadie ha tenido mucho interés en llamar la atención sobre la cultura española de estos decenios. Al acabar la guerra civil, en 1939, una gran parte de la opinión extranjera y muchos españoles emigrados dieron por supuesto que en España había acabado toda vida intelectual. Esta sentencia incluía tácitamente a muchos autores anteriores a la guerra, que seguían viviendo y escribiendo en España. Durante largos años, la tendencia dominante fue darlos por inexistentes —lo cual, a su vez, refluyó sobre su obra anterior, que así quedó «puesta entre paréntesis» y de alguna manera descalificada e invalidada— y, por supuesto, no darse por enterado del nacimiento de ningún nuevo pensador o escritor con quien hubiera que contar; cuando se haga alguna vez la historia de esto —hoy sería inoportuno—, quedará aclarado un capítulo de historia contemporánea, y otro, no menos interesante, de psicología social.

Se pensará que entonces la atención quedaría concentrada sobre los escritores del exilio; así fue en alguna medida, pero con resultados más bien negativos. Las razones son claras: primero, se trataba de una *fracción,* aunque importante, minoritaria [13], y que pretendía valer como un «todo», lo cual la exponía a decepciones y frustraciones constantes; segundo, estaba dispersa y dolorosamente desarraigada; tercero, le faltó —durante unos cuantos años, aunque no después— el fondo de resonancia adecuado: España misma; cuarto, la pretensión de «totalidad» y su consiguiente deformación de la perspectiva llevó a desdibujar las jerarquías y las conexiones con el resto de la cultura española e introdujo un elemento de falsedad en el cuadro, que no pudo prevalecer

Pero al menos —se dirá— los interesados en persuadir de la prosperidad actual de España no habrán dejado de subrayar, potenciar y hasta exaltar su cultura presente. En efecto, no ha faltado esa intención, pero no ha solido recaer tal esfuerzo sobre aquello que lo hubiera justificado, sino con frecuencia muy lejos. Por causas harto conocidas, lo más vivaz de la cultura española anterior a 1936 y lo más creador de lo producido después ha sido considerado con desvío —en el mejor de los casos— por los instrumentos encargados de la formación de una opinión y de su exportación exterior. La insistencia en tendencias, corrientes o autores de otros linajes no ha alcanzado los efectos deseados: la inflación, para tener éxito, necesita operar al menos *cum*

[13] Véase «España en Europa», en *El intelectual y su mundo* (*Obras,* IV).

fundamento in re; cabe, en alguna medida, y al menos provisionalmente, magnificar lo existente; la *creatio ex nihilo* es una posibilidad exclusivamente divina.

Finalmente, la cultura española del siglo XX, cuyo carácter radical ha sido su *autenticidad,* el brotar de las últimas raíces de un pueblo que tiene que saber a qué atenerse sobre sí mismo, que tiene que imaginarse, proyectarse imaginativamente y hallar la tonalidad de su propia vida más honda, esa cultura que no se ha podido prestar ni al mimetismo exterior ni a la adaptación interior; ni ha podido teñirse de los colores que «se han llevado» estos años en Europa, y que hubieran asegurado su fácil éxito y difusión, ni ha podido ni querido ajustarse a las imposiciones que le hubieran dado una situación privilegiada. Esto ha hecho que, al cabo de sesenta años de excepcional intensidad y de genialidad no infrecuente, siga siendo, para muchos efectos, ignorada; pero eso mismo ha hecho que conserve intacta su capacidad de innovación y, si no me engaño, posibilidades muy altas y —en algunos aspectos— únicas.

5

Dije antes que la filosofía había sido algo así como el «centro de organización» de la cultura española de este siglo. Esto ha sido decisivo en muchos aspectos, y al hilo de este hecho podemos intentar comprender, a la vez, su génesis y su destino.

Dejando de lado las aportaciones españolas a las artes plásticas —que podemos simbolizar en Picasso— o a la música —Falla—; dejando también al margen aquellas otras que, por mucha que sea su importancia, han sido excepcionales, quiero decir, que han surgido aisladas y sin formar cuerpo con una tradición suficiente, como ha ocurrido con las innovaciones científicas —de Ramón y Cajal a Severo Ochoa—, los tres campos en que se ha ejercido a fondo la capacidad de creación han sido la narración, la poesía y la filosofía.

En situaciones históricas, por lo demás, bien distintas, y con diferente trayectoria. Al irrumpir en el escenario histórico la generación del 98, la novela tenía una inmediata tradición ilustre —Valera, Galdós, Alarcón, Pereda, Pardo Bazán, «Clarín»—; los hombres del 98 fueron *también,* casi todos ellos, novelistas, y en algún aspecto extraordinarios, pero al abrirse hacia otros temas y géneros, pareció que más bien se desviaban de la novela; sobre todo, porque lo que hicieron fue ensayar otras formas y posibilidades, intentar rebasar el área cultivada por los novelistas españoles y europeos del siglo XIX. Y la línea de la novela española, después de esa generación, no se rompe, pero sí se adelgaza, ya en manos de Pérez de Ayala y Gabriel Miró, por supuesto en las de Ramón Gómez de la Serna o Benjamín Jarnés, hasta reaparecer, como el río Guadiana, con más pujanza, aunque con menos imaginación, en los años posteriores a la guerra civil.

La poesía, por su parte, había languidecido después del Romanticismo. Sólo Bécquer (1836-70) y, en Galicia y Cataluña, Rosalía de Castro y Juan Maragall, representan una calidad poética auténtica en la segunda mitad del siglo XIX. El nuestro significa, pues, no una continuidad, sino una renovación. Estimulada por Rubén Darío (1867-1916), nacido en Nicaragua, pero plenamente incorporado a la poesía española, se realiza a lo largo de varias generaciones, en tonos distintos, que van de Unamuno a Machado, de Valle-Inclán a Juan Ramón Jiménez, se prolongan en Salinas y Guillén, Lorca y Alberti, Aleixandre, Gerardo Diego, Dámaso Alonso, con voces bien distintas, inconfundibles, que todavía en la víspera de la guerra civil se siguen renovando en Miguel Hernández o en Luis Rosales. La poesía del primer tercio del siglo XX, superior incluso a la de la época romántica, no tiene comparación más que con los mejores momentos del XVII. Y después, no solo no se ha extinguido —muchos de los poetas nombrados y otros que se debieran nombrar han seguido escribiendo, y una legión de poetas nuevos han irrumpido en los dos decenios recién transcurridos—, sino que el volumen probablemente no ha hecho sino crecer. Aunque hay que hacer dos reservas sobre la actividad poética más reciente: una, que las voces individuales han perdido algo de su personalidad singular e insustituible; otra, que —acaso por eso, tal vez también por otras razones— se ha ido haciendo cada vez más restringida y menos popular: mientras la poesía romántica y aun la modernista eran «para todos», y eran muchos los hombres y mujeres para quienes los poetas eran familiares y sabían muchos versos de memoria, antes de la guerra civil solo las gentes cultivadas seguían la producción poética, y en los últimos años casi solo los mismos poetas y sus críticos —que suelen ser también poetas—. Aunque se habla constantemente de poesía «social» y se apela a «la mayoría», estas determinaciones corresponden sin duda a los temas, pero no a su público. Lo cual hace incierto el porvenir de la poesía, o al menos el de sus orientaciones dominantes.

En cuanto a la filosofía, las cosas son aún más delicadas. En España no existía, simplemente, una tradición filosófica creadora; los filósofos españoles dignos de este nombre son una serie de oasis aislados en un desierto, y si nos alejamos hacia el pasado, pasando por Suárez, Luis Vives y Raimundo Lulio, nos encontramos en la España árabe o judía —Averroes, Maimónides—, o más allá aún, en la «España» romana —Séneca—. En el siglo XIX, las figuras más estimables —Balmes, Sanz del Río— estuvieron muy lejos de poseer una filosofía original y adecuada. Fue Unamuno el que, sin hacer filosofía, sino más bien negándola, ofreciendo en su lugar «fantasmagoría o mitología» (o simplemente novelas y poemas), puso en el centro de la atención y la preocupación española el problema de la filosofía, el que creó así las condiciones para su renacimiento —en rigor, nacimiento— entre nosotros. Y fue Ortega (1883-1955) quien lo realizó, con una radicalidad y plenitud no superadas, acaso no igualadas por ningún pensador de nuestro tiempo [14].

No es posible, naturalmente, intentar resumir en pocas páginas el sistema filosófico de la *razón vital,* la teoría metafísica de la vida humana como realidad radical, que constituye el núcleo del pensamiento de Ortega, desarrollado en sus obras —gran parte de las cuales se están publicando aun después de su muerte— y en su enseñanza de un cuarto de siglo (1910-36) en la Universidad de Madrid y después, ocasionalmente, en el Instituto de Humanidades (1948-50). Lo que importa ver es que esa filosofía se convirtió pronto en el sistema de ideas desde el cual se organizó la mente española. Ortega ha sido el autor de un método intelectual, de unas teorías básicas sobre las cuales se ha instalado, en una u otra forma, con diferencias profundas en ocasiones, casi todo lo que de verdad ha sido eficaz en el pensamiento español de los últimos cuarenta años. Esta influencia, en la filosofía estricta y fuera de ella, ha penetrado los estratos más hondos de la mente española, ha sido el elemento radical de su configuración, lo cual ha dado a todas las disciplinas de humanidades un carácter singular que no se encuentra en otros medios intelectuales.

Desde hace unos cuantos años, se empezó a hablar, más fuera de España que dentro de ella, de «la Escuela de Madrid». Si se entiende por «escuela» un sistema académico de cátedras, seminarios, institutos y publicaciones, tal escuela de Madrid no existe ni ha existido nunca; pero si se entiende bajo esa expresión una doctrina filosófica original y coherente, con una inspiración común y diversificada en planteamientos autónomos y personales, es una realidad indiscutible. Antes de la guerra civil de 1936-39, la Facultad de Filosofía de la Universidad de Madrid había llegado a cultivar esta disciplina con una intensidad y un nivel que nunca se había conocido antes

[14] Véase *La Escuela de Madrid (Obras, V)* y *Ortega,* I.

en España, y que podían compararse con los más altos de cualquier otro lugar; de ahí nació el germen de una escuela filosófica, que después de la guerra civil se destruyó enteramente en su forma académica e institucional, pero que no se ha extinguido. En dispersión física, pero con continuidad mental, en España y en América, con nuevos temas y orientaciones varias, persiste con una lozanía capaz de resistir a todos los vientos desfavorables. En las instituciones ha sido eliminada; en el trabajo creador y en la atención pública florece sin mengua.

Naturalmente, su carácter ha cambiado a causa de las circunstancias. Una de las consecuencias inmediatas de la situación actual es que la filosofía en sus formas estrictas y auténticas se cultiva en un volumen muy restringido; solo muy pocos filósofos han seguido cultivando su disciplina en una forma que prácticamente excluía el acceso a las instituciones oficiales y las formas normales de la docencia; quizá, sin embargo, esto ha tenido el efecto secundario de eliminar todas las formas inerciales, y solo se ha salvado lo que respondía a una vocación definida y enérgica. Pero esto no ha significado una reducción brusca de esa escuela intelectual de linaje orteguiano: la mayoría de los que procedían de ella o de los discípulos de estos han llevado esa actitud mental a los campos *fronterizos* de la filosofía, donde era menos difícil el ejercicio normal de sus actividades: la sociología, la historia, el derecho, la filología, la lingüística, la historia del arte, la psicología, la psiquiatría, incluso la biología, han recibido el impacto de esa filosofía, han sido cultivados por hombres influidos por ella, en muchos casos por los que, en otras circunstancias, se hubieran dedicado profesionalmente a su estudio, pero han preferido desviarse hacia esos otros territorios.

La primera tentación es pensar que esto ha sido una pérdida muy grave, que ha comprometido el florecimiento de una escuela filosófica excepcionalmente promisora. En alguna medida es así; pero cuando se piensa que la filosofía, en todos sus periodos creadores, ha sido siempre menester de muy pocos hombres de vocación incontenible, y que uno de los peligros que la acechan en el mundo contemporáneo es el número excesivo de sus cultivadores profesionales, se pregunta uno si ese clima desfavorable que ha encontrado la filosofía de la «Escuela de Madrid» no habrá sido en últimas cuentas una condición de su depuración e intensificación. Y, por otra parte, la «fecundación» que ha ejercido sobre otros dominios ha sido acaso necesaria para asegurar en ellos un rigor y una intensidad que pueden suplir sus recursos escasos y el pequeño volumen de los equipos que a ellos se dedican.

Se puede esperar que la filosofía española contemporánea tendrá algo que decir en la segunda mitad de este siglo. La obra de Unamuno, cuyo carácter filosófico parecía problemático hace veinte años, y que en efecto lo era, porque este dependía en buena parte de que tuviera una continuación estrictamente filosófica, de que sus intuiciones fueran aprovechadas y potenciadas, es considerada hoy inequívocamente como una de las producciones de mayor interés en la filosofía del primer tercio del siglo [15]. Los escritos de Ortega se publican, como «obras inéditas», a un ritmo desconocido en los últimos veinte años de su vida, y algunos de sus escritos más importantes filosóficamente solo ahora se han editado; así, *¿Qué es filosofía?*, y, sobre todo, *La idea de principio en Leibniz y la evolución de la teoría deductiva*. El estudio a fondo de su pensamiento, solo iniciado anteriormente, se está haciendo ahora, y por primera vez se puede ver el alcance de su obra personal realizada y, sobre todo, las posibilidades que encierra y que hacen de ella una de las doctrinas filosóficas más fecundas de nuestro tiempo, la actividad personal de los que han recibido el estímulo de esta manera de pensar está en pleno desarrollo y en direcciones muy diversas, y ha alcanzado ya un grado de madurez que permite esperar la consolidación de una filosofía «a la altura del tiempo», estrechamente ligada a la tradición europea, pero condicionada por sus raíces propias y por un método que no ha sido utilizado hasta ahora fuera de ella.

6

Convendría una palabra sobre la presencia de la cultura española en Hispanoamérica. Aunque después de la Independencia las relaciones entre los países centro y suramericanos y España se hicieron menos frecuentes y fáciles, y en ocasiones parecieron amenazadas por sentimientos de hostilidad, la influencia de la literatura y el pensamiento españoles sobre América no se interrumpió, y a comienzos de este siglo había vuelto a ser predominante. Es cierto que la penetración de la cultura francesa fue intensa durante todo el siglo xix, pero también lo fue en España, y muchas veces esta fue el camino de las ideas y las formas literarias de Francia en la América es-

---

[15] Véase, además de mi libro *Miguel de Unamuno* y los diversos estudios en *La Escuela de Madrid,* el libro de J. Ferrater Mora, *Unamuno. Bosquejo de una filosofía*; el de F. Mayer, *L'ontologie de Miguel de Unamuno,* y numerosos trabajos en los *Cuadernos de la Cátedra Miguel de Unamuno,* Salamanca.

pañola. El renacimiento de la cultura en España durante el siglo XX, que es precisamente el tema de este ensayo, fue en América decisivo: las grandes figuras de la generación del 98 y algunas de la siguiente, sobre todo Ortega, se convirtieron en las más hondas y auténticas influencias desde México hasta Chile y la Argentina.

La guerra civil transformó, como era de esperar, esta situación. De un lado, impuso durante bastantes años —digamos de 1936 a 1946 ó 1948— un considerable aislamiento real, no compensado por una aproximación oficial, más nominal que efectiva. Las restricciones de la vida intelectual en España y de su comunicación exterior —por motivos políticos, económicos y bélicos— hicieron que en América se perdiera la continuidad de información y contacto con el mundo intelectual de España, en el cual, en principio, no se creía mucho. Las limitaciones de la actividad editorial en España hicieron perder a esta los mercados de libros en Hispanoamérica, que antes dominaba: al no poder publicarse en España ·muchos libros de evidente interés, españoles o extranjeros, se produjo un desplazamiento a América, sobre todo a Buenos Aires y México, donde se fundaron después de 1939 editoriales importantes. Pero hay que agregar que estas fueron, en buena proporción, obra de españoles emigrados; es decir, la acción de España en América se continuó con intensidad mayor que nunca, esta vez *desde América*. No solo, por supuesto, en la actividad editorial, sino en las Universidades, en periódicos y revistas, y mediante la acción de presencia en la vida de los países hispanoamericanos. Nunca, desde la independencia, había sido tan enérgica la aportación española a la vida espiritual de los países de lengua española.

Por lo demás, y al cabo de unos años, el aislamiento de España misma empezó a ser superado. A medida que se advirtió que un pensamiento enérgico e independiente seguía viviendo, a pesar de todo, en la orilla oriental del Atlántico, a medida también que se restableció la comunicación, la cooperación y la cordialidad entre los intelectuales que habían salido de España y los que se habían quedado (o los que volvieron, temporal o permanentemente), cuando, por último, llegaron a América muchos libros publicados en España (y algunos de sus autores), la normalidad se restableció, y hoy puede considerarse liquidado el episodio del aislamiento. En toda América española —y en el Brasil igualmente— los autores más ampliamente leídos en el conjunto de los países y más hondamente influyentes son españoles. Son pocos los escritores hispanoamericanos que han logrado penetrar, fuera de minorías muy estrechas, en países ajenos a los suyos propios o lo que pudiéramos decir sus círculos de influencia inmediata. Los nombres de los autores españoles que verdaderamente cuentan, en cambio, son conocidos en todo el mundo hispánico, y sus obras se leen en América en una proporción que oscila entre el 40 y el 60 por 100 del total, es decir, aproximadamente, tanto como en España. Algunos escritores de España tienen hoy un público hispanoamericano —lector de sus libros y artículos publicados en América— tan amplio y tan atento —en suma, tan «público»— como el español. Son, por lo general, autores que han mantenido a un tiempo su calidad intelectual y su independencia y para los cuales, por otra parte, América existe, con su realidad, sus valores y sus problemas. Y en esa relación es donde puede encontrarse, más que en discursos, ceremonias o tratados, lo que merece llamarse el «mundo hispánico».

7

¿Cuál es la situación de la cultura española en el presente y cuáles son sus perspectivas para el futuro próximo? Hace unos cuantos años, empezó a circular, entre españoles e hispanistas extranjeros, la expresión «medio siglo de oro». Siempre me inquietó un poco esa manera de referirse a nuestro presente, porque nunca he estado seguro de si lo decisivo en ella era la prisa del hombre actual, que no gusta de esperar, que pretende «trazar la raya» y hacer la suma desde ahora, sin aguardar a que se complete, por ejemplo, un hipotético «siglo de oro», o más bien la desconfianza de que el otro medio sea áureo, de que sea oro todo lo que reluce o pueda relucir. Yo, personalmente, no me sentía tan impaciente ni tan apresurado, y hubiera dejado tranquilamente a la historia hacer, en su día, cuentas y balances; pero no estaba seguro de que el renacimiento intelectual iniciado en España en los últimos años del siglo pasado y creciente hasta la guerra civil, gravemente comprometido por esta y sus consecuencias inmediatas, podría continuar y desarrollarse. ¿Abortaría, oprimido por una circunstancia adversa, este genial esfuerzo de la mente española, solo comparable a los dos o tres más intensos de nuestra historia? ¿Lograría sobreponerse y seguir adelante, apoyándose en las dificultades, haciendo, como decimos en español, «de necesidad virtud»?

Hoy, al acabar el sexto decenio del siglo, no estoy seguro de nada, pero por razones que no son solo españolas. Nada en la historia es seguro, pero, además, el horizonte intelectual de Europa, en lo decisivo, que es lo creador, no permite abandonarse a la confianza. Si se hace el balance riguroso de los quince años transcurridos desde el final de la Guerra Mundial, después de reconocer y admirar todo lo admirable que se ha hecho, es difícil evitar una impresión de inquietud y zozobra. Si se compara la mente europea con lo que ha sido en sus buenos momentos y con lo que debería ser para hacer frente adecuadamente a sus problemas de todo orden —que incluyen, junto a los científicos y técnicos, los propiamente teóricos y filosóficos y también los literarios y artísticos—, no es probable quedarse satisfecho, a menos que se tenga cierta propensión a aquietarse y consolarse. No sería difícil, aunque aquí inoportuno, hacer una lista de los síntomas intelectuales inquietantes de estos quince años europeos.

Como España está, por supuesto, en Europa, esta consideración elimina ya toda seguridad respecto de España. Pero quiero hacer constar que las razones de mi inseguridad son *ante todo europeas,* solo secundariamente españolas. Más aún: que en España encuentro algunos motivos para confiar en que la mente *europea* salga adelante, al alta mar de los problemas verdaderos, planteados en todo su rigor.

Quedan, por supuesto, y en forma apremiante, los riesgos internos, las dificultades españolas. Con esfuerzos sin cuento (y sobre todo no contados, pero que algún día habrá que contar), lo más vivo y verdadero del pequeño mundo intelectual español ha superado lo peor del último cuarto de siglo y, en lo radical y decisivo, se ha salvado. Si se hiciera un balance de lo que España ha producido en los veinte años recién pasados —incluyendo, claro es, junto a la España limitada por sus fronteras nacionales la España *extra muros*—, se vería que ni en calidad ni en volumen de producción desmerece de un periodo análogo de los decenios anteriores [16]. Pero no es seguro que esto pueda continuar. Se ha vivido del impulso anterior, de una «moral» intelectual que había llegado a ser muy alta, de la existencia de mínimos equipos que han podido beneficiar de la inspiración nacida con la generación del 98 y continuada por otras tres más jóvenes. Ahora hace falta seguir adelante, y se requieren condiciones adecuadas para ello: de posibilidad de comunicación de los escritores entre sí y con el público, de adecuada publicidad, de libertad. ¿Se darán estas condiciones? No depende solo de España, sino de Europa y, en general, de todo el Occidente. Acaso los intelectuales españoles —algunos de ellos— han hecho lo que podían, y ahí están sus libros —no siempre leídos, pero que

---

[16] Algo así he hecho en mi artículo «La vegetación del páramo», incluido en este volumen.

merecen serlo— para demostrarlo. Quizá toca ahora a los demás hacer el resto. Es cierto, y tan evidente que apenas hace falta decirlo, que los intelectuales españoles han tenido poca libertad desde hace un cuarto de siglo. Pero hay que agregar algo menos obvio, pero no menos cierto: que muchos de ellos han sido y son libres. Pero esto es algo con lo cual no se puede contar. Sobre todo, cuando se piensa en los que tienen que entrar en el escenario histórico a partir de ahora, con los pertenecientes a las generaciones jóvenes, que acaso necesiten tener libertad para poder ser libres.

Nuestra época, la época presente, comienza con la generación del 98. He dicho que esta tuvo el *naufragio* como punto de partida. Es una situación excelente para nadar, y de ella ha surgido lo más alto que había dado España en tres siglos. España podrá seguir nadando durante el resto del siglo, y quizá llegar a nuevas islas y riberas. Con tal, claro es, de que pueda mover enérgica, ordenada, libremente sus miembros.

12. La guerra civil ¿cómo pudo ocurrir?

A mediados de julio de 1936 se desencadenó en España una guerra civil que duró hasta el 1 de abril de 1939, cuyo espíritu y consecuencias habían de prolongarse durante muchos años más. Este es el gran suceso dramático de la historia de España en el siglo XX, cuya gravitación ha sido inmensa durante cuatro decenios, que no está enteramente liquidado. Hay que añadir que apasionó al mundo como ningún otro acontecimiento comparable. La bibliografía sobre la guerra civil española es solo un indicio de la conmoción que causó en Europa y América.

Ese apasionamiento, y la perduración de sus consecuencias interiores y exteriores, ha perturbado su comprensión: el partidismo, directo o en forma de simpatía o antipatía —el «tomar partido» desde fuera—, ha desfigurado constantemente la realidad de la guerra y su desarrollo; últimamente se va abriendo camino una investigación más documentada y veraz, y empiezan a aclararse muchas cosas: nos vamos aproximando a saber *qué pasó*. Pero para mí persiste una interrogante que me atormentó desde el comienzo mismo de la guerra civil, cuando empecé a padecerla, recién cumplidos los veintidós años: *¿cómo pudo ocurrir?* Que algo sea cierto no quiere decir que fuese verosímil. Sabemos que esa guerra sucedió, con los rasgos que se van dibujando con suficiente precisión; pero queda en pie el hecho enorme de que muy pocos años antes era enteramente imprevisible, que a nadie se le hubiera pasado por la cabeza, incluso después de proclamada la República, que España pudiese dividirse en una guerra interior y destrozarse implacablemente durante tres años, y adoptar ese esquema de interpretación de sí misma durante varios decenios más. ¿Cómo fue posible? Alguna vez he recordado que mi primer comentario, cuando vi que se trataba de una guerra civil y no otra cosa —golpe de Estado, pronunciamiento, insurrección, etc.—, fue este:

¡Señor, qué exageración! Me parecía, y me ha parecido siempre, algo *desmesurado* por comparación con sus motivos, con lo que se ventilaba, con los beneficios que nadie podía esperar. En otras palabras, una *anormalidad* social, que había de resultar una anormalidad histórica. De ahí mi hostilidad primaria *contra la guerra,* mi evidencia de que ella era el primer enemigo, mucho más que cualquiera de los beligerantes; y entre ellos, naturalmente, me parecía más culpable el que la había decidido y desencadenado, el que en definitiva la había *querido,* aunque ello no eximiese enteramente de culpas al que la había estimulado y provocado, al que tal vez, en el fondo, la había deseado. Y, por supuesto, mi repulsa iba, dentro de cada bando, a aquellas fracciones que habían contribuido más a que se llegase a la guerra, a las que eran sus principales promotoras, a las que la aprovecharon y mantuvieron —en la victoria o en la derrota— su continuación en una u otra forma.

La única manera de que la guerra civil quede absolutamente superada es que sea plenamente *entendida,* que se vea cómo y por qué llegó a producirse, que se tenga clara conciencia del proceso por el cual se produjo esa anormalidad social que desvió nuestra trayectoria histórica. Solo así quedaría la guerra radicalmente curada, quiero decir en su raíz, y no habría peligro de recaídas en un proceso análogo: únicamente esa claridad, difícil de conseguir, podría convertir en *vacuna* para el futuro aquella atroz dolencia que sacudió el cuerpo social de España.

* * *

Habría que preguntarse *desde cuándo* empieza a deslizarse en la mente de los españoles la idea de la radical discordia que condujo a la guerra. Y entiendo por discordia no la discrepancia, ni el enfrentamiento, ni siquiera la lucha, sino la voluntad de *no convivir,* la consideración del «otro» como inaceptable, intolerable, insoportable. Creo que el primer germen surgió con el lamentable episodio de la quema de conventos el 11 de mayo de 1931, cuando la República no había cumplido aún un mes. Turbio suceso, cuyos orígenes nunca se han aclarado, sin duda extremadamente minoritario y que en modo alguno reflejaba un estado de opinión; pero la reacción del Gobierno fue absolutamente inadecuada, hecha de inhibición, temor y *respeto a lo despreciable* —clave de tantas conductas sucias en la historia—; y, por su parte, un núcleo de una muy vaga «derecha», que ya no era monárquica y todavía no era fascista, identificó la República con ese oscuro y equívoco suceso, y se declaró *irreconciliable* con ella. Es evidente que los gobiernos republicanos —y no digamos los partidos— cometieron muchos errores, pero aunque la única falta del nuevo régimen hubiese sido el 11 de mayo, una porción considerable del país no lo hubiese perdonado nunca, le habría negado sistemáticamente el pan y la sal, sin otra esperanza que su destrucción. «Cuanto peor, mejor», fue la consigna que se acuñó por entonces y que valdría la pena datar con precisión.

Del otro lado empieza a producirse desde muy pronto un fenómeno de «antipatía» que sustituye rápidamente a la euforia inicial de la República; se inicia una actitud negativa, que busca, más que reformas, el *hostigamiento* del «otro», arbitrariamente unificado por la enemistad. Esta operación —primariamente mental y verbal— se hace desde dos puntos de vista que se irán haciendo convergentes: el *clasismo* y el *anticlericalismo*. Sobre este último hay que decir una palabra. El Diccionario de la Lengua Española define la voz «anticlerical»: «Contrario al clericalismo»; pero en el Suplemento a la edición de 1970 se añade una segunda acepción: «Contrario al clero». El primer anticlericalismo puede ser muy justificado, y lo han sentido innumerables católicos; el segundo es otra cosa, de más difícil justificación, y desempeñó un papel decisivo en la política de la época republicana. Grupos políticos bastante grandes se dedican muy especialmente a *irritar* a una considerable porción del país, a producirle incomodidad, a enajenarla y excluirla lo más posible de la empresa colectiva que hubiera debido ser abarcadora y sin exclusiones.

Con todo, nada de esto era todavía *discordia*. El levantamiento del 10 de agosto de 1932 contra la República fue asunto de pequeños grupos descontentos y sin respaldo en el país; las insurrecciones anarcosindicalistas del año siguiente también eran fenómenos minoritarios y locales. Todo ello provocaba una repulsa más o menos enérgica en el torso de la nación, y por eso tenía escasa gravedad.

A mi juicio, lo más peligroso fue el ingreso sucesivo de porciones del cuerpo social en lo que se podría llamar *oposición automática*. La función de la oposición ha solido entenderse en España de manera elemental y simplista; se ha creído que consiste en oponerse *a todo,* automáticamente. Como la política, cuando es razonable, tiene un amplísimo curso central independiente de las posiciones partidistas, lo normal es que la oposición esté de acuerdo con el Gobierno, salvo matices, en la mayor parte de los asuntos; y que el Gobierno tenga en cuenta las preferencias —y las razones— de la oposición para suavizar sus propias inclinaciones, e incluso renunciar a una fracción de su poder. En estas condiciones, la oposición queda restringida a ciertas cuestiones especialmente conflictivas o a aspectos en que caben dos cursos de acción bien diferenciados; y en esos casos, la oposición adquiere todo su valor. Cuando, por el contrario, es constante, independiente de los méritos de su gestión o las propuestas, cuando *ya se sabe* que la otra fracción del cuerpo político va a decir desde luego «no» a todo, la oposición viene a ser maniática, apriorista y sin significación concreta; pasa a ser mera fricción, obstáculo y desgaste. Esto ocurrió muy pronto en los años de la República; y se fueron formando grupos que ingresaban en la categoría de los mutuamente «irreconciliables». Se podría hacer un catálogo de ásperas críticas de la derecha a la gestión de los primeros gobiernos, no ya a sus frecuentes errores, sino a sus mayores aciertos, por ejemplo, en el campo de la educación: nunca hubo un aplauso de los partidos o los periódicos adversos. Y por supuesto podría decirse lo mismo de los gobiernos del segundo bienio, desde fines de 1933. Nunca se juzgaba nada por sus méritos objetivos, sino por quién lo hacía; no se salvaba la parte de justificación —o aun de necesidad— de medidas que podían tener inconvenientes, torpezas o incluso una dosis de injusticia. Se retenía solo la parte negativa, lo que podría tener de hiriente, de agresión o agravio, y se incubaba en incansable hostilidad. Las medidas de reducción del Ejército de Azaña, el retiro voluntario de los militares que así lo solicitaran, con conservación de sus sueldos completos, etcétera, todo ello podía discutirse en su detalle, podía tener una raíz de antimilitarismo o desconfianza en el Ejército, pero tenía indudablemente justificación económica y política; estos aspectos positivos se pasaron por alto —tal vez la única excepción fue Ortega—; unos vieron con alegría la disminución de las Fuerzas Armadas; estas —y sus simpatizantes— miraron como un agravio lo que habían aceptado voluntariamente; la mayoría de los militares retirados fueron enemigos irreconciliables de la República, y cuando estalló la guerra fueron tratados no ya como adversarios ideológicos, sino como enemigos activos, y se hizo todo lo posible por exterminarlos.

Esta medida —en realidad excesiva e insuficiente a la vez, como la experiencia posterior demostró— no hizo más que condensar y exacerbar un resentimiento que era frecuente entre militares, los cuales, por razones muy complejas, llevaban mucho tiempo de sentirse «segregados» del conjunto de la sociedad, «oscuros» por comparación con los estratos más aventajados y brillantes, y sobre todo con la imagen inicial al comienzo de sus carreras o de que habían gozado en Marruecos. Este resentimiento, unido al de muchos intelectuales —a ambos extremos del espectro político— fue un elemento capital en la génesis de la actitud que desembocó en la guerra civil.

* * *

Nada de esto hubiese sido suficiente para romper la concordia si hubiese existido en España *entusiasmo,* conciencia de una empresa activa, capaz de arrastrar como un viento a todos los españoles y unirlos a pesar de sus diferencias y rencillas. La falta de entusiasmo es el clima en que brota la desintegración; por eso, los que la desean y buscan cultivan el «desencanto», la «desilusión», la «decepción», el «desaliento» y esperan sus frutos, agrios primero, amargos después. ¿No estamos asistiendo al mismo intento, contra toda razón, desde 1976?

La Humanidad tiene bastante horror al gris; necesita algo estimulante, incitante, atractivo. La República —sobre todo la palabra «República»— suscitó una oleada de entusiasmo, pero los republicanos fueron incapaces de mantenerlo. Sus partidos eran excesivamente «burgueses» (en el mal sentido de la palabra, quiero decir prosaicos); eran también arcaicos, dependientes del siglo XIX, lastrados de viejos tópicos: anticlericalismo, vago federalismo, afición a las sociedades secretas, un tipo de «liberalismo» rancio, negativo y casi reducido a desconfianza del Estado, en una época en que la marea ascendente de su culto era a un tiempo el peligro más grave y la fuerza que había que orientar y aprovechar. Era imposible que los jóvenes se entusiasmaran por los partidos republicanos, y el republicanismo se encontró *sin porvenir* desde el primer día. Faltó una retórica inteligente y atractiva hacia la libertad, y su puesto vacío fue ocupado por los extremismos, por la torpeza y la violencia, donde los jóvenes creían encontrar, por lo menos, pasión.

Ni siquiera las posiciones toscamente «izquierdistas» o «derechistas» lograron encender el entusiasmo mientras se mantuvieron en el área de la lucha *política* y dentro de los supuestos democráticos. Los dos grandes partidos, los que de hecho llevaron las riendas del poder sucesivamente, fueron el socialista y la CEDA. Los dos resultaron «aburridos», poco incitantes, «administrativos»; tuvieron mayorías —relativas— mecánicas, debidas sobre todo a la cosecha de hostilidades de signo contrario, pero sin vigor propio.

El partido socialista fue combatido ferozmente *desde dentro,* con una virulencia que los que no lo vieron no pueden imaginar, por el ala cuya expresión fue el diario *Claridad.* Es decir, por un «socialismo» utópico y revolucionario, que desembocaba directamente en el comunismo —las Juventudes Socialistas Unificadas fueron el «ensayo general con todo» de la operación en curso—, hostil a la democracia, a los aliados «burgueses», fiado en la violencia, con programas inaceptables por *todos los demás* y, lo que es más, irrealizables en las circunstancias españolas.

En cuanto a las «derechas democráticas», fueron despreciadas por las más violentas, combativas y expeditivas, que tenían algún lirismo y capacidad de arrastre sentimental. Estos grupos más o menos «fascistas» eran minúsculos, pero tenían una ventaja inicial: eran *juveniles,* compuestos de estudiantes, familiarizados con la literatura, la poesía, los símbolos. Inclinados —como sus enemigos más opuestos— al estilo «militar» (si se prefiere, «militante»): himnos y banderas más que ficheros y estadísticas.

En Europa, no se olvide, lo *civil* ha solido ser «gris», neutro, negativo (lo que *no* es militar ni eclesiástico), y esto ha determinado una pérdida de atractivo, un tremendo prosaísmo que ha sido el tono de la República francesa y de la alemana de Weimar (Max Scheler se dio cuenta perspicazmente de esto, y hay que poner en la cuenta de ese gris buena parte del éxito de las camisas rojas, negras, pardas o azules). No se ha sabido casi nunca —en España, en 1931, desde luego no se supo— crear una imagen afirmativa y atractiva de la condición civil (y civilizada), de la libertad y la convivencia; tal vez solo durante el liberalismo romántico, inspirado por una buena retórica eficaz y por la doble imagen de la bella reina regente María Cristina y la reina niña Isabel II.

Añádanse ahora —ahora, y no antes, porque no fueron decisivos— los problemas *económicos,* muy reales en el quinquenio que duró la República. Mientras la Dictadura de Primo de Rivera (1923-29) se había beneficiado de la *prosperity,* de la bonanza económica, que parecía ilimitada y segura, la República vino a los dos años del comienzo de la *depresión* de 1929, precisamente cuando sus efectos se hicieron sentir en Europa (y provocaron una feroz crisis, que había de ser *otra* de las causas del triunfo de Hitler a comienzos de 1933). Europa era bastante pobre; España lo era resueltamente; la mayor parte de la población —campesinos, obreros, clases medias urbanas— vivía con estrechez que los jóvenes de medio siglo después ni siquiera imaginan; la moderadísima elevación de precios afectó a la mayoría de la población, que carecía de holgura y de reservas; el paro se intensificó (el paro de entonces, sin Seguridad Social, sin el menor ingreso, que significaba la pobreza y aun la miseria, en ocasiones el hambre); las huelgas constantes aumentaron la crisis económica, mermaron la ya escasa riqueza, desalentaron la inversión, aumentaron el paro previo, desarticularon la economía; una reforma agraria demagógica y poco inteligente agravó la situación del campo. Los extremos del espectro político no sintieron esta crisis, más bien la fomentaron: unos, porque el malestar fomentaba el descontento, y con él el espíritu revolucionario, que el bienestar hubiese mitigado o desvanecido; los otros, por una profunda y egoísta insolidaridad, por una esperanza de que el malestar económico y social impidiese la consolidación de la República, fieles al lema de «cuanto peor, mejor».

* * *

Se dirá que todo esto era muy grave y hacía presagiar una descomposición del cuerpo social; pero, a pesar de su importancia, estaba todavía muy lejos de la atroz realidad que es una guerra civil. Se avanzó a ella por sus pasos, muy rápidos ciertamente. El primero, la *politización,* extendida progresivamente a estratos sociales muy amplios, es decir, la primacía de lo político, de manera que todos los demás aspectos quedaban oscurecidos: lo único que importaba saber de un hombre, una mujer, un libro, una empresa, una propuesta, era si era de «derechas» o de «izquierdas», y la reacción era automática. La política se adelantó desde el lugar secundario que le pertenece hasta el primer plano, dominó el horizonte, eclipsó toda otra consideración. Ello produjo, en un momento de esplendor intelectual como pocos en toda la historia española, una retracción de la inteligencia *pública,* un pavoroso angostamiento por vía de simplificación: la infinita variedad de lo real quedó, para muchos, reducida a meros rótulos o etiquetas, destinados a desencadenar reflejos automáticos, elementales, toscos. Se produjo una tendencia a la abstracción, a la deshumanización, condición necesaria de la violencia generalizada.

En una gran porción de España se engendra un estado de ánimo que podríamos definir como *horror ante la pérdida de la imagen habitual de España:* ruptura de la unidad (que se siente amenazada por regionalismos, nacionalismos y separatismos, sin distinción clara); pérdida de la condición de «país católico» —aunque el catolicismo de muchos que se horrorizaban fuese vacuo o deficiente—; perturbación violenta de los usos, incluso lingüísticos, del entramado que hace la vida familiar inteligible, cómoda.

Frente a este horror, el mito de la «revolución», la imposición del esquema «proletario-burgués», la intranquilidad, la amenaza, el anuncio de «deshaucio» inminente —si vale la expresión— de todas las formas de vida, estilos o clases que no encajasen en el esquema convencional. Los españoles menores de sesenta años —y muchos mayores— deberían pasar algunas horas leyendo los periódicos de aquellos años, desde *La Nación* y *ABC* hasta *Claridad* y *Mundo Obrero,* sin olvidar demasiado *El Debate, El Socialista,* algunas revistas y, naturalmente, los periódicos de otras ciudades que no fuesen Madrid.

Añádase a esto el mimetismo de movimientos políticos extranjeros, la poderosa acción de los estímulos totalitarios: el comunismo de un lado, cuyo influjo va mucho más allá del minúsculo partido que usaba ese nombre, y se ejerce sobre todo dentro del partido socialista y de los sindicatos; el «fascismo» del otro lado, como término genérico, mucho más peligroso en su vertiente alemana que en la italiana (desde 1933, Mussolini irá a remolque de Hitler y es el año en que se consolidan en España las tendencias que rara vez se denominarán «fascistas» por los que las defienden, pero sí «nacionalsindicalistas», de tan clara resonancia «nacionalsocialista»).

¿No había otra cosa? Sí. Por una parte, grupos que buscan la «originalidad» en posiciones arbitrarias y arcaicas: carlismo, anarquismo. Por otra, los que intentan defender una «democracia» que resulta débil por varias razones: por la figura borrosa de las llamadas «potencias democráticas» (Francia, Inglaterra), llenas de temor ante los Estados totalitarios, vacilantes, con poca generosidad y gallardía, oscilantes entre tendencias extremadamente reaccionarias y la aceptación de cualquier tipo de «Frente popular»; por el triunfo en todas ellas de un *parlamentarismo* excesivo, que impide a un poder ejecutivo fuerte enfrentarse con los problemas, y las expone a la dictadura; finalmente, por la política de concesiones que, antes y después de la guerra civil española, las llevará a una política *reactiva,* sin iniciativa y que desembocó en la segunda guerra mundial.

Yo añadiría todavía un factor más, que me parece decisivo para explicar la ruptura de la convivencia y finalmente la guerra civil: la *pereza.* Pereza, sobre todo, para pensar, para buscar soluciones inteligentes a los problemas; para imaginar a los demás, ponerse en su punto de vista, comprender su parte de razón o sus temores. Más aún, para *realizar* en continuidad las acciones necesarias para resolver o paliar esos problemas, para poner en marcha una empresa atractiva, ilusionante, incitante. Era más fácil la magia, las soluciones verbales, que dispensan de pensar y actuar. En vez de pensar, *echar por la calle de enmedio.* Es decir, o los cuarteles o la revolución proletaria, todo ello según su receta. En otras palabras, las vacaciones de la inteligencia y el esfuerzo.

* * *

No se puede entender la situación española del cuarto decenio de este siglo si se la aisla del conjunto de la europea. En 1931, según mis cálculos, se produce un cambio generacional; es el momento en que «llega al Poder» la generación de 1886 (los nacidos entre 1879 y 1893), y la de 1871 (en España, la llamada del 98) pasa a la «reserva», aunque conserve considerable influjo y prestigio. Es el punto en que se inicia *en toda Europa* el fenómeno de la politización, y con él la propensión a la violencia. No hay más que ver en una cronología detallada la serie de los sucesos en los años inmediatamente anteriores y posteriores a 1931 para ver cómo cambian de cariz, de fisonomía. Comienza a perderse el respeto a la vida humana. Ese periodo generacional, que se extiende hasta 1946, es una de las más atroces concentraciones de violencia de la historia, y en ese marco hay que entender la guerra civil española.

Pero —se dirá— en otros países no se llegó a tanto. La guerra mundial fue otra cosa, no propiamente una «discordia», una crisis de la convivencia. Además, muy probablemente fue «estimulada» por la guerra civil de España, que funcionó a un tiempo como «cebo» y «ensayo». Todo esto es cierto, pero la consecuencia que de estas consideraciones hay que extraer es que en la guerra civil hubo un decisivo elemento de *azar*: que, contra lo que se ha dicho con insistencia, *no fue necesaria, no fue inevitable.* Creo, por el contrario, que la guerra civil hubiera podido evitarse *de varias maneras,* que había más de una salida a una situación sin duda difícil y peligrosa.

La guerra fue consecuencia de una ingente *frivolidad.* Esta me parece la palabra decisiva. Los políticos españoles, apenas sin excepción, la mayor parte de las figuras representativas de la Iglesia, un número crecidísimo de los que se consideraban «intelectuales» (y desde luego de los periodistas), la mayoría de los económicamente poderosos (banqueros, empresarios, grandes propietarios), los dirigentes de sindicatos, se dedicaron a *jugar* con las materias más graves, sin el menor sentido de responsabilidad, sin imaginar las consecuencias de lo que hacían, decían u omitían. La lectura de los periódicos, de algunas revistas «teóricas», reducidas a mera política, de las sesiones de las Cortes, de pastorales y proclamas de huelga, escalofría por su falta de sentido de la realidad, por su incapacidad de tener en cuenta a los demás, ni siquiera como enemigos *reales,* no como etiquetas abstractas o mascarones de proa.

Y todo esto ocurría en un momento de increíble esplendor intelectual, en el cual se habían dado cita en España unas cuantas de las cabezas más claras, perspicaces y responsables de toda nuestra historia. Lo cual hace más grave el hecho escandaloso de que no fueran escuchadas, de que fueran deliberada, cínicamente desatendidas por los que tenían dotes intelectuales, y por tanto deberes en ese capítulo.

Los años de la República estuvieron dominados por la falta de imaginación, la incapacidad de prever, de anticipar las consecuencias, de proyectar un poco lejos. No se llegó a aceptar las reglas de la democracia, se declaró una vez y otra —por la derecha y por la izquierda— que solo se aceptaban sus resultados si eran favorables; unos y otros estuvieron dispuestos a enmendar por la fuerza la decisión de las urnas, sin darse cuenta de que eso destruía toda posibilidad política normal y anulaba la gran virtud de la democracia: la de rectificarse a sí misma. El 10 de agosto de 1932 fue el primer síntoma de esa actitud, que tuvo su correlato en los levantamientos anarquistas del año siguiente; pero la irresponsabilidad máxima fue la insurrección del partido socialista en octubre de 1934, aprovechada por los catalanistas, que llevó a la destrucción de una democracia eficaz y del concepto mismo de autonomía regional. Se negó entonces la validez del sufragio, la Constitución y el Estatuto de Cataluña —parte de la estructura jurídica de la República española—, todo en una pieza. La democracia quedó herida de muerte. Los gobiernos de esta segunda etapa, lejos de tratar de enmendar lo que les parecía peligroso para la nación o para la religión en la legislatura del bienio anterior —como habían dicho en su propaganda—, prefirieron dedicarse a restablecer egoístamente pequeñas ventajas económicas para sus clientelas, con asombrosa insolidaridad y miopía, que llevaron a la disolución de Cortes, las elecciones de febrero de 1936, el triunfo en ellas del Frente Popular y, poco después, la guerra civil.

Pero, ¿puede decirse que estos políticos, estos partidos, estos votantes *querían la guerra civil?* Creo que no, que casi nadie *español* la quiso. Entonces, ¿cómo fue posible? Lo grave es que *muchos españoles quisieron lo que resultó ser una guerra civil.* Quisieron: *a)* Dividir al país en dos bandos. *b)* Identificar al «otro» con el mal. *c)* No tenerlo en cuenta, ni siquiera como peligro real, como adversario eficaz. *d)* Eliminarlo, *quitarlo de enmedio* (políticamente, físicamente si era necesario).

Se dirá que esto es una locura. Efectivamente, lo era (y no faltaron los que se dieron cuenta entonces, y a pesar de mi mucha juventud, puedo contarme en su número). La locura puede tener causas orgánicas, puede ser efecto de una lesión; o bien psíquicas; pero también puede tener un origen *biográfico,* sin anormalidad fisiológica ni psíquica. Si trasladamos esto a la vida colectiva, encontramos la posibilidad de la *locura colectiva* o social, de la *locura histórica.* (El Irán, en el momento en que escribo, es un estupendo ejemplo de ello, y no es el único.) Sin recurrir a esta idea, ¿puede entenderse el triunfo del nacionalsocialismo en Alemania, los doce años de historia que van de 1933 a 1945? La Revolución rusa fue otra cosa: locura lúcida de una exigua minoría, operando *in anima vili* sobre un inmenso cuerpo social de «almas muertas», inertes.

Conviene recordar que la situación española en el primer tercio del siglo había sido de promesa constante, en gran parte realizada. Desde el desastre del 98, la sociedad española había despegado económicamente (con la ayuda de la neutralidad durante la primera guerra mundial), y su pobreza se había mitigado; las Universidades habían mejorado más de lo que se hubiera podido esperar, y todo el sistema de la instrucción experimentó un avance extraordinario con la República. Desde el punto de vista de la cultura superior —filosofía, literatura, arte, investigación—, se había entrado en un siglo de oro. Las esperanzas de un joven de mi generación eran ilimitadas, y la República, entendida positivamente, fue el símbolo de la apertura, de la dilatación de la vida, del ejercicio de la libertad. La España estudiada e interpretada por Unamuno, Menéndez Pidal, Gómez Moreno, Asín Palacios, Ortega y los historiadores y filólogos más jóvenes; imaginada y recreada literariamente por Azorín, Baroja, Valle-Inclán, los Machado, Miró, Juan Ramón Jiménez, Ramón Gómez de la Serna, Salinas, Guillén y los poetas «del 27»; pintada por Regoyos, Zuloaga, Solana, Palencia; la que tenía, un poco lejos, a Picasso y a otros cuantos; la que había empezado a investigar —en escasa medida, pero tan bien como cualquiera— con Cajal, Cabrera, Palacios, Catalán; la que había creado, por primera vez desde hacía tres siglos, una filosofía original y un comienzo de escuela sin adanismo —Ortega, Morente, Zubiri, Gaos—, esa España, en tantos sentido incomparable con todas las anteriores desde mediados del siglo XVII, desde Quevedo y Calderón, fue la que de repente fue negada *a medias* por fracciones que ni siquiera poseían ni retenían la mitad de lo que pretendían defender. De esa España nos despojaron a los españoles —y a nuestros hijos no nacidos— los que quisieron la guerra (o no les importó

dejarla llegar), los que fueron internamente beligerantes en
1936.

* * *

Falta todavía examinar una cuestión delicada: cómo se llegó a imponer a una gran parte de la sociedad española lo que
inicialmente no creía ni pensaba ni quería, cómo se disminu-
yeron sus defensas, para llevarla adonde no quería ir. He insistido en el carácter no ya minoritario, sino exiguo, de los
grupos que habían de resultar representativos y decisivos durante la guerra civil. Conviene tener presente que los comunis-
tas sólo consiguieron *un* diputado en las Cortes de 1931, *otro*
en las de 1933, *dieciséis* (con los votos republicanos y socialistas) en las de 1936. En cuanto a los falangistas, *nunca* pudieron elegir un solo diputado, ya que José Antonio Primo de
Rivera fue elegido en 1931 como candidato de una coalición
de derechas, dos años antes de la fundación de Falange Española. Lo cual no impidió que el Partido Comunista fuese el
principal rector de la política en la zona «republicana» y que
Falange fuese el «partido único» en la «nacional» y en los decenios que siguieron a su victoria.

El proceso que se lleva a cabo entre los años 31 y 36 (y,
si se quiere mayor precisión, de 1934 a 1936) consiste en la
escisión del cuerpo social mediante una tracción continuada,
ejercida desde sus dos extremos. Ese torso de la sociedad, que
poco o nada tenía que ver con esos grupos extremistas, en lugar de rechazar sus pretensiones, desentenderse de ellos y dejarlos fuera del juego político (reducirlos a lo que en inglés
se llama *the lunatic fringe,* «el fleco demencial»), *se dejó dividir,* siguió, con mayor o menor docilidad, a los dos fragmentos
que *no querían convivir* con los demás.

¿Cómo se ejerció —y se ejerce casi siempre— esa tracción?
Mediante una forma de sofisma que consiste en la *reiteración
de algo que se da por supuesto.* Cuando los medios de comunicación proporcionan una interpretación de las cosas que ni se
justifica ni se discute, y *parten* de ella una vez y otra como de
algo obvio, que no requiere prueba, que, por el contrario, se
usa como base para discusiones, diferencias y hasta polémicas,
los que reciben esa interpretación se encuentran desde el primer momento *más allá* de ella, envueltos en análisis, procesos
o disputas que precisamente implican su previa aceptación. Todas esas discusiones, que no se rehúyen, sino se fomentan, tienen justamente la misión de *distraer* de esa aceptación que se
ha deslizado fraudulentamente y sin crítica, por un simple mecanismo de repetición y utilización como base de toda discusión

ulterior. Los dos elementos (repetición y utilización) son esenciales; el primero produce una especie de «anestesia» o de efecto «hipnótico»; el segundo «pone a prueba» la tesis que interesa, de una manera sumamente curiosa, que no es probarla, demostrarla o justificarla, sino *hacerla funcionar*. Se sobrentiende que su *funcionamiento es prueba de su verdad*. Si con esta idea como guía se hiciese un examen atento de lo que se dijo en España durante los dos años anteriores a la guerra civil por parte de los que habían de ser sus inspiradores y conductores, me atrevo a asegurar que se aclararía una enorme porción de aquel complicado proceso histórico. (Y si con el mismo método se echase una ojeada a la situación actual, probablemente se obtendría claridad suficiente para evitar en el futuro diversos males cuya amenaza es demasiado evidente.)

La única defensa de la sociedad ante ese tipo de manipulaciones es responder con el viejo principio de la lógica escolástica: *nego suppositum,* niego el supuesto. Si se entra en la discusión, dejándose el supuesto a la espalda, dándolo por válido sin examen, se está perdido. Es muy difícil que el hombre o la mujer de escasos hábitos intelectuales, acostumbrados a la *recepción* de ideas más que a su elaboración y formulación, se den cuenta de que están siendo objeto de esa manipulación; sobre todo cuando el «supuesto» que se desliza es negativo, es decir, consiste en una omisión. (Si se quiere un ejemplo notorio y reciente, recuérdese la eliminación o escamoteo de la palabra «nación» en el anteproyecto de Constitución española que se hizo público a comienzos de enero de 1978; remito a mis artículos de ese mismo mes, recogidos en *España en nuestras manos.)*

De ahí la necesidad de un pensamiento alerta, capaz de *descubrir* las manipulaciones, los sofismas, especialmente los que no consisten en un raciocinio falaz, sino en *viciar todo raciocinio* de antemano. Esta es la función *política* que puede esperarse de los intelectuales; es decir, que sean intelectuales y no políticos, que se ajusten a los deberes de su gremio y adviertan al país cuándo no se hace. ¿Faltó esto en los años que precedieron a la guerra civil? ¿No era una época en que los intelectuales gozaban de gran prestigio, no había entre ellos unos cuantos eminentes y de absoluta probidad intelectual? Ciertamente los había; pero encontraron demasiadas dificultades, se les opuso una espesa cortina de resistencia o difamación, funcionó el partidismo para oírlos «como quien oye llover»; llegó un momento en que una parte demasiado grande del pueblo español *decidió no escuchar,* con lo cual entró en el sonambulismo y marchó, indefenso o fanatizado, a su perdición. Tengo la sospecha —la tuve desde entonces— de que los intelectuales responsables se desalentaron demasiado pronto. ¿Demasiado pronto —se dirá—, con todo lo que resistieron? Sí, porque siempre es demasiado pronto para ceder y abandonar el campo a los que no tienen razón.

* * *

He intentado hacer comprensible cómo se pudo llegar a la guerra civil, cómo se fue simplificando la realidad española, reduciéndola a esquemas, polarizándolos, convirtiéndolos en algo abstracto, algo que se puede *odiar* sin que la humanidad concreta se interponga y mitigue el odio; cómo se manipuló hábilmente al pueblo español desde dos extremos profesionalizados, con ayuda de la torpeza y falta de estilo de las soluciones más civilizadas y razonables, que fueron perdiendo atractivo y eficacia. Larga serie de errores, el último de los cuales fue... la guerra.

La verdad es que nadie contaba con ella. Los que la promovieron más directamente creían que se iba a reducir a un golpe de Estado, a una operación militar sencillísima, estimulada y apoyada por un núcleo político que serviría de puente entre el ejército victorioso y el país. Los que llevaban muchos meses de provocación y hostigamiento, los que habían incitado a los militares y a los partidos de derechas a sublevarse, tenían la esperanza de que ello fuese la gran ocasión esperada para acabar con la «democracia formal», los escrúpulos jurídicos, la «república burguesa», y lanzarse a la deseada revolución social (lo malo es que dentro de ese propósito latían dos distintas, que habían de desgarrarse mutuamente poco después).

Todos sabemos que las cosas no sucedieron así. La sublevación fracasó; el intento de sublevarla, también. *La prolongación de los dos fracasos, sin rectificación ni arrepentimiento, fue la guerra civil.*

Si se la mira desde este punto de vista, creo que se puede comprender mejor su desarrollo. Lo primero que hay que decir —porque es lo más grave, lo diferencial de esta guerra— es que en ella *lo de menos fue la guerra.* Las víctimas de ella fueron secundariamente las bajas militares; lo decisivo fueron los bombardeos y, sobre todo, los asesinatos (con o sin ficción de ejecución legal). Es decir, la lucha fue, más que contra la «zona» enemiga, contra los enemigos de la propia «zona»; y no contra los que ejercían actos de hostilidad, agresión o espionaje, sino contra los que se consideraban «desafectos» a una ortodoxia política definida arbitraria y estrechamente; y esta condición era *previa* a toda conducta concreta, inherente a la persona e irremediable. Las personas pertenecientes a ciertas categorías —filiaciones políticas o incluso profesionales— no tenían escape; estaban perdidas, hicieran lo que hicieran; su única salvación era la huida o el ocultamiento.

En la zona que se llamó «nacional» y fue llamada por sus enemigos «facciosa», todo el que no se sumó al «movimiento» fue perseguido, normalmente (y desde luego en el caso de los militares) por *rebelión*. Esta persecución se extendía a todos los afiliados a partidos del Frente Popular, pero no estaban seguros los radicales, ni los pertenecientes a la CEDA, ni los maestros, ni, por supuesto, los masones. En la zona «republicana» («roja» para los enemigos), solamente los partidos del Frente Popular eran aceptados (los republicanos, meramente tolerados); todos los demás, aunque fuesen republicanos históricos, eran perseguidos; los falangistas, sin la menor esperanza de salvación; los sacerdotes, religiosos, monjas, etc., si no se escondían a tiempo, eran exterminados. En ambas zonas todos los que no eran incondicionales eran sospechosos.

Las «depuraciones» dejaron sin puestos de trabajo a millares de personas a las que se consideraba «desafectas», aunque no hubiesen cometido ningún acto delictivo ni hostil; y la depuración hacía ingresar inmediatamente en la categoría de los sospechosos, sometidos a vejaciones y peligros. La condición de militar retirado en una zona, de dirigente sindical en la otra, significaba el encarcelamiento y, con bastante probabilidad, la muerte. Por supuesto, en la zona republicana, con la excepción del País Vasco, todo culto religioso fue prohibido, y los incendios de iglesias y conventos fueron frecuentísimos, en muchos casos realizados sistemáticamente. En toda España se constituyeron tribunales («de guerra» o «populares») sin la menor garantía jurídica y de particular ferocidad; estaban compuestos, en un caso, por representantes de todos los partidos del Frente Popular y de las organizaciones sindicales; en el otro, por militares y representantes políticos. Esto sin contar con las abundantísimas «checas» o sus equivalentes, absolutamente irresponsables, y con las «sacas» de las prisiones, con pretextos de traslados que solían ser al otro mundo.

No me interesa recordar el aspecto más horrible y siniestro de la guerra sino para recordar que fue un universal terrorismo, ejercido no solo contra los enemigos, sino contra los que se podían considerar neutrales o incluso partidarios no fanáticos o incondicionales, dentro de la propia zona, lo cual significó un chantaje generalizado, que excluía toda crítica y todo matiz de posible disidencia. Así se llegó a la aceptación *de todo* (incluida la infamia), con tal de que fuese «de un lado».

La consecuencia inevitable fue el envilecimiento. Nadie quería quedarse corto, ser menos que los demás en la adulación de los que mandaban o la execración de los adversarios. Esto fue un poco menos compacto en la zona republicana, por su falta de disciplina y coherencia, que dejó un estrecho margen de «pluralismo». Esta diferencia puede comprobarse en la actual publicación de los dos *ABC:* el republicano de Madrid y el franquista de Sevilla. La mentira, como puede verse allí mismo día por día, dominaba en ambos campos por igual.

Esta actitud, unida a la decisión de «pasar por todo», y en ocasiones al fanatismo —no siempre—, llevó a que la inmensa mayoría de lo que se escribió en ambas zonas fuese literalmente vergonzoso. Es aleccionador, pero infinitamente penoso, leer lo que escribieron muchos que tenían pretensiones de intelectuales, literatos, profesores, eclesiásticos, hombres de leyes. Hubo excepciones, sin duda, de decoro literario, nobleza, generosidad y valentía; pero no pasaron de excepciones. En algunos casos lo lamentable fue simple debilidad y amedrentamiento, y pasada la terrible prueba no siguió formando parte de la personalidad de sus autores; en otros significó una corrupción profunda que llevó hasta la denuncia, el aplauso a los crímenes propios o la calumnia.

Una de las pruebas de ese estado de abyecta sumisión es la feroz irritación que a ambos lados de las trincheras provocó todo aquel que se atrevía a discrepar de los dos bandos. La hostilidad máxima se reservaba para los que no se sentían adscritos a ninguno de los dos beligerantes, no por indiferencia o desinterés, sino por considerar a ambos inaceptables. El que se atrevía a *resistir a la guerra* era el enemigo de todos, contra el cual todo estaba permitido. Por eso, tomar esta posición fuera de España —lo más frecuente— significaba desusada valentía; hacerlo dentro era pura y simplemente heroísmo, aunque fuese sin negar apoyo y colaboración a una de las causas beligerantes; el ejemplo más eminente fue el de Julián Besteiro.

* * *

Todo lo que he dicho hasta ahora me parece esencial para entender cómo fue posible que se llegara a la guerra civil. Si no se tiene en cuenta, es completamente ininteligible que un pueblo como el español, de tan larga e ilustre historia, creador de una de las tres o cuatro grandes culturas modernas, en un momento de esplendor intelectual y literario, sin ningún problema objetivamente grave, no digamos insoluble, al día siguiente de lanzarse con entusiasmo a una nueva fase de su vida, de repente se encontrara con que no podía seguir conviviendo, se llenara de odio y se dedicase al exterminio de sus hermanos durante tres años. Es menester recordar los pasos por los que se llegó a una situación *mental colectiva* que tenía muy poco que ver con la realidad; es decir, con la realidad si se omite el estado mental, que naturalmente era parte de la realidad española en 1936. Quiero decir que, lejos de ser la guerra *inevitable,* su origen efectivo no fue la *situación objetiva* de España, sino su *interpretación,* se entiende, el desajuste de *dos* interpretaciones que, por una serie de voluntades y azares, llegaron a excluir a las demás y oscurecer cuanto era distinto a ellas. Y esto es, literalmente, una *anormalidad de la vida colectiva,* que algún día podrá diagnosticarse con precisión, cuando se vaya, más allá de la psiquiatría, a una «bioiatría», a un conocimiento de la patología de la *vida biográfica,* individual y social.

Pero la realidad total de la guerra civil no se agota en lo que he dicho. Una vez estallada, una vez iniciada, desde fines de julio de 1936, España estuvo en *estado de guerra.* Esta expresión es particularmente reveladora: la guerra es un «estado», algo en que *se está.* Se vive dentro de la guerra, en su ámbito. Las cosas se ordenan en otra perspectiva; el tiempo cambia de ritmo, emplazamiento, significación; pierden importancia muchas cosas, la adquieren otras; ciertas dimensiones de la vida humana, hasta entonces olvidadas, se ponen en primer plano —por ejemplo, el valor—; se altera el «umbral» de la inquietud, la inseguridad, el temor; surgen relaciones inesperadas, crueles o fraternales; los individuos dan la medida de sí mismos al estar expuestos a tensiones, tentaciones, peligros, esfuerzos; se conocen en dimensiones antes ignoradas.

La guerra civil es —se ha dicho mil veces— más cruel que ninguna otra, más dolorosa, porque introduce la división y el odio entre compatriotas, amigos, hermanos. Su especial intensidad le viene de eso y de que es más *inteligible* —empezando por la lengua del enemigo, pero no solo la lengua, sino todo el repertorio de creencias, usos, proyectos, esperanzas—. El *no entenderse* que lleva a la guerra procede de la distorsión de un *entenderse demasiado bien,* que no se da en las guerras internacionales.

La guerra civil española estuvo animada por un violento, apasionado *patriotismo,* en ambos lados. He insistido con la máxima energía en los aspectos negativos, en la infinita torpeza, en la culpabilidad de los promotores de la guerra, en la anormalidad que la constituyó. Pero una vez «en guerra», una vez estallada y, de momento, inevitable, era menester en alguna medida *tomar partido,* preferir un beligerante al otro, aunque los dos pareciesen torpes, violentos, injustos, condenables.

He dicho *preferir;* es la condición de la vida humana; no se aprueba, no se estima, no apetece, no gusta necesariamente lo que se prefiere; el que prefiere la operación a la peritonitis no tiene la menor complacencia en lo preferido; el que salta por una ventana para escapar a las llamas no tiene nada a favor del salto: simplemente le parece *el mal menor.*

A ambos lados, innumerables españoles sintieron que había que combatir para salvar a España; incluso los que pensaban que *en todo caso* caminaba hacia su perdición, creían que uno de los términos del dilema era *preferible,* que el otro era más destructor, o más injusto, o más irremediable o irreversible. Añádase la propaganda, la retórica bélica, el contagio del entusiasmo positivo de los que lo sentían, el horror hacia las maldades —demasiado ciertas— del enemigo. Al cabo de unos meses, millones de españoles estaban enloquecidos, sin duda, pero llenos de entusiasmo patriótico, dedicados a destruir España por amor de ella.

Especialmente los muy jóvenes, que soportaron más que nadie el peso y el sufrimiento de la guerra; y las mujeres, que solo en mínima proporción la habían *querido,* que la padecían en mil formas; y, en general, las personas sencillas, sin influencia en la vida colectiva, con un mínimo de responsabilidad, sujetos pasivos de todas las manipulaciones. La guerra suscitó la movilización de enérgicas virtudes: la capacidad de sacrificio, la generosidad, la hermandad, la impavidez frente al dolor o la muerte, el heroísmo.

Se puede pensar —se debe pensar— que todo aquello estaba mal empleado, que tal cúmulo de virtudes, tal capacidad de esfuerzo, aplicados a algo inteligente y constructivo, habrían puesto a España en pocos años en la cima de su prosperidad y plenitud, en lugar de dejarla cubierta de escombros, campos asolados, muertos, mutilados, prisioneros, odiadores y criminales. Pero esto no debe ocultar la evidencia de que los españoles extrajeron de su fondo último una impresionante suma de energía, resistencia y entusiasmo.

* * *

Los mitos se acumularon en ambas zonas. La justicia social, la redención del proletariado, la revolución universal, la civilización cristiana, la unidad de la patria desgarrada, el orden, la familia. Poco importa que, en nombre de todo eso, se cometieran atroces violaciones de lo mismo que se pretendía defender. El mito que tuvo más aceptación y cultivo fue el de la *independencia.* La presencia de combatientes italianos y alemanes en la zona «nacional», de las brigadas internacionales y «consejeros» soviéticos en la «republicana», fueron suficientes para que se hablase en las dos de «invasión» (la presencia de los moros en el campo «nacional» dio lugar a muy sabrosos comentarios, y obligó a desarrollar con muchos circunloquios el tema de la «Cruzada»). Al cabo de algún tiempo, la propaganda de ambas zonas hablaba como si algunos españoles, por casualidad, combatiesen en el lado de enfrente, meros «cómplices» de los invasores extranjeros.

Esto era, como es notorio, una absoluta falsedad, pero servía para oscurecer el hecho cierto e incontrovertible de la *manipulación* de los españoles por los gobiernos de Italia, Alemania y la Unión Soviética, de su influencia decisiva en la génesis de la guerra y en su desarrollo. (Y cuando pasó el peligro, cuando uno de los bandos logró la victoria, cuando ya no fue necesaria *esa* propaganda y convenía más otra, la de solidaridad totalitaria entre Berlín, Roma y Madrid, sus conexiones durante la guerra fueron proclamadas y aireadas por los vencedores y sus aliados; basta con leer los periódicos de abril y mayo de 1939, las noticias y los comentarios de los que en ellos escribían lo que tal vez prefieren olvidar.)

Todo esto funcionó de manera decisiva en el *desenlace* de la guerra. En diversas ocasiones, más entre los republicanos que entre sus enemigos, había habido deseos y hasta intentos de terminarla por un convenio o arreglo, por una *paz*. La derrota de los italianos en Brihuega —de la que, si no me engaño, se alegraron incluso muchos españoles de la zona «nacional»— fue un primer momento oportuno, pronto frustrado. (La detención del ejército hasta entonces victorioso a las puertas de Madrid hubiera sido la gran ocasión, pero la situación global en noviembre de 1936 la hacía imposible.) La toma de Teruel por los republicanos, en el invierno de 1937-38, fue quizá la oportunidad más favorable, pero los partidarios de la paz eran débiles y fueron barridos de ambos lados. Desde poco después, la suerte de la guerra estaba echada: la República estaba derrotada —es decir, lo que quedaba de la República, lo que se seguía llamando así—, y el final era cuestión de tiempo. ¿Solo de tiempo? De miles de muertes, destrucción, pérdidas, dolor.

Aquí funcionó una vez más el aspecto más repulsivo de todo este proceso. Del lado «republicano» —y nunca más justificadas las comillas dubitativas—, se decidió la prolongación a ultranza de la guerra, aunque estuviese enteramente perdida, porque ese era el interés del «proletariado universal», al cual se podían sacrificar otras cien mil vidas españolas. Del lado «nacional» se inventó la funesta fórmula —usada en 1945 por los vencedores de la guerra mundial— *rendición sin condiciones*, lo cual quería decir «victoria sin vencidos», sin conservarlos como sujeto del otro lado del desenlace de la guerra, destruyendo así lo que esta pueda tener de civilizado. La historia del mes de marzo de 1939, nunca bien contada, de la cual soy quizá el último viviente que tenga conocimiento directo desde Madrid, es la clave de lo que la guerra fue en última instancia. Un análisis riguroso de lo que sucedió en este mes, de lo que se hizo y se dijo, arrojaría una luz inesperada sobre los aspectos más significativos de la contienda y sobre las posibilidades —destruidas— de la paz. Tal vez algún día intente presentar mis recuerdos y mis documentos de esas pocas semanas decisivas, que se pueden simbolizar en el nombre admirable de Julián Besteiro.

No se entiende el final de la guerra si no se tiene presente que en el lado republicano, y especialmente en Madrid, había un heroico cansancio, después de dos años y medio de asedio, hambre, frío, bombardeos y cañoneos diarios, condiciones de vida que tal vez ninguna ciudad haya soportado tan estoicamente y durante tanto tiempo. Creo que se llegó a producir una peculiar solidaridad entre los madrileños, más allá de sus divisiones ideológicas y sociales, de la persecución que muchos habían padecido —ferozmente en los primeros cuatro meses, con menos encarnizamiento después—; solo esto explicaría la conducta de los madrileños que se sentían vencedores cuando la guerra terminó, tan superior por su generosidad y tolerancia a la del ejército de ocupación que entró en Madrid, sin lucha, el 28 de marzo, y sobre todo a la de los funcionarios políticos que tomaron posesión de la capital en los meses siguientes.

En la zona republicana, además de cansancio había una infinita desilusión. Se sentían burlados, engañados, manipulados, utilizados por los más representativos de sus dirigentes. Además, desde el 5 al 28 de marzo *se les había dicho la verdad* —caso único desde julio de 1936 hasta fines de 1975—. Los vencidos se sabían vencidos, y lo aceptaban en su mayoría con entereza, dignidad y resignación; muchos pensaban —o sentían confusamente— que habían merecido la derrota, aunque esto no significara que los otros hubiesen merecido la victoria. *Los justamente vencidos; los injustamente vencedores.* Esta fórmula, que enuncié muchos años después, que resume en seis palabras mi opinión final sobre la guerra civil, podría traducir, pienso, el *sentimiento* de los que habían sido beligerantes republicanos.

* * *

Sobre este suelo se pudo edificar la paz. Si así se hubiera hecho, si se hubiese establecido una paz con todos los españoles, vencedores y vencidos, distinguidos pero unidos, con papeles diferentes pero igualmente esenciales, al cabo de poco tiempo la guerra hubiese desaparecido tras el horizonte, como el sol poniente, y hubiese quedado una España entera, más allá de la discordia.

No fue así. En lugar de una reconciliación —aunque la dirección de los asuntos públicos hubiera recaído de momento en manos de los vencedores—, se inició una *represión* universal, ilimitada y, lo que es más grave, por nadie resistida ni discutida. Se pueden repasar las conductas y las palabras —incluso impresas— de los que entonces gozaban de prestigio e influjo, y cuesta encontrar la más tímida petición de clemencia, no digamos una defensa, o una repulsa de la represión. Y hay que incluir, y muy especialmente, a los que posteriormente se han sentido invadidos de entusiasmo por las tesis y las figuras que implacablemente combatieron hasta después de su derrota.

Un elevadísimo número de españoles tuvieron que abandonar el país; entre ellos se encontraban no pocos de los más eminentes. Cientos de miles pasaron por las prisiones, más o menos tiempo —el suficiente para dejarlos heridos y, en muchos casos, llenos de perpetuo rencor—; bastantes millares fueron ejecutados, en condiciones jurídicamente atroces, y en muchos casos por «delitos» que, aun siendo ciertos, hacían monstruosa la sentencia. Se estableció —y en principio para siempre— una distinción entre dos clases de españoles: los «afectos» y los «desafectos», los que tenían, más que derechos, privilegios, y los que carecían de ambas cosas.

Esto condujo a la perpetuación del *espíritu de guerra,* decenios después de terminada. A esto ayudó sin duda la continuidad de la guerra española con la mundial, el establecimiento de paralelismos *falsos,* pero no por ello menos perturbadores. Se produjo una «fijación» de las posturas, una especie de congelación, en virtud de la cual muchos decidieron *vivir de las rentas de la guerra.* Entre los vencedores esto podía tener un sentido literal, pero entre los vencidos se dio la misma actitud: una incapacidad de cambiar, de enterarse de lo que pasaba, de mirar hacia adelante, de vivir el tiempo real. La actitud de «los mal llamados años» ha hecho que muchos españoles (en la emigración o, lo que es peor, en España) vivan cuatro decenios escasos como si no vivieran, como si aquel tiempo —el de sus vidas— no mereciera llamarse así.

Naturalmente, esto era una engañosa ilusión, un espejismo. *El tiempo, que ni vuelve ni tropieza* —dice un verso de Quevedo, que hace muchos años escogí para título de uno de mis libros—. El tiempo, efectivamente, ni vuelve ni tropieza; pasa, se desliza entre nuestras manos, constituye nuestra vida. Por debajo de las apariencias, incluso de las realidades oficiales, se ha ido produciendo una fantástica transformación de la sociedad española, tan viva, tan capaz de superar todas las pruebas y dificultades. Varias generaciones nuevas han aflorado en nuestro escenario histórico, han ido ocupando su puesto, ensayando su estilo, se han ido esforzando por realizar sus oscuros deseos, sus pretensiones a veces no bien formuladas; lo han hecho con recursos inimaginables antes, que nunca habían poseído los que hicieron o padecieron la guerra; han estado oyendo las viejas palabras de unos y otros, sin acabar de entenderlas, como algo que apenas tiene que ver con la realidad, como un rumor habitual y monótono que impide oír las voces que habría que escuchar. Así fue creciendo la distancia entre la España real y las dos Españas «oficiales» congeladas, petrificadas en los gestos de la beligerancia.

Esta es la situación actual; desde ella hay que volver nuevamente los ojos a la guerra, para recordarla —es decir, llevarla otra vez al corazón— como algo absolutamente *pasado,* como nuestro pretérito común. *No podemos olvidarla, porque eso nos expondría a repetirla.* Tenemos que ponerla en su lugar, es decir, *detrás de nosotros,* sin que sea un estorbo que nos impida vivir, esa operación que se ejecuta hacia adelante.

Tenemos que eludir el último peligro: que nos vuelvan a contar la guerra desde la otra beligerancia, desde las otras mentiras, ahora que la mitad de ellas había perdido su eficacia y era inoperante. Entre 1936 y 1939 los españoles se dedicaron a hacer la guerra, a intentar ganar la guerra; desde esta última fecha malversaron lo que habían conseguido, no supieron edificar adecuadamente la paz. Esta es nuestra empresa: darnos cuenta de que necesitamos *vencer a la guerra,* curarnos, sin recaída posible, de esa locura biográfica, es decir, social, que nos acometió hace algo más de cuarenta años, cuya amenaza ha sido tan hábilmente aprovechada para paralizarnos, para frenar el ejercicio de nuestra libertad histórica, la plena posesión de nuestro tiempo, la busca y aceptación de nuestro destino [1].

Madrid, Semana Santa de 1980.

---

[1] Publicado originalmente en el volumen VI (*Camino para la paz. Los historiadores y la guerra civil*) de la edición ilustrada de *La guerra civil española,* de Hugh Thomas (Ediciones Urbión) y, posteriormente, en *Cinco años de España,* editado por Espasa-Calpe.

13.   La vegetación del páramo

Se trata —no hay que decirlo— del famoso «páramo cultural» español de los últimos decenios. La imagen ha sido moneda corriente desde poco después de la guerra civil. Primero circuló fuera de España; se suponía que en ella no quedaban más que «curas y militares», y ni rastro de vida intelectual, refugiada en la emigración. La propaganda oficial, mientras tanto, afirmaba que se había eliminado —hacia el cementerio, la emigración, la prisión o el silencio— la escoria «demoliberal», y se había restablecido el esplendor «imperial» de España, ejemplificado en nombres de los que hace mucho tiempo nadie se acuerda, y que no es piadoso recordar.

Hace mucho tiempo que quedaron atrás, desmentidas por los hechos, las dos versiones, si se quiere, las dos caras de la moneda falsa, de curso «legal» cada una de ellas en campos acotados y para propósitos muy definidos. Sin embargo, ahora reverdece la primera, destinada primariamente al consumo de los jóvenes nacidos a la vida histórica hace poco tiempo, un decenio o dos a lo sumo, que tienen más presente la imagen de los últimos años y confunden los tiempos que no han vivido.

¿Cómo es posible que pueda usarse —y prosperar— la imagen del «páramo»? Los jóvenes tienen ante los ojos, sobre todo, las instituciones en las cuales estudian, a las cuales tienen acceso; y se podría hablar, en efecto, de un páramo *institucional* desde que la guerra arrasó las Universidades, el Centro de Estudios Históricos, la Institución Libre de Enseñanza, la Residencia de Estudiantes y la de Señoritas, y en muy buena medida las Academias. Se les ha dicho además, incansablemente, que no han tenido maestros —lo cual ha contribuido tanto a que no los tengan aunque los haya, a que renuncien a ellos y no los hagan suyos—. Se ha tratado de inculcar en sus mentes la idea de que sólo en los últimos años —a lo sumo desde 1956—

ha habido intentos de resistencia a la falta de libertad, de afirmación de las opiniones discrepantes, de ejercicio de la inteligencia. Es decir, hasta que han empezado a hacer algo los interesados en difundir esa imagen. Todo lo anterior —y, en definitiva, todo durante cuarenta años— ha sido el páramo intelectual de España.

La verdad ha sido muy distinta. En *La España real* he escrito: «La libertad empezó a germinar y brotar, como brota la hierba en los tejados y en las junturas de las losas de piedra. Sería apasionante y conmovedor hacer una historia fina y veraz del tímido, vacilante, inseguro renacimiento de la libertad en España.» No puedo hacerlo aquí —lo he hecho, parcialmente, en otros lugares, desde hace un cuarto de siglo, por ejemplo, en *El intelectual y su mundo,* 1956, publicado en Buenos Aires, prohibido muchos años en España; en *Los españoles;* en *El oficio del pensamiento;* en *Innovación y arcaísmo*—: voy a limitarme a recordar algunos hechos, algunos datos, todos ellos anteriores a la muerte de Ortega a fines de 1955, es decir, en el apogeo del supuesto «páramo».

* * *

La guerra civil —en ambas zonas— significó la ruptura de la continuidad, la casi total extinción de la vida intelectual, el dominio de la propaganda, la persecución de la verdad, el triunfo del partidismo. Sin embargo, en la zona republicana, en Valencia y luego en Barcelona, se publicó la revista mensual *Hora de España,* que mantuvo un decoro intelectual y literario sorprendente en medio de una feroz discordia civil. La noble pluma de Antonio Machado honraba todos los números de la revista, y a su sombra colaboramos muchos que no hemos tenido nunca que avergonzarnos ni arrepentirnos de lo que allí escribimos. No sé si en la otra zona hubo algo comparable —no ha llegado a mi noticia—, pero hay que hacer constar que, terminada la guerra, desde 1940 y durante los dos años de dirección de Dionisio Ridruejo y Pedro Laín Entralgo, *Escorial* significó un esfuerzo de reanudación de la convivencia intelectual y de los derechos de su ejercicio. Y, en forma ya más independiente, no se olvide lo que fue *Leonardo* en Barcelona, y desde 1946 *Ínsula* en Madrid (puede repasarse el índice de esta revista que hace unos veinte años compuso Consuelo Berges, y que no puedo ver sin admiración y una nostálgica melancolía).

Tres son los elementos que pueden distinguirse en los años posteriores a la guerra: 1) La exclusión de los disidentes por el Estado y las fuerzas políticas que lo respaldaban, su recuperación por el resto de la sociedad. 2) La reanudación de la continuidad intelectual por parte de los grandes escritores. 3) La aparición de otros nuevos, de las generaciones posteriores a la guerra.

Tan pronto como fue posible, quiero decir desde el término de la Guerra Mundial, que había impuesto un casi absoluto aislamiento, se empezó a hablar de los escritores emigrados. Mientras la censura proscribía sus obras y hasta se tachaba con indeleble tinta negra su nombre al frente de la edición de un clásico, *Ínsula* fue el órgano principal de su difusión y comentario. En el *Diccionario de Literatura Española* de la Revista de Occidente (1949) hablé de Alberti, García Lorca, Salinas, Guillén, Antonio Machado, Azaña, Gómez de la Serna, Casona, José Gaos, y allí aparecían igualmente otros muchos, sin otro criterio que la calidad y la información disponible.

Los grandes autores de la generación del 98, de las dos siguientes, empezaron muy pronto a escribir, y una parte esencial de su obra corresponde a los años que estoy recordando. Menéndez Pidal publica *Los españoles en la historia* y *Los españoles en la literatura* —tan independientes, tan contracorriente, que tanto rencor oficial provocaron—; *Reliquias de la poesía épica española, Romancero hispánico, El Imperio Español y los cinco reinos,* innumerables estudios lingüísticos, literarios e históricos. Azorín, *Españoles en París, Pensando en España,* los dos prodigiosos libros *Valencia* y *Madrid,* novelas como *El enfermo, La isla sin aurora, María Fontán, Salvadora de Olbena;* cuentos como *Cavilar y contar,* ensayos y memorias como *París. Memorias inmemoriales, Con permiso de los cervantistas, Con Cervantes, El cine y el momento.* Baroja, en los mismos años, publica sus memorias, *Desde la última vuelta del camino, Canciones del suburbio, El cantor vagabundo...* Los títulos de Ortega se suceden: *Historia como sistema, Ideas y creencias, Teoría de Andalucía, Estudios sobre el amor,* los prólogos a Bréhier y Yebes, a Alonso de Contreras y *El collar de la Paloma, Papeles sobre Velázquez y Goya...* Zubiri publica *Naturaleza, Historia, Dios;* Morente, *Lecciones preliminares de filosofía* y *Ensayos;* Dámaso Alonso, *La poesía de San Juan de la Cruz, Ensayos sobre poesía española, Vida y obra de Medrano, Poesía española,* y nada menos que los libros de poesía original *Oscura noticia, Hijos de la ira* y *Hombre y Dios.* García Gómez, después de las *Qasidas de Andalucía, Silla del Moro* y *Nuevas escenas andaluzas,* la traducción de *El Collar de la Paloma.* Vicente Aleixandre, nada menos que *Sombra del Paraíso;* y por si fuera poco, *Mundo a solas, Poemas paradisiacos, Nacimiento último, Historia del corazón.* Gerardo Diego, *Alondra de verdad* y otros libros de poesía. Miguel Mihura estrena en colaboración *Ni pobre ni rico sino todo lo contrario* y *El ca-*

so de la mujer asesinadita, y sólo *Tres sombreros de copa, El caso de la señora estupenda, Una mujer cualquiera, ¡Sublime decisión!,* etc. José López Rubio, *Alberto, Celos del aire, La venda en los ojos, La otra orilla.* Fernando Vela publica *El grano de pimienta, Circunstancias, Los Estados Unidos entran en la historia.* Marañón da una larga serie de libros admirables: *Ensayos liberales, Crítica de la medicina dogmática, Luis Vives, Españoles fuera de España, Antonio Pérez, Elogio y nostalgia de Toledo.* ¿Quién ha podido romper la continuidad de la cultura española del siglo xx, más fuerte que el partidismo, la violencia y el espíritu de negación?

* * *

¿Y los nuevos? Quiero decir los escritores apenas conocidos o desconocidos enteramente, que hacen la mayor parte de su obra después de la guerra civil. Aparte de algunos libros promovidos por la guerra misma, poesía o narraciones de Miguel Hernández, Herrera Petere, Rafael Alberti, Agustín de Foxá, Dionisio Ridruejo y otros a ambos lados de las trincheras, hasta 1941 no empieza ese nuevo brote de pensamiento, narración o poesía.

Casi toda la obra poética de Gabriel Celaya es de ese periodo: *Tentativas, Movimientos elementales, Objetos poéticos, Las cosas como son, Las cartas boca arriba, Paz y concierto, Vía muerta, Cantos iberos.* Casi lo mismo podría decirse de Luis Rosales: después de *Abril,* anterior a la guerra, *Retablo sacro del Nacimiento del Señor, La casa encendida, Rimas.* De Dionisio Ridruejo son *Primer libro de amor, Fábula de la doncella y el río, Sonetos a la piedra, Poesía en armas, En la soledad del tiempo.* La obra de Leopoldo Panero, José Luis Hidalgo, Carlos Bousoño, Eugenio de Nora, Blas de Otero, se condensa o al menos se inicia y madura en estos años.

Zunzunegui, anterior a la guerra, publica con fecundidad tras ella: *¡Ay..., estos hijos!, La quiebra, La úlcera, Las ratas del barco, Esta oscura desbandada.* Pero es Camilo José Cela el que inicia la novela de su generación, a fines de 1942: *La familia de Pascual Duarte;* y luego, *Pabellón de reposo, Nuevas andanzas y desventuras de Lazarillo de Tormes, La colmena, Viaje a la Alcarria* y tantas invenciones más. Y tras él Ignacio Agustí con *Mariona Rebull* y *El viudo Rius.* Carmen Laforet con *Nada.* Gironella con *La marea* y *Los cipreses creen en Dios.* Miguel Delibes con *La sombra del ciprés es alargada, Aún es de día, El camino, Mi idolatrado hijo Sisí, Diario de un cazador.* Todavía en ese plazo empiezan a aparecer cuentos de Ignacio Aldecoa y su novela *El fulgor y la sangre;* y *Congreso en*

Estocolmo, del economista y novelista José Luis Sampedro; y Gonzalo Torrente; y el comienzo de la obra teatral de Buero Vallejo, desde *Historia de una escalera* hasta *Irene o el tesoro.*

¿Cómo olvidar la obra ingente de Pedro Laín Entralgo, autor caudaloso y profundo a un tiempo? *Medicina e historia, Menéndez Pelayo, Las generaciones en la historia, La generación del 98, España como problema, La historia clínica, Palabras menores, La espera y la esperanza,* son solo unos cuantos de sus libros de quince años. Y, aunque con obra iniciada unos años antes, Enrique Lafuente Ferrari da en estos mismos lustros obras capitales: *Velázquez, Vázquez Díaz, Zuloaga,* la expansión y maduración de su *Breve historia de la pintura española,* el libro esencial sobre el tema. ¿Y los innumerables libros de Camón, Juan Antonio Gaya Nuño, Sánchez Cantón, Angulo, María Luisa Caturla, María Elena Gómez Moreno? Añádase la obra de Fernando Chueca, desde *Invariantes castizos de la arquitectura española* hasta *Nueva York: forma y sociedad, El semblante de Madrid* o *La arquitectura del siglo XVI,* los estudios de geografía social de Manuel de Terán, los ensayos de patología psicosomática y psicología de Juan Rof Carballo, y tantas obras originales. Los libros de historia de las ideas de Antonio Tovar, Luis Díez del Corral, José A. Maravall, Enrique Gómez Arboleya, Lapesa, Blecua, Díaz-Plaja... Y la aparición un poco tardía de Aranguren.

Y no puedo omitir mi nombre, porque, si no me equivoco, mi *Historia de la Filosofía* (enero de 1941) fue el primer libro nuevo de autor nuevo, que invocaba la tradición filosófica española anterior a la guerra, para seguir adelante con otros libros: *La filosofía del P. Gratry, Miguel de Unamuno, El tema del hombre, Introducción a la Filosofía, Filosofía española actual, El método histórico de las generaciones, Biografía de la Filosofía, Ensayos de convivencia, Ensayos de teoría, Idea de la Metafísica, La estructura social...*

Repare el lector en que esto es una fracción de lo que se ha publicado en España después de la guerra civil y hasta 1955. Y que me he fiado de mis recuerdos más vivos, sin disponer de tiempo ni de espacio para tratar adecuadamente el tema. Pero pienso que no son buenos botánicos los que hablan del «páramo» y se les pasa esta frondosa, esperanzadora vegetación, que pudo brotar en el clima más inhóspito, sin abono, sin cultivo, mientras tantos intentaban simplemente descartarla.

14. Castilla y España

1. TRES FRASES

Hay considerable confusión sobre la realidad española. El desconocimiento, hasta de los hechos, es mucho mayor de lo que se piensa; cada vez que me asomo a la información acerca de nuestro país en el español medio —y en muchos que pretenden estar en las cimas— siento literalmente espanto. Añádanse a esto las interpretaciones interesadas, tendenciosas o simplificadoras. Desde hace ya algún tiempo, se cultiva intensamente un nuevo género literario: la «historia-ficción». Durante todo el siglo XX ha habido una serie de admirables historiadores, geógrafos, sociólogos, pensadores que han ido aclarando la imagen de España; se había llegado a una convergencia de interpretaciones, fundada en la realidad; al menos entre los responsables, ya no eran frecuentes las discrepancias radicales en la valoración de las diferentes épocas o de las figuras más significativas. Cuesta trabajo darse cuenta de cuánto se ha retrocedido en muy pocos años, menos de un decenio.

Hace ahora catorce años, en 1962, publiqué la primera edición de mi libro *Los españoles*. En un breve prólogo señalaba el puesto de este libro en mi trayectoria intelectual. «Ha habido un momento —decía—, a comienzos de nuestro siglo, en que el primer problema para un español no era otro que el de España. Era absolutamente menester ponerse en claro acerca de ella para hacer algo que mereciera llamarse vida intelectual, para poder pensar sobre cualquier tema, si pensar es el esfuerzo por llegar a la verdad y saber a qué atenerse sobre algo que importa... Este libro sobre los españoles, esta meditación sobre nuestra historia, nuestro presente, nuestras zozobras y esperanzas, viene después de una obra de cierto volumen, que no ha rehuido los temas españoles, pero no ha partido de ellos ni, menos aún, en ellos se ha agotado. Antes bien, creo que solo el ejercicio del pensamiento sobre temas ajenos a España permite volver los ojos a esta con esperanza de alcanzar alguna claridad.»

El hecho es que desde entonces, al lado de mis libros estrictamente filosóficos, han sido cada vez más frecuentes mis escritos sobre los problemas españoles. *Meditaciones sobre la sociedad española, Nuestra Andalucía, Consideración de Cataluña* son títulos elocuentes; ahora, mientras escribo estas líneas, se termina de imprimir otro libro, *La España real.* ¿Por qué? He sentido la urgencia de aclararme la realidad en que vivo y de que formo parte, porque se está desdibujando de manera peligrosa. Si los españoles empiezan a no saber qué es España, o vuelven a no saberlo, estamos perdidos. No se olvide la famosa tesis de Ortega, completa: «Yo soy yo y mi circunstancia, y si no la salvo a ella no me salvo yo.» España y cada una de sus partes, hasta las vidas individuales de los españoles, serán confusas, torpes, estériles si son así nuestras ideas y, por tanto, nuestra manera de instalación. Desde la filosofía y la sociología y la historia y la literatura hay que volverse a entender, con todos esos recursos, esta realidad de que estamos hechos.

* * *

De Castilla se habla poco, a no ser para confundirla con España, para identificarla con lo que se llama «centralismo», para compadecerla o para denostarla. La relación entre Castilla y España está oscurecida por el hecho de que el nombre Castilla ha ido teniendo significaciones muy distintas a lo largo de la historia; y cuando se habla del presente, no se puede omitir que Castilla, sea lo que se quiera, «ha sido» todas esas cosas y, por tanto, en alguna forma las sigue siendo.

Creo que podríamos intentar una comprensión de la relación Castilla-España al hilo de tres frases muy breves y concisas, que encierran otras tantas interpretaciones muy complejas. La primera es de Ortega; la segunda, de Claudio Sánchez Albornoz; la tercera, más modesta —quizá por eso es la más breve de todas—, es mía.

Adelantaré, por lo pronto, las tres frases. En 1921, en su famosa *España invertebrada,* Ortega decía: «Castilla ha hecho a España, y Castilla la ha deshecho.» En su reciente libro *Mi testamento histórico-político,* 1975, Sánchez Albornoz recuerda que en las Cortes Constituyentes, en 1931, delante de Ortega, forjó la frase exacta: «Castilla hizo a España y España deshizo a Castilla.» «Y tuve el placer —agrega Sánchez Albornoz— de que Unamuno y el mismo Ortega admitieran y defendieran mi pensamiento.» En cuanto a la tercera frase, en una conferencia dada en Soria en el verano de 1974 dije: «Castilla se hizo España.» (Algo después, en el discurso de contestación a Miguel Delibes en la Real Academia Española, dije: «Castilla se dedicó, no a hacer España, sino a *hacerse* España».)

¿Son opuestas e inconciliables? Creo que no. Sánchez Albornoz dice que Ortega admitió la suya. Yo encuentro no poca verdad en las de los dos ilustres maestros; creo, sin embargo, que la mía añade algo esencial en que no se había reparado. Convendrá examinar las tres frases en su contexto, para ver cuáles son sus supuestos y hacia dónde van, qué intentan descubrir.

* * *

Para Ortega, el carácter más profundo y más grave de la actualidad española —hace cincuenta y cinco años— es el *particularismo,* y lo define así: «La esencia del particularismo es que cada grupo deja de sentirse a sí mismo como parte, y, en consecuencia, deja de compartir los sentimientos de los demás.» «En este sentido, agrega Ortega, el particularismo existe hoy en toda España, bien que modulado diversamente según las condiciones de cada región.» Y agrega todavía: «Para mí esto no ofrece duda: cuando una sociedad se consume víctima del particularismo, puede siempre afirmarse que el primero en mostrarse particularista fue precisamente el Poder central. Y esto es lo que ha pasado en España.» Y aquí la frase que nos interesa: «Castilla ha hecho a España, y Castilla la ha deshecho.»

Pero esto requiere algunas explicaciones: «Núcleo inicial de la incorporación ibérica, Castilla acertó a superar su propio particularismo e invitó a los demás pueblos peninsulares para que colaborasen en un gigantesco proyecto de vida común. Inventa Castilla grandes empresas incitantes, se pone al servicio de altas ideas jurídicas, morales, religiosas; dibuja un sugestivo plan de orden social; impone la norma de que todo hombre mejor debe ser preferido a su inferior, el activo al inerte, el agudo al torpe, el noble al vil... Pero si nos asomamos a la España de Felipe III, advertimos una terrible mudanza. A primera vista nada ha cambiado, pero todo se ha vuelto de cartón y suena a falso... Castilla se transforma en lo más opuesto a sí misma: se vuelve suspicaz, angosta, sórdida, agria.»

Y esto desencadena el particularismo general, el desinterés de cada parte por las demás y por el todo: regiones, estamentos, clases sociales. Castilla se transforma en «lo más opuesto a sí misma», y como era el principal factor de invención y coherencia, se inicia la disgregación del Imperio español y, cuando esta termina, la del cuerpo nacional mismo, en forma de nacionalismos o separatismos, diversas formas de insolidaridad, empezando por la del Poder central y sus instituciones.

* * *

Sánchez Albornoz se sitúa en otras perspectivas. La carga del Imperio español fue soportada por Castilla, «cuyo aporte dinerario sobrepasó las ingentes sumas del oro y la plata americana». Hay que agregar, en ese contexto, que sobre Castilla recayó la exploración, conquista, colonización de América, esfuerzo inmenso y apenas imaginable, y que la Corona de Aragón participó plenamente, desde el siglo XVIII, en la empresa puesta en marcha, y próspera, en el Continente ya organizado, poblado, articulado en Virreinatos, con agricultura, minería y cierto grado de industrialización. Sánchez Albornoz se pregunta qué hubiera sido de la Corona aragonesa aislada, sin el poderío de Castilla, frente a las embestidas de franceses y turcos. Y resume: «En la unión de los dos reinos, Castilla fue la víctima.» Castilla —piensa— fue de hecho postergada, empobrecida, «deshecha» por una España global.

¿Es todo esto cierto? Quizá. Habría que examinar cuidadosamente cada detalle de estas dos actitudes, hacer quizá algunas correcciones. Pero prefiero proponer una tercera interpretación, una nueva perspectiva; quizá esto bastara para integrar las dos anteriores e ir más allá de ellas. ¿Qué quiere decir «Castilla se hizo España»?

2. «CASTILLA SE HIZO ESPAÑA»

Con demasiada frecuencia se ha deslizado —y todavía se desliza— una identificación inexacta: Castilla = Poder central. No puede aceptarse, por muchas razones. España se ha gobernado desde Madrid, y no siempre: solo desde 1561, casi un siglo después de la Unión castellano-aragonesa; pero sobre todo, Madrid no es una ciudad castellana (ni debe serlo), sino directamente española. Madrid apenas existía antes de ser la Corte de Felipe II; no tenía la acusada personalidad de las ciudades castellanas, ni su tradición histórica, ni sus intereses, ni su conexión con tales o cuales tendencias. Madrid «está» en Castilla, porque en alguna parte tiene que estar, pero no es comparable con sus ciudades representativas.

Desde Madrid se ha regido a toda España, y por supuesto a Castilla. Y sería inexacto decir que «Madrid» la ha regido. Más riguroso sería decir: España se ha regido desde Madrid.

Habría que añadir que a Castilla se la ha regido con menor atención que a las demás porciones de España, al menos que a muchas de ellas. ¿Por qué? ¿Ha habido acaso una «persecución» o «postergación» de Castilla? No lo creo, y los castellanos, que rara vez han padecido de manía persecutoria, no lo han pensado nunca. La razón es más sencilla: Castilla ha sido desatendida porque no había que tratarla con demasiados miramientos: se contaba con ella, no iba a fallar, no iba a «darse de baja», no iba a poner condiciones para sentirse perteneciente al todo nacional. Por eso «no había que contar con ella», no había que preocuparse de que las cosas le parecieran bien o fuesen en la línea de su conveniencia particular.

Por esto, no hay un solo momento en la historia en que Castilla se enriquezca: ni con sus recursos propios, ni con los de otras regiones, ni con los que llegaban de las Indias; de estos, los escasos que se quedaban en España iban a otras partes: pueden buscarse sus huellas y se verá dónde están.

La «decadencia» del siglo XVII pesa ante todo sobre Castilla, que soporta los mayores sacrificios de la guerra de los Treinta Años y la defensa de América. Y cuando esa decadencia, que no fue tan completa ni definitiva como suele creerse, empezó a superarse, la prosperidad característica del siglo XVIII afectó principalmente a otras regiones: Cataluña, Valencia, Asturias, el País Vasco. Todavía en 1847, en la austera prosa de su maravilloso *Diccionario geográfico,* don Pascual Madoz dice que se llama Andalucía «todo el delicioso país meridional de España».

* * *

Pero cuando se habla de Castilla, hay que evitar los equívocos: ¿de qué se habla? ¿Del antiguo Reino de Castilla o de una región —o dos— con ese nombre? El Reino de Castilla fue una realidad siempre abierta. Origen de la lengua que recibió su nombre y acabó por ser la española, fue siempre bilingüe, como mostró Menéndez Pidal, ya que estuvo siempre asociada inextricablemente a lo vasco, y no se encuentra nada castellano sin la presencia vasca, y ninguna acción histórica vascongada está aislada de Castilla («el vasco es el alcaloide del castellano», decía Unamuno, que sabía bien lo que decía). Pero además Castilla se incorpora a León, de manera no solo indisoluble, sino apenas discernible, y como León había nacido de la incorporación con Asturias, y esta llevaba en sí la incorporación con Galicia, Castilla está abierta a todas estas tierras y va siendo su resultante. Y no olvidemos la interpenetración constante con Navarra y en ocasiones con Aragón. Las tierras que llamamos la Rioja —y algunas cercanas— han existido en centenaria convergencia de Castilla, Vasconia, Navarra y Aragón, y apenas puede ponerse el pie en un trozo de suelo que no haya gravitado hacia todos esos centros.

Pero no es esto solo. Cuando en 1085 Alfonso VI conquista Toledo, y Castilla —quiero decir, naturalmente, Castilla-León, en dos variantes, apenas superadas las luchas fratricidas— llega a la línea del Tajo, empieza a aparecer *otra* Castilla, que se llamará la Nueva (y convertirá en Vieja a la originaria). Castilla no se siente conclusa, empieza a dilatarse hacia el Sur. Y desde mediados del siglo XIII, cuando la Reconquista de Andalucía va de veras, surge una «Castilla Novísima», como se llamó algún tiempo al Ándalus cristianizado.

Y esto fue tan decisivo, que los reyes castellanos, que no tenían corte permanente, que improvisaban un Alcázar con unas alfombras, unas pieles y unos tapices en cualquier castillo, se establecen de preferencia en Andalucía. Fernando III, Alfonso X, Alfonso XI, Pedro I son inseparables de Sevilla, que se convierte pronto en la primera ciudad castellana —no Burgos, ni Valladolid, ni Ávila, ni Segovia, ni Toledo—; sería interesante determinar cuántos años en dos siglos es regida Castilla desde Andalucía, desde su «periferia» recién incorporada. ¡Ancha es Castilla!

Y si llegamos al momento decisivo, a la unión con la Corona de Aragón y la formación de la nación que llamamos España, hace ahora medio milenio, ¿qué encontramos? La tesis de Ortega, «Castilla hizo a España», reclama alguna matización. No olvidemos que Aragón, Cataluña y Valencia sentían no menor avidez por la unión con el otro reino. En sus luchas internas, los catalanes ofrecen la corona a Enrique IV de Castilla, unos años antes del matrimonio de los Reyes Católicos. La empresa de «hacer España» consistió muy principalmente en que *Castilla se hizo España,* «descastellanizándose» como forma particular. La transformación que la Unidad reclama empieza por la misma Castilla.

No se olviden los nombres. Mientras l'Île de France da origen al Royaume de France, y este va a ser el nombre que tome la nación francesa desde el siglo XVI, a pesar de la existencia de Borgoña, Normandía, Bretaña, Provenza, Gascuña, Picardía, Champaña…, la nueva nación de la Península Ibérica no se llamará como su parte mayor, Castilla, sino con el nombre que había unificado a todas sus tierras y había tenido unidad política —aunque no nacional— en la época visigótica: España. Y la lengua «castellana», que a lo largo de la Edad Media se va unificando con las variantes dialectales leonesas, asturianas, incluso —más allá de la frontera política— aragonesas, que desde el siglo XV es adoptada como lengua literaria por gallegos y vascos, valencianos y catalanes y hasta portugueses, a pesar de todo esto tenderá cada vez más a llamarse «española», y habrá protestas si se dice «castellana», pues es tan propia de los aragoneses, y ya en 1611 publicará Sebastián de Covarrubias su *Tesoro de la lengua castellana o española*.

Nebrija, andaluz, castellano del Reino de Castilla, no pondrá en ello su orgullo, su petulancia de haber enseñado latinidad, sino en su condición de español, y no considerará a Salamanca como la gran Universidad castellana, sino española.

Castilla se transforma, pierde su castellanía exclusiva, se españoliza. Lo que se ha entendido como «castellanización» de las otras partes de España fue más bien «españolización» de Castilla, que busca la convergencia saliéndose de sus formas particulares.

Hasta en lo que Castilla hace «sola» (sin participación del Reino de Aragón), como el descubrimiento y la conquista de América, el establecimiento de las ciudades, los Virreinatos, la organización seminal de los posteriores países hispanoamericanos, ¿puede decirse que lo hace «sola»? Desde una perspectiva actual, ¿qué sentido tiene esto? Lo hace con andaluces, extremeños, vascos, asturianos, gallegos, canarios. Si se dice que la empresa de América fue «castellana», hay que aclarar que no se trata de la «región castellana», sino de lo que podríamos llamar la Castilla española, la Castilla que se sentía ya parte de una totalidad más amplia, que por eso consideraba empresa propia la defensa de los territorios italianos de la Corona de Aragón, amenazados por Francia, con tercios castellanos al mando de Gonzalo de Córdoba, general castellano que combate en Nápoles y Sicilia como el Gran Capitán *español*.

Pero estamos en 1976, cinco siglos después de todas estas cosas. Cuando se habla de Castilla, no se trata del Reino de Castilla, en cuya existencia no cree nadie (aunque se crea en otras igualmente pretéritas). Castilla es el nombre de una región. ¿Qué significa esto?

3. LA REGIÓN CASTELLANA

Al introducirse una perspectiva «regionalista», como la que hoy domina en España —y por buenas razones—, Castilla aparece en posición desfavorable. Por una parte, por aquella identificación absolutamente falsa y abusiva de que antes hablé: Castilla = Poder central. Se atribuyen a Castilla desaciertos y abusos del poder que se han ejercido contra ella misma, y a veces por personas procedentes de la periferia, tal vez de alguna región que se considera «oprimida por Castilla». Por otra, se hace una identificación de la Castilla actual con lo que fue Reino de Castilla; pero tampoco de manera consecuente, porque se le enfrentan Galicia y Vasconia, partes integrantes de él, aunque no de la región castellana; es decir, que se usan simultáneamente, y según conviene, la Edad Media y el siglo xx.

Hoy se pueden tirar piedras —o pellas de barro, si así se prefiere— a todos los que han escrito o escriben en español, pero no se puede tener un desdén o una ironía ante nadie que haya escrito en una lengua regional. La causa de esto es la beatería suspicaz que domina, y que es, a su vez, una consecuencia de la brutalidad y tosquedad con que las lenguas regionales fueron tratadas desde 1939 hasta hace muy pocos años —y todavía no faltan ejemplos de ello.

Pero hay que precisar un poco más las cosas. ¿Fueron tratadas así, tan cerril, abominablemente, tan antiespañolamente, por los castellanos? Normalmente no; fueron así tratadas por españoles cualesquiera, castellanos o no, y los principales responsables no eran castellanos. Y con gran frecuencia por gentes de las propias regiones interesadas, donde esas lenguas se hablan, vascos, gallegos, catalanes, valencianos que querían «hacer méritos» y «adelantar» o «depurarse» por el camino más corto. Convendría recordar lo que se dijo y escribió entre 1939 y 1945, por ejemplo, y quién lo dijo. Los jóvenes y los desmemoriados tendrían maravillosas sorpresas.

* * *

Hoy Castilla es una región. O, si se prefiere, dos, la Vieja y la Nueva. O, mejor aún, dos y media, si se quiere contar a León, que se siente como una variante castellana, como un flanco o matiz de una Castilla mayor y abarcadora. Creo urgente que los castellanos perfilen y pongan en claro la función actual de Castilla dentro de la varia comunidad española.

Hoy estamos —conviene no engañarse— en la amenaza de los reinos de taifas. Sin pararse mucho a pensar de qué se trata, sin imaginar lo que se propone o se acepta, son muchos los que parecen dispuestos a hacer almoneda de medio milenio de historia irreversible, inventar un pretérito que nunca existió y sustituir la realidad España por cualquier convención recién inventada. Los reinos de taifas son la gran tentación española —precisamente española—, de ahora y de tantas veces, porque ni siquiera es original. Nos exponemos, por frivolidad aliada a diversos resentimientos, a encontrarnos en una situación de disgregación y discordia, a la que siempre ponen término los almorávides o los almohades de turno. (Y nunca faltan en el interior algunos almorávides disponibles, que se encargan gustosos de la faena.)

Castilla tiene que evitar toda tentación de particularismo, porque la tentación de él ha sido la inversión de su significación histórica y su parte de culpa en la invertebración de España. Castilla no puede ser «castellanista», porque dejaría de ser castellana.

Pero esto no quiere decir que tenga que borrarse; al contrario, tiene que afirmarse: como potencia de incitación, de proyección, de españolización, de hispanización. Castilla, que engendró —en y con un Continente ajeno, nada occidental— la América hispánica (andaluza, extremeña, vasca, asturiana, gallega, tan leonesa que ni siquiera hace falta decirlo; la que después fue también canaria, aragonesa, catalana, valenciana, mallorquina...), no puede olvidarse de que *al hacerse España hizo la primera nación moderna e inventó las Españas,* la primera comunidad trasnacional, equivalente de la Romania, la primera incorporación de pueblos heterogéneos, lo que ahora anda buscando el mundo.

Castilla no puede ser «nacionalista», porque nunca ha sido una nación, y bien lo sabe, y no se le va a ocurrir ahora jugar a las naciones. Con el resto de lo que llegó a ser España —nunca sola, por supuesto— fundó una nación, la primera que ha existido en Europa; pero ni siquiera puede ser «nacionalista de España», porque al mismo tiempo que esta fue nación empezó a ir más allá, a abrazar en una misma empresa territorios de Europa, América, Oceanía, por encima de toda limitación geográfica, étnica, lingüística. Si fue nación, fue una nación «abierta», no intraeuropea y recluida en sí misma, cerrada frente a otras formas de humanidad.

* * *

Sería ridículo invitar a Castilla a ir hacia atrás: a enquistarse miméticamente en una región particularista, provinciana —lo que nunca fue—; a cerrarse frente a la espléndida pluralidad española, de la que nunca fue celosa; a inventarse una historia lamentable y hacer figura de plañidera.

Nunca se ha hecho nada que valga la pena más que desde el entusiasmo, y eso ha sido Castilla cuando no ha tenido tentaciones de dimitir de sí misma. Si se quiere, *entusiasmo escéptico.* Pero escepticismo quiere decir mirar con cuidado a todos lados, estar atento a toda la realidad circundante, hacerse cargo de las cosas, y entonces seguir adelante.

A Castilla le ha faltado mucho tiempo, temo que le falte ahora, lo que la definió y constituyó: la imaginación, el saber mirar a lo lejos, más allá del detalle inmediato y de todo localismo. Quizá esto viene de la estructura visual de la meseta.

Una Castilla pensativa, meditadora, que uniese «el coraje a la dialéctica», como decía Ortega del Doncel de Sigüenza, ¡qué maravilla! Por una vez en lo que va de siglo se ha pensado en Castilla más y mejor que en la mayor parte del mundo. Los castellanos no tendrán disculpa si no son, además de esforzados, inteligentes.

15. La realidad regional

Cataluña es una región con extremada personalidad; esto me parece sumamente interesante, y volveré sobre ello; me parece, además, deseable; nada me inquieta como la evaporación de las diferencias y los matices, como la homogeneización, porque esta provoca una *entropía social* que amenaza con la paralización y la muerte de la actividad creadora. Cataluña tiene además una enérgica *conciencia* de personalidad, lo cual es distinto y menos frecuente en España. No me estorba, por supuesto, esa conciencia, pero me provoca algunas leves inquietudes; una, que los catalanes piensen demasiado en su personalidad, lo cual puede mermar su espontaneidad y, paradójicamente, atenuar esa personalidad misma; otra, parecida al riesgo del hombre que lleva un diario —siente la tentación de vivir «para él», de vivir de suerte que el diario sea muy interesante—, que Cataluña «cultive» su personalidad en lugar de simplemente «vivirla», y una tercera, muy de temer en nuestras tierras, que se busque la personalidad preferentemente en lo «diferencial», sin advertir que esto sólo tiene realidad y sentido sobre el fuerte torso de los rasgos comunes españoles, desde los cuales se constituye el «quién» originario e irreductible de Cataluña. Porque Cataluña no es quien es por ser distinta, sino por *ser,* con algunas diferencias.

Es evidente que Cataluña ha tenido no pocos motivos para tomar una actitud de suspicacia, y es de elemental honestidad reconocerlo, pero si yo tuviera alguna autoridad para dar un consejo a los catalanes —y es notorio que no la tengo—, sería el de olvidar la suspicacia, aun más allá de los límites en que está justificada, y practicar lo que podríamos llamar, a imagen de la «duda metódica» cartesiana, la «confianza metódica». Sería excelente que se acostumbraran a «dejarse vivir», aun a sabiendas de todos los riesgos, dándolos provisionalmente por inexistentes, persuadidos de que lo más arriesgado es tener presentes todos los riesgos, porque ello frena la espontaneidad, hace imposible la holgura, inhibe ciertas delicadas funciones creadoras que son las que sustentan y nutren la personalidad y hacen posible su auténtico despliegue.

Adviértase que con esto no me refiero a la «afirmación» de Cataluña. En primer lugar, toda afirmación me parece, en principio, buena. Además, el entusiasmo de los catalanes por Cataluña, su apasionamiento por ella, la emoción que ponen en cuanto la toca, me parecen sencillamente ejemplares, sobre todo en una época en que está de moda hacer ascos o tomar un gesto de indiferencia hacia casi todo, y en particular hacia lo que se es. Está el mundo demasiado lleno de gente a quien «le da lo mismo», para quien «tanto da» haber nacido en un lugar como en otro, y si me apuran en uno u otro sexo, y conforta ver a tantas personas abrazadas con fervor a su condición propia. Lo que yo quisiera es ver ese entusiasmo liberado, exento de todo elemento negativo, llevado a su plenitud, que es siempre *efusión* y nunca retraimiento.

Cada vez resulta más evidente que el hombre necesita tener raíces, porque es una realidad *circunstancial*. Y no hay más manera real de universalidad que la que arranca de una inserción local viva y precisa. El que es «de todas partes» o «de cualquier parte» no es de ninguna, y solo el que se arraiga fuertemente en la sociedad a la cual pertenece puede, desde esa perspectiva, vivir auténticamente las demás.

Esta es la función inexcusable de las regiones de Europa, que en un libro teórico, *La estructura social,* intenté precisar hace diez años. Las regiones, decía yo allí, son «sociedades insertivas», a través de las cuales el individuo se inserta en la sociedad más amplia de la nación. El modo *concreto* de ser español es ser andaluz, castellano, catalán, gallego, aragonés, vasco... No es fácil ni probable ser «directamente» español; en algunos casos, imposible. Concretamente, en el caso de Cataluña. Cuando se pretende —porque hay gente para todo— que los catalanes no sean o sean menos catalanes para que sean verdaderamente españoles, se comete el más grave error: sólo siendo «muy» catalanes —lo cual no quiere decir catalanistas, porque el «ismo» suele encubrir una debilidad o una inseguridad— pueden ser plena y holgadamente españoles.

En el caso de una región desdibujada o residual, quizá otra cosa sea posible; en una región de tan firme y acusado perfil como Cataluña, solo la energía y vitalidad de la sociedad *insertiva* hace posible la efectividad de la *inserción*. Nada hay más antiespañol que el intento de disminuir la personalidad de Cataluña.

* * *

Me explicaré un poco más. Cuando la personalidad de Cataluña, por desfallecimiento propio, por incomodidad, por limitaciones externas, está debilitada y en crisis, la atención de los catalanes se concentra automáticamente sobre sí mismos, de manera enfermiza, desconfiada y suspicaz. Recuerdo una admirable página de Ortega, un brevísimo ensayo de *El Espectador,* «Cuando no hay alegría», que comienza con estas palabras: «Cuando no hay alegría, el alma se retira a un rincón de nuestro cuerpo y hace de él su cubil. De cuando en cuando da un aullido lastimero o enseña los dientes a las cosas que pasan. Y todas las cosas nos parece que hacen camino rendidas bajo el fardo de su destino y que ninguna tiene vigor bastante para danzar con él sobre los hombros. La vida nos ofrece un panorama de universal esclavitud.» Y después de mostrar que entonces hacemos el descubrimiento de la soledad de cada cosa, agrega: «Y como la gracia, y la alegría, y el lujo de las cosas consisten en los reflejos innumerables que las unas lanzan sobre las otras y de ellas reciben —la sardana que bailan cogidas todas de la mano—, la sospecha de su soledad radical parece rebajar el pulso del mundo.»

Cuando esto ocurre, la pérdida de las conexiones repercute sobre la propia realidad, la disminuye y rebaja, nos deja reducidos a una quejumbre. Por el contrario, cuando la vida late con fuerza, cuando nos abandonamos a su ilusión y su fruición, cuando salimos de nosotros mismos —vivir es que el dentro se haga un fuera—, nos encontramos entretejidos con las efectivas conexiones que nos ligan a toda la realidad. Cuando Cataluña se siente ser, vivir, proyectarse, se encuentra donde está: inextricablemente ligada a la realidad total española, inserta en la sociedad nacional, de cuyas presiones, vigencias, estímulos, proyectos vive y está hecha.

Una Cataluña sana, entera y de pie, gozosa y segura de sí misma, se reconocería como íntegra y radicalmente española, y no menos que ninguna otra región. Si se siente a veces menos española es —no se olvide— porque se siente menos catalana, o piensa que algunos quieren que lo sea, y clama, como Michelet, que tanto gustaba de recordar Unamuno: «¡Mi yo, que me arrancan mi yo!»

¿Se imagina siquiera que Andalucía pudiera ser menos andaluza? Si alguna vez lo fuera, sería *menos,* y por tanto menos española, menos europea, menos humana. Y a la inversa, si un día se sintiera «sólo» andaluza, desgajada del resto, en lugar de irradiar sobre el conjunto nacional y sobre todo lo que se le ponga a tiro, automáticamente sobrevendría un descenso de su realidad —«naranjo en maceta»—, su vitalidad decaería, bajarían los grados de su propia condición andaluza.

Y este es el riesgo permanente de Cataluña, su tentación mayor: la retracción. Pero ¿hay algo más español? ¿No ha sido España el país que desde mediados del siglo XVI empieza a sentirse segregado y ajeno, incomprendido, acaso desdeñado u odiado, distinto y aparte? ¿No se va rodeando desde mediados del siglo XVII, desde el reinado de Felipe IV —no se olvide— de una «muralla de la China», aquejado de un proceso de «tibetanización»? ¿No es la «preocupación de España» un rasgo *constante* —esto es lo grave— de nuestra vida? ¿No se hace la historia de nuestras letras una larga quejumbre? ¿No se emboza España en su capa, absorta en sí misma, sin querer mirar más allá?

Baudelaire, el genial Baudelaire, en su poema «Don Juan aux enfers» dejó la más sobrecogedora imagen de esta actitud que para mí simboliza la permanente tentación española. Don Juan, en la barca de Caronte, cruza la laguna, camino de las mansiones infernales; sus rivales, sus amadas, se vuelven hacia él, le hablan, le imploran. Don Juan, tranquilo —con la vieja «gravedad» española, con el «sosiego» que acabó por estilizarse y amanerarse—, encorvado sobre su espada, mira la estela de la barca — ¡mira hacia atrás! — y no se digna ver nada:

Mais le calme héros, courbé sur sa rapière,
regardait le sillage et ne daignait rien voir.

He visitado por primera vez este año cuatro monasterios ilustres: Silos, junto a la cuna de Castilla, al lado de Covarrubias y San Pedro de Arlanza, el de Fernán González; Ripoll; Poblet, que guarda las tumbas de los viejos reyes de Aragón; Santes Creus. He sentido en los cuatro lugares la misma emoción, el mismo sentimiento de pertenencia, la impresión de estar tomando posesión de otros tantos fragmentos de mi historia, de mi herencia, de mi propia realidad personal. No me he sentido más cerca de uno que de otro; ninguno me ha parecido más propio o más ajeno. Todos son irrenunciables, porque los cuatro «nos han pasado» y, a pesar de todos nuestros esfuerzos, han quedado aquí, aunque no sin menguas.

¿Habrá alguien para quien no sea así? Mucho lo temo. ¿Es posible que alguien sienta de una manera en San Isidoro de León y de otra manera en Poblet, que «elija» entre los

Ordoños y los Jaimes? No es cuestión de amor, familiaridad o preferencia. Me parece admirable que para un catalán sean Montserrat o Poblet, Ripoll o Santes Creus, maravillas predilectas; que un madrileño ponga primero El Escorial; que para un gallego tenga Santiago un sentido más entrañable y único. Lo que no comprendo es que haya alguno que no viva todos como igualmente «suyos», que no se sienta radicalmente mutilado y empobrecido ante la idea de que cualquiera pudiera no pertenecerle —lo cual quiere decir no pertenecer a lo que ellos significan, a la realidad histórica, multiforme y única, que los ha creado.

La región es una maravillosa, entrañable realidad, hecha de formas cotidianas, de recuerdos, de costumbres, de finas modulaciones, de proyectos; es un instrumento que se incorpora, bien templado, a una orquesta. No hay impiedad mayor que querer destruir la realidad regional: para que no sea o para que sea otra cosa.

16. La lengua española como instalación histórica

Si se quieren entender las cosas humanas hay que buscar las categorías adecuadas, no aplicar los conceptos forjados para la comprensión de realidades bien diferentes. De ahí nacen los errores, los desenfoques, los planteamientos estériles de muchas cuestiones. Lo que pasa es que no es fácil: el hombre tiene una propensión inveterada a pensarlo todo como «cosas», porque se mueve entre ellas, le interesan inmediatamente y, además, son muy sencillas —hasta las más complicadas—; hace falta un enorme esfuerzo para descubrir las categorías capaces de aprehender e interpretar esa realidad móvil y a la vez con firmes estructuras, cambiante y duradera, individual y social, presente y pasada y, sobre todo, futura, circunstancial e irreductible a ninguno de sus elementos, transparente y radicalmente opaca, esa realidad dramática que llamamos la vida humana.

Algunas de las categorías antropológicas que introduje hace años en la intelección de ella son *instalación* y *vector*. En rigor, son inseparables, de modo que toda instalación humana es una *instalación vectorial,* orientada, dirigida y con una intensidad determinada. Mundo, cuerpo, sexo, edad, clase, son otras tantas instalaciones o, si se prefiere, dimensiones de la instalación global del hombre en su vida. La lengua es otra, y de las más importantes; en cierto sentido envuelve a las demás; o, dicho de otra manera, las otras instalaciones acontecen lingüísticamente. Es el ámbito o morada primaria, la primera interpretación de la realidad. No solo se habla, sino que se vive en una lengua; en ella vivimos, nos movemos y estamos. Es envolvente. Pero a la vez es proyectiva: no solo el hablar, también el oír —que cuando se trata de la lengua es *escuchar*— tiene carácter proyectivo; se escucha *hacia adelante,* haciendo funcionar el mecanismo de la anticipación. Es lo que podríamos llamar el carácter *futurizo* que posee la lengua, como todo lo propiamente humano.

Pero hay diversas formas, distintos grados de instalación. No se puede aceptar el a priori gratuito del «igualitarismo». Se está deslizando en las mentes de nuestros contemporáneos de mil maneras y sin suficiente crítica. Una de ellas es la suposición de que *todas las lenguas son iguales.* Por supuesto no lo son. Pero no solo no lo son *como lenguas,* sino que tampoco lo son *como instalaciones.* Se está más o menos instalado, mejor o peor, en una lengua, como podría decirse de una casa. Incluso en la «misma» lengua hay diversos grados y modos de instalación: ¿estaba igualmente instalado en el castellano Gonzalo de Berceo que Fernando de Rojas? ¿Era igual esta última instalación a la que en el ya español tenía Cervantes? ¿No se diferencia esta de la de Rubén Darío, Ortega o Borges?

Una diferencia radical afecta a dos formas de conciencia lingüística: la de que «*se* habla así» frente a la de «*nosotros* hablamos así». Los hombres elementales, sin memoria histórica, aislados, pueden tener fácilmente la primera vivencia; los cultivados, solo en el caso de lenguas muy amplias, de gran difusión y cierta universalidad. En el segundo caso hay algo muy problemático: el «nosotros». Por ejemplo, griegos (o latinos) frente a «bárbaros» (los hombres que balbucean, que no hablan bien; recuérdese a Ovidio, en su destierro del Ponto Euxino: *barbarus hic ego sum, quia non intelligor ulli,* «aquí soy un bárbaro, porque no me entiende nadie»). O romanos frente a provinciales; o clérigos medievales cultos frente a los que hablan, *sermo vulgaris,* las vacilantes lenguas vivas; o las *élites* que, en el siglo XVIII, hablan francés en Alemania, Hungría, Rusia. Pero hay otra posibilidad bien distinta: el «nosotros» de tal o cual «rincón» del mundo, la lengua «doméstica», vernácula, entrañable, que no es vigente en la «calle» o, en todo caso, en el mundo.

A veces la instalación es dual —nunca con estricta igualdad o paralelismo—. Ha sido el caso de los cultos que hablaban —realmente hablaban— en latín durante muchos siglos en Europa, pero habitaban también en una lengua coloquial viva, probablemente fluctuante e imprecisa, con lo cual la operación de hablar significaba una opción, libre o impuesta por la circunstancia concreta del diálogo (el profesor o el estudiante que vivía en una lengua en la Universidad y en otra en el mercado o la posada o la taberna). Otro caso es el de los muchos pueblos bilingües de la historia, instalados alternativamente en dos lenguas vivas en convivencia (y como toda convivencia, con fecundaciones mutuas, fricciones y arañazos).

En estos casos se puede conservar la lengua como *espontaneidad* o puede convertirse en algo *voluntario,* afirmado, defendido, tal vez en lo que alguien se atrinchera o hace fuerte. Se puede pasar de una posición a otra, de la naturalidad a la crispación o de esta a la distensión y la espontaneidad. Como ocurre con la forma general de la vida, que *si se defiende a ultranza se pierde,* porque la tensión y el esfuerzo requeridos la transforman aunque no se quiera, la lengua afirmada y defendida como una fortaleza *se pierde como morada,* compromete su esencial dimensión de instalación, no permite la holgura creadora del «estar».

* * *

Ahora conmemoramos el milenario de la lengua española. Se agrega, para mayor precisión: de la lengua *escrita.* En efecto, se datan hacia 977 las Glosas Emilianenses, aquellos comentarios marginales de un monje —bilingüe, por cierto— que anotó en español (todavía no específicamente «castellano»), con palabras en vascuence, en el viejo Monasterio de Suso (de *sursum,* arriba) en San Millán de la Cogolla, en tierras de la Rioja.

Es una fecha convencional, naturalmente inexacta, como todo lo humano (el rigor es otra cosa más profunda y delicada que la exactitud). Probablemente hace mucho más de mil años que ya no se hablaba en latín en la Península Ibérica. ¿Se hablaba en español? Todavía no. Se trataba, sin duda, de una *instalación precaria.* ¿Es que se cree que se podía decir *cualquier cosa* en España en el año 800? Más aún: ¿se podía *hacer* cualquier cosa? Hubieran sido problemáticos, por lo menos, tres ingredientes: *a)* el sujeto de ese hacer, el «nosotros» (y en la medida en que el yo está referido a un «nosotros», cada «yo»); *b)* la interpretación; *c)* la proyección. Creo que este sería un buen camino para entender la profunda desigualdad histórica del mundo. El racismo lo ha intentado de una manera torpe, intentando reducir lo humano a biología. Creo que una consideración lingüística sería más pertinente, por ser más propiamente humana, y podría hacer entender el destino colectivo de Europa, Africa, Asia, la América precolombina, etcétera.

Lo interesante para nosotros es que desde hace más de ocho siglos (*Cantar de Mio Cid*) hay una lengua inequívocamente española, en la cual nos reconocemos. En ese poema del siglo XII *estamos en casa.* Pero —se dirá— no del todo, a cierta «distancia»; el *Poema del Cid* es bastante lejano para los que hoy hablan español. ¿Cuánto? Yo diría que, aproximadamente, como el *Martín Fierro* para los que no son argentinos. Pero esto quiere decir que los «límites» de nuestra instalación lingüística, de nuestra morada en la palabra, son temporalmente más amplios que en francés, inglés o alemán. El *Poema del Cid* es accesible a toda persona cultivada de lengua española; el *Libro de Buen Amor* se lee sin mayor dificultad; las *Coplas* de Jorge Manrique son prácticamente actuales, como el marqués de Santillana, Hernando del Pulgar o la *Celestina;* no digamos Garcilaso. ¿Hasta dónde hay que acercarse en otras lenguas europeas para estar verdaderamente «en casa»?

El *espesor lingüístico* del español es muy grande; la duración de la *vigencia* que llamamos lengua española es extremada. La instalación histórica del español es, por lo pronto, particularmente «profunda». Pero no es esto solo.

* * *

Si, abandonando la perspectiva temporal consideramos los límites *espaciales* del español, encontramos lo siguiente: es lengua *propia* de cerca de 300 millones de personas; pero, sobre todo, lo es de muchas *sociedades,* de muchos países diferentes. La morada lingüística en que cada uno de nosotros vive es dilatadísima. Esto es lo que podríamos llamar, en términos históricos y sociales, el *alcance de nuestra voz.* Compárese cómo se siente un hispanohablante con un hombre de otras lenguas *no universales,* incluso habladas por grandes poblaciones: este último, en cuanto sale de su casa inmediata, está en un mundo *ajeno;* el hispanohablante tiene una casa de múltiples aposentos, dentro de la cual, en su conjunto —y no solo en uno de ellos— habita. Este es el sentido lingüístico de la expresión «las Españas».

Es bastante asombroso que esto haya sido posible. Creo que no se ha reflexionado lo bastante. El antecedente más parecido es el del latín dentro de la Romania. Valera lo vio ya con claridad. Al lado de razones estrictamente históricas hay algunas lingüísticas que lo han hecho posible. La solidez fonética, y sobre todo fonológica, del español es extremada. La consecuencia es su claridad; el *spelling,* el deletreo que con tanta frecuencia es necesario en inglés y otras lenguas es en español absolutamente innecesario. Cuando en muchas lenguas se pregunta: ¿cómo se escribe tal palabra?, se suele contestar con la enumeración de sus letras. Si en español se pregunta: ¿cómo se escribe «mujer»?, se suele contestar: «con 'j'» (lo que haría pensar a muchos extranjeros que esa única letra es la grafía de «mujer». ¿Por qué? Porque es lo único dudoso, y todo lo demás parece evidente y obvio.

El español, en la totalidad de su ámbito dilatadísimo, a ambos lados del océano, a través de cordilleras, selvas y desiertos, es enteramente *transparente,* íntegramente inteligible para todos los que lo hablan, sea cualquiera su origen, su sustrato lingüístico originario, su antigüedad social. Lo mismo que el escritor es *accesible* desde el siglo XII al XX, lo es el hablante, de España a la Tierra del Fuego.

Y no solo geográficamente. *Socialmente también.* Una de las características más interesantes de la lengua española —compartida ciertamente con otras, pero no con todas— es la «ósmosis» entre sus diversos estratos o capas sociales. No hay más que *una lengua:* no hay una «culta» y otra «popular» o una «literaria» y otra «coloquial». Sus diversos registros funcionan dentro de una misma lengua en el estricto rigor del término. No hay más que variantes *marginales.* Quiero decir que si la lengua o el habla de algún grupo hispánico no es fácilmente inteligible, esto no significa que unas *fracciones* sean ajenas a las otras, sino que la manera de hablar de ese grupo es ajena a todos los que no pertenecen a él; en otros términos, se trata de *excepciones* respecto al *torso* de la lengua unitaria.

* * *

Finalmente, y esto es acaso lo más interesante históricamente, y sobre todo si tenemos en cuenta que la instalación es vectorial, orientada al futuro, el español existe en todo su ámbito *creadoramente.* No hay en sus dominios zonas «pasivas» o inerciales, con una lengua meramente recibida o residual. No hay tampoco lugares privilegiados en que «se haga la lengua», frente a otros en que simplemente «se use». El hecho de que haya habido, y desde el siglo XVI, *escritores* originales en la América hispánica; el que la innovación lingüística sea tan viva y frecuente en América como en España, y siempre *dentro del español,* sin salirse de él, hasta el punto de que las innovaciones viajan en ambos sentidos y cruzan el Atlántico; el que el *Diccionario de la lengua española,* publicado en Madrid por la Real Academia Española, encierre un número altísimo y creciente de «americanismos», de palabras originadas en América, de usos y acepciones americanos de viejas voces españolas; el que los cambios fonéticos y sintácticos se comuniquen y transmitan, todo eso muestra la vitalidad uniforme del español, su *unidad activa.*

Y todavía hay que agregar un rasgo esencial: esa creación múltiple se hace *en presencia.* Hay *un* mundo hispánico, no solo compartimentos estancos de un común *origen* español. Y esto afecta a España tanto como a los demás pueblos de nuestra lengua, refluye sobre todos, los condiciona y modifica. Por la lengua, los hispanoamericanos son «antiguos», con raíces medievales europeas, y a través de ellas últimas raíces latinas, griegas, *no menos que un europeo* de cualquier lugar. Por la misma lengua, los españoles somos lingüísticamente «jóvenes», ya que nuestra lengua es la propia de tantas sociedades juveniles, flexibles, aún sin acabar de hacer y consolidar.

De igual modo, somos indios, negros o mulatos, porque indios, negros y mulatos hablan español *como lengua propia*. Y ellos son «occidentales» porque occidental es *su* lengua —la suya y no solo la nuestra.

Esta situación es bastante excepcional, mucho más de lo que españoles e hispanoamericanos pensamos. No diré que sea única, porque hay analogías con el portugués y el inglés; pero una consideración atenta mostraría que hay no pocas diferencias en la situación histórica de las tres lenguas, y la del español muestra considerables y sutiles originalidades.

El único peligro de esta situación, históricamente privilegiada, de alcance que la mayoría de los hispanohablantes ni siquiera sospechan, sería su falseamiento deliberado. Tres son las tentaciones que impulsan a la falsificación y, por tanto, al deterioro de nuestra común instalación lingüística. Las enumeraré muy brevemente.

La primera es el viejo «purismo» español del siglo pasado, cuando se creyó que la lengua española era, por lo menos primariamente, la de España, que en nuestro país se tenía la «propiedad» de ella, o al menos un dominio privilegiado. Hubo —y curiosamente en una de las épocas menos creadoras— la creencia de que la lengua se hacía en España y se aceptaba —o bien se corrompía— en América. De esta infundada convicción apenas quedan residuos difíciles de percibir.

La segunda viene de las regiones que poseen lenguas particulares, y que pueden sentir la tentación —inducida por algunos tentadores profesionales— de iniciar una «retracción» respecto de la lengua común, del español; es decir, de segregarse de ese mundo hispánico que constituye una de las tres o cuatro grandes realidades de nuestro tiempo. La tentación consiste en pensar que la española no es *su* lengua, en vista de que tienen además otra (y aun en los casos en que no acaban de tenerla o con una instalación deficiente).

La tercera, por último, es la tentación de creer que hay una «literatura latinoamericana». Aparte de que el adjetivo es difícilmente aceptable, porque envuelve un cúmulo de inexactitudes y deformaciones, y aunque se emplee el más correcto, hispanoamericana, hay que afirmar que tal literatura *no existe*.

Hay *una* literatura de lengua española, la de todos los países que hablan español, y por otro lado, hay tantas literaturas como sociedades diferentes la hablan y escriben como propia. Hay una literatura mexicana, y otra cubana, y otra colombiana, y otra peruana, y otra argentina, y otra española, y así sucesivamente. O hay una o hay muchas; lo que no hay es *dos:* una española y otra hispanoamericana. Las relaciones entre la mexicana y la argentina o la chilena y la venezolana no son más estrechas que entre cualquiera de ellas y la española; al contrario, son mucho más tenues.

Todo esto es visible en la realidad actual de los países hispánicos. Lo decisivo es el uso, no la vieja «norma» purista; pero cuando se ha dicho esto, que es verdad, se cae en la cuenta de que *el uso es normativo.* Por otra parte, el uso lingüístico es creador, y no solo el que escribe, sino todo el que habla y en cualquier lugar, está haciendo la lengua, está innovando. Pero a la vez las academias cuidan de la unidad y coherencia, acumulan las invenciones y los hallazgos, enriquecen a cada país con las innovaciones de los demás. Y la lectura de libros y periódicos, las ediciones compartidas, las colaboraciones de autores de distintos países, la palabra viva, todo ello mantiene y refuerza la unidad lingüística sin fijación, anquilosamiento ni inmovilismo.

Estamos instalados en un *mundo real* (no de esos inventados a los que hay que ponerles números ordinales) efectivo, hecho de usos, costumbres, ideas, creencias, problemas, modos de guisar, cantar, decir versos o enamorar; un mundo vastísimo, creador y nuestro, de todos nosotros. Es nuestra principal riqueza, nuestra fuerza mayor.

Lo único que hace falta para que la grandeza de ese mundo quede asegurada es la calidad de lo que en esta lengua digamos, escribamos y hagamos. Una grandeza comunicable, que no empobrece a nadie y puede enriquecer a todos. El día que nadie pueda permitirse ignorar lo que pensamos y decimos en español, nuestro horizonte histórico estará abierto.

17. España en el marco histórico-cultural de Europa

Se habla muchas veces del «ingreso de España en Europa». La expresión es bastante inexacta, porque supondría que España no estaba en Europa, y ahora va a ingresar, quiere ingresar, puede ingresar. Ahora bien, España está en Europa desde que Europa y España existen, y no solo ha sido parte de Europa, sino uno de los países que han contribuido más profundamente a constituir esa realidad europea, a darle los rasgos con que se nos presenta, con que es conocida en la historia y frente a otros continentes. Me refiero, naturalmente, a Europa como unidad social, histórica y cultural.

Se dirá que España ha tenido, sin embargo periodos de marginación respecto de Europa. Las cosas son un poco complejas. Es evidente que en España se produce un movimiento de retracción a mediados del siglo XVII. El hombre que tiene conciencia más clara de ello es quizá Quevedo, el cuarto centenario de cuyo nacimiento estamos celebrando precisamente este año 1980. Quevedo muere en 1645; pero mucho antes tiene conciencia de esa retracción de España, y antes aún de la incomprensión de lo que es España por parte del resto de Europa, secundada y desarrollada por los propios españoles.

De 1609 aproximadamente es *La España defendida,* cuyo título completo —tan revelador y tan olvidado— es: *La España defendida, y los tiempos de ahora, de las calumnias de los noveleros y sediciosos.* Quevedo defiende dos cosas: España (frente a los extranjeros) y los tiempos de ahora, el presente, la realidad actual (frente a los propios españoles, los «noveleros»): «El ver maltratar con insolencia mi patria de los extranjeros, y los tiempos de ahora de los propios.» Los de fuera atacan a España en su conjunto; los de dentro, el presente. Quevedo piensa que el olvido o el mal tratamiento de los temas españoles son responsables de todo ello: «La poca ambición de España, bien que sean culpados los ingenios de ella, tiene en manos del olvido las cosas que merecieron más clara voz de la fama.» «Hubo quien escribió... que no había habido Cid; y al revés de los griegos, alemanes y franceses, que hacen de sus mentiras y sueños verdades, él hizo de nuestras verdades mentiras.» «Dos cosas tenemos que llorar los españoles: la una, lo que de nuestras cosas no se ha escrito, y lo otro, que lo que hasta ahora se ha escrito ha sido tan malo, que viven contentas con su olvido las cosas a que no se han atrevido nuestros cronistas, escarmentados de que las profanan y no las celebran.» Quevedo no ignora a lo que se expone: «Bien sé —dice— a cuántos contradigo, y reconozco los que se han de armar contra mí; mas no fuera yo español si no buscara peligros, despreciándolos antes para vencerlos después.»

Antes de la muerte de Quevedo, hacia 1643, compone Saavedra Fajardo *Locuras de Europa,* muchas de cuyas ideas había anticipado ya en las *Empresas* o *Idea de un príncipe político-cristiano* (1640), libro saturado de la experiencia amarguísima de la guerra de los Treinta Años. Nos hemos acostumbrado a dar por supuesto que en el siglo XVII Europa «tenía razón» y España estaba en error, pero siempre me viene a la memoria aquel mirífico título de un capítulo del libro *El ente dilucidado,* de fray Antonio Fuente la Peña, que viene a decir «Si los monstruos son ellos o somos nosotros». Entre Quevedo y Gracián se va depositando en el alma española un dolor de incomprensión por parte de Europa, y lo cierto es que España reaccionó de dos maneras inadecuadas: o mediante un jactancioso espíritu «apologético» o con una aceptación del punto de vista ajeno y hostil. España empieza, por una vía o por otra, a cerrarse en sí misma, a rodearse de la «muralla de la China» de que hablaba Valera; a iniciar la «tibetanización» que, con una imagen muy próxima, señalaba Ortega para la época de Felipe IV.

Se produce un apartamiento, un aislamiento de España, que queda en posición marginal en algunos aspectos —no olvidemos que sigue estando en todas partes—; y no se olvide tampoco que los procesos negativos no son *para siempre*. El español tiende a creer que cuando algo malo aparece en España, nunca termina; se da por supuesto que hubo una decadencia española; se puede discutir cuándo empezó, pero nadie se pregunta cuándo terminó; se supone que ni ha terminado ni terminará.

Las cosas no son tan claras; el siglo XVIII representa en muchos sentidos un resurgimiento de España y una nueva inserción en Europa —en una Europa bastante distinta, por cierto—, aunque en forma más receptiva e imitativa que creadora. Cuando realmente se rompe el equilibrio, cuando España queda verdaderamente escindida de Europa, es en 1808, a causa de la invasión francesa. La guerra de la Independencia fue algo verdaderamente feroz, que produjo destrucciones de todo género en España —económicas, artísticas, urbanas—, pero además sacudió hasta el fondo de la conciencia nacional española; de ahí se puede datar, y no de antes, eso que se ha llamado después «las dos Españas»; el único momento en que puede hablarse de ellas, de esa discordia, es la invasión napoleónica, la reacción a ella y, naturalmente, el durísimo periodo del reinado, regresivo y opresivo, de Fernando VII (1814-33), prolongado en otra forma por la primera guerra carlista. Aquí sí se produce un largo tiempo de aislamiento, de comunicación restringida con el resto de Europa, de descenso de la capacidad creadora. Joaquín Costa dice a fines de siglo que cuando un español salía de España tenía la impresión de cambiar no solo de país, sino de época.

Esto es cierto, pero también lo es que con la generación del 98, desde hace algo más de ochenta años, el desnivel con Europa se cancela; esa generación tuvo la función de poner a España —en las cimas creadoras, se entiende— al nivel europeo. Y hay que añadir que durante muchos años, por supuesto hasta la guerra civil, pero en muchos aspectos también después, España ha sido uno de los países más abiertos a Europa, menos provincianos, menos dispuestos a contentarse consigo mismo, tentación de los países europeos más creadores y más ricos en cultura, explicable, pero funesta. Tal vez la relativa pobreza cultural de España impidió que tuviera esa tentación de autosuficiencia que, en definitiva, no es más que provincianismo.

* * *

Lo que verdaderamente ha dejado a España en nuestro tiempo, en algún sentido, «fuera» de Europa —y por eso podemos hablar de «ingreso en Europa» sin que esto sea un contrasentido— es la convergencia de dos factores: uno primariamente político, el aislamiento que se inicia en el periodo de la guerra civil, de 1936 a 1939, y que no termina hasta noviembre de 1975: España no está fuera de Europa, pero sí de las *instituciones* europeas, por lo menos en gran parte, y plenamente todavía no está dentro. Ha habido, pues, un largo tiempo de participación incompleta, deficiente, en las instituciones europeas, que ciertamente no se confunden con Europa, pero en esta época tienen mayor importancia que nunca. El segundo factor es el descenso de nivel cultural de España, si se compara la situación anterior a 1936 con las sucesivas, y *sobre todo* desde el punto de vista de las instituciones. La causa capital de ese descenso ha sido la politización de buena parte de la vida intelectual española. Por una parte, la politización que supuso el régimen anterior, pero también la politización impuesta por las fuerzas que, luchando contra él, subordinaban todo a esa lucha política, es decir, introducían la política en el seno mismo de la vida intelectual (de la docencia, de las instituciones culturales y de la creación), y así como la politización desde el poder fue especialmente fuerte y violenta en los primeros veinte años desde el comienzo de la guerra, la segunda politización ha sido mucho más intensa y sistemática en los dos últimos decenios.

Creo que, a última hora, la segunda ha resultado más destructora, porque, al no presentarse como una acción de poder, los españoles han estado mucho más indefensos a la segunda manipulación que a la primera; esta se presentaba como algo claro, manifiesto, contra lo cual se podía y se debía luchar; la otra ha sido más insidiosa, ha provocado menos resistencia, y por eso ha venido a ser más eficaz. Y no se olvide que en sus *contenidos* han sido en muchos casos convergentes.

Por otra parte, ahora se da por supuesto que España quiere incorporarse a las instituciones europeas —eso que se llama «ingresar en Europa»—, pero hay que preguntarse hasta qué punto es así, o si esa voluntad no tiene notables excepciones. Concretamente, entre las instituciones europeas hay una importantísima, decisiva, de la cual probablemente depende la subsistencia de la Comunidad Económica Europea con todo lo que lleva dentro, y es la OTAN; pues bien, respecto al ingreso en ella, no es que no haya acuerdo unánime, es que hay violenta oposición de una fracción del cuerpo político y tenaz resistencia por parte de una fracción mayor, que nunca se atreve a desentonar de aquella. Se podrá discutir si es conveniente o no para España ingresar en la OTAN —como se puede discutir si es conveniente el ingreso en la Comunidad Económica o en cualquier otra institución—; lo que no se puede hacer es descartar la OTAN como si no tuviera que ver con las demás, fingir que puede haber una plena incorporación a Europa quedando al margen de importantes instituciones europeas.

En todo caso, la incorporación de España a la Comunidad Económica Europea significa también el acceso a cierto nivel y a unas estructuras, no solo económicas, vigentes en Europa. De lo económico se habla mucho y hay conciencia clara de sus problemas, de sus dificultades y de sus exigencias; pero suele olvidarse que hay una cuestión mucho más amplia, más importante en definitiva, más profunda, y es la transformación que España tiene que experimentar para que ese acceso a la Comunidad Económica Europea sea pleno y sea eficaz. Hay temas culturales —concretamente educativos, en especial universitarios—, jurídicos, sanitarios, urbanísticos, artísticos, laborales, empresariales y de visión de la realidad, de instalación en la realidad, que evidentemente será menester modificar. Y con ello llegamos a la cuestión que me parece más interesante y que, extrañamente, se pasa siempre por alto.

*   *   *

Hay que salir al paso de un error: la idea de que se trata simplemente de *adaptarse a Europa*. La idea de adaptación, es decir, de la mera adopción por España, de una manera pasiva, imitativa, de ciertas formas o estructuras de Europa, me parece poco aceptable y, en definitiva, un error.

Por una parte, porque Europa no funciona tan bien. Recuerdo que hacia 1908 ó 1910 Ortega decía: «Se vio desde el primer momento que España era el problema y Europa la solución.» Pero con ello quería decir que era menester incorporar a España al *nivel* europeo, justamente para enriquecer a Europa con su *versión española;* por eso decía: «Queremos la interpretación española del mundo.» No trataba de añadir una Francia o una Alemania más, ya había una de cada; Europa era el nivel de la ciencia y el nivel del funcionamiento del Estado, que por aquellas fechas era bastante próximo a la perfección. ¿Ocurre ahora lo mismo? Europa está en crisis, en definitiva no menor que la española, aunque la nuestra tenga caracteres diferentes; en parte, por causas ajenas, por ejemplo la conducta iniciada en 1973 por los países exportadores de petróleo, hecho sobre el cual siempre se tiende una especie de velo, que no se quiere recibir e interpretar adecuadamente, porque no se quiere ver su verdadero origen ni su propósito final. Se lo toma como un contratiempo económico, y eso es precisamente lo que no es: ni es un mero contratiempo ni es primariamente económico; es algo mucho más grave, y Europa no ha reaccionado adecuadamente a ello, ni mucho ni poco. Con lo cual quiero decir que la crisis producida por el embargo, primero, y la inexorable elevación de precios, después, en principio y originariamente no es un asunto europeo, pero sí es un *error* europeo, porque Europa no ha sabido ni ha querido enfrentarse con ello como tenía que hacerlo.

Y por otra parte, hay errores que son europeos estrictamente, por ejemplo la inmoderada pasión por la seguridad que acometió a Europa después de la segunda guerra mundial;

como siempre, Inglaterra fue la primera —suele ser la nación que inventa las cosas, y las demás las realizan, por lo general de un modo más pleno o más brillante—. Inglaterra se apasionó por la seguridad. Recuérdense las primeras elecciones británicas después de la guerra, cuando los ingleses derrotaron a Churchill y eligieron a Attlee, que se encargó de organizar la inmensa seguridad social británica, con las consecuencias de todos conocidas. Hace unas semanas, la revista «Time» publicaba un excelente artículo sobre los problemas europeos de los países de la Comunidad Económica Europea —no hablaba de España para nada—, sobre las consecuencias del afán de seguridad y el *welfare state* en Europa; un artículo absolutamente aterrador. He tratado de convencer a algunos periódicos españoles para que lo tradujeran y publicaran, porque es iluminador, pero parece que no interesa a nadie.

Hay en Europa una escalofriante tendencia al parasitismo, a que trabajen muy pocos, cada vez menos —porque el retiro es cada vez más temprano—, y sostengan a inmensas masas de población inactiva. Hay un angostamiento nacionalista que permite aguardar lo peor: los países, incluso los de la Comunidad, se ignoran entre sí fuera del campo de la economía; quizá nunca desde el siglo XVI ha habido tanto desconocimiento mutuo como ahora. Y esto lleva a la descapitalización cultural, incluso interna: países que han poseído siempre su cultura de una manera completísima y fiel, como Francia, han visto enajenarse la mayor parte de su pasado, ya no poseen en su integridad, quiero decir en su figura completa, la cultura francesa. Hay descenso de nivel en las instituciones culturales, empezando por la Universidad; en la prensa, en la creación intelectual y literaria; el que tenga alguna idea de por dónde anda Europa y cuál ha sido su nivel anteriormente, siente consternación.

Esto quiere decir que los países europeos tienen que realizar, todos ellos, profundas transformaciones. Nosotros tenemos que transformar muchas cosas, sin duda más que otros, pero los demás países de Europa tienen que ejecutar también transformaciones sumamente graves, importantes y profundas. Es decir, y es adonde quería llegar, España tiene que hacer múltiples transformaciones, pero para aproximarse no a lo que Europa es en este momento, sino a lo que *Europa tiene que ser*. Cuando un cazador dispara a un pájaro en vuelo no tiene que apuntar al pájaro, porque si apunta al pájaro no le da; tiene que apuntar delante, a alguna distancia del pico, y entonces sus perdigones alcanzarán al pájaro en el lugar en que esté cuando los perdigones lleguen a su altura. Algo parecido diría yo de España respecto de Europa: no tiene que transformarse para llegar a las condiciones de la Europa de 1980, sino justamente para encontrarse con Europa allí donde tendrá que estar dentro de unos pocos años si el resto de Europa hace las transformaciones pertinentes para recobrar su nivel y su prosperidad.

Por tanto, toda actitud imitativa es absolutamente inadecuada; será menester alcanzar a Europa cuando Europa se alcance a sí misma, cuando recupere su propio nivel, el suyo, el que le pertenece, el que tiene que alcanzar si no quiere decaer. Europa está amenazada de decadencia; no creo que vaya a caer en ella, como no creo que vaya a decaer España, pero todo ello es inseguro, y hay que hacer esfuerzos intensos e inteligentes para que eso no se produzca. La *amenaza* de decadencia es absolutamente clara. ¿Se podrá evitar? *Yo creo que se va a evitar; pero hay que evitarla.*

* * *

Por último, esa incorporación de España a las estructuras del próximo futuro de Europa tiene que hacerse de una manera *original*. España es un país absolutamente europeo, tan europeo como los demás. Pero habría que añadir lo que a veces digo de algunas regiones españolas; algunos dicen que catalanes y vascos, por ejemplo, no son, o no son enteramente, españoles; otros dicen que son «españoles como los demás»; creo que ninguna de las dos posiciones es correcta: son tan españoles como los demás, pero de otra manera, y no importa. España es tan europea como las demás naciones de Europa, pero ciertamente a su manera, con una inevitable originalidad, que nace de un hecho elemental, pero colosal: *España no es un país intraeuropeo* o meramente europeo.

Los demás países de Europa son europeos porque esa es su condición: ¿qué van a ser? España es un país que *ha querido* ser europeo: ocupado por los musulmanes desde comienzos del siglo VIII, se ha visto como «la España perdida», se ha obstinado, siglo tras siglo, aparentemente contra toda razón, contra el «destino histórico», en ser un país cristiano (y ello quería decir entonces europeo, occidental). Pero, sobre todo, España, desde el momento en que lo consigue plenamente, en que llega a ser una nación —la primera nación moderna—, se convierte en una realidad *supranacional*, lo que se llamó la Monarquía Española o la Monarquía Católica, una reunión de pueblos en los dos hemisferios. Por consiguiente, España, que es europea, tanto como cualquiera, es al mismo tiempo real y absolutamente *hispánica*, pertenece a una comunidad social, histórica, cultural, primariamente lingüística, la de la lengua española.

Esta es la situación, y de ahí vienen a España sus caracteres más propios y creadores. Por eso España no fue bien entendida por los demás europeos, especialmente cuando, desde fines del siglo XVII y sobre todo en el XVIII, el modelo franco-alemán se impone en la consideración de Europa y los países *intraeuropeos* son los que dan la norma, a diferencia de lo que han sido España, Portugal, Inglaterra, países *transeuropeos*.

De ahí vienen también sus mayores responsabilidades; de ahí viene su mayor prestigio, y su fuerza, su posible fuerza dentro de la Comunidad Europea. España no se reduce a la porción de sí misma que está en el continente europeo, sino que incluye un resto de realidad hispánica al otro lado del Atlántico, parte de su realidad efectiva. Y, naturalmente, no se trata del pasado, de un mero recuerdo histórico: se trata de una comunidad realísima, probablemente más real que la europea. Cualquier español que hace la experiencia de América lo sabe, y lo mismo cualquier hispanoamericano que recorra su propio continente y llegue hasta sus orígenes españoles. Es una experiencia iluminadora: el español no conoce plenamente España hasta que conoce América, y se da cuenta de que al cruzar el Atlántico y llegar a un país hispánico de América —y por supuesto incluyo al Brasil— no ha salido de su patria grande; de su patria jurídica y civil, sí; de su patria histórica y cultural, no.

Esto es una tremenda fuerza con la cual hay que contar. Por tanto, toda inclusión efectiva y fecunda de España en la Comunidad Europea tiene como presupuesto y como condición o requisito la plena posesión de la realidad española, de la realidad hispánica en su integridad, y por otra parte el conocimiento adecuado de lo que es Europa y de lo que ha sido. Como de momento Europa no lo tiene, imagínese lo que significaría como ventaja, lo que contaría en nuestro escaso haber el que España se acercara a Europa con una posesión de ésta superior a la que hoy tienen los países europeos olvidados de sí mismos y de su conjunto. Podríamos aprovechar nuestro relativo retraimiento, la espléndida tradición intelectual de España en lo que va de siglo, en tantas cosas superior a la de otros países, justamente para aproximarnos original y proyectivamente a la Europa occidental y abierta que va a ser menester construir.

18. Las tierras de la tierra de España

Este ensayo fue escrito por mí originalmente en inglés, para formar, con otros de H. R. Trevor-Roper, Konrad Lorenz, Kai Curry-Lindahl, Roger Caillois y Emil Egli, el texto del libro *This Land of Europe, A Photographic Exploration by Dennis Stock,* Kodansha International Ltd., Tokyo, 1976. Con la amable autorización de esta editorial, traduzco ahora al español mi propio texto.

Un paisaje nunca es solo tierra, tierra sola; lleva dentro los ojos del hombre, es decir, una perspectiva. Incluso cuando el hombre no «hace» nada, cuando no añade nada a la naturaleza, cuando no hay jardines, campos cultivados, caminos, carreteras, puentes, embalses, molinos, castillos, pueblos, ciudades, puertos, faros, *ve,* mira las cosas desde cierta distancia, pone un marco imaginario en torno a una parte de la naturaleza y hace de ella una realidad visual única.

Mirar no es simplemente ver; la atención hace que nuestros ojos ejerzan presión sobre lo que vemos; introduce desigualdad en el campo neutro, tensiones internas, contrastes, movimientos: el paisaje «acontece». Más aún: para un hombre, ver es recordar, comparar, anticipar, proyectarse; esto es, vivir. La palabra inglesa *scenery* significa a la vez una pintura y un escenario para vivir.

Por esto un paisaje no está simplemente *ahí;* es descubierto, en cierta medida creado por el hombre; y como el hombre es histórico, hay una historia de los paisajes; si hablamos de «historia natural», también podemos hablar de «naturaleza histórica». La «misma» tierra puede ser el escenario de muy diversos tipos de vida: el guerrero y el pastor, el cazador y el labriego, el pintor y el viajero; un hombre que recoge conchas en una playa desierta, ¿está en el mismo lugar que el que toma un baño de sol en la aglomeración de una playa?

No sabemos qué era América antes de su descubrimiento español en 1492; apenas podemos imaginar qué eran sus diferentes paisajes para los ojos de los naturales. Sabemos que los primeros descubridores y exploradores españoles vieron el Nuevo Mundo a través de las imágenes acuñadas por el mundo clásico, Virgilio superpuesto al río Orinoco, las costas del océano Pacífico o los valles de Arauco. La tierra de Europa ha sido durante siglos la tierra de los europeos; quién sabe lo que vieron los hunos, los árabes, los vikingos en los mismos sitios, cuál fue el reflejo de las mismas formas y colores en el transfondo de sus propias diversas moradas.

España es un país extremadamente variado; es difícil viajar más de cincuenta kilómetros sin ver un paisaje nuevo, con frecuencia marcadamente distinto; hay una docena de regiones con poderosa personalidad, tanto física como histórica; España está dividida en cincuenta pequeñas provincias, con un término medio de 10.000 kilómetros cuadrados; la mayoría de ellas están compuestas de varias comarcas en que el paisaje cambia súbita, bruscamente.

Y sin embargo, la Península Ibérica es una fuerte unidad, un solo territorio, rodeado por el océano Atlántico y el mar Mediterráneo, aislado por los Pirineos del resto del Continente europeo; una sola tierra bien definida, geográficamente autónoma, con partes estrechamente enlazadas. Para un español, la diversidad es sorprendente; vistos con ojos extranjeros, creo que todos los paisajes deben de parecer muy españoles. Hay una estructura general de la Península, una fuerte meseta más alta que la media de los países de Europa, rodeada y atravesada por cordilleras o sierras, con escasas tierras bajas en forma de viejos valles de ríos cansados que fluyen hacia el mar, o vegas, llanuras cubiertas de árboles, como los naranjales de la costa levantina.

Los cambios repentinos de paisaje hacen que el contemplador se dé cuenta de la presencia en torno de otras formas de terreno. Anticipa nuevos aspectos de lo que está viendo; en lugar de estar tranquilamente en el paisaje presente, siente los «inminentes»; cada uno incluye un halo o aura de otros lugares, todos ellos referidos unos a otros. No una estructura estática, sino *dramática*.

Esta es la razón de que la mayoría de los paisajes españoles no sean propiamente «pictóricos»; tienen carácter dinámico, *acontecen;* les conviene mejor la palabra «escénicos», son el escenario o escena de una vida que nunca se detiene, que cambia, mira hacia adelante, está cargada de posibilidades, grávida de otras formas. La mayor parte de los paisajes españoles sugieren enérgicamente cierto tipo de vida; su sentido es, más que una tierra para mirarla, una tierra para vivir en ella. De acuerdo con esto, su rasgo capital no es la belleza sino la expresión; con otras palabras, belleza más expresiva que formal. Esta es la diferencia entre el agua de una laguna y un manantial: la primera está, la segunda mana o corre, como la belleza de un rostro que se puede seguir mirando siempre.

Las montañas no están simplemente «dentro» de España, concentradas en un macizo o esparcidas por la mayor parte del territorio; hay amplio espacio para las altiplanicies o *mesetas* —el rasgo más característico de la Península Ibérica—, horizontes abiertos que permiten vistas ilimitadas, debajo de cielos usualmente claros y azules; pero estas mesetas están confinadas o divididas por sierras que les dan diversidad y evitan la monotonía. Ningún viaje largo por España es posible sin cruzar las mesetas, y todos los demás paisajes parecen «accidentes» de ellas, literalmente algo que «sucede» a las mesetas y las hace ceder, las deprime, las confina entre altas murallas de roca. El reflejo de esta estructura geográfica puede encontrarse en el desarrollo histórico del país, en la constitución de las personalidades regionales, tan fuertes como íntimamente conexas.

Los principales ríos españoles corren profundamente encauzados en la tierra; rara vez son navegables, no siempre utilizables para el riego, mejores como fuente de energía —o de pesca—. Son sobre todo elementos de belleza. En una tierra bastante seca, los ríos significan árboles, hileras de álamos, castaños, robles; bosques, huertos de frutales, huertas; pájaros, zumbido de insectos. Estos ríos realzan la vitalidad del campo; el contemplador siente una especial intensidad de la vida, un placer sensual, un relajamiento de la dramática tensión de los vastos horizontes bajo el sol. Las orillas arboladas de los ríos son la letra cursiva de los paisajes castellanos.

Castilla no es toda España, ciertamente; sin embargo, física e históricamente, es la parte central de la Península, la unidad mayor de tierra y de gente. Geográficamente, Castilla es el lugar en que todas las tierras españolas se encuentran. La alta meseta está aislada al Norte por montañas de las costas verdes, lluviosas, de Galicia, Asturias, Santander, el País Vasco, que cruza suavemente la frontera entre España y Francia donde los Pirineos rebajan sus picos y dejan entrar en Europa occidental. La gran meseta está dividida por la Sierra en dos partes: Castilla la Vieja, más alta, más variada, con bosques, pinares, cielos claros, fríos inviernos nevados, y Castilla la Nueva, que pierde lentamente altitud, llana en su mayor parte, con horizontes sin límites, campos de cereal puntuados en tiempo de cosecha por amapolas rojas, campos de azafrán, viñedos, molinos de viento: la tierra de Don Quijote, la Mancha; y en todas partes, en las dos Castillas, como elementos casi geológicos del paisaje, castillos: Castilla —tierra de castillos.

Castilla nunca sugiere abundancia: ni bosques espesos, ni ricos prados jugosos, como en el Norte, ni grandes naranjales como en Valencia y el Sureste, ni los anchos huertos de frutales a lo largo de los ríos, en Aragón y Cataluña. Modestos pinares, que sangran su resina u ofrecen su madera, que crecen en tierra pobre y embalsaman el aire puro y fresco; robles, encinas, sabinas, hayas, chopos, álamos blancos, álamos negros; campos de trigo, avena, cebada, centeno, que dan menguadas cosechas. Nada se da gratis, todo tiene que ser conseguido con duro trabajo, el hombre tiene que vivir alerta, labrando la tierra, mirando si llegan las nubes, esperando la lluvia, temiendo los pedriscos que pueden destruir en unos minutos largos meses de trabajo y esperanza.

El ganado es sobre todo ovejas, rebaños trashumantes que emigran de los pastos de invierno en los prados templados de Extremadura a los pastos estivales en las frescas montañas de León o las fuentes del río Duero cerca de Soria: pastores, perros, carneros, ovejas, corderos, cubiertos de lana o recién esquilados, según la estación, que siguen las viejas calzadas romanas.

En Castilla se siente primariamente la tierra. En los desiertos se ve la roca de que está hecho el planeta; o si no, el polvo que resulta de su destrucción. En ótras partes del mundo, todo está cubierto de hierba, plantas, árboles, hojas, flores; la tierra se olvida. En Castilla siempre está presente; los amplios horizontes muestran las formas del relieve, se siente que se está andando sobre el planeta, no en un lugar abstracto o sobre un tapiz vegetal. Por otra parte, la cualidad de la tierra es visible; árboles o plantas crecen *en el suelo,* la múltiple piel de nuestro mundo terrestre —arena, arcilla, piedras, precioso, escaso mantillo negro—. Es improbable que el hombre de Castilla olvide que pertenece a la tierra, tanto como sería difícil para él desconocer el brillante cielo azul, una de las dos mitades del mundo en que vive.

Todos los elementos de este paisaje son significativos, ninguno es inerte, cada punto hace guiños al hombre o la mujer que tiene que imaginar, proyectar, realizar su vida en este escenario. La vastedad de la meseta, a diferencia del confinamiento de los valles, islas, bosques, hace que la mirada yerre, busque lo distante, vaya siempre más allá del lugar presente; los ojos siguen el largo curso de los ríos hacia el mar. Esta estructura explica el papel de Castilla en la formación de España, la tendencia histórica del pueblo español a trascender sus límites originarios e ir más allá de los mares, de España a las Españas.

El cuerpo principal de la Península Ibérica se modifica de muchas maneras hacia el Oeste, el Este o el Sur. Los ríos atlánticos corren hacia el Oeste, penetrando en las tierras más bajas y suaves de Portugal; Aragón es en sus llanuras una Castilla todavía más seca, árida, excepto en la cercanía de los ríos, donde se cosechan las más sabrosas frutas de España, o en los Pirineos poderosos, la gigantesca barrera montañosa que cierra la Península y hace de ella un miembro independiente de Europa.

La parte meridional de España, la «Castilla novísima», como se la llamó después de la Reconquista en la Edad Media, es una tierra viejísima. El río principal, el Guadalquivir, es un viejo río que desemboca cansado en el océano Atlántico, cruzando las tierras bajas de la Andalucía occidental. Históricamente, esta parte del mundo es también una de las más antiguas. La ciudad de Cádiz (Gades, Cadix) tiene tres mil años; Málaga, Sevilla, han existido durante más de dos milenios; Andalucía era sumamente civilizada mucho antes de la era cristiana, muchos siglos antes de la invasión árabe.

No creo que Andalucía pueda entenderse meramente como un país mediterráneo. Por una parte, se extiende a ambos lados del estrecho de Gibraltar, pertenece al Mediterráneo y al Atlántico —el punto de partida para el descubrimiento de América, el océano Pacífico, las islas Filipinas, la primera vuelta al mundo por Elcano, completada en 1522. Por otra parte, Andalucía se apoya en Castilla, las dulces llanuras son una versión más suave de las más ásperas mesetas, por debajo de Sierra Morena o de los picos cubiertos de nieve de Sierra Nevada, a unos cuantos kilómetros de los campos de caña de azúcar o las plantaciones de algodón.

El principal rasgo del paisaje andaluz es lo que suele llamarse el «bosque de olivos», allí donde ésta es una palabra adecuada para la realidad botánica y escénica. En otros lugares de la cuenca mediterránea los olivos crecen en pequeños bosques; aquí, grandísimas extensiones de terreno —llanura, colinas, el valle del Guadalquivir— están cubiertas de olivos; se puede viajar durante horas entre ellos. El *olivar* no es propiamente un bosque, ni es «monte». Los olivos son pequeños, nunca densamente plantados; son árboles individuales, netamente erguidos, aparte, sin entremezclar sus ramas. No hay confusión entre los olivos, los árboles más clásicos del mundo. Dan solamente una sombra escasa; sus hojas son pequeñas, verde pálidas, grisáceas; la luz del sol las hace relucir como plata; bajo la luna parecen todavía más plateadas, con un halo misterioso que perderán al amanecer, cuando las lechuzas interrumpen sus vuelos silenciosos y los pájaros diurnos se despiertan, cantan y buscan aceitunas casi maduras.

El paisaje andaluz tiene una cualidad vibrante, una atmósfera sensual que lo envuelve todo, lo natural y lo humano por igual. En mi libro *Nuestra Andalucía* hablé del «erotismo» de la tierra andaluza. Es la región más placentera de España, y así lo han sentido todos los pueblos que han vivido en su suelo durante unos treinta siglos: tartesios, fenicios, romanos, árabes, judíos, pobladores de Castilla, esa mezcla única de razas y culturas que ha hecho posible el estilo andaluz. La cualidad permanente de algunos caracteres a través de tantas poblaciones y civilizaciones prueba que es la tierra misma la que los hace posibles. En mi opinión, el estilo andaluz de vivir —los estilos andaluces— solo se puede entender como una serie de diferentes reacciones humanas al estímulo de esta poderosa unidad de tantos matices, de una variedad de paisajes.

Andalucía ha ejercido, siglo tras siglo, un encanto fascinador sobre los visitantes de todos los países; ha fascinado, y esto es aún más sorprendente, a sus propios naturales de todas las razas, lenguas y culturas. Todo el que se acerca a Andalucía parece enamorarse de ella. ¿Por qué?

La hermosura no basta. Hay muchos lugares hermosos en el mundo, más impresionantes que nada que se pueda encontrar en esta parte de España. Hay un elemento de encanto, de seducción, que no puede reducirse a formas, a nada estrictamente pictórico. Cuando se está en Andalucía se tiene la impresión de que las propias posibilidades aumentan; el contorno no es solo bello, es prometedor, seductor, amistoso, incitante: el escenario adecuado para una vida feliz. Andalucía es la fiesta natural de la Península Ibérica.

No puedo describir, ni siquiera sugerir, los muchos aspectos de las tierras de España. Las grandes regiones tienen una fuerte, enérgica personalidad; sería un error, sin embargo, reducir cada una de ellas a una sola forma. Provincias de apenas diez mil kilómetros cuadrados comprenden tal vez una docena de comarcas, enteramente diferentes, tan próximas en el espacio como separadas en sus formas naturales, vegetación, sentido. Un catálogo o repertorio, una simple colección, por grande que fuera, sería incompleta, y lo que es peor, desorientadora.

Lo que quiero decir es que, en cualquier lugar dentro de España, está uno rodeado por la presencia latente del país entero. Mucho antes de la existencia de ninguna unidad política, Iberia o Hispania era considerada como una única realidad. Por esto he dicho «dentro» de España. La estructura física de la Península Ibérica era una, aunque los habitantes estuvieran divididos en pequeños pueblos que luchaban entre sí, con pocas cosas en común. Estaban unidos por el sitio en que vivían, mientras otras partes de Europa eran «extrañas». Un sistema de referencias enlaza las diversas partes del territorio español. En otros lugares, los límites dependen de caracteres étnicos, dominadores políticos, guerras, acontecimientos históricos. Las fronteras pueden cambiar, desplazarse, como ha ocurrido en Europa después de cada una de las Guerras Mundiales. En España —seguramente no solo en España— las cosas son diferentes: España es una estructura cuyo destino es llegar a ser una nación. Es una unidad múltiple, previa a lo que pueda acontecer a los hombres. La existencia efectiva de dos naciones en la Península Ibérica (España y Portugal) es un hecho histórico, en alguna manera «contra» la estructura primaria del conjunto.

Esta estructura geográfica, este carácter físico y visual del suelo español, hace más fácil de entender la sorprendente historia de la Reconquista, de 711 a 1492. Cuando los árabes invadieron el reino visigodo, España no era una «nación». No había una unidad social real entre las muchas partes de un gran territorio sumamente diversificado, unido por débiles vínculos políticos. Sin embargo, la idea de «reconquista» dominó toda la Edad Media. Los cristianos nunca pudieron aceptar la coexistencia de dos países, el suyo y el de los musulmanes, separados por ninguna frontera. La Reconquista fue extremadamente lenta: Ortega se preguntaba cómo se puede llamar «reconquista» a algo que dura casi ocho siglos. A pesar de ello, había un impulso permanente hacia la reconstrucción de una unidad «perdida» que nunca había existido propiamente. Tenía que existir. España como un todo era, más que un recuerdo, una meta, un destino. La separación de Portugal fue un fracaso histórico, una rebelión contra la geografía. La Península Ibérica parecía preparada desde el principio del tiempo para llegar a ser la morada de los españoles.

Los países cambian con el tiempo. Procesos geológicos, terremotos súbitos, la lenta erosión de las aguas o los vientos, largos periodos de sequía, inundaciones, introducen variaciones en muchos paisajes. Estos cambios usualmente afectan a ciertos espacios limitados o en otro caso no son visibles antes de un tiempo muy largo.

Por otro lado, el hombre es un agente de mudanza, de cambio físico en el mundo. Ortega escribió en 1914, en su primer libro, *Meditaciones del Quijote:* «La reabsorción de la circunstancia es el destino concreto del hombre.» Esta reabsorción consiste en su humanización, en su incorporación al proyecto del hombre. El hombre se hace con las cosas que le están ofrecidas, hace vida con ellas, su propia vida, las asume proyectando sobre ellas un sentido o significación. Lo que simplemente *hay en torno mío* (circunstancia) se convierte en un *mundo* efectivo, en *vida humana personal.*

Al hacer esto, el hombre modifica la naturaleza. Lo que es hecho por el hombre o artificial introduce elementos estrictamente humanos en el contorno natural. Por otra parte, el hombre usa la naturaleza y la cambia: campos cultivados, bosques talados o deshojados, repoblación forestal, son modos de variar el aspecto de la naturaleza. Se dice que Castilla la Vieja estaba en la Edad Media y al principio del Renacimiento cubierta de espesos bosques; los árboles son ahora escasos en los mismos lugares. Especies vegetales o animales importadas cambian enteramente el aspecto de algunos países.

Los poderosos recursos de la técnica moderna amplían y aceleran el proceso de cambio. La naturaleza es ahora vulnerable por las actividades del hombre. En las naciones densamente pobladas, sumamente industrializadas, el campo está desapareciendo. Ciudades, pueblos, fábricas, áreas metropolitanas ocupan casi toda la extensión; los campos están cultivados, queda poco lugar para la naturaleza, nada para lo silvestre. Las montañas son a menudo deterioradas por la minería o la construcción; lo mismo ocurre con las costas y playas. Los ríos se convierten en alcantarillas; en lugar de peces y agua clara llevan residuos industriales.

¿Cuál es la situación en España? ¿Cuánto está la naturaleza modificada por la acción del hombre? ¿Cuánto se conserva todavía de la belleza de esta tierra?

Muchos parajes hermosos a orillas del mar, especialmente en las costas mediterráneas, han sido profanados por la urbanización: casas feas, rascacielos, grandes almacenes ocultan las vistas más hermosas; viejos árboles han sido implacablemente talados por afán de lucro. Lo mismo podría decirse de las cercanías de grandes ciudades. En muchos lugares, humo, polvo, gases contaminan los cielos límpidos. Sin embargo, España como conjunto todavía está poco afectada. La industrialización es reciente, aunque su paso es rápido. La mayor parte de la superficie de la Península está intacta.

Me atrevería a decir que las actividades recientes del hombre han mejorado ciertos aspectos del cuerpo de España, han realzado su belleza. España tenía muy pocos y pequeños lagos; grandes embalses están ahora esparcidos por la «piel de toro»; son tan hermosos como los lagos naturales, son una sorpresa para ojos españoles, especialmente en medio de las altas mesetas.

La repoblación forestal ha sido en los últimos decenios extremadamente activa; laderas desnudas están ahora cubiertas de árboles; páramos se han convertido en pinares. El clima es más suave, más lluvioso que antes; las partes más secas de España están verdeciendo. La preferencia por ciertos tipos nuevos de semillas da nuevos colores o matices a los campos: en tiempo de cosecha, los campos de trigo en Castilla no son ya amarillos, su oro es ahora rojizo, con un tinte cobrizo.

Algunos cambios en la estructura social y económica tienen enérgicas consecuencias para el aspecto físico de España. La industria atrae a mucha gente hacia las grandes ciudades, las fábricas, las costas; el centro se está despoblando crecientemente; las aldeas, incluso pueblos pequeños, se abandonan; cada vez hay menos labriegos; en lugares donde el suelo es pobre, la lluvia escasa, la agricultura rinde demasiado poco, los campesinos emigran. Muchos campos, antes cultivados, se vuelven pastos, dehesas, terrenos de caza. *Vuelven a la naturaleza.* Un vasto espacio estará quizá en el futuro próximo escasamente poblado, lleno de animales y flora silvestre, mientras la población humana, la industria, el comercio, el turismo, las ciudades, las urbanizaciones, las playas se aglomeran en otras partes del territorio.

Es posible que dentro de unos pocos años los hombres tengan de nuevo sitios adonde ir, para escapar a la agitada vida cotidiana. Temo que no por mucho tiempo. Esos espacios vacíos en Castilla o Extremadura o al pie de las montañas en todas las regiones españolas no serán más que las reservas para el crecimiento humano que se avecina. Si la tendencia actual no se interrumpe, al final del siglo los españoles van a necesitar todo su espacio, recursos, lugares. La pleamar de la población y del nivel de vida alcanzarán a todos los puntos del país.

Esperemos que mientras tanto los españoles se den cuenta de la asombrosa belleza de su tierra, del valor de la expresión, la diversidad, la sorpresa, como remedios contra la monotonía, la homogeneidad, la depresión, el aburrimiento, la peor amenaza contra la busca de la felicidad en nuestro tiempo.

19. Conclusión. El proyecto de España

La manera individual de sentirse español, de ser español, se articula con una dimensión que trasciende de la vida individual, aunque es inseparable de ella: en esta doble relación reside la mayor dificultad para comprender la historia, la que hace que casi toda la historiografía resulte a última hora escasamente satisfactoria.

La vida humana es proyectiva; está orientada al futuro, vuelta hacia él; es *futuriza,* precisamente desde su realidad presente. Pero cada hombre proyecta y se proyecta dentro de la sociedad a la cual pertenece —o de las varias, con distintos grados de plenitud y saturación, en las que está inserto—. Y esa sociedad es igualmente proyectiva, consiste en un *proyecto colectivo* con el cual se encuentra cada persona, del cual tiene que participar en muy variadas formas. Y ese proyecto no es único, ni permanente, sino histórico, cambiante; pero con una continuidad mayor o menor, cuya índole no se ve casi nunca con claridad.

Se trata de una unidad *dramática;* o, si se prefiere, *argumental.* El proyecto, en la vida individual como en la colectiva, no está «dado» de antemano ni de una vez para todas; y no es correcto decir que se *elige;* más bien se va *descubriendo,* se va constituyendo, a lo largo de una serie intrincada de trayectorias [1]. Ese proyecto se va imponiendo como algo a lo que una

---

[1] En dos libros he usado a fondo el concepto de *trayectoria,* y por cierto en las dos dimensiones de la vida. Respecto de un hombre, en el segundo de mis libros dedicados a mi maestro Ortega, continuación y complemento del ya antiguo *Ortega. Circunstancia y vocación* (1960); es decir, en *Ortega. Las trayectorias* (1983). En su referencia a un país, en mi reciente libro *España inteligible* (1985), revisión de la realidad íntegra de nuestro país —y de las Españas en su conjunto— según el método de la razón histórica, es decir, usando metódicamente los conceptos adecuados a la vida humana.

persona —o una nación— se siente *llamada* —por eso toma el carácter de *vocación,* relativamente claro en la vida individual, más difícil de desentrañar en la colectiva, hasta el punto de que una diferencia radical entre países es la intensidad y el grado de evidencia que en cada uno tiene esa dimensión proyectiva y vocacional, y en esto consiste una de las superioridades o inferioridades de los países, que casi nunca se tiene en cuenta.

Cuando surge el proyecto como vocación, reaparece inesperadamente la elección, que inicialmente había sido menester descartar. El proyecto *no se elige;* más bien nos elige o llama; pero la elección aparece ahora como *respuesta:* se elige *serle o no fiel.* Y esto introduce en la historia el concepto de *autenticidad* (y sus grados, hasta la posible inautenticidad sustancial), más allá de los meros «hechos», que no permitirían ningún juicio ni valoración. Lo curioso es que, a pesar de que esta concepción meramente fáctica y naturalista domina en la historia, suele ir acompañada, inconsecuentemente, de constantes juicios de valor. La razón de esta incoherencia es que, por debajo de las doctrinas, se impone siempre la evidencia de la condición libre, proyectiva, responsable de la vida humana.

Nos preguntamos qué es ser español. Habría que contestar que es, ante todo, habérselas en cada momento con el proyecto de España. Si consideramos una vida española de cualquier época, en cualquier estrato de la sociedad, nos encontramos con la dramática situación de que ese hombre o mujer —las diferencias son profundas— tiene que proyectar su vida dentro del proyecto colectivo que era entonces la significación más fuerte del nombre España. «Dentro» no quiere decir de acuerdo, con aceptación, adhesión o entusiasmo. Puede haber discrepancia, antipatía, malestar, hostilidad —o una compleja combinación de esas actitudes—. Lo decisivo es que no se puede ser español más que en función del proyecto español, en vista de él, contando con él.

La cosa resulta transparente si se piensa en la situación de otros pueblos. El español no proyecta su vida «dentro» del proyecto de Francia o de Italia, y lo mismo acontece al francés o al italiano. Y, en cada caso, esos proyectos colectivos se constituyen y resultan «visibles» en muy diversas fechas, pasan por distintas fases, a veces con puntos de inflexión decisivos, que marcan etapas profundamente diferenciadas. Hay comunidades humanas que no llegan a la constitución de un verdadero país, que son arrastradas en diversas direcciones, acaso desgarradas, obligadas a gravitar hacia distintos centros; en ellas hay una vacilación interna en el proyecto colectivo, que hace sumamente difícil la proyección de las vidas individuales. La articulación del mundo depende en lo fundamental de ese sistema de las proyecciones de las diversas fracciones de la humanidad, sobre todo de aquellas que están «en presencia» y conviven, con mayor o menor intimidad, en un escenario histórico común.

En *España inteligible* he mostrado algunos rasgos del proyecto de España, que son la clave de nuestra historia en su conjunto, de nuestra realidad actual y del horizonte real de nuestras posibilidades. La romanización de España, que fue muy intensa y coherente, con una temprana difusión de la lengua latina, el derecho, la estructura municipal, las calzadas, que permitieron la comunicación entre sus partes, y la religión cristiana, fue una primera forma de «hispanización»: Hispania fue una *variedad,* con fuerte y marcada personalidad, del mundo romano, con un desarrollo urbano y cultural muy superior al de otras partes del Imperio.

Tras la crisis de este, fragmentado por las invasiones bárbaras, la anterior unidad hispánica como provincia romana se restablece con el reino visigodo, en el cual, bajo el *mando* de los dominadores germánicos, se impone la población hispanorromana: la lengua latina, el catolicismo, que triunfará sobre el arrianismo de los godos, la influencia de la Iglesia, sobre todo después de la conversión de Recaredo; la gran unidad que es la España visigoda le da una importancia que no tienen unidades menores del antiguo Imperio, y hace que se corresponda a Bizancio en el Oriente.

El hecho decisivo, que pudo destruir el germinal proyecto español, pero que lo consolidó de manera sorprendente, fue la invasión musulmana del año 711, la destrucción de la monarquía visigoda por las tropas de Táriq y Muza, el establecimiento de un poder musulmán en toda la Península, sin más excepción que una franja de tierras montañosas en el Norte. Lo «normal» hubiera sido que España corriera la misma suerte que los pueblos helenizados, romanizados, cristianizados del Norte de Africa, que hasta hoy son musulmanes, orientales, de lengua y cultura árabe. No fue así. La invasión fue sentida como «la pérdida de España», algo inaceptable y nunca aceptado; hubo la decisión de que España fuese cristiana, y ello significaba, desde el punto de vista histórico, europea, occidental. Este fue el origen, inverosímil, de la Reconquista; ¿de qué? De la *España perdida,* irreal por tanto, pero presente en el horizonte, como un ideal, una meta. Ese fue el *proyecto de España.*

Los reinos o condados medievales son el resultado de la reconquista «por partes» de la España perdida. El proyecto que se esboza con la romanización, que empieza a madurar en la época visigoda, se convierte en el creador de la nación española a lo largo de toda la Edad Media. Y lo más interesante es que cuando terminan a la vez la Reconquista y la unificación de España, e históricamente la Edad Media, se produce uno de esos puntos de inflexión que transforma y dilata el proyecto español durante toda la modernidad.

El espíritu de empresa del Renacimiento lleva a España, a la vez que a Portugal, más allá del océano. El descubrimiento y la colonización de América hacen que España, apenas unificada, vaya más allá de sí misma, es decir, lleve su proyecto a otro mundo. La Monarquía hispánica en dos hemisferios significa la continuación de ese proyecto que identificaba a España con el cristianismo, con la condición europea y occidental. Así se produce ese *injerto* sin equivalente en la historia moderna, cuyo resultado fue la Monarquía Católica o Monarquía Hispánica, por otro nombre las Españas, de las cuales la originaria era solo una parte.

Solamente desde esta perspectiva se puede comprender la cambiante continuidad de la realidad española durante toda la Edad Moderna, cuya crisis más profunda, provocada por la Revolución francesa y, sobre todo, la invasión napoleónica en 1808, fue la «discordia en España y entre las Españas» —así la he definido—, que determinó la separación de toda la América continental y la fragmentación de esta, el aislamiento de cada uno de los elementos de las Españas.

Aunque parezca extraño, este proyecto español, tan asombrosamente antiguo y coherente, tan expreso y transparente, no ha solido ser visto por los que han reflexionado sobre la historia de España. Su expresión principal ha sido sobre todo *literaria*. La poesía, la narración, el teatro, desde las canciones de gesta, pasando por el Romancero, hasta la novela y el drama, han expresado el proyecto de España, y por medio de esas formas han participado en él los individuos, han vivido esa realidad común. En la literatura, la vida se hace transparente a sí misma. Pueblos y épocas se comprenden en la medida en que tienen una literatura adecuada. Gracias a ella adquiere un sentido preciso el verbo «vivir» en una situación, y se hace posible la participación personal en las formas de la vida colectiva. El Romancero, el Teatro clásico, la Novela, han sido instrumentos decisivos para que los españoles se reconozcan y entiendan como tales españoles. Y habría que decir lo mismo de otros grandes pueblos, cuya grandeza *humana* —no meramente militar o económica— viene precisamente de eso.

Pero sería un error atribuir a esto un carácter nacionalista. Más bien al contrario. Por una parte, el proyecto histórico de España nació como una modulación de la gran empresa romana, de la constitución de la Romania. En segundo lugar, la lengua española nace como una lengua *románica*, conviviendo con los demás romances peninsulares y, a mayor distancia, con el resto de las lenguas románicas de Europa. Añádase a esto que los hispanorromanos conviven dentro de la España visigoda con los germanos, y un considerable número de palabras germánicas pasan a la lengua naciente. No digamos lo que significa la larga convivencia —polémica, pero intensa— con los árabes, su cultura y su lengua; y en otra dimensión con los judíos, en toda la Edad Media. Y cuando llega el Renacimiento, cuando comienza a romperse la unidad latina de la Europa culta, a favor de las lenguas nacionales, España convive con todas ellas; más aún, dentro de la Monarquía se encuentran pueblos, lenguas, culturas muy diversas. Finalmente, y esto es lo más importante, la lengua española no es *solo* la lengua de España, sino de todo el mundo hispánico, que la posee, la usa, la crea con igual propiedad.

Toda esa literatura en que el proyecto de España se ha expresado, el pensamiento en que ha adquirido rigor conceptual, pertenece por igual a españoles e hispanoamericanos. Y esto quiere decir que ese proyecto mismo trasciende de los límites nacionales de España y se convierte en el de una compleja comunidad cuya reconstitución adecuada es precisamente el núcleo de su versión actual.

El esañol de hoy, lo mismo que el habitante de cualquier país hispánico, se encuentran con que, quieran o no, les guste o no, tienen que mirar más allá de sus fronteras si quieren entenderse, si quieren *ser* de verdad, si no se contentan con una realidad mutilada. Pero esto obliga a ejercer la imaginación, a inventar nuevas formas, partiendo de la realidad que los constituye, de la cual están hechos. El olvido de la historia —tentación de nuestra época, tendenciosamente fomentada por los que quieren manipular a los demás— hace borroso el cauce por el cual han de transcurrir los proyectos actuales; la inerte fijación en la historia, la congelación en cualquier forma pretérita, anula la esencia de la proyección. La vida es una operación que se hace hacia adelante, es futuriza; para ello requiere una instalación desde la cual se proyecta, a una altura determinada de la historia, con toda la realidad acumulada.

Colección Documento